匡亚明 主编 中国思想家评传丛书

惠能评传

洪修平 孙亦平 著

南京大学中国思想家研究中心

南京大学出版社

中国思想家评传丛书

禅宗六祖惠能像

南华禅寺惠能“真身”像

广东韶关南华禅寺

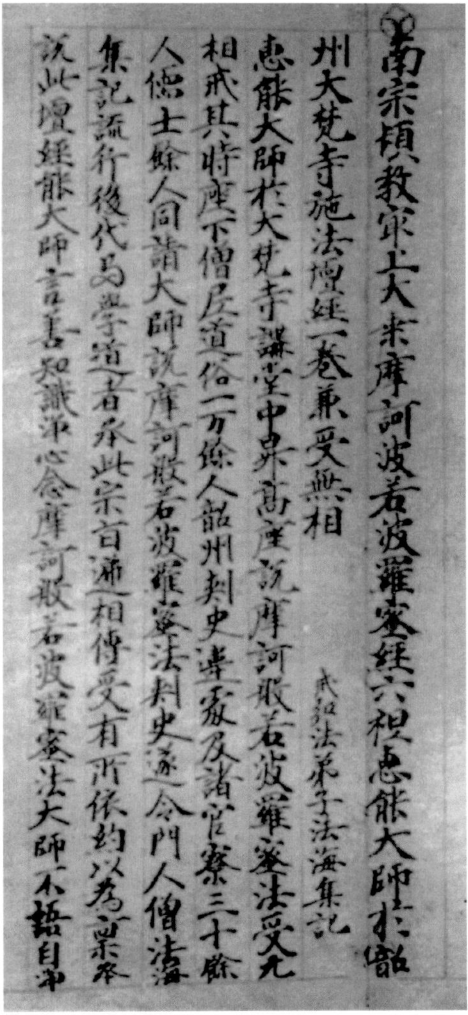

南宗頓教最上大乘摩訶般若波羅蜜經六祖惠能大師於韶
州大梵寺施法壇經一卷兼受無相
戒弘法弟子法海集記
惠能大師於大梵寺講堂中昇高座說摩訶般若波羅蜜法受無
相戒其時座下僧尼道俗一万餘人韶州刺史遣璩及諸官寮三十餘
人儒士餘人同請大師說摩訶般若波羅蜜法刺史遂令門人僧法海
集記流行後代為學道者承此宗旨遞相傳受有所依約以為稟承
說此壇經能大師言善知識淨心念摩訶般若波羅蜜法大師不語自淨

敦煌县博物馆藏

敦博 077 号敦煌写本《坛经》图照

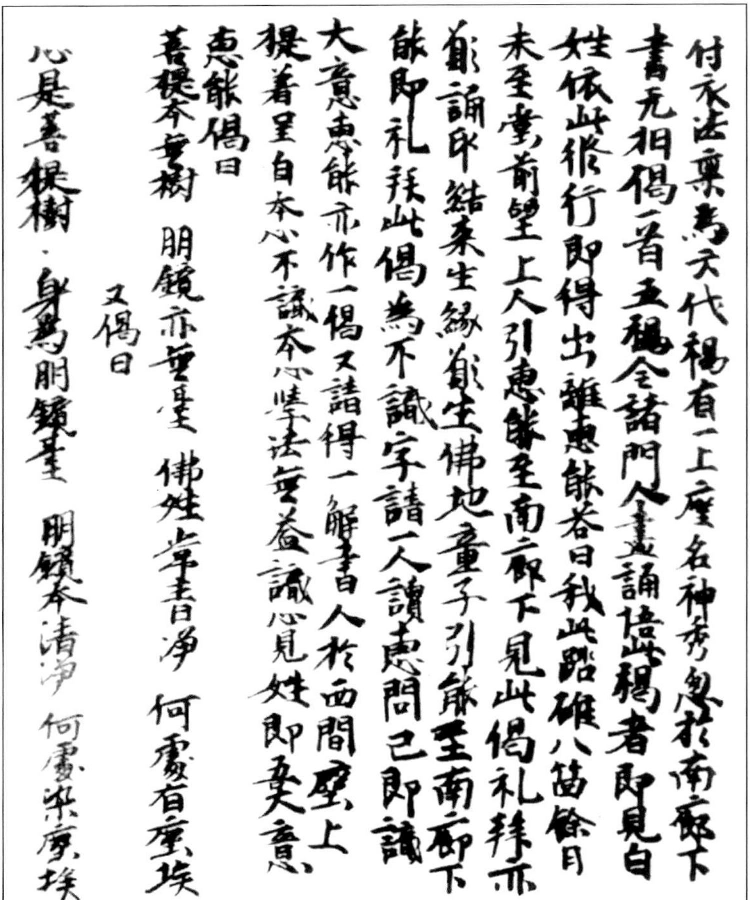

付衣法稟為六代祖有一上座名神秀忽於南廊下
書无相偈一首五祖令諸門人盡誦悟此偈者即見自
姓依此修行即得出離惠能答曰我此踏碓八箇餘月
未至堂前望上人引惠能至南廊下見此偈礼拜亦
願誦取結來生緣願生佛地童子引能至南廊下
能即礼拜此偈為不識字請一人讀惠能聞已即識
大意惠能亦作一偈又請得一解書人於西間壁上
提著呈自本心不識本心學法無益識心見姓即悟大意
惠能偈曰
菩提本無樹　明鏡亦無臺　佛姓常清淨　何處有塵埃
又偈曰
心是菩提樹　身為明鏡臺　明鏡本清淨　何處染塵埃

伦敦大英图书馆藏

S5475 号敦煌写本《坛经》图照

《中国思想家评传丛书》序

匡 亚 明

伟大的中华民族在长达五千年连绵不断的曲折发展过程中，像滚滚东流的长江那样，以磅礴之势，冲破了重重险阻，奔腾向前，现在更以崭新面貌，雄姿英发，屹立于世界民族之林。这是人类历史上的一个奇迹。产生这一奇迹有诸多原因，其中十分重要的一点，就是我们勤劳、勇敢、智慧的各族人民，在长期的生产活动、社会活动、思维活动和对外交往以及抗击外来侵略过程中，逐渐创造、积累、发展了具有以生生不息的内在思想活力为核心的优秀传统思想文化。这是一种伟大、坚强的精神支柱，是我们民族凝聚力和生命力之所在，是历史留给我们所有海内外炎黄子孙引以自豪的无价之宝。

当然，和各国各种不同传统思想文化一样，在中华民族的思想文化传统中，也是既有精华，又有糟粕，因而全盘肯定或全盘否定，不对；一知半解、信口开河或裹足不前、漠然置之，也不对。郑重而严肃的态度应该是对它进行实事求是的科学的研究和分析，取其精华，弃其糟粕，继承和弘扬这份瑰宝，振兴中华，造福人类。人类历史发展的连续性，就是在不断去粗取精、继往开来和改革创新过程中实现的。继往是为了开来，开来不能离开继往。民族虚无主义和复古主义，都是违背历史发展的辩证规律的。

现在我们国家正处在一个新的继往开来迈向四化的关键时刻。继往就是继民族优秀传统之往，开来就是开社会主义现代化建设之来。对中国传统思想文化从广度和深度上进行系统研究，实现去粗取精的要求，正是继往开来必须完成的紧迫任务。我认为这是中国各族人民，首先是文化界、学术界、理论界义不容辞的光荣职责。但面对这一时间上长达五千年，内容上涉及人文科学、自然科学等各个领域的传统思想文化，将从何着手呢？毛泽东同志早在1938年就说过："从孔夫子到孙中山，我们应当给以总结，承继这一份珍贵的遗产。"①这是很有远见而又切合实际的英明建议。从孔子到孙中山这两千余年是中国历史上思想文化最丰富的时期，如果总结了这段历史，也就基本上总结了五千年传统思想文化的主要内容。当然，基本上不等于全部。孔子以前和孙中山以后的情况，可以另行研究。因此，我认为首先最好是在时间上从孔子开始到孙中山为止，方法上采取《中国思想家评传丛书》的形式作为实现这一任务的开端。这就是从这段历史的各个时期、各个领域和各个

① 毛泽东《中国共产党在民族战争中的地位》，《毛泽东选集》第2卷，人民出版社1952年版，第522页。

学科(包括文、史、哲、经、教、农、工、医、政治等等)有杰出成就的人物中,遴选二百余人作为传主(一般为一人一传,少数为二人或二人以上合传),通过对每个传主的评述,从各个侧面展现那些在不同时期、不同领域中有代表性人物的思想活力和业绩,从而以微见著、由具体到一般地勾勒出这段历史中中国传统思想文化的总体面貌,揭示其积极因素和消极因素的主要内涵,以利于开门见山、引人入胜地批判继承、古为今用,也为进一步全面系统地总结中国传统思想文化打下基础。自从毛泽东同志提出上引建议后,半个世纪以来,不少专家学者已从各个方面做了许多工作,但对全面完成这个任务来说还远远不够,还要在深度和广度上继续努力。作为"抛砖引玉",本《丛书》只是这个继续努力所应完成的工作的一部分。《丛书》凡二百部,约四千万言,自 1990 年开始陆续出版,争取十到十五年全部出齐。

《丛书》所以用"中国思想家评传"命名,主要是考虑到中国传统思想文化中的核心是生生不息的内在思想活力,而历史事实也反复证明,凡是在各个不同时代不同领域和学科中取得成就者,大多是那些在当时历史条件下自觉或不自觉地认识和掌握了该领域事物发展规律的具有敏锐思想的人。他们取得成就的大小,取决于思想上认识和反映这些规律的程度如何。思想并非先验之物,它所以能反映和掌握这些规律,主要是通过社会实践和对前人思想成果的借鉴和继承。思想一旦形成,反过来在一定程度上又对实践起决定性指导作用。

韩愈说的“行成于思，毁于随”①，列宁说的“没有革命的理论就不会有革命的运动”②，这些话，虽所处时代和所持立场不同，所要解决的问题的性质也不同，但就认识论中思与行、理论(思想的高度概括)与实践的关系而言，确有相通之处，即都强调思想对实践的指导意义和作用。因此我们以“中国思想家评传”命名，就是力图抓住问题的核心，高屋建瓴地从思想角度去评述历史人物，以便对每个传主在他所处时代的具体情况下，如何在他所从事的领域中，克服困难，施展才华，取得成功，做出贡献，从思想深处洞察其底蕴。历史上各个时代富有思想因而能在有关方面取得成就的人，直接阐述自己思想观点的论著虽亦不少，但大量的则是其思想既来自实践(包括对前人、他人实践经验的吸取)、又渗透在自己创造性实践之中，集中凝聚在他自己的业绩和事功上，而没有留下论著。另一些人却只留下著作而无其他功绩，对这些人来说，他那些有价值的著作就理所当然地是他的伟大业绩和事功。如果论述一个人的思想而不联系他的业绩(包括著作)，必将流于空洞的抽象；同样，如果只讲一个人的具体业绩而不结合他的思想活动，又必将成为现象的罗列。评价思想和评价业绩，两者不应偏废。而不断在实践中丰富和深化的思想活力则是经常起主导作用的因素，强调这个因素，引起人们的正视和反思，正是我们的主旨和目的。当然，思想和思想家，思想家和实践家，都是既有区别又有联系的不同概念，忽视这一点是不对的。《丛

① 韩愈《进学解》，中华书局《四部备要》东雅堂本《韩昌黎全集》卷十二第3页。

② 列宁《怎么办》，《列宁选集》第1卷，人民出版社1976年版，第241页。

书》的重点则是放在两者的联系和结合上。至于如何使两者很好联系和结合而又着意于剖析其思想活力，各占多少篇幅或以何种方式表达，则自当由作者根据传主的具体情况创造性地作出妥善安排。

自从人类历史上产生了马克思主义，不仅全人类解放和发展有了划时代的明确方向，学术研究也有了更严密的科学方法，即辩证唯物主义和历史唯物主义的世界观和方法论。根据这一科学方法，在研究和总结中国传统思想文化，特别是联系到《丛书》的撰著时，我认为下列几点应特别引起重视。

一、坚持实事求是的原则。实事求是是贯串在马克思实际活动和理论研究中的主线，离开了它也就离开了马克思主义。只有切实掌握了客观情况，才能得出正确的认识和判断。前者为“实事”，后者为“求是”，二者相结合，就叫实事求是。事不实则非夸即诬。为了弄清情况，就必须对情况的本质与现象、整体与局部、真与伪、精与粗，作出区别、梳理和取舍，这样才能掌握情况的实质，达到“实事”的要求；然后进一步加以分析研究，找出事物本身固有的真相而非主观臆测的假象，并验证其是否符合人民利益和人类历史前进方向，是否反映科学、技术、文化、艺术的发展规律，这样才能得出正确的认识和判断，达到“求是”的要求。实事求是是治学的基本功夫，是对每个传主的功、过、是、非作出公正评价的必要前提。不论古今中外，对历史人物过高或过低的不公正评价，大都由于未能认真坚持实事求是原则的缘故。

二、坚持批判继承的原则。马克思主义学说就是批判的学说，而批判是为了继承、发展和创新。这就需要我们在实事求是的基础上，既要继承发扬传主业绩和思想中的积极因素，又要批判清除其消极因素。凡传主业绩和思想中体现了诸如爱国主义、民主意识、科学见解、艺术创造和艰苦奋斗、克己奉公、追求真理的精神，即在符合历史前进要求的“立德”、“立功”、“立言”诸方面有显著成就等积极因素者，必须满腔热情地加以继承和弘扬，并紧密结合当前社会主义建设实际，使之深入人心，蔚然成风；凡反映有诸如封建迷信、专制独裁、愚昧落后、丧失民族尊严和违背科学进步等消极因素者，必须以历史唯物主义的观点加以批判，清除其一定程度上至今尚起作用的消极影响，而消极因素经过彻底批判后可转化为有益的教训；凡积极因素和消极因素相混者，更当加以认真清理和扬弃，既发扬其积极因素又摒弃其消极因素。我们力求一点一滴、切实认真地探索各个传主思想和业绩中珍贵的积极因素，使之成为全国各族人民正在从事的继往开来伟大历史工程的组成部分。

三、坚持“百花齐放”、“百家争鸣”的原则。“百花齐放”和“百家争鸣”，是发扬学术民主、促进学术繁荣的正确原则和巨大动力。前者强调一个“齐”字，后者强调一个“争”字，是表示学术上平等、民主和自由的两种不同状态；前者突出的是统一与和谐，后者突出的是区别与争论；两种状态又统一于不断地相互促进和相互补充、转化的持续发展提高过程之中。“百花齐放”、“百家争鸣”的原则体现在撰著评传时，应从“齐放”和“争鸣”出发，综合中外各个时期对有关传主的不同评价，吸取符合客观存在的对的东西，摒弃其违反客观存在的不实的东西，然后创造性地提出经过自己独立思考的、赶前人或超前人的一家之言。同时，对整个《丛书》而言，也有个共性、个性又统一又区别的问题。这就是一方面作者应把“实事求是”、“批判继承”和“百花齐放”、“百家争鸣”这几点作为大家的共性(统一与共识);另一方面,对每部评传的立意、结构和行文(文体、文风和文采等),则主要是作者的创造性思维劳动和雅俗共赏的文字表达艺术的成果,是彼此的个性(区别),不宜也不应强求一律。评传作者都有充分自由去发扬这一个性,力求在对每一传主的评述中探索和展示其积极因素,使之和正在变革中国面貌的伟大社会主义建设实践融为一体,丰富其内容,促进其发展,而不是仅仅停留在对传主思想业绩的一般性诠释上。

我认为,以上三点大体上可以表达《丛书》所遵循的主要指导思想,但也不排除用其他思想和方法得出的有价值的研究成果。

感谢所有关心和支持《丛书》工作的单位和个人,特别感谢《丛书》的名誉顾问和学术顾问。他们的热情关心、支持和指教,使《丛书》工作得以顺利进行。更要感谢所有承担评传撰著任务的老中青学者,他们都以严谨的治学态度,作出了或正在作出对学术,对民族,对历史负责的研究成果。没有他们的积极合作,《丛书》工作的开展是不可能的。《丛书》副主编和中国思想家研究中心、南京大学出版社,在制定《丛书》规划,约请和联系国内外学者,审定书稿以及筹划编辑出版等方面,克服重重困难,做了大量工作,他们的辛勤劳动是《丛书》能按预定计划出版的必要前提。

现在《丛书》开始出版了,我作为年逾八旬的老人,看到自己迫于使命感而酝酿已久的设想终于在大家支持合作下实现,心情怡然感奋,好像回到了青年时代一样,体会到“不知老之将至”的愉悦,并以这种愉悦心情等待着《丛书》最后一部的问世;特别盼望看到它在继承中华民族传统思想文化的珍贵遗产方面，在激励人心、提高民族自尊心和爱国主义思想方面，在促进当前建设有中国特色的继往开来的社会主义现代化物质文明和精神文明的历史性伟大事业中，能起到应有的作用。我以一颗耄耋童心，默默地祝愿这一由一批老中青优秀学者经长年累月紧张思维劳动而作出的集体性学术成果能发出无私的熠熠之光，紧紧伴照着全民族、全人类排除前进道路上的各种障碍，走向和平、发展、繁荣、幸福的明天！

热诚欢迎国内外同仁和各界人士不吝赐教，以匡不逮。是为序。

1990 年 10 月 7 日

内 容 简 介

惠能是中国思想史上影响最大的佛教人物之一，他所开创的禅宗南宗渊源于印度佛教而形成于传统思想文化之中，是佛教中国化的典型，其思想集中体现在《坛经》一书中。本书充分利用包括敦煌文献和碑铭石刻等在内的大量禅宗史料，并借鉴国内外的研究新成果，对惠能的生平事迹、《坛经》的形成流变、惠能六祖地位的确立、惠能禅学思想的理论渊源、惠能禅学思想的主要内容与基本特色、惠能对传统佛教的变革与创新等都作了比较全面的分析研究，并对惠能思想的历史地位与重要影响以及当代的“禅宗热”等作了探讨。全书提出了许多学术新观点，对学术界争论的一些问题也表明了自己的见解。

A Brief Introduction

Hui Neng is one of the Buddhist monks who have had the most profound influence on Chinese thoughts and culture. He founded the Southern Sect of Ch'an Buddhism which had its roots in Indian Buddhism, but took shape in Chinese traditional thoughts and culture, and became a model of localization for Buddhism in China. Hui Neng's thought was mainly reflected in the Platform Sutra. Having taken full advantage of all kinds of historical materials available on Ch'an Buddhism, including the Dunhuang documents, inscriptions on tablets and monuments, and also using the new research achievements from both at home and abroad for reference, this book includes a quite extensive analysis and research on life of Hui Neng, the establishment of Hui Neng's Sixth Patriarch status, the formation and development of the Platform Sutra, the source of Hui Neng's Ch'an thought, the outline and details of Hui Neng's Ch'an thought, and his innovation on traditional Buddhism. Also discussed is Hui Neng's historical position and influence. The book puts forward many new academic viewpoints, including author's own stand on many issues debated among academic circle.

目　次

《中国思想家评传丛书》序…………………………匡亚明（ 1 ）
序……………………………………………………任继愈（ 1 ）
第一章　惠能禅出现的时代与佛教文化背景…………（ 1 ）
　一、佛教的中国化与中国化的佛教………………（ 2 ）
　二、禅、禅宗与惠能南宗……………………………（ 23 ）
第二章　惠能行历……………………………………（ 34 ）
　一、少年贫苦　初闻佛法…………………………（ 35 ）
　二、黄梅投师　作偈呈心…………………………（ 40 ）
　三、密受衣法　领受师训…………………………（ 46 ）
　四、南下隐遁　出家受戒…………………………（ 52 ）
　五、曹溪传禅　临终付嘱…………………………（ 59 ）
第三章　禅宗六祖……………………………………（ 71 ）
　一、达摩来华传禅…………………………………（ 73 ）
　二、东土五祖传承…………………………………（ 79 ）
　三、禅宗的创立与分化……………………………（ 92 ）
　四、惠能六祖地位的确立…………………………（109）

第四章　惠能禅学思想的理论渊源……………………（119）
一、禅法初传：惠能禅得以形成的前提 …………（120）
二、般若佛性：惠能禅的两大理论支柱 …………（129）
三、以心传心：东土五祖的禅法之沿革 …………（141）
第五章　惠能思想与《坛经》……………………………（157）
一、《坛经》的形成与版本之流变……………………（158）
二、围绕《坛经》的争论 ……………………………（177）
三、《坛经》与惠能南宗 ……………………………（196）
附：方广锠先生关于敦煌本《坛经》致本书作者
的一封信 ……………………………………………（204）
第六章　惠能的唯心禅学新论…………………………（212）
一、佛性思想的经典依据 …………………………（213）
二、般若与佛性的会通 ……………………………（226）
三、空、有相融与心性 ……………………………（238）
四、三无论与当下之心 ……………………………（249）
第七章　惠能的解脱论…………………………………（258）
一、解脱的理想与境界 ……………………………（259）
二、即心即佛与自在解脱 …………………………（265）
三、自成佛道与小农思想 …………………………（281）
第八章　惠能的修行观…………………………………（292）
一、识心见性 ………………………………………（292）
二、顿悟成佛 ………………………………………（303）
三、出没即离两边 …………………………………（316）
四、农禅并作 ………………………………………（327）
第九章　惠能的变革与创新……………………………（335）
一、惠能对传统佛教的革新 ………………………（336）

二、惠能对佛教中国化的继承与发展 …………… (354)
三、不立文字、不拘一说 ……………………… (364)
四、关于祖师禅与如来禅 ……………………… (371)
第十章 惠能思想的地位与影响 ……………… (380)
一、禅宗的分化与惠能南宗 …………………… (380)
二、惠能后学与南宗门下 ……………………… (386)
三、惠能禅与中国传统文化 …………………… (398)
四、惠能禅在海外的影响 ……………………… (409)
五、惠能禅与当代“禅宗热” …………………… (419)
附 录
惠能年谱 ……………………………………… (428)
索 引
人名索引 ……………………………………… (438)
词语索引 ……………………………………… (446)
文献索引 ……………………………………… (453)
后 记 ……………………………………… (462)

A CRITICAL BIOGRAPHY OF HUINENG

CONTENTS

Chapter Ⅰ Times and Buddhist Background of Hui Neng's Ch'an Sect Formation

Chapter Ⅱ The Story of Hui Neng's Life

Chapter Ⅲ The Six Patriarchs of Ch'an Buddhism

Chapter Ⅳ The source of Hui Neng's Ch'an Thought

Chapter Ⅴ Hui Neng's Thought and the Platform Sutra

Chapter Ⅵ Hui Neng's New Theory of Ch'an

Chapter Ⅶ Hui Neng's Theory of Vimukti

Chapter Ⅷ Hui Neng's Theory of Practice

Chapter Ⅸ Hui Neng's Innovation

Chapter Ⅹ The Position and Influence of Hui Neng's Thought

Appendix Chronicle of Hui Neng's Life

Indexes

Postscript

序

任继愈

去年洪修平同志来信说，他撰写的《惠能评传》即将出版，请我为此书写一篇序，我答应了他的要求。我不想为这部书多说些什么鼓励和称赞的话，相信读者自有判断，洪修平同志研究禅宗多年，是有能力写好这部评传的。新中国建立后，近二十年来，我国自己培养的青年学者，人文科学、社会科学人才相继成长，卓然成家，这批新人又带出一批更年轻的专业人才。我一生从事教育事业，亲眼看到学术事业后继有人，从内心感到高兴。

禅宗在中国流传的时间很久，传播的地域最广。唐末五代从中国内地传到东邻朝鲜半岛、日本、越南。近百年来又远播到欧美等地，与西方近代神秘主义、直觉主义思潮相表里，成为国际显学，甚至连名称原封不动地被译为“禅”或“禅学”。

远在千余年前，达摩东来，向东方传授禅法，禅宗称为“大法东流”，看作一件大事。何期千余年之后，中国僧人又把它传到更远的欧美，我们无妨称之为“大法西去”。这种文化流布现象，是当年惠能创立禅时所没有料到的。

佛教传入中国，与中国传统文化相结合，形成中国佛教。中国佛教经过南北朝及隋唐，几百年的发展演变，孳生出许多学派和宗派。当隋唐国力昌盛，经济繁荣，社会安定的时期，政府大力扶持，众多宗派都得到发展壮大的机会。禅宗创建于唐朝盛世，与同时其他宗派并峙分流，它的特点和优点没有充分显示出来。惠能当时活动在岭南地区，北方有它的同门神秀及另外的宗派同时传播。惠能、神秀同出于黄梅东山门下。神秀与惠能一南一北，开门授徒，音问互通，互相尊重，互相涵容，两派宗旨有所侧重，但没有出现后来势不两立的对抗形势。① 荷泽神会开始挑起法统之争，树立门户之见，这是惠能、神秀生前没有想到的。

安史之乱是唐朝由盛到衰的分界线。安史乱后，唐中央政府统治力量削弱，地方割据势力壮大。佛教所面临的大环境发生了变化。更严重的是唐武宗发起的废佛运动，佛教势力受到极大的打击。各大宗派僧尼星散，寺院产业没收，经典流失。只有惠能创立的禅宗，以耕作自养，照旧维持僧团的生活。他们不主张多读经卷，不重章句之学，强调心传，不立文字。其他经院式的各宗派衰落了，禅宗反倒发展起来。唐末五代中央失去控制能力，天下大乱，人们看不到前途，纷纷向宗教寻求安身立命之地。这时，除佛教禅宗有较大的发展外，道教也有较大

① 《神秀北宗禅》，《汉唐佛教思想论集》，人民出版社 1998 年版。

的发展，如《无能子》、《化书》的出现，道教吕洞宾信仰的传播，差不多与禅宗后期"五家"、"七宗"同时。士人无法应试选官，转而向佛教"选佛"。这种大环境也促进了禅宗的变化，由早期的农民禅向文人禅转化。禅宗本来不立文字，后来却出现了大量的文字著作，文人加入禅宗行列，偈颂、语录广泛流传，由农民禅转化为文人禅。上层社会以及后来的宋明理学家都深受过文人禅的洗礼。后人说宋人治学多出于佛老，所谓"佛"，主要是指禅学。宋儒所批判的佛教，也是禅教。禅宗后期改变了当初不立文字的传统，变成重视文字著作，典籍浩繁，有的语录、偈颂动辄数十卷，有的上百卷，其繁琐不下于天台、华严各宗的章句之学。

禅宗各流派虽各标悬解，但均不出佛教藩篱。禅宗旨在打脱言筌，直探心源，其精义远非言筌所能尽。犹如以指指月，沿指可以寻月，而指非月。洪修平、孙亦平所著《惠能评传》为认识禅宗提供了必要线索。若真正体会禅宗第一义谛，尚须求索于文句之外。余早年有诗云：

漫道磨砖堪作镜，
可知蒸饭竟成沙。
拈花无言心会处，
坐看霁月照天涯。

第一章　惠能禅出现的时代与佛教文化背景

惠能是中国思想文化史上最有影响的佛教人物之一。谈到惠能，必然要谈到禅宗，因为惠能是以禅宗六祖而知名于世的。谈到禅宗，又要从佛教的中国化谈起，因为禅宗虽然渊源于印度佛教，却是形成于传统思想文化之中，是外来佛教在中国这块土地上生根开花而结出的硕果，是佛教中国化的产物。禅有印度禅和中国禅之分，禅宗也有北宗和南宗之别。惠能开创的禅宗南宗是中国佛教史上流传最广、影响最大的禅宗派别，也是中国化最为典型的佛教宗派，它不仅发展成为中国禅宗的唯一正宗，而且几成为中国佛教的代名词。禅宗作为传统思想文化的重要组成部分，千百年来对人们的思想和社会生活发生了广泛而深刻的影响，并为我们留下了许多宝贵的精神财富。有的日本学者甚至把禅宗作为东方文明与精神的代表推介给西方世界，而有的西方学者则认为禅宗能在现代社会帮助人克服与自身、他人、社会及自然的分离和异化，彻底摆脱精神危机。[①] 这里所说的禅宗，主要的都是指惠能所创的南宗。南宗禅在上千年的历史中有很大的演变和发展，但惠能思想无疑始终是其重要的理论基础。惠能南宗禅的出现不是偶然的，它有深刻的历史和文化背景，特别是与佛教的中国化密切相关。惠能在中国思想文化史上的最大贡献之一，就是把佛教的中国化推向了一个新阶段，并最终完成了佛教的中国化。因此，为了更好地理解惠能这一历史人物的出现，深入研究他的禅学思想，把握他的思想特点及其在中国社会文化中的重要地位与影响，就有必要把惠能放到特定的社会历史中去加以考察，把他的思想放到整个佛教中国化的过程中去加以分析，并对禅、禅学和禅宗的区别与联系以及禅宗与惠能的关系等先有一个大概的了解。

一、佛教的中国化与中国化的佛教

印度佛教在两汉之际经西域传至中国，这是中国文化发展史上的一件大事。自此以后，源远流长的中国传统文化又融入了新的内容与养料，变得更加丰富和灿烂，并获得了新的发展的动力，从而进入了一个在中外文化交融中不断发展的新时期。

“佛教文化传入中国的过程，也是两种文化交流的过程。

① 请参见《禅宗与精神分析》，辽宁教育出版社，1988 年版。

宗教文化不同于自然科学文化，它有强烈的民族性，有顽固的文化认同感。不同文化相接触要有交流、融会的过程。越是文化传统深厚的民族，吸收外来越困难。好比移植花木，引进农作物，一旦引进成功，生根、开花、结果，它就成为当地的新品种，与原产的作物同样繁茂，造福人群。佛教文化在中国所起的作用，使中国传统文化增加了新内容，产生长远效益。”[①]千百年来，中国佛教对人们的思想和社会生活所发生的影响是广泛而深刻的，在满足人们的精神需要方面更是起过不可或缺的重要作用。一种文化现象的长期存在，自有其深刻的必然性。“一种学说、文化在社会上的影响，既取决于这种学说、文化本身的价值，也要看这个国家需要的程度。”[②]佛教在中国之所以流传发展数千年而至今仍绵延不绝，就在于它包含着一定的积极因素，能满足社会和人生的某些需要。

从历史上看，传统文化对外来的佛教一方面采取了一种本能的拒斥态度，另一方面又敞开它博大的胸怀有选择地吸收容纳了佛教中有价值的东西或先秦以来传统文化中所欠缺的东西，例如佛教的思辨哲学和对生死问题的关注等。相对的封闭与对外来文化的拒斥，使传统文化保持了其独特的魅力和稳定的发展，而相对的开放与对外来文化的吸收，又使传统文化充满朝气和活力，不断实现着自我的更新和完善。传统文化对历史上第一次外来文化的大规模传入所表现出的双重性

---

① 任继愈《从中国佛教文化与古代社会看佛教文化与现代社会》，“佛教文化与现代社会’97 北京国际学术研讨会”会议论文稿。

② 任继愈《从中国佛教文化与古代社会看佛教文化与现代社会》，“佛教文化与现代社会’97 北京国际学术研讨会”会议论文稿。

格和所进行的成功的交融，至今仍对我们的文化建设具有重要的启迪意义。

从佛教方面来看。不同的民族，往往有其独特的人生理想、生活目标和价值取向，表现出不同的民族文化气质，这种民族文化气质，一般又会通过哲学、伦理、宗教等不同的文化形态表现出来。带着南亚次大陆古印度民族文化印记的佛教一进入中土，就与中国宗教和文化形成了一种相异互补、相斥互融的复杂关系。而中国人对佛教的接受程度，在一定意义上决定着佛教在中国的盛衰命运。因此，外来的佛教传入中国以后，在丰富发展传统文化的同时，其自身也经历了一个不断中国化的过程。

所谓佛教的中国化，就是指印度佛教传入中国以后，为了适应中国社会与文化的需要而不断地改变自己，在与中国社会政治、经济和文化的相适应过程中最终演变发展成为具有中国特色的、表现出中华民族传统精神风貌与特征的“中国佛教”。这里有个问题需要强调：我们认为，如果把产生于古印度的佛教照搬照抄地传到中国来，这当然不是中国化。但如果从根本上违背了佛教的基本教义教规，那也不成其为佛教，也就谈不上什么佛教的中国化了。佛教的中国化，一方面不应该违背佛教的基本立场、观点和方法，同时又应该在探讨和解决中国社会的问题中，吸收中国传统思想文化的内容和方法，为适应中国社会的需要而有所发展，有所创新，并通过中国化的语言和方式表达出来，这种既不同于中国传统文化，又有别于印度宗教文化的佛教，就是中国化的佛教。正如任继愈先生所说的：“中国佛教有佛教外来文化因素，又有中国文化特色。我们称之为中国佛教，并不是‘佛教在中国’，因为它是‘中国化的佛教'，已不同于古印度佛教的精神面貌。"[①]正是在与传统思想文化的相互冲突与融合渗透中形成的中国佛教文化，最终得以与中国传统的儒、道文化并驾齐驱，成为中国传统思想文化的重要组成部分，并产生了惠能禅宗这样富有特色的中国佛教文化的典型代表。从这个意义上说，探讨佛教的中国化和研究佛教中国化的主要成果之一——惠能的禅学思想，在今天也仍然有着特殊的文化意义。人们常说，佛教产生于印度，兴盛在中国。佛教在中国得以兴盛的根本原因之一就在于它能不断地中国化，而独具特色的禅宗正是在佛教中国化的过程中逐渐形成并发展起来的。

在佛教中国化的过程中，佛教一方面在中印文化的碰撞和冲突中主动依附迎合传统思想文化，积极地对之加以融合吸收，有时甚至不惜改变自己的某些特性或面貌以适应中国社会环境的需要，另一方面又以其独特的形式和内容为中国传统思想文化注入了新的活力，充实和丰富了中国的传统思想文化。中印文化的冲突与融合，构成了汉以后中国思想文化发展的重要内容。

由于中国传统文化内涵丰厚而广博，而佛教本身也是一个由众多要素构成的复杂体系，既有宗教的信仰，又有为之作理论论证的思辨哲学，还有一套相应的礼仪制度、僧伽组织、宗教伦理和修行方式等等，因此，佛教的中国化呈现出了非常错综复杂的情况，通过了各种不同的途径和方法。它不仅表现在宗教信仰、神学理论等方面，而且还表现在佛教的礼仪制

① 任继愈《智顗评传·序》，南京大学出版社 1996 年版。

度、组织形式和修行实践等许多方面。[①] 例如中国佛教改变印度佛教托钵化缘的乞食制度而把中国封建社会自给自足的小农经济的生产方式和生活方式结合到自己的修行生活中来，提倡“农禅并作”；隋唐佛教各宗派模仿世俗封建宗法制度而建立了各自的传法世系以维护自己的宗教势力和寺院经济财产，等等。就佛教中国化的途径与方法而言，也可以从佛典的翻译、注疏和佛教经论的讲习等许多方面来理解。[②]

从思想理论的层面上看，佛教的中国化大致可以概括为方术灵神化、儒学化和老庄玄学化等三个方面。这三个方面是相互联系、并存并进的，但在不同的历史时期、不同的人物和不同的思想体系中又各有侧重。而这三个方面都对惠能禅学思想的形成产生了程度不同的影响。

方术灵神化主要是说佛教对中土黄老神仙方术的依附和对灵魂不死、鬼神崇拜等观念的融合吸收。佛教的方术灵神化既与佛教本身的特点相联，也与佛教传入中土后所面对的文化环境相关。佛教作为一种宗教，本有其独特的宗教信仰、神学理论和修行方式，而中国的鬼神崇拜和方术迷信也可谓源远流长。虽然佛教的解脱理想以及实现解脱的途径与方法等，与中国传统的宗教观念和神仙方术等有很大的不同，但佛教传入后就不断地依附并融合吸收中国传统的东西，从而逐渐

---

① 台湾学者李志夫教授曾从“佛教教仪、制度之中国化”、“佛学之中国化”、“佛教文学之中国化”和“佛教艺术之中国化”等四个方面对佛教的中国化作了专门的研究，参见其《佛教中国化过程之研究》一文，载《中华佛学学报》第八期，[台湾]中华佛学研究所 1995 年 7 月发行。

② 请参见方立天《佛教中国化的历程》一文，载《世界宗教研究》1989 年第 3 期。

发展演化为中国民族化的宗教。

从历史上看，佛教来华之时，正值中土社会上各种方术迷信盛行之际。天帝、鬼神、祖先的崇拜和祭祀、卜筮、占星、望气、风角等种种方术，在当时社会上都非常流行，黄老神仙方术更是盛极一时。到东汉末年，随着先秦道家思想的活跃，奉老子为教主、熔阴阳五行与鬼神方术于一炉的道教逐渐形成。道教的宗教理想是通过各种道术的修行以求长生不死，得道成仙，其呼吸吐纳等许多修道方法，都与佛教修行有某些相似之处。而且早期道教以符箓治病、炼丹延命为主，其教义学说比较简单，仪轨戒条也不很完备，像佛教这样各方面都比较成熟的宗教的传入，对道教的进一步发展是有借鉴意义的，因而道教最初往往将佛教引为同道。在这样的文化背景下，初传的佛教也就被中土人士理解为是黄老道术的一种，人们往往把黄老与浮屠并提。社会上还出现了所谓的"老子化胡说"，客观上把佛与道纳入了同一个华夏文化系统之中①。而佛教也充分利用这样的机会和条件，有意地对此加以迎合，以求在异国他乡更好地生存发展。

我们知道，印度佛教中虽然也有神通等内容，但并不占重要地位，因为信奉佛法、励志修行是为了解脱，若以神通为追求的目标，那属于佛教所斥的外道。但佛教传入中国以后却往往有意识地将这一方面的内容突现出来，借以迎合并依附中土的种种神仙方术。例如在相传为中土第一部汉译佛典的《四

---

① 对于"老子化胡说"的提出及其文化意义，请参阅洪修平《老子、老子之道与道教的发展——兼论"老子化胡说"的文化意义》一文，载《南京大学学报》1997年第4期。

十二章经》中，就把佛陀描绘为“轻举能飞”的“神人”，把小乘佛教修行的最高果位“阿罗汉”描绘为“能飞行变化，旷劫寿命”。中国佛教徒编的最早介绍佛教的著作《理惑论》中也以道家神仙家之言来解释佛陀，认为“佛乃道德之元祖，神明之宗绪”，能够“恍惚变化，分身散体”，“蹈火不烧，履刃不伤”，极似神仙道术之士所讲的“神人”、“真人”。这些说法，既消解了人们对外来佛教的拒斥心理，也使佛教得到了那些想长生不老和求得神灵福佑的统治者的欢迎。因而有楚王刘英“诵黄老之微言，尚浮屠之仁祠”、“晚节更喜黄老，学为浮屠，斋戒祭祀”①，汉桓帝也在“宫中立黄老浮屠之祠”②，都把浮屠（佛陀）视为神灵，通过祭祀而向佛陀祈求福祥。为了迎合当时社会上流行的神仙方术，早期来华传教的僧人也往往借助于一些道术医方来拉拢信徒，扩大佛教的影响。例如最早来华的译经大师安世高据说就是“外国典籍，莫不该贯，七曜五行之象，风角云物之占，推步盈缩，悉穷其变。兼洞晓医术，妙善针脉，睹色知病，投药必济，乃至鸟兽鸣呼，闻声知心”③。其他如康僧会“天文图纬，多所综涉”④，昙柯迦罗“善学四韦陀论，风云星宿，图谶运变，莫不该综”⑤，甚至到了东晋十六国时，名僧佛图澄、鸠摩罗什等，也仍然借术弘法，以争取更多的信徒。佛教与道教虽然在后来的发展中因为宗派之争而矛盾不断，有时甚至达到相当激烈的程度，但在相当一段时间里，佛教对“老

① 《后汉书·楚王英传》。
② 《后汉书·襄楷传》。
③ 《出三藏记集》卷十三《安世高传》。
④ 《高僧传》卷一。
⑤ 《高僧传》卷一。

子化胡说”之类的说法是予以默认的，在漫长的中国化过程中，佛教对道教的思想和方法也是大量容纳和吸收的。天台宗三祖慧思甚至有“誓愿入山学神仙，得长命力求佛道”[①]的说法，智𫖮的止观学说对道教丹法的融摄也是显而易见的事实。

在依附神仙方术的同时，外来佛教也十分注意对灵魂不死、鬼神崇拜等中国传统宗教观念的吸收。例如，印度佛教本来是主张“无我”的，认为人是“五蕴”和合而成，没有独立自存的恒常的主体，死后也没有不死的灵魂。但中国却自古以来就盛行着灵魂不灭、鬼神报应的观念，认为“人死为鬼，有知，能害人”[②]，人的善恶有福祸报应，这种报应都是“天地罚之，鬼神报之”[③]。因此，对上帝鬼神的敬畏和对祖先的祭祀一向在中国人的思想意识和社会生活中占有很重要的地位。外来佛教自传入起就对这种思想和观念有所融合。例如传为安世高所译的《阿含正行经》就把佛教的轮回说与中土的灵魂观结合起来，认为人如果行恶，死后“魂神”就会“入泥犁、饿鬼、畜生、鬼神中”，如果行善，则会“或生天上，或生人中”。三国时的康僧会在所译的《察微王经》中更是直接使用了“魂灵”一词，认为“魂灵与元气相合，终而复始，轮转无际，信有生死殃福所趣”。因此，在汉魏时的佛教译经中，“无我”(同时否定肉身之我与精神之我)就被译成了“非身”(仅否定肉身之我)。这样的译经，又进一步影响到人们对佛教的看法。据有关记载，当时的中土人士就认为“佛道言人死当复更生”，“魂神固不灭矣，

① 《南岳思大禅师立誓愿文》。

② 王充《论衡·论死》。

③ 王充《论衡·祸虚》。

但身自朽烂耳”①。这些看法，后来经东晋释慧远的“神不灭论”和“三报论”以及梁武帝萧衍的“神明成佛论”等的系统论证发挥而在中土产生了极为广泛而深远的影响，甚至超出了一般佛教徒的范围而为许多普通的百姓所信守。由于当时许多人都认为“佛之有无，寄于神理存灭”②，因而在南北朝时佛教徒与反佛者曾围绕着神灭与神不灭展开了一场思想理论上的大论战，对中国思想界产生了巨大影响。而灵魂不死与天堂地狱等结合在一起而形成的轮回报应说和视佛菩萨为神灵的观点至今仍在中国人的思想观念和社会生活中发生着一定的影响，特别是在烧香拜佛、求神福佑等民间信仰活动中表现得更为明显，它甚至成为许多人信奉佛教的主要信念和方式。

外来佛教对神仙方术的依附，对中国传统宗教与迷信思想的融合，在客观上为佛教在中土的广泛传播开拓了道路。而佛教禅学在其中所处的地位是特别值得重视的。甚至可以说，佛教在初传时之所以被视为方术的一种，在很大程度上就是因为佛教禅学。我们知道，佛教来华，最早传入并流行的是小乘禅数之学，其思想和行法在很多方面都可以找到与中土神仙方术的相契合之处。例如“安般守意”的数息禅观，其追求的“息意去欲而归于无为”在理论上就被认为与当时黄老道的清静无为相一致，其数息守意的修行方法，又与“守气”、“守一”等呼吸吐纳的神仙道术相似，而修禅所能获得的“神通”，更与传统理想中的“神仙”相通。而早期中土的禅学也非常强调“禅用为显，属在神通”，特别以“内逾喜乐，外折妖祥，摈鬼魅于重

① 牟子《理惑论》，《弘明集》卷一。

② 萧琛《难神灭论》，《弘明集》卷九。

岩,睹神僧于绝石”为禅业之胜[①]。一些禅师在译介禅经时也有意使用一些道家神仙家的名词术语,例如用道家的“守一”来表达佛教的“禅定”,把通过禅定而达到的境界描绘为犹如中国的所谓成仙得道[②],等等。虽然佛教禅法与传统的神仙道术并不是一回事,前者注重身心的调整,特别是心理的调控,以追求精神的解脱,要从根本上脱离生死轮回,而后者却是以消灾避祸、养生延命为主要特征,但由于两者都具有某种神秘性和超越性,其修行方法和修行结果,表面看来又有一定的相似性,特别是小乘禅法与道术,两者更是相近。因此,尽管早期禅师大力显扬的神通妙用,并不是禅的真精神所在,但他们所作出的努力,不仅为佛教登上中国思想文化的舞台奠定了基础,也为禅在中土生根发展提供了重要因缘。早期禅师撒下的禅种,在来华僧人和中土人士的共同耕耘浇灌下,逐渐在中华土地上生根发芽,开花结果,最后终于有惠能禅宗的出现。在中国禅学和禅宗中,方术和神通虽未成为主流,但却是始终存在的。在惠能及其所创的南宗禅的思想和实践中,道术和对神灵的崇拜有淡化的倾向,这既是对传统禅法执著修禅形式和神异灵通的一种反动,也与禅在中国化过程中同时与儒道等传统文化的相互激荡和融摄有密切的关系。

如果说佛教的方术灵神化主要是在信仰和行证的层面上为佛教和禅学的传播扫除了障碍,为其与广大民众的宗教观念和行为相结合开拓了道路,那么佛教的儒学化则为中国佛

---

① 见《高僧传·习禅篇论》。

② 康僧会的《安般守意经序》中说:“得安般行者,……无遐不见,无声不闻,恍惚仿佛,存亡自由。”

教的社会伦理品格和禅宗的心性理论奠定了基础，并为文化士人接受佛教禅学进一步创造了条件。

儒学是中国文化的主流，也是西汉以来在中国封建社会中长期占主导地位的思想意识形态。佛教的儒学化主要表现在两个方面：一是对儒家伦理名教的妥协与调和；二是对儒家人文精神和心性学说的融合吸收。印度佛教视人生为苦海，要人厌离世俗生活，出世求解脱。这与中国儒家关注现实社会人生而重视君臣父子的纲常名教、仁义孝悌的伦理亲情、修齐治平的道德政治理想等都是非常对立的。而佛教徒不娶妻生子，见人无跪拜之礼的出家修行方式，更是与传统的社会伦理不合。因此，佛教一传入就受到了以儒学为代表的传统思想文化的激烈排斥和攻击，被斥之为不忠不孝，违礼悖德。

由于儒家伦理名教是中国宗法性的封建专制制度的重要思想支柱，因此，佛教为了在中土生根、发展，就必须与之妥协调和。于是就有了《四十二章经》中提出的“孝其二亲”，有了《理惑论》中提出的“至于成佛，父母兄弟皆得度世”即为最大的“仁孝”，也有了《六度集经》中的“为天牧民，当以仁道”和“布施一切圣贤，又不如孝事其亲”。从历史上看，佛教对儒家伦理名教妥协调和的手法主要表现在以下三个方面：

其一是寻找相似点，采取比附的手法，以强调两者一体，本来不二。例如为了说明“释教为内，儒教为外”①，“内外两教，本为一体”②，佛教徒经常把佛教的“五戒”比同于儒家的

① 北周道安《二教论·归本显宗第一》。

② 《颜氏家训·归心篇》。

"五常"，认为佛教的五戒与儒家的五常仁义是"异号而一体"[①]的。《颜氏家训·归心篇》中说："内典初门，设五种禁，与外书仁义五常符同。仁者，不杀之禁也；义者，不盗之禁也；礼者，不邪之禁也；智者，不酒之禁也；信者，不妄之禁也。"这种说法，后来几乎成为一种定论，并成为中国佛教伦理的重要内容。受儒家天人合一、天人感应和阴阳五行等思想的影响，后来有些中国佛教学者还进一步把佛教的"五戒"与五常、五行、五方和人的五脏等相比附[②]。我们说，佛教的"五戒"与儒家的"五常"之间确实存在一定的相通之处，它反映了古代中国和印度的思想家对维护人际关系的某些共同看法，反映了人类社会生活所要求的一些最基本的共同的社会伦理原则和行为准则，但五戒和五常，一个体现的是出世的宗教伦理，一个是为现实社会服务的世俗伦理，两者又是有很大差别的。[③]佛教的这种比附，实际上是通过对儒家纲常伦理的肯定而沟通了世间法和出世间法的联系，进一步拓宽了佛教中国化的道路，正是由此发展，而有后来惠能的"佛法在世间，不离世间觉"[④]和"恩则孝养父母，义则上下相怜"[⑤]。

其二是调整乃至不惜改变佛教自身，以求与儒家伦理相

---

① 契嵩《辅教编》上《原教》，《镡津文集》卷一。

② 详见敦煌本《提谓经》等，并请参阅方立天《佛教伦理中国化的方式与特色》一文，载《哲学研究》1996 年第 6 期。

③ 明代四大高僧之一的蕅益智旭其实也看到了这种差别，他说："五常只能为世间圣贤，维世正法，而五戒则超生脱死，乃至成就无上菩提"，只是为了迎合儒家，调和儒佛，他才又强调"五戒即五常"（《灵峰宗论》卷二之五）。

④ 宗宝本《坛经·般若品》。

⑤ 宗宝本《坛经·疑问品》。

适应。具体的做法，或者是在译经过程中就以儒家伦理为标准作出增删，例如去除父母子女平等的论述而加进了“孝养父母”的内容[1]；或者是在阐发佛理时作出迎合儒家伦理的引申发挥，有时干脆在佛教中加入儒家名教的内容。有关这方面的突出例子是中国佛教对“孝道”的阐扬。印度佛教中虽然也有尊奉父母等思想，但根据其轮回转生的教义，这种思想并不占重要地位[2]。但在以血缘为纽带、以家庭为本位的中国封建社会，孝亲却是各种社会和伦理关系的基础，一向受到全社会的普遍重视，统治者甚至还标榜要“以孝治天下”。为了与之相适应，中国的佛教徒就一直非常注意以孝的观点来阐释佛经，甚至编造“伪经”[3]来阐扬孝道，调和佛教出家修行与儒家孝亲观的矛盾。[4] 唐代僧人宗密在《盂兰盆经疏》中把“孝”说成是儒佛共同崇奉的宗旨：“儒佛皆宗之，其唯孝道矣。”宋代禅师契嵩则进一步把“孝”抬到天地根本法则的高度，并提出“孝也者，大戒之所先也”的观点，认为佛教比儒道等更尊奉孝道。他在《辅教编·孝论》中引《孝经》言：“夫孝，天之经也，地之义也，民之行也。”并认为：“夫孝，诸教皆尊之，而佛教殊尊也。”

---

① 请参阅日本学者中村元《儒教思想对佛典汉译带来的影响》一文，载《世界宗教研究》1982年第2期。

② 《诸经要集》卷七中说：“无始已来一切众生，于六道中互为父母，亲疏何定？”《广弘明集》卷十三载法琳的《辩正论》中也引佛经言：“识体轮回，六趣无非父母；生死变易，三界孰辨怨亲？”

③ 伪经，是指中国古代佛教徒撰述而假托“佛说”、并以汉译形式出现的佛教经典。这些经典对研究佛教的中国化和中国化佛教的发展，仍有重要意义。“伪经”中阐扬孝道的代表作有《佛说父母恩重经》等。

④ 请参阅王月清《中国佛教孝亲观初探》一文，载《南京大学学报》1996年第3期。

重视孝道，突出孝道，这成为中国佛教伦理的一大特色，也是惠能面向世间的禅学思想特点的重要理论背景。

其三是沟通不同点，努力从劝善等社会作用的相同来论证儒佛不二或儒佛互补，两者都有助于帝王的教化，以强调两者的“殊途而同归”①。这是中国佛教徒最常用也是最根本的论证方法。例如晋宋时的宗炳在《明佛论》中说：“孔老如来，虽三训殊路，而习善共辙也。”北周道安《二教论》中也引用了时人语：“三教虽殊，劝善义一，途迹诚异，理会则同。”东晋名僧慧远还曾专门作有《沙门不敬王者论》长文一篇，论证出家人虽然不敬王者，有违世俗名教，但却能“拯溺俗于沈流，拔幽根于重劫。远通三乘之津，广开天人之路。如令一夫全德，则道洽六亲，泽流天下，虽不处王侯之位，亦已协契皇极，在宥生民矣”，因此，“道法之与名教，如来之与尧孔，发致虽殊，潜相影响；出处诚异，终期则同”。中国佛教徒的最后结论是，“周孔即佛，佛即周孔，盖外内名耳”②，两者可以并行不悖：“六度与五教并行，信顺与慈悲齐立”③。在论证儒佛社会教化功能不二的同时，佛教徒还特别注意以佛教伦理的独特性来弥补儒家名教的局限或不足。例如三国名僧康僧会在回答吴主孙皓的诘难——儒佛皆明善恶有报，那既有儒家，何用佛教？——时说：“周孔所言，略示近迹，至于释教，则备极幽微。故行恶则有地狱长苦，修善则有天宫永乐。举此以明劝沮，不亦大哉！”④

---

① 慧琳《白黑论》，《宋书》卷九十七《天竺迦毗黎传》。

② 孙绰《喻道论》，《弘明集》卷三。

③ 慧琳《白黑论》，《宋书》卷九十七《天竺迦毗黎传》。

④ 《高僧传·康僧会传》。

以佛教的三世轮回、自作自受等来强化世俗的伦理说教,有时确实能起到儒家名教起不到的作用。同时,佛教徒还基于众生平等的教义而提倡对一切生命的慈悲仁爱,这对儒家"爱有差等"的仁爱也确实有某种补充作用,因而也比较易于为广大社会民众所接受。中国佛教正是藉此而得到了上层统治者的支持和下层民众的容受,从而得以在中土盛行。当然,若儒佛的差异实在难以沟通,那佛教徒也就只好以"苟有大德,不拘于小"①来回答了。

随着佛教在中土的站稳脚跟和传播发展,佛教的儒学化也逐渐从表面层次的对儒家纲常名教的妥协调和发展为深层次上的对儒家重现世现生的人文精神和思维特点、思想方法的融合吸收,特别是通过与儒家心性论的交融而形成的中国佛教的心性论,成为惠能禅学思想的核心和理论的基本出发点。

儒家是中国传统文化的主流,"中国传统思想文化的一个重要特点,就是具有很强烈的关注现实社会和人生的人文精神"②,这种精神在儒家思想中的突出表现之一,就是强调人的价值,提倡积极入世,重视对人的本质和人性的探讨,并形成了以性善论为主流的人性学说。而印度佛教作为一种追求出世解脱的宗教,其人生哲学却注重对人生苦难的分析说明,并进而推至对现实世界的否定和对彼岸世界的肯定,特别是随着大乘佛教的兴起,佛和佛的境界都被进一步神化,个人及人类社会则从根本上丧失了其存在的价值。但传入中国的佛教却在儒家

---

① 牟子《理惑论》,《弘明集》卷一。

② 洪修平《论中国佛教人文特色形成的哲学基础——兼论儒佛道人生哲学的互补》,载《中国哲学史》1996年第1～2期。

重人事、重心性和重视主体及其修养的思想影响下，将抽象的佛性与具体的人心结合在一起，极大地发展了中国化的佛性论和心性学说，并通过对主体自我的肯定而进一步走向了对人的生活的肯定，由此而确立了中国佛教“出世不离入世”的基本特色。正是在这样的背景和基础上，倡导依持自心自性于当下解脱的惠能禅宗的出现才成为可能。惠能以智慧说心性，强调“心性本觉”，“即心即佛”，一方面破除对佛祖等外在权威的迷信和崇拜，主张每个人的自性自度，另一方面又融解脱理想于当下的现实人生之中，化修道求佛于平常的穿衣吃饭之间。这样一种既有出世精神，又有入世品格的中国化最为典型的佛教宗派后来在中国最为流行，就是很自然的事了。

德国学者卡尔·雅斯贝斯在提出他著名的“轴心时代”的新史学观念时认为，人类古代文明在经过了很长一段时间以后，在公元前500年前后的数百年内，在中国、印度、巴勒斯坦和希腊这些互不知晓的地区，不约而同地经历了“超越的突破”，各大文明由文化的原始阶段一跃而发展为高级阶段，形成了各自特殊的文化传统，他把人类文明发展的这一关键时期称之为人类文明史上的“轴心时代”，认为直至近代，“人类一直靠轴心期所产生、思考和创造的一切而生存，每一次新的飞跃都回顾这一时期，并被它重燃火焰”[①]。在谈到中国时他说：“在中国，孔子和老子非常活跃，中国所有的哲学流派，包括墨子、庄子、列子和诸子百家，都出现了。”[②]情况确实如此，与世界文化发展相同步，中国在春秋战国时期也形成了一个

① 《历史的起源与目标》，华夏出版社，1989年版，第14页。

② 《历史的起源与目标》第8页。

诸子百家争鸣的文化繁荣局面，这一时期的文化成果也成为中国文化发展的“轴心”，任何外来文化要在中土传播发展都不能不受这一轴心的影响。在这诸子百家之学中，堪与儒家媲美，且在传统文化的发展中始终与儒家相融互补的是老庄道家，其哲学在魏晋时期则发展为玄学。佛教的儒学化主要表现了外来佛教与中国正统思想的合流，但对于有“哲学的宗教”之称的佛教而言，仅此还是不够的，因为这还不足以充分表现佛教的特有价值。恩格斯说过：“辩证的思维——正因为它是以概念本性的研究为前提——只对于人才是可能的，并且只对于较高发展阶段上的人（佛教徒和希腊人）才是可能的。”[①]佛教在其发展中逐步形成了一套精致的思辨哲学，它传到中国来以后也必须通过中国化而进入传统的哲学思想领域。因此，佛教在中土的发展，还经历了十分重要的老庄玄学化的过程。外来佛教借助老庄道家的玄思来阐发佛理，从而加深了与中国思辨哲学的交融，并通过对道家自然人生论的会通而孕育了惠能“自在解脱”的禅学思想。

佛教的老庄玄学化也可以追溯到佛教的初传之时。汉译佛经从一开始就借用了许多传统道家的术语。例如最早来华传教的译经大师安世高，在其所译出的《安般守意经》中就有这样的表述：“身但气所作，气灭为空。”又说：“安般守意，名为御意至得无为也。”按照佛教的观点，人身乃由地水火风等四大和合而成，修安般守意禅观，则是为了涅槃解脱。这里却用“气”来概括“四大”，代指“人身”，用“无为”来表示涅槃义，以至于有的中国人就以道家思想去理解佛教了。牟子《理惑论》

① 《马克思恩格斯选集》，人民出版社 1972 年版，第三卷，第 545 页。

中说:“道之言导也,导人至于无为也。”认为佛道是引导人们去追求无为境界的。既然佛与老子的理想境界都是无为,所以又说:“佛与老子,无为志也”,认为两者本质上是一致的。袁宏《后汉纪》卷十中也说:“沙门者,汉言息心。盖息意去欲,而欲归于无为也。”与安世高差不多同时来华传教的译经大师支谶在其译出的《道行般若经》中则用“本无”、“自然”等概念来表示般若性空之义,例如《照明品》就将“诸法性空”译为“诸法本无”,《泥犁品》中则说“一切法悉皆自然”。这样的译法,就从文字上乃至义理上将佛道沟通了起来。魏正始(240～249)以后,魏晋玄学盛行。由于般若学假有性空的理论与老庄玄学谈无说有的思想特点颇为相似,“故因风易行”[①],得以繁兴,并与玄学合流而产生了玄学化的六家七宗。正是通过与玄学的合流,佛教正式登上了中国学术思想的舞台。东晋著名的佛学家僧肇借助于鸠摩罗什译出的“三论”[②],在批判总结玄佛合流的基础上,创立了比较准确地把握了印度佛教原义的中观般若思想体系,但其思想和方法仍然深受老庄玄学的影响,以至于现代日本学者中仍有人认为僧肇的思想“不仅形式连内容也是老庄思想”。[③] 僧肇以后,竺道生会通般若学和佛性论,并

---

① 道安《鼻奈耶序》,《大正藏》第24册,第851页上。

② 三论,即《中论》、《十二门论》和《百论》,为系统发挥般若思想的代表之作,后来的佛教三论宗就因主要依据此三论立宗而得名。

③ 见日本驹泽大学教授冈部和雄在1989年召开于北京大学的“中日禅学研讨会”上发表的论文《中国佛教的研究状况与问题点》。对这种观点,我们并不敢苟同,因为透过僧肇思想与老庄玄学的表面相似,是不难看出它们根本点上的差异的。请参阅洪修平《老庄玄学与僧肇佛学》一文,载《道家文化研究》第五辑,上海古籍出版社1994年版。

在此基础上提倡顿悟说，既开了中国佛学以佛性论为主流的发展之先河，也为惠能禅学思想的出现铺平了道路。如果说老庄玄学化的佛教般若学为惠能破除一切执著提供了思想方法论上的基础，那么，融通儒家心性论和道家自然论的佛性论则为惠能的直显心性、自性解脱提供了本体论的依据。在佛教中国化的过程中，其思辨理论的老庄玄学化是十分值得注意的，在隋唐时建立起来的各个中国化的佛教宗派的思想体系中，老庄玄学的“自然”、“有无”和“道”等概念以及相对主义、得意忘言等方法，都在其中起着巨大的作用。而禅宗思想的出现，按胡适的说法，就更是道家哲学与佛教思想相结合的结果。①

需要指出的是，佛教中国化的过程是佛教与传统思想文化相互影响的过程。外来佛教在传统文化的影响下为适应中国社会的需要而不断改变自己，传统文化也在外来佛教的影响下不断发生变化，这两方面是紧密联系、相互交织在一起的。从历史上看，正是中国化了的佛教更能对传统思想文化发生影响，而受佛教影响的传统思想文化也更能对佛教在中国的发展产生影响。例如，早期佛经的翻译受到了老庄道家思想的影响，老庄化的译经又反过来对魏晋玄学的产生和发展起了一定的促进作用②，而六家七宗时代的佛教般若学则又是佛教玄学化的产物。同样，禅宗等中国化的佛教宗派在儒道等传统思想文化的影响下得以建立，而它又推动了宋明理学的

---

① 胡适曾提出：“中国古来的自然哲学，所谓道家，颇影响禅学的思想”(《荷泽大师神会传》)。“古来的自然主义的哲学(所谓‘道家’哲学)与佛教的思想精彩部分相结合，成为禅宗的运动”(《白话文学史》第264页)。

② 关于佛学对玄学的影响，请参阅洪修平《佛教般若思想的传入和魏晋玄学的产生》，载《南京大学学报》1985年增刊。

形成与发展。从某种意义上说，正是由于禅宗等站在佛教的立场上对儒道等进行了融合，才对宋明理学发生了巨大的影响，而朱熹等宋儒大都在竭力排佛的同时又未能避免出入于佛老，一个很重要的原因也就在于他们理解的儒学，在一定程度上已经打上了佛教的烙印。在强调佛教中国化的同时，传统文化的佛教化也是不应被忽视的。只有从两者双向的互动中，才能更好地把握中国佛教的特点，也才能更好地研究惠能的思想。

还需要说明的是，由于中国是个多民族的国家，中华民族是个多民族的大家庭，不同的民族有不同的文化传统和习俗等，因此，"印度佛教传入中国后，形成了汉地佛教、藏传佛教和傣族等地区佛教三大支，佛教的中国化，一定意义上也可说就是佛教的汉化、藏化和傣化"①。而我们上面主要是就佛教与汉文化交融的角度谈了佛教的中国化问题。关于印度佛教与藏文化和傣文化等中国少数民族文化的关系，我们将在以后再作专门的研究。

佛教在汉族地区传播发展的中国化进程，按其不同的特点，可以划分出几个不同的时期和阶段。② 我们认为，就其思想的中国化而言，大致可分为三个主要的阶段。第一个阶段是从佛教初传到两晋时期。这个阶段的佛教主要是依附于传统思想而在中土扎下根来，并在与传统文化的交融中逐步得

① 方立天《佛教中国化的历程》，载《世界宗教研究》1989 年第 3 期。

② 方立天曾把佛教的中国化分为"汉代——佛道时期"、"魏晋南北朝——佛玄时期"、"隋唐——创宗时期"、"五代以后——三教合一时期"等四个时期和"依附"、"全面冲突和融合"、"合为中国文化的一部分"等三个阶段。请参阅上注所标之文。

到发展。具体地说,汉代时佛教主要依附神仙方术,魏晋时则主要依附玄学。佛教般若学派"六家七宗"的出现,既是玄学影响的产物,也是佛教企图摆脱对玄学的依附而建立自己思想体系的尝试。[①] 鸠摩罗什来华译出诸多佛经,使这种企图成为可能。僧肇在批判玄佛合流的基础上创建的较为完整的中国化佛教哲学体系,不仅把玄佛合流推向了顶峰,而且也标志着魏晋玄佛合流的终结,开了中国化佛教哲学理论自成体系的相对独立发展的先河,把佛教的中国化推向了新的阶段。[②] 从南北朝到隋唐五代,是佛教中国化的第二个阶段。这是中国佛教走向独立发展与鼎盛的时期。南北朝学派的林立和寺院经济的发展,为隋唐佛教宗派的建立奠定了理论和经济的基础。隋唐时期天台、华严和禅宗等中国化的佛教宗派的出现,则标志着佛教中国化的基本完成。入宋以后,佛教的中国化进入了第三个阶段,即潜移默化地渗透到了中国文化的各个方面,成为传统思想文化的重要组成部分,并表现出了许多不同于以前的新的特点。

由上述可知,隋唐佛教宗派都是在佛教中国化的过程中形成发展起来的,是佛教中国化的最高成就。而在众多的中国佛教宗派中,流传最广,影响最大的是禅宗,而且主要是以惠能为创始人的禅宗南宗。惠能禅宗可谓是中国佛教文化百花园中最为绚丽夺目的一朵奇葩。那么,究竟什么是禅,什么

---

① 请参阅洪修平《也谈两晋时代的玄佛合流问题》,载《中国哲学史研究》1987年第2期。

② 请参阅洪修平《佛教的中国化与僧肇的哲学思想》,载《复旦学报》1988年第4期。

是禅宗？禅宗与惠能又是怎样的关系呢？

二、禅、禅宗与惠能南宗

禅在印度有外道禅和佛教禅之分，佛教禅也有大乘禅和小乘禅之别。大小乘禅中又可各分出许多不同的种类。印度禅传入中国，并进而传至日本，于是又有了所谓的中国禅和日本禅。禅的内涵丰富而复杂，这既与禅本身所具有的丰厚的文化意蕴相联，同时也是禅在不同的时空条件下随机应变之特点的具体体现。禅，原为梵文 Dhyāna 音译“禅那”之略称，意译为“静虑”，即“静心思虑”，旧译也作“弃恶”、“思惟修”、“功德丛林”等。就佛教的本义而言，其主要有两层意思：一是“于一所缘，系念寂静”，即心注一境，使纷乱的心绪意念宁静下来；二是“正审思虑”，如实了知，即正确地审视思虑，如实地了知宇宙人生的真谛。实际上也就是通过一定的佛教修行活动而实现解脱的理想，这种解脱理想以精神的超越为特征，以主观精神的根本改变为主要内容。

一般而言，“禅”属于“定”法之一种，可以包括在“定”之中。但严格地说，“禅”与“定”又不完全一致。“定”为梵文 Samādhi 的意译，音译作“三昧”或“三摩地”等，《俱舍论》卷四将它定义为“心一境性”，即心专注一境而不散乱。因此，“定”的含义比较宽泛，一切息虑凝心之法都可称之为定。佛教认为，由定可以发慧，即通过修定可以获得正确观悟宇宙人生本质的智慧。在这个意义上，“定”也被译为“止”，“慧”则可译为“观”。由于依“止”而有观，真观必寂然，故佛教中常常“止观”并举，意与“定慧”相近，谓依“智慧”“摄心入定”，又依“定”而观悟佛教真理。由于禅的正审思虑以定为前提，禅自有定止寂静之义，故禅得以名定。《大智度论》卷五中说："一切禅定，亦名定，亦名三昧。"但定却并无思惟审虑之义，故定并不就能名为禅，只有静虑之定方名为禅。《大智度论》卷二十八云："四禅亦名禅，亦名定，亦名三昧。除四禅，诸余定亦名定，亦名三昧，不名为禅。"

由于"定"的主要特征是"静心"、"息虑"，而"禅"还包括了在静心息虑基础上的"正审思虑"，具有一定的观想内容，具有"如实了知"的"慧观"作用。因此，佛教所说的"禅"，实际上包含了一般所讲的定与慧、止与观这两方面的内容。所以《俱舍论》卷二十八中说："诸等持内，唯此摄支，止观俱行，最能审虑。"这里的"等持"，是"定"的意译之一；唯此的"此"，是指静虑，即"禅"。意思是说，唯有"禅"这一种"定"才同时包括了止与观两方面的修行。这里，一方面把禅视为"诸定"之一种，另一方面又强调了禅同时具有的"慧观"义。因此，唐代的宗密在《禅源诸诠集都序》中明确地将"禅"解作"定慧"，从佛教本身来看，这是有一定理论根据的，也是符合证得智慧以实现精神超越这一禅的基本精神的。

当然，在佛教的实际使用中，禅与定并不总是非常严格地限定在它们的本义，而是经常地泛指静心观想一类的宗教修习活动。在更多的场合，特别是在中国佛教中，禅与定往往合称为"禅定"，用以表示通过精神集中、观想特定对象而获得悟解或功德的思维修习活动，含义更为广泛，其作用也被抬到极其重要的地位。例如宗密在《禅源诸诠集都序》中曾说：

禅定一行，最为神妙，能发起性上无漏智慧。一切妙用，万德万行，乃至神通光明，皆从定发。故三乘学人，欲求圣道，必须修禅，离此无门，离此无路。

这是把禅定强调为求圣道的唯一法门了。

中国禅宗则倡导以“禅定”来概括佛教的全部修习，并以禅命宗，倡“定慧等学”，使禅具有了极为广泛的含义。特别在惠能及其后学中，本来是“思惟修”、“静虑”之义的禅，经与儒家心性论和道玄自然论的结合，更被敷演为深奥莫测、包罗万象的代名词——它是虚玄而遍在的道，它是清净的心，它是自然的生活，它是宇宙人生的总根源，它是佛教的第一义谛，它是修行的方法和大彻大悟的境界……。同时，它又什么也不是。这样的禅，更给人留下了广阔地阐释、思索和体悟的余地。

历史地看，禅定作为一种修行方式并非始于佛教，而是渊源于古印度的瑜伽术。瑜伽为梵文 Yoga 的音译，意谓“结合”，“相应”，即通过静坐、调息来控制自己的心理活动，使精神专注，以达到人神（个体意识与宇宙精神）相应冥合之境。这种方法的出现，有其一定的必然性，它源于人类自身生存的矛盾与困境。人类的延续可以是无限的，但作为个体存在的自我却是有限的；人类的能力可以是无限的，但作为个体存在的自我的能力却又是有限的。当有限的自我面对无限时，往往会产生惶恐与不安，人们渴望超越自身却又难以实现。当人们向往永恒而又不知所措时，往往就会寄希望于神或某种绝对的存在，希冀通过某种方法使自我融入无限而达到永恒。费尔巴哈说过：“宗教的前提，是意志与能力之间、愿望与获得之间、目的与结果之间、想象与实际之间、思想与存在之间的对立与矛盾。”[①]无论是东方还是西方，无论是在中国还是在印度，在人类发展的某些阶段，都曾出现过类似“瑜伽”的修行思想或方法，都曾拥有“与道为一”、“与神相合”、“梵我合一”等诱人的理想境界，说法尽管不一，体现的精神则是相似或相通的，这反映了人类文化发展的某种共通性，也为禅在各地的传播发展提供了契机和可能。

根据考古资料及佛教和耆那教有关典籍的记载，瑜伽术在古印度出现得很早，后被吠陀教和婆罗门教等许多宗教所普遍采用，在民间也广为流行。在瑜伽的种种行法中逐渐包括了禅和定的修习。释迦牟尼在成佛之前，为了追求宇宙人生的真谛和人生解脱的途径，也曾修习过禅定。佛教创立后，更把禅定这种实践方法与戒律和智慧并列，作为佛教修习的重要内容。戒、定、慧“三学”成为早期佛教修持的全部内容的概括。大乘佛教兴起以后，其修习的主要内容“六度”（布施、持戒、忍辱、精进、禅定、智慧）中仍然包括了禅定。不过，佛教对禅定的思想和内容都作了专门的阐释和发展，对修禅的目的与方法也都作出了一定的变革。[②]

为了与以往的各种禅定相区别，佛教把它之外的各种禅

---

① 《费尔巴哈哲学著作选集》下卷，商务印书馆 1984 年版，第 462 页。

② 李志夫教授在谈到印度传统的瑜伽与佛教的禅定之关系时曾提出，“瑜伽与禅定都是修心，练身之方法又是同一的”，“但佛教之禅定着重在反省、分析，从而观到一切法空，空无有‘处’即是‘定’”。“以印度之瑜伽学派为例，他们是要求个人之心灵与神相联合，内观上帝就在自己之前后、左右；而佛教则是根据因缘法，观一切无常，观生是苦……”。“由之，可以了解，印度传统之理论与实践是以‘神’为依据，而佛教之理论与实践是以‘因缘法’为依据”（《中华佛学学报》第八期，第 76 页）。

皆称之为“外道禅”，认为那些至多只能为宗教修行准备一定的心理条件而不可能使人获得根本的解脱，更何况有的还会把人引入歧途，只有佛教的禅定才是通向涅槃解脱的正确修行方法。事实上，佛教禅的种类也很多，而且其内涵和实践方式都是随着佛教的发展而不断丰富与充实的。在佛教中，按照不同的标准，可以对禅作不同的分类。例如影响比较大的印度佛典《楞伽经》，就曾把禅分为愚夫所行禅、观察义禅、攀缘如禅和如来禅等四大类。中国唐代的宗密则在《禅源诸诠集都序》中把禅分为外道禅、凡夫禅、小乘禅、大乘禅和最上乘的如来清净禅等五大类。近代太虚法师也曾把中国禅分为依教修心禅和悟心成佛禅，并在依教修心禅中又细分出安般禅、五门禅、念佛禅和实相禅等，在悟心成佛禅中则分出超佛祖师禅、越祖分灯禅等。

综合起来看，在佛教史上先后出现的各种禅，主要可分为小乘禅和大乘禅两大类。小乘禅即小乘佛教的禅，它提倡通过修禅实践去体悟佛教的真理，以断除无明和欲望，获得个体精神上的解脱。小乘禅一般都有比较固定的内容和行法，主要通过对身心活动的控制和引导，采取调整呼吸和集中思想等方法，以达到证悟佛教智慧，即确立佛教世界观的宗教目的。小乘禅的种类也相当多，有四禅、四无量心、四空定、八解脱、八胜处、九次第定、十遍处等等。按照修习层次的不同，最基本的小乘禅可以概括为四禅、八定和九次第定。

随着佛教的发展，伴随着大乘佛教的出现而又有了大乘禅。大乘禅是在小乘禅的基础上发展起来的，小乘禅的许多内容和方法都为大乘禅所继承并发挥。但大乘禅也在许多方面对小乘禅作了改造与发展。与小乘禅相比，大乘禅的范围也更扩大了，有无量无数三昧的名称。更为重要的是，大乘禅不再拘泥于小乘禅静坐等某些固定的方法，而是依附于大乘佛教的理论，在大乘佛教思想的指导下作出了适应性的调整，以求更好地证得佛智，体悟佛理，获得解脱。大乘禅的一个重要特点就是：它作为观悟佛理的重要方法，与教义教理密不可分，确立佛教世界观成为大乘禅的最重要任务。例如大乘禅中最重要的禅观之一"实相禅"，就是要求通过禅观而证悟诸法实相之理。大乘念佛禅"般舟三昧"则宣称专心念佛即可使十方诸佛出现于眼前，同时又特别强调了信奉大乘佛教"人、法皆空"的必要性，认为这是欲得般舟三昧的重要前提。《般舟三昧经》中还以大乘般若学"非有非无"的观点来解释"佛"，认为只有不执著于佛，才能成佛。①

随着印度佛教的东传，佛教大小乘禅也都来到了东土。禅在中土的发展，也经历了一个不断中国化的过程，其演变发展，始终与中国社会和传统思想文化有着密切的关系。正是在中土的社会文化氛围中，逐渐形成了众多的禅学流派或禅系禅脉：安般禅、般若禅、楞伽禅、天台禅、华严禅，乃至出现了以禅命名的佛教宗派——禅宗。而在禅宗中，弘忍的"东山法门"禅、法融的牛头禅、神秀的北宗禅、惠能的南宗禅，也都是各各不同，即使是同出于六祖惠能门下，因其禅法或禅风的差异，也可分为马祖禅、石头禅、临济禅等等。

禅的多样性及其丰厚的文化意蕴，与人类本身有着多方面的需要是联系在一起的，与禅传播发展的不同时空条件也

---

① 关于佛教对传统禅定所作的发展和变革，以及对禅的分类和说明，请参见洪修平《如来禅》第一章，浙江人民出版社 1997 年版。

有密切的关系。人除了基本的物质需要之外，还有精神上的寄托和追求。禅就是古代印度人力图使有限的生命融入到无限的宇宙生化之中以实现生命超越的一种特有的实践行为和思维方式，这与中国自古以来就有的“守气”、“玄览”等有着一定的相似或相近之处。这种文化上的相似相近，为禅的中国化提供了方便和适宜的土壤。而由于地理环境、文化传统和时代习俗的不同，禅的形式和内容又表现出多样性的特点。因此，从更广阔的文化背景下看，佛教禅在中国的兴盛发展也并不是偶然的。

从历史上看，东汉末年，大小乘禅就已介绍到中国来，由于受社会上神仙道家呼吸吐纳的影响，当时得到流传的主要是小乘禅数之学，实际发生影响的主要是其凝心入定、坐禅数息的形式与方法等。魏晋时期，玄学的盛行带来了般若学的繁兴，佛教禅经过离言扫相的般若学的洗礼，形式化的倾向得到了破除，禅的重心逐渐由修持形式转向对宇宙实相的证悟。南北朝佛性论的兴起，更为中国特色的禅提供了坚实的理论基础。由于宇宙实相与众生自性趋于合一，在自性本觉的基础上，禅修的内容主要地也转向自性自悟，并出现随缘而行的倾向。隋唐时期，佛教在中土的发展进入了模仿世俗封建宗法制度而确立传法世系进行创宗活动的时期，而禅家又一向特重师承，认为“无师道终不成”[①]，因此，南北朝时期来华传授“南天竺一乘宗”之禅法的菩提达摩[②]便被追奉为中国禅宗的东土初祖，其传承则一直上溯至传佛心印的摩诃迦叶。

① 僧叡《关中出禅经序》，《出三藏记集》卷八。

② 达摩之“摩”，亦作“磨”。本书皆用“摩”，但若引文，则随顺原文。

据说昔日在灵山法会上，释迦“拈花示众”，众皆不解其意，默然无语，唯有大弟子摩诃迦叶心领神会，“破颜微笑”，释迦便将“不立文字，教外别传”的微妙法门传给了摩诃迦叶。禅宗据此尊摩诃迦叶为印度初祖。此后，历代祖师以心传心，次第传授，传至第二十八代为菩提达摩。达摩来华传禅，又依次传二祖慧可、三祖僧璨、四祖道信、五祖弘忍，此即所谓的“东土五祖”。道信、弘忍之禅，时称“东山法门”。其实，西天二十八祖次第相传，只是传说而已，并无多少历史意义，它实际上是隋唐时佛教各个宗派争法统的产物。但从达摩到弘忍，则确实为中国禅宗奠定了思想理论基础和组织基础，完成了中国禅宗的初创。在菩提达摩之前，中国佛教中虽已有了各种禅法，但修持形式烦琐，所观之境实然，且带有神学色彩，构成了它们的基本特征。达摩东来，倡“藉教悟宗”，“安心符道”，促使禅由“心注一境”向“心境泯然”的方向发展。到了道信和弘忍的“东山法门”之时，中国的禅宗得以真正的创立。五祖弘忍门下，出惠能和神秀，于是禅宗又有惠能南宗和神秀北宗两大派别之分。惠能被视为禅宗正脉，世称“六祖”。

如果说“东山法门”完成了禅宗的初创，那么，南能北秀两大系，则使禅宗的发展进入了一个全新的时期。一般而言，神秀北宗注重“观心看净”、“方便通经”，更多地继承了印度禅法的安心守心、藉教悟宗等特点，而惠能南宗倡导顿悟心性、不立文字，对随缘任性、不随言教作了创造性的发挥，更具中国特色。惠能作为中国禅史上开一代新风的禅师，他的出现使达摩系禅由“藉教悟宗”发展为“藉师自悟”，从有赖于佛之经教发展到张扬人的主体，即心即佛。惠能以后，禅宗南宗得到了极大的发展，并演化出五家七宗之禅而在全国形成巨大规模，乃至天下"凡言禅，皆本曹溪"①。禅似乎成了惠能一家的专用名词。禅理、禅趣、禅味、禅机，以及祖师禅、分灯禅，说的都是以惠能为代表的南宗禅，以至于很长一个时期以来，许多人都把惠能称为中国禅宗的真正(实际)创始人。因为"归根结柢，真正的禅宗，毕竟是从慧能开始的"②。

惠能南宗禅之所以能成为中国禅宗、乃至中国佛教的主流，之所以能得到广泛流传并在中国社会与文化中产生深远的影响，这都是与惠能禅出现的时代背景和惠能本人的行历及其禅学思想、禅法特点等联系在一起的。

唐代是中国封建社会的鼎盛时期。经济的发展，国势的强盛，文化的繁荣，都可谓是空前的。中国佛教经过五六百年的发展，在这个时期也进入了创宗立派的新阶段。南北朝时由于政治上的分裂，佛教也形成了南方重义理、北方重践行的不同的学风，虽有佛教学派林立，但并无佛教宗派出现。隋唐时，随着封建统一王朝的建立和寺院经济的发展，佛教各家各派得到了进一步融合发展的机会和条件，顺应着思想文化大一统的趋势，一些学派在统一南北学风的基础上，通过"判教"而相继形成了许多各具独特教义、教规和修持方法的中国化的佛教宗派。这些佛教宗派的思想体系中都大量融合并吸收了儒、道等传统的思想与方法，它们的出现，是中国佛教文化趋于鼎盛的重要标志。惠能南宗禅虽然出现得比较晚，但作为"后起

① 柳宗元《赐谥大鉴禅师碑》。

② 郭朋《中国佛教思想史》中卷，福建人民出版社 1994 年版，第 392 页。由于惠能的惠，又作慧，因而本书虽然都用"惠"，但在引文中，则都随顺原文的用法。

之秀”而能在各大宗派中脱颖而出，在其他宗派逐渐走向衰落之际，它能继续保持兴盛发展，并得到广泛的传播，这与惠能继承发展汉魏以来佛教中国化的传统，并随顺时代的需要而对佛教所作的革新密切相关。

钱穆先生曾说：“自佛教传入中国，到唐代已历四百多年，在此四百多年中，求法翻经，派别分歧。积存多了，须有如惠能其人者出来完成一番极大的消化的工作。他主张不立文字，以心印心，直截了当的当下直指。这一号召令人见性成佛，把过去学佛人对于文字书本那一种担子全部放下。如此的简易方法，使此下全体佛教徒，几乎全向禅宗一门，整个社会几乎全接受了禅宗的思想方法，和求学路径，把过去吃得太多大腻的全消化了。也可说，从惠能以下，乃能将外来佛教融入于中国文化中而正式成为中国的佛教。”①虽然钱穆先生这里主要是就惠能破除佛教经学化的传统而言的，但他指出了惠能在佛教中国化过程中所起的里程碑的作用，我们认为是符合实际情况的。

冯友兰先生在《论禅宗》一文中也曾指出：“禅宗认为，它自己接受了佛教经典以外的释迦牟尼的直接的秘密的传授，所以自己称为‘宗门’，以别于那些‘教门’。……禅宗的兴起，也是对于佛学的烦琐哲学的一种否定。”“总的说来，作为‘宗门’的禅宗是对于‘教门’中各宗派所说的话，作了一个‘总扫’总‘遣’。……用另套话说，禅宗改革了教门，也继承了教门。这就是黑格尔所说的扬弃。”②冯友兰先生这里说的禅宗，主

---

① 《六祖坛经大义》，载张曼涛主编的《现代佛教学术丛刊》第 1 册《六祖坛经研究论集》，[台湾]大乘文化出版社 1976 年版，第 184 页。

② 见《禅宗·历史与文化》，黑龙江教育出版社 1988 年版，第 2～3 页。

要的也是指惠能始创的南宗。从中国佛教的发展来看，确如冯先生所说的，正是由于惠能在对佛教各派的理论与实践作了扬弃式的“总扫”的基础上发展了独具特色的“宗门”，从而开创了佛教和禅在中土传播发展的新阶段。

关于惠能对传统思想文化的融会和对传统佛教的革新，以及惠能南宗禅的主要特点，我们将在以后的诸章中作具体的分析，这里只想强调一点，即惠能这个历史人物的出现绝不是偶然的，其中既有惠能个人对社会人生的关注与思考，也有惠能对佛学的天赋和独到见解，而更为重要的是惠能顺应了时代的需要和佛教中国化发展的要求，在继承汉魏以来佛教中国化的传统之基础上又对中国化的佛教作出了进一步的革新，从而使佛教能更加适应中国社会文化多方面的需要。在这一意义上说，惠能的出现是时代的产物，历史的必然。

惠能在中国禅的发展史上是一个划时代的人物，在中国思想文化史上也是一个有影响的重要人物。如钱穆所说：“唐代之有禅宗，从上是佛学之革新，向后则成为宋代理学之开先，而惠能则为此一大转捩中之关键人物。”[①]那么，“不识文字”的惠能是怎样建构起一个从哲学世界观到宗教解脱论乃至修行观都具有中国特色的比较完整的佛教思想体系，从而在中国思想文化史上占据重要的一席之地的呢？让我们先从他的生平谈起。

① 《六祖坛经大义》，《六祖坛经研究论集》第 192 页。

第二章　惠能行历

惠能作为中国佛教史上有重要影响的思想家和开一代新风的禅师，他在佛教理论和实践方面实现的变革与他所生活的社会文化环境及个人的出身和人生经历都有着密切的联系。他的一生对中国佛教的发展作出了重要的贡献，同时，他的一生也充满着神奇的色彩。当我们拨开笼罩在惠能身上的神秘纱幕时就会发现，惠能是一个生活在浓厚的佛教氛围中，对佛教充满着虔诚之心，对佛法有着独到体悟的人。透过他平凡而又曲折的经历，我们能更加深刻地了解惠能"这一个"历史人物及其思想的特点。由于各种史料和禅宗典籍对惠能生平事迹的记载说法不一，有的甚至出入很大，[①]因而我们这

---

① 日本学者忽滑谷快天的《中国禅学思想史》(上海古籍出版社 1994 年版)第二编第十一章第五节列出了史籍中关于惠能年代的七种不同的说法，可以参考。

里只是综合现有资料，尽可能地对惠能一生的行历作一概要的梳理，以便更好地把握他思想发展的脉络及其特点。① 对包括各本《坛经》在内的各种资料的辨析以及与惠能思想相关的内容，我们将在以后的各章中展开具体的讨论。

一、少年贫苦　初闻佛法

惠能(638～713)，或作慧能，因久住曹溪弘法而有“曹溪大师”之称。俗姓卢，原籍范阳(今北京涿县)，其父卢行瑶，原是做官的，唐武德三年(620)遭贬斥，“左降迁流岭南”而作了新州(今广东新兴县)百姓。② 惠能便是在新州出生的。其母李氏，据惠能门人法海等所集《六祖大师缘起外纪》中说，“先梦庭前白华竞发，白鹤双飞，异香满室，觉而有娠。遂洁诚斋戒，怀妊六年”，于唐贞观十二年(638)二月八日子时生下了惠能。

---

① 有学者认为：惠能的生平难以澄清，是“因为禅宗史传所重视的，不在于惠能是一个真实的历史人物，而在于他是本宗信众的代表和领袖，他的形象必须符合这些信众的心态，从而使其典型化和理想化。因此，我们在探讨慧能其人时，就不能把他看成是单纯的孤立的个人，首先应该看到在着意刻画他、塑造他的背后的那些宗派群体。从这个意义上说，在被描绘的慧能一生活动中，已经蕴涵着南宗的基本性质，包括地理、民族、出身、成分、文化，以至于政治倾向等。”(杜继文等《中国禅宗通史》，江苏古籍出版社 1993 年版，第 133 页)

② 敦煌本《坛经》第 2 节中说：“惠能慈父，本官范阳”，这是说惠能的父亲原本在范阳做官。但《神会语录》中却说惠能“先祖范阳人也”，其后的各本《坛经》“本官范阳”都作“本贯范阳”，《宋高僧传》和《景德传灯录》等也皆承此说，故现在一般都说惠能的原籍是范阳。不过，这个问题还可以再作研究。有学者认为，王维的《六祖能禅师碑铭》不提惠能的籍贯而只说惠能“某郡某县人也”，这是值得重视的。

当时“毫光腾空,香气芬馥”。到黎明时分,就有二位僧人来造访,并对惠能的父亲说:“夜来生儿,专为安名,可上惠下能也。”惠能的父亲不解地问:“何名惠能?”僧人说:“惠者,以法惠济众生;能者,能作佛事。”言毕,两僧离去,不知所之。惠能出生后,不饮母乳,而是有“神人灌以甘露”。这些记载,显然是后人为了说明惠能与佛教有特别的因缘而在惠能身上有意蒙上的神秘色彩。但由此也可看出,惠、慧二字在古文中虽可通用,字义上却是有差别的,惠为仁爱、恩惠,可以引申出惠济、惠施等义,慧为聪明、智慧,具体用于惠能的名字,若按照佛教的解释,当以“惠”为妥,取其以佛法惠济、惠施众生之义,隐喻惠能会成为一代弘法大师。[①]

惠能三岁时丧父,后随母迁至南海。老母遗孤,既无家产,又无劳力,生活十分贫苦。惠能年稍长,便到市上去卖柴,以养母度日。家境的贫困促使少年惠能思考着人生。据说他这时“虽处群辈之中,介然有方外之志”[②]。而“卖柴闻经”,则成为惠能信佛修道的重要契机。据敦煌本《坛经》载[③],有一

① 杜继文等的《中国禅宗通史》还根据佛教史料中解释惠能时“惠者,以法惠济众生”和“慧者,以法慧施众生”的不同记载,作了如下辨析:“惠、慧二字,古文可以通用,但佛教在使用上有别:‘惠’是‘施’义,‘慧’则是‘智’,以‘法’‘惠济众生’,属六度中的布施;以‘法慧’‘施众生’,则是六度中的般若。”(第128页)不过该书使用的是“慧能”。

② 《曹溪大师别传》。

③ 关于敦煌本《坛经》,现有郭朋的《坛经校释》(中华书局1983年版)和杨曾文校写的《敦煌新本六祖坛经》(上海古籍出版社1993年版)等。由于前者沿用了分小节的做法,查考方便,且印数量较大,也方便读者寻找,故本书所引敦煌本《坛经》,凡不加专门说明者,均引自前书。有些地方参考了后书,都另加说明。

天，惠能像往常一样去市上卖柴，有一客人买了他的柴，请他帮助送到客店去。惠能将柴送去后，收了柴钱，正要离去，忽然听见有一客人在诵读佛经。“惠能一闻，心明便悟”，便问客人读的是什么经？客人告诉他，读的是《金刚经》。又问客人从何处来？如何得到此经？客人告之从蕲州黄梅县（今湖北黄梅县西北）东山寺来，那里有禅宗五祖弘忍在传授佛法，门徒有上千人。五祖劝大众，“但持《金刚经》一卷，即得见性，直了成佛”。惠能一听，觉得“宿业有缘”，便即辞亲，前往黄梅去礼拜弘忍大师。其他各本《坛经》则还记载说，惠能在辞亲之前，“乃蒙一客取银十两与惠能，令充老母衣粮”，在安排好老母的生活后，惠能才前往黄梅，礼拜五祖。而《祖堂集》卷二中更明确地提到，惠能想去黄梅，但不放心母亲一人在家，就是买柴的客人给了惠能银子，鼓励他前往。这个人姓安名道诚，给惠能的银子是“一百两”而不是十两：“其时道诚劝惠能往黄梅山礼拜五祖。惠能报云：‘缘有老母，家乏缺阙，如何抛母，无人供给。’其道诚遂与惠能银一百两，以充老母衣粮，便令惠能往去礼拜五祖大师。惠能领得其银，分付安排老母讫，便辞母亲。”这样的记载，显然更突出了惠能对母亲的孝心。这也是中国化佛教讲究“孝道”的特色在惠能身上的具体表现，或者说是在塑造惠能这个人物时体现出了中国禅宗的伦理特色。

据各本《坛经》的记载，惠能离家后都是直接到湖北黄梅来见弘忍的。除敦煌本之外的《坛经》各本都还明确地说，惠能大约经过了二三十日的路途跋涉，便到了黄梅。敦煌本《坛经》是现存最早的有关惠能生平事迹的资料，约成书于公元

780 年左右。[①] 其所载，一般认为比较接近历史事实。但与敦煌本《坛经》差不多同时的《曹溪大师别传》[②]（约作于公元 781 年[③]）对惠能离家前往黄梅的经历有两点不同的记载，也值得我们重视。一是不提惠能闻《金刚经》而发心求法的事，二是说惠能在去见弘忍之前已经接触了《涅槃经》。其记载如下：

其年，大师游行至曹溪，与村人刘志略结义为兄弟。……略有姑，出家配山涧寺，名无尽藏。常诵《涅槃经》。大师昼与略役力，夜即听经，至明，为无尽藏尼解释经义。尼将经与读，大师曰："不识文字。"尼曰："既不识字，如何解释其义？"大师曰："佛性之理，非关文字。能解，今不识文字何怪？"众人闻之，皆嗟叹曰："见解如此，天机自悟，非人所及，堪可出家，住此宝林寺。"大师即住此寺修道，经三年。……后闻乐昌县西石窟有远禅师，遂投彼学坐禅。大师素不曾学书，竟未披寻经论。时有惠纪禅师，诵《投陁经》。大师闻经，叹曰："经意如此，今我空坐何为？"……惠纪

① 见日本学者柳田圣山《六祖坛经诸本集成》解题，日本中文出版社 1976 年版。

② 有人认为《曹溪大师别传》中的"别"字乃后人所加，故日本大修馆书店 1978 年出版的驹泽大学禅宗史研究会编著的《慧能研究》就将"别"字去掉。杨曾文《敦煌新本六祖坛经》（上海古籍出版社 1993 年版）附编也以《曹溪大师传》为题将此收录。本书引文凡不另加说明者，均引自郭朋《坛经校释》所附《曹溪大师别传》。

③ 请见日本学者忽滑谷快天的《中国禅学思想史》，上海古籍出版社 1994 年版，第 123 页。同时请参见胡适的《坛经考之一》，载《近现代著名学者佛学文集·胡适集》，中国社会科学出版社 1995 年版，第 16 页。

禅师谓大师曰："久承蕲州黄梅山忍禅师开禅门，可往彼修学。"大师其年正月三日，发韶州，往东山，寻忍大师。

这就是说，惠能在见弘忍之前，已经有了一段学佛的经历，初步形成了自己的佛学思想，并且是在感悟"空坐"无用后，在惠纪禅师的指点下去寻五祖弘忍大师的。

我们认为，《曹溪大师别传》虽然有许多谬误，编造的东西也不少①，但有些记载还是很有参考价值的。就惠能见弘忍之前的经历而言，"不识文字"的惠能虽然在佛学方面有一定的天赋，但从他后来初见弘忍时对佛性所发表的一番见解，以及在踏碓八个月后写出的直契心性而令众人叹服的偈颂等来看，与其说他过去从未接触过佛法，不如说他已有过学佛的经历，特别是对《涅槃经》已有了一定的体会。因此，《别传》的记载似乎比《坛经》所说更符合人物思想发展的逻辑，或许也更接近事实，因而也更可信些。② 正因为此，所以《景德传灯录》与《宋高僧传》都采取了《别传》的说法，只是把惠能遇刘志略和为无尽藏尼说《涅槃经》等事都记为发生在礼拜弘忍的同一年。后来的契嵩和宗宝所改编的《坛经》也都采纳了这部分内容，不过又都把时间移到了惠能黄梅得法回至曹溪以后。③

① 胡适的《坛经考之一》对此曾有详说，可以参考。

② 郭朋先生对此曾有不同的看法，他认为："《别传》其书，谬误很多，并非信史，它之所云，不足凭信。因为，《别传》之说，是以'凡情'度量'圣智'，其说虽合乎'情'，却不合乎'智'。"（见郭著《中国佛教思想史》中卷，第 394 页）

③ 请参见郭朋《〈坛经〉对勘》，齐鲁书社 1981 年版，第 105～106 页。

至于《别传》突出《涅槃经》而与《坛经》突出《金刚经》的不同[①]，我们认为这反映了惠能门下的不同派系对惠能思想中所包含的般若和佛性这两种思想倾向的重视或强调程度的不同，而这种不同可能又与惠能门下互争正统有一定的关系。[②]对此，我们将在以后各章中再作详述。

二、黄梅投师　作偈呈心

惠能来到黄梅，初见五祖弘忍，两人之间就有一段在禅门中流传很广的著名问答。敦煌本《坛经》第三节是这样记载的：

> 弘忍和尚问惠能曰："汝何方人，来此山礼拜吾？汝今向吾边复求何物？"惠能答曰："弟子是岭南人，新州百姓，今故远来礼拜和尚，不求余物，唯求作佛。"大师遂责惠能曰："汝是岭南人，又是獦獠，若为堪作佛？"惠能答曰："人即有南北，佛性即无南北。獦獠身与和尚不同，佛性有何差别？"

---

① 《曹溪大师别传》记惠能得弘忍传法付衣时也是与弘忍论佛性义，而不是像各本《坛经》所说的是听弘忍说《金刚经》。

② 敦煌本《坛经》第 49 节中有暗示神会二十余年后出来为禅宗南宗争正统的悬记（惠昕本《坛经》与此同）；而《别传》中也有类似的记载，但却说"我（指惠能）灭度七十年后"，有二菩萨东来"重建我教"，这指的显然不是神会，很可能指的是马祖道一（709～788）和石头希迁（700～790），契嵩本与宗宝本《坛经》均采用了此说。

这里,“獦獠”,一般认为是对南方少数民族的一种侮称。[1] 惠能初见弘忍时,穿的可能是少数民族的服装。也有人认为惠能本身就可能是少数民族。[2] 弘忍这里的意思主要是指惠能山野村人的身份,意谓像你这样的边远山村未开化的凡夫俗子,怎么能够成佛?按照禅宗的意思,这是在考验惠能。惠能答得很机智,也很干脆:人有南北,佛性却无南北。獦獠身与和尚不同,佛性却无任何差别!惠能在这里显然是引用了《涅槃经》“一切众生皆有佛性”的经义在作答。弘忍见惠能答语非凡,很合自己的心意,因而很器重他。本想与他作进一步的深谈,因左右有人,谈话不便,就把他留在寺中,安排他先到碓房里去干杂活。

惠能在碓房里随众作务,破柴踏碓八月有余。虽人小力薄,但干活尽力,不避艰苦,从无怨言。有人开他玩笑,他也不以为意,“忘身为道”。据说为了踏碓,他“自嫌身轻,乃系大石著腰,堕碓令重,遂损腰脚”。弘忍曾到碓米所看望惠能,问他:“汝为供养,损腰脚,所痛如何?”惠能回答说:“不见有身,谁言之痛?”[3]

除敦煌本之外的各本《坛经》都还记载说,有一次弘忍来见惠能,问他道:我觉得你的见解很不错,因为担心有恶人会加害于你,所以就不与你多谈,而安排你到这儿来干活,你知

---

① 我国西南地区有少数民族仡佬族,古称仡僚、葛僚等。“獦獠”当是对此的侮称。

② 记得在一次学术研讨会上,中央民族大学的王尧教授就表达过这样的看法。侯外庐的《中国思想通史》(第四卷上册)则认为“很可能惠能母亲是瑶人”(人民出版社 1959 年版,第 264 页)。

③ 《曹溪大师别传》。

道吗？惠能回答说：弟子深知师意，正因为此，所以我平时都不敢到堂前去，以免被人察觉。这就是说，弘忍与惠能之间从一开始就有一种默契。据《历代法宝记》记载，弘忍在碓房还为惠能说了“直了见性”的禅法。而王维的《六祖能禅师碑铭》中则说：“每（弘忍）大师登座，学众盈庭，中有三乘之根，共听一音之法。（惠能）禅师默然受教，曾不起予。”①若然，则惠能也曾与众人一起听弘忍说法，“默然受教”。

当时随弘忍学法的弟子多达上千人。有一天，弘忍为了挑选嗣法的弟子，特地把众门人召集起来，对他们说：“世人生死事大，汝等门人，终日供养，只求福田，不求出离生死苦海。汝等自性若迷，福门何可求？汝等总且归房自看，有智慧者，自取本性般若之知，各作一偈呈吾。吾看汝偈，若悟大意者，付汝衣法，禀为六代。火急作！”②在弘忍看来，世人应以超脱生死求解脱为人生大事，而这又有待于各自本性的觉悟。如果只求世间之福，那怎能求得大解脱呢？弘忍要大家赶快回去好好想想，有智慧者可以“自取本性般若之知”作一首偈颂来表达自己的见解。如果有谁能领悟佛法大意，就将把历代祖师代代相传的衣法传授给他，让他嗣禅宗六祖位。

众人回房后纷纷议论说，我们这些人就不必澄心用意作偈了，神秀上座现在是寺院里的教授师，一定是他继承大师的法席，成为六祖，等他得法以后，我们跟着他学佛就行了，何须今日烦神？大家如此议论以后，都打消了作偈的念头，各自安

① 《全唐文》卷三二七。

② 敦煌本《坛经》第 4 节，个别文字依杨曾文校写的《敦煌新本六祖坛经》改。

心休息。

被大家称作上座的神秀(606～706)是一位很有才学的僧人。俗姓李,东京尉氏(今河南尉氏县)人。少览经史,博综多闻。出家以后,老庄儒学,佛教三藏,他无所不通。到蕲州东山寺见了弘忍后,他叹服地说:此真吾师也。从此就跟随弘忍左右,先以打柴汲水杂役,服勤六年,深得弘忍的器重,成为弘忍的上首弟子。后被弘忍命为上座师,并担任寺众的教授师。这一天,他从弘忍处出来,听到众人的议论,心中就想:大家都不作偈,缘我为教授师。我确实应该作偈呈上,否则五祖如何知道我心中见解的深浅呢?我作偈呈心,为的是求法而不是争"六祖"。如果为争六祖,那就与凡夫俗子争"圣位"无二了。求法是善的,争祖位是不善的。我不想争祖位,但如果我不呈偈,那最终也得不到法。怎么办呢?真是太难了!

神秀思惟良久,犹豫再三,才写出了一首偈颂。但他数度欲呈,行至堂前,只觉得心中恍惚,遍身流汗,拟呈不得,前后踌躇了四天。最后,神秀心想,我不如干脆将偈颂写于廊下的墙壁上,如果五祖见了说好,我就出来礼拜,说是我所作的。若说此偈不行,那我也枉在寺中数年、受人尊敬,也就息了得法的念头吧!想定之后,神秀便于当夜三更时分独自秉执灯烛,悄悄地来到佛堂南廊,在中间的墙壁上写下了自己所作的偈颂,以表明自己的心地。偈曰:

身是菩提树,心如明镜台;
时时勤拂拭,莫使有尘埃。[①]

① 敦煌本《坛经》第6节。

神秀写好后,没让任何人知晓,便怀着忐忑的心情回房去了。在房中坐卧不安,直至五更。

第二天一早,弘忍来到南廊下。本来他今天请了画匠卢珍前来,要在南廊墙壁上画根据《楞伽经》而作的佛画以及禅宗五祖传授衣法的血脉图,以便流传后代。来到南廊下一看,墙上有一首偈。读后,他便对卢珍说,深劳远来,我给你钱三千,图相就不用画了。《金刚经》上说:"凡所有相,皆是虚妄。"不如留下此偈,让迷人诵持,依偈修行,使免堕三恶道①。说完,弘忍就把门人召集起来,令他们焚香敬礼,诵持此偈。于是,众人一起诵偈,皆叹"善哉"!

随后,弘忍又将神秀唤入堂内问道:此偈是你作的吧?神秀回答说:实不相瞒,是我所作。我不敢妄求六祖位,只望和尚慈悲,看看我是否有点智慧,能识得佛法大意?弘忍对他说:依你这首偈的见解,你还只到门前,未能入内,因为你未能明见自己的本性。"凡夫依此偈修行,即不堕落;作此见解,若觅无上菩提,即未可得"。你回去再好好想想,另作一偈给我,"若入得门,见自本性,当付汝衣法"。② 神秀回去以后,苦苦思索了几天,作偈不成。

又过了两天,有一童子经过碓房,口中念诵着神秀所写的偈颂。据说惠能一听,便知此偈未见本性。于是他就问童子:你刚才念的是什么偈?童子回答说:你不知,五祖弘忍大师有

---

① 佛教称"六道轮回"中的天、人、阿修罗为"三善道",称畜生、饿鬼、地狱为"三恶道"。

② 敦煌本《坛经》第 7 节。

言，世人生死事大，他欲传衣法，要门人各作一偈以呈心地，若悟得佛法大意，即付衣法，禀为第六祖。我们寺院里的神秀上座于南廊墙壁上写了一首偈，五祖令人诵持，说是依此修行，能免堕恶道，得大利益。惠能对童子说：我在这里踏碓八个月有余，一直没有到前堂去过。你能不能带我到南廊去一下，我也想到偈前礼拜一下，诵持此偈以求解脱。

童子便引惠能来到偈颂前。惠能礼拜毕，因不识字，就请人代读一下。当时正好江州别驾张日用在场，就帮忙高声朗读了一遍。据说惠能一听，即识大意，马上另作一偈，并想请张日用代为书写。张日用不太相信地问道：你也作偈？真是稀有！惠能说道：下下人有上上智，上上人有没意智。若轻视人，即有无量无边的罪过。张日用便说：好吧，你且作偈，我来帮你写。如果你得法，可别忘了先度我。说完，就帮惠能把偈颂写在了墙壁上。偈曰：

菩提本无树，明镜亦非台；
佛性常清净，何处有尘埃。①

惠能这首偈表达了与神秀不同的意境，表现了惠能顿悟成佛的见解。当时在场的众人看到在碓房里做杂务的惠能竟能做出这样一首偈，无不感到万分惊讶，大家都说：奇哉！真是不可以貌取人啊！而惠能却又悄悄地回碓房去了。

---

①　敦煌本《坛经》第8节。关于惠能的偈颂，不同版本的《坛经》有不同的记载，主要是第三句，通行本作“本来无一物”，对此，我们将在后面分析惠能禅学思想时再作详述。

五祖弘忍来到廊下，见到惠能的偈，即知他已经悟解了佛法大意，但看到众人的惊怪，又担心别人加害于他，便把偈擦掉，说是也未见性。众人也就都这样认为了。而实际上，弘忍心中已暗暗拿定主意，准备传授衣法给惠能，让他继承祖位了。

三、密受衣法　领受师训

据说在惠能作偈的第二天，五祖弘忍就秘密地来到碓房，看到惠能仍然在忙碌着，便说：求道之人，为法而忘躯，就应该如此吧！接着便问："米熟也未？"惠能回答说："米熟久矣，犹欠筛在。"弘忍又用手杖在碓上敲打了三下，然后离去。惠能心领神会，便于夜里三更时分，悄悄地来到弘忍的房内。弘忍以袈裟挡住灯光，亲自向惠能讲解《金刚经》。据敦煌本《坛经》，"惠能一听，言下便悟"。而其他各本《坛经》则还明确地记载说，惠能是在弘忍说至《金刚经》"应无所住，而生其心"时，言下大悟了"一切万法，不离自性"的道理，并对弘忍说："何期自性本自清净，何期自性本不生灭，何期自性本自具足，何期自性本无动摇，何期自性能生万法。"①弘忍知惠能已悟本性，于是就把代代相传的顿教禅法和袈裟衣传给了惠能，并对他说：这袈裟衣是昔日菩提达摩祖师从印度来到中国传禅所留下的，历代祖师以此为嫡传的凭据，今传授给你，你就是禅宗的六祖了。你要记住，此衣只是传承的凭证，而不是佛法本身，佛法是要

---

① 请参见郭朋《〈坛经〉对勘》第 20～21 页。

"以心传心"传下去的，要靠人的"自悟自解"。"自古传法，气如悬丝"[①]，传授衣法一向是很危险的，常会为此而引发争端，因此，传衣到你为止，以后就不要再传了。你现在如果继续留在这里，恐怕也会有人要害你，你得赶快离开。惠能说：我本是南方人，对这里的山路很不熟悉，我怎么走呢？弘忍说，你不必担忧，我来送你。

于是，惠能禀受了衣法，三更时就匆匆离去。弘忍亲自把他送到了九江驿。临别时，弘忍特别关照惠能说："汝去，努力将法向南，三年勿弘此法，难去以后，弘化善诱，迷人若得心开，与悟无别。"[②]这里的"三年勿弘"，惠昕本《坛经》作"五年勿说"，通行的宗宝本《坛经》等则作"不宜速说"。这些不同的说法与下节要提到的惠能南下以后究竟过了几年的隐遁生活有不同的记载是相关的。从上面说的"自古传法，气如悬丝"和这里的临别交待中可以看出，当时禅门里的派系之争和法嗣之争是很激烈的。

敦煌本以后的各本《坛经》中都还有弘忍把惠能送过江的记载，并增加了师徒之间关于"师度"、"自度"的对话。据说弘忍与惠能来到江边，见有一只小船。弘忍令惠能上船后，便把橹自摇。惠能说：和尚请坐，应该让弟子来摇橹。弘忍说：应该是我渡你，怎么能让你来渡我呢？惠能回答说：弟子迷时师度，

---

① 敦煌本《坛经》第 9 节。其他本《坛经》"气"又作"命"，如惠昕本说："自古传法，命如悬丝。"宗宝本等又将"法"改为"衣"："若传此衣，命如悬丝。"

② 敦煌本《坛经》第 10 节。"难去以后"的"以"，原作"在"，《坛经校释》将"在"字与下句连读，作"难去，在后弘化，善诱迷人"；《敦煌新本六祖坛经》"难去"作"难起"，并据惠昕本《坛经》改"在"为"已"，现将"已"校写为"以"。"与悟"，原作"汝悟"，据《敦煌新本六祖坛经》改。

弟子悟了就该自度。"度名虽一，用处不同"。弘忍听了很高兴地说：好！以后佛法的大兴就要靠你了。这一段内容，主要是为了强调惠能的得法开悟，并突出惠能禅"自性自度"的思想特色。

得法传衣，是惠能一生中的重大事件，它标志着尚未出家的惠能已经得到了禅宗六祖的地位。对于此事，唐代王维的《六祖能禅师碑铭》就有记载，其中明确地说，惠能临行，弘忍"遂密授祖师以袈裟"。自此以后，禅宗南宗所传的各种资料中都记载了此事，并敷演出一些相关的传说，而在禅宗北宗的文献中也未发现有否定此说的文字。但近代自胡适以来，否定此说的便不乏其人。胡适直到晚年仍然认定这是惠能的弟子神会为了争法统而捏造出来的[①]。近年出版的《中国禅宗通史》中也认为"其初作俑者，始于《碑铭》而源自神会。……这类袈裟的故事，是纯粹宗派斗争的产物"[②]。

我们认为，从《碑铭》是王维受神会之托而作，敦煌本《坛经》已为神会及其门下所添改[③]，而得法传衣又是神会指斥神秀北宗"师承是傍"的主要武器等事实来看，胡适的看法并非没有道理。但如果从当时的历史情况来看这个问题，那么弘忍传法付衣给惠能的可能性是确实存在的。

禅家一向特别重视师承传授，认为"无师道终不成"[④]。东晋名僧慧远、慧观和僧叡等都对当时中土所传禅法的师承不

① 见胡适《校写〈菩提达摩南宗定是非论〉后记》。

② 见该书第131页。

③ 详见本书第五章。

④ 僧叡《关中出禅经序》，《出三藏记集》卷九。

明而表示了不满[1]，而佛陀跋陀罗来华应慧远之请而译出的《达摩多罗禅经》叙述了佛灭度后禅法自大迦叶以下历代祖师的次第传授则受到了习禅之士的极大欢迎，“四方乐静者，并闻风而至”[2]。到唐代时，禅学过渡到了禅宗。弘忍初创禅宗的一个重要标志就是论定了自菩提达摩以来历代祖师的传承。但从当时的一些记载来看，四祖道信和五祖弘忍的传授都并不限于一代一人。道宣的《续高僧传·道信传》中曾记载道信语说：“(吾)生来付嘱不少。”玄赜的《楞伽人法志》也记弘忍语说：“吾一生教人无数，……后传吾道者，只可十耳。”杜朏的《传法宝纪》则说弘忍以后的传法是修行者若有所得即“密来自呈，当理与法”。惠能不识文字，凭着对佛法的悟性而主张不立文字、直了心性之禅，这种见地得到弘忍的印可并受到特别的赞赏是完全可能的。因为弘忍自己七岁就跟随道信，文化水平也不高，他勤于劳作，刻苦修习，不重文句，继承了道信的朴实禅风，因而对惠能的简易朴实格外欣赏。惠能“当理”，弘忍“与法”，而在传法的同时又传衣，这在当时也是可能的。《全唐文》卷十七所收录的唐中宗的《召曹溪惠能入京御札》[3]中就有“南方有能禅师，密受忍大师衣法”的记载。其实，传衣之说并非弘忍首创，它一直可以追溯到释迦牟尼时代。《杂阿含

---

① 请参见慧远的《庐山出修行方便禅经统序》、慧观的《修行地不净观经序》和僧叡的《关中出禅经序》等。

② 《高僧传》卷二《佛陀跋陀罗传》。

③ 此诏作于唐中宗神龙元年，即公元 705 年。由于武则天于此年正月二十四日传位于太子，中宗二十五日即位，而降诏日一般都记作正月十五日，因而杨曾文认为“诏书是武则天下的，……但由于中宗并没有召回使者和废除诏命，也可以看作是武后与中宗共同的意思”(《敦煌新本六祖坛经》第 247 页)。

经》卷四十一中就有“佛告迦叶：汝当受我粪扫衣[①]”的记载。据说惠能的同门玄赜也曾将自己的袈裟等传付予弟子净觉[②]。惠能是南方人，当时菩提达摩系的禅法已经在嵩洛地区和长江流域有了一定的影响，但尚未扩展到广州一带。弘忍曾认为惠能是“堪为人师”的“一方人物”[③]，为了支持惠能回南方去传法，便利用传衣的方式使惠能获得学有传承的凭信，这应该说是可能的。至于说弘忍传衣给惠能，是否如后来神会所宣扬的那样，表明了惠能为弘忍唯一的嫡传，那是另一回事。从弘忍一生教人无数，得法的有十大弟子等弘忍门下共同认可的说法来看，很可能是神会利用了传衣一事来大造舆论以争法统。

吕澂先生曾对惠能得法传衣之事发表过如下看法：“慧能在弘忍处所得的传授，后人的说法也不尽相同，其中大多是附会的，不过也可以推想他很有可能得到弘忍的特殊传授。因为弘忍本人在道信门下就是很朴质的，但他却得到了道信的传授，自己的门下人才济济，他也要效法老师的作风，……而慧能恰巧也是那样纯朴，所以说他单独付法给慧能，这是有可能的。此外，他看到慧能是一方之师，特别是在当时广州这样文化落后的地方，所以特别传衣给他，以作征信，增加他的号召力，这也是可能的。”吕澂先生还认为，后来围绕传衣一事而出现了许多传说故事，这“说明传衣之事是轰动一时的，可能实

---

① 粪扫衣，又作“衲衣”或“百衲衣”，指摭取人们弃置于粪尘中的破衣碎布缝纳而成的袈裟。

② 见李知非为净觉的《注般若波罗蜜多心经》所作的《略序》(敦煌本)。

③ 见净觉的《楞伽师资记》。

有其事。也说明弘忍为了便于慧能在南方传他的禅法，使他更有号召力，所以给了他特别的照顾”[1]。我们基本赞同这样的看法。

近年出版的《敦煌新本六祖坛经》一书所附的杨曾文《〈坛经〉敦博本的学术价值探讨》一文，依据有关史料对惠能得法和受传袈裟的可信性也作了专门的分析。文中认为，《楞伽师资记》和《传法宝纪》等弘忍门下惠能一系之外的禅系在记述东土五祖的传法时都很清楚，而在谈到弘忍传法时却都说得比较含糊，这“恐怕是弘忍确实私下把禅法要义和祖位密传给慧能了”。至于传衣之事，文中说：“其实在印度佛教已有传衣的说法。《付法藏因缘传》卷一有大迦叶在鸡足山入定等待弥勒佛来取僧伽梨（袈裟）的神话；《大唐西域记》卷九也有类似说法，载佛陀死前告迦叶说：‘……我今将欲入大涅槃，以诸法藏嘱于汝，住持宣布，勿有失堕。姨母所献金镂袈裟，慈氏成佛，留以传付……’慧能受法时虽还没有出家，只是个在寺院从事杂务的‘行者’，但在弘忍看来，他是根器非凡者，是必定出家的。因而在授法的同时把自己的袈裟相赠也是可能的。……后世弟子借此炫耀，并加以夸张，于是编出从达摩以来传衣付法的说法。北宗史料只有付法而无传衣的记载，大概在弘忍以前没有这种说法。”这样的分析也是很有参考价值的。

惠能领受了弘忍“将法向南，三年勿弘”的师训，回到南方，先隐遁数年，等灾难过去了以后，便出山弘法，开“东山法门”，在曹溪行化近四十年，开创了中国佛教史上影响巨大的禅宗“南宗”，他自己也以禅宗六祖的地位而名垂禅史。

---

① 《中国佛学源流略讲》，中华书局 1979 年版，第 221～222 页。

四、南下隐遁　出家受戒

惠能得法受衣以后，便连夜南行。而弘忍则回到了山上。三天以后，弘忍才告诉众人，衣法已经南下。众人闻此言，皆面面相觑，惊愕不已。当知道衣法被碓房干杂活的惠能得去后，就有数百人日夜来追惠能，想争夺衣钵。而惠能走了两个月，到达了大庾岭，并不知众人在后面追赶他。有一个俗姓陈、名惠明的僧人，原是四品将军①，性行粗恶，走在众人的前面，在大庾岭赶上了惠能，欲夺衣钵。据说惠能将衣钵放在石头上，自己却躲到了草丛中。惠明看到衣钵，就想来拿，却"提掇不动"！于是便大声喊道："我为法来，不为衣来。"惠能遂走出草丛，盘坐在石头上。惠明上前施礼，并请惠能为之说法。惠能说："不思善，不思恶，正与么时，那个是明上座本来面目？"惠明"言下大悟"，说道：我虽在黄梅多时，却一直没有明白自己的本来面目。"今蒙指示，如人饮水，冷暖自知。今行者即惠明师也。"这样，惠明就成了惠能的第一个学法弟子。②

惠明在禀受了佛法以后，就叫惠能赶快继续南下，自己则留在原处等待后来的人。不久，大批追赶的人都至，惠明对众人说：我先到这里，未见此人，问南来者，亦未见。此人脚有病，

① 一作惠顺，谓是三品将军。《宋高僧传》卷八作"慧明"，《景德传灯录》卷四作"道明"，均有传，谓其在受惠能传法后，到袁州（今江西宜春）蒙山传教。

② 关于"那个是明上座本来面目"和"如人饮水，冷暖自知"等机锋式的话语，都是在较后出的《坛经》版本中出现的，郭朋认为是宋代的契嵩带头把出现"看话禅"以后才有的东西塞进了《坛经》中（见《〈坛经〉对勘》第 27 页）。

肯定还没有走到这里，大家还是向北去寻找吧！众人走后，惠明自己也往江西传教去了。

惠能回到南方以后，仍然历经艰辛才得以传禅说法。他自己在开法时曾向大众说道："惠能东山得法，辛苦受尽，命如悬丝！"[①]据禅宗史料记载，惠能先回到韶州曹溪，但又被恶人追逐。于是又至四会、怀集一带，避难于猎人之间，数年中，为防人争夺法衣，惠能一直没有公开自己的身份，只是有便就向猎人宣说一些佛理。[②] 他虽然随猎人生活，但却始终保持着佛教的悲悯精神和生活方式。猎人常叫他守网，他却怜悯生命而把网中之物全给放了。每至吃饭的时候，他都是将蔬菜放在肉锅中煮了吃。有人问他为什么不吃鲜美的猎物之肉？他说自己只喜欢吃"肉边菜"。

有关惠能避难隐遁的时间，各种史料的记载很不一致。现存最早的敦煌本《坛经》没有明说，但有弘忍临别时向惠能交代"将法向南，三年勿弘"的师训，暗示了三年的时间。惠昕本《坛经》则明确提到"经五年，常在猎人中"。《曹溪大师别传》也说惠能回到南方，"于广州四会、怀集两县界避难，经于五年，在猎师中"。而契嵩本和宗宝本《坛经》则都改为"避难猎人队中，凡经一十五载"。另外，《祖堂集》记作四年，《历代法宝记》记作十七年。而王维的《六祖能禅师碑铭》则又说惠能"混农商于劳侣。如此积十六载"。柳宗元的《赐谥大鉴禅师碑》持与此相同的观点，认为惠能"遁隐南海上，人无闻知，又十六年"。惠

① 惠昕本《坛经》第 13 节，《〈坛经〉对勘》第 27 页。

② 杜继文等著的《中国禅宗通史》中认为："慧能潜离弘忍并长年隐遁……是为了逃避官府，而不关什么法衣。"（见其书第 132 页）

能门人法海撰《六祖大师法宝坛经略序》中也说惠能“南归隐遁一十六年”。综合各种有关惠能闻法、求法、得法、开法和去世等生平事迹的记载，我们认为，惠能隐居三年的说法比较恰当。请参考本书所附的《惠能年谱》。

前面提到，契嵩本和宗宝本《坛经》都把惠能遇刘志略、为无尽藏尼说《涅槃经》之事移到了惠能黄梅得法回至曹溪以后。在论述这段经历时，两本《坛经》都还记载说：“师自黄梅得法，回至韶州曹侯村，人无知者。有儒士刘志略，礼遇甚厚。志略有姑为尼，名无尽藏，常诵《大涅槃经》，师暂听，即知妙义，遂为解说。尼乃执卷问字。师曰：字即不识，义即请问。尼曰：字尚不识，曷能会义！师曰：诸佛妙理，非关文字。尼惊异之，遍告里中耆德云：此是有道之士，宜请供养。”众人竞来瞻礼，并将惠能请至宝林寺。然而，“师住九月余日，又为恶党寻逐，师乃遁于前山”。恶人找不到惠能，就纵火烧山，山中有一巨石，惠能“隐身挨入石中得免。石于是有趺坐膝痕及衣布之纹。因名‘避难石’”。① 这段记载，把惠能得法后被恶人追寻的境况描绘得也十分形象生动。

惠能虽混迹于世俗人之间，但始终坚守着佛教的信念，而且心里一直惦念着弘法传教之事。有一天，惠能暗自思量，弘法传教的时机差不多了，不能老是隐遁下去。于是，他便来到了广州的法性寺。据宗宝本《坛经·行由品》载，惠能到达法性寺时，正值印宗法师在讲《涅槃经》。时有风吹幡动，两个僧人在一旁争论，到底是风动还是幡动？“一僧曰风动，一僧曰幡动，议论不已。惠能进曰：不是风动，不是幡动，仁者心动。”一

① 《〈坛经〉对勘》第105～106页。

语惊人，众皆骇然！惠能的言语引起了印宗法师的注意。印宗法师早就听说黄梅衣法南来，今看到惠能谈吐不凡，便猜想是禀受法衣者，一问，果然如此，心中十分高兴。他先请惠能拿出衣钵，大家礼敬一番，又问起弘忍大师的付嘱，惠能便引《涅槃经》说了一通“佛法是不二之法”的道理，并特别解释了“佛性是佛法不二之法”。印宗法师听后，欢喜合掌，自叹弗如，称自己的讲经“犹如瓦砾”，而惠能的论说“犹如真金”。接着，印宗便为惠能剃发，愿事为师，并请律师为之授戒。从此，惠能才算正式出家当了和尚。是年为仪凤元年(676)，惠能三十九岁。

关于风幡之议及惠能与印宗法师论说佛性事，因不见于现存最早的敦煌本《坛经》等，故学界对此有不同看法。但惠能与印宗法师论《涅槃经》佛性义事，在王维(701～761)《六祖能禅师碑铭》中就已有提及，只是说得比较简略：“南海有印宗法师，讲《涅槃经》。禅师听于座下，因问大义，质以真乘，既不能酬，翻从请益。乃叹曰：‘化身菩萨，在此色身，肉眼凡夫，愿开慧眼。’遂领徒属，尽诣禅居，奉为挂衣，亲自削发。于是大兴法雨，普洒客尘。”敦煌本《坛经》的编集者法海所作的《六祖大师法宝坛经略序》中也提到了惠能“会印宗法师”之事。而《曹溪大师别传》则记述得更为详细，特别是载有惠能以佛性的不二之义对禅的解说：“法师曰：‘忍大师付嘱，如何指授言教？’能大师答曰：‘唯论见性，不论禅定解脱、无为无漏。’法师曰：‘如何不论禅定解脱、无漏无为？’能答曰：‘为此多法，不是佛性，佛性是不二之法。《涅槃经》明其佛性不二之法，即此禅也。’”从思想上看，惠能这里发表的对佛性的见解，表达的是他对《涅槃经》义和般若中道观的贯通理解，因而与敦煌本《坛经》

突出《金刚经》的思想倾向并不矛盾。从惠能的整个思想体系来看，这恰好反映了惠能融会般若实相说和涅槃佛性论的思想特色。事实上，后来通行的《坛经》本子，在突出《金刚经》的同时也都兼纳了惠能发挥佛性不二义的这部分内容。

至于风动幡动、仁者心动之议，最早当见于《历代法宝记》，其中说："遇印宗法师讲《涅槃经》，惠能亦在坐下。时印宗问众人：汝总见风吹幡于上头幡动否？众言见动。或言见风动，或言见幡动，不是幡动，是见动，如是问难不定。惠能于座下立答法师：自是众人妄想心动与不动，非见幡动，法本无有动不动。法师闻说，惊愕忙然，不知是何言。"[①]《曹溪大师别传》的文字似更通顺些：

> 至仪凤元年初，于广州制旨寺听印宗法师讲《涅槃经》。……法师每劝门人商量论义。时嘱正月十三日[②]悬幡，诸人夜论幡义，法师廊下隔壁而听。初论幡者："幡是无情，因风而动。"第二人难曰："风幡俱是无情，如何得动？"第三人："因缘和合故，合动。"第四人言："幡不动，风自动耳。"众人诤论，喧喧不止。能大师高声止诸人曰："幡无如余种动，所言动者，人者心自动耳。"

此说虽在王维的《六祖能禅师碑铭》中也未提及，但敦煌本之

① 《大正藏》第51册，第183页下。

② 杨曾文《敦煌新本六祖坛经》所附《曹溪大师传》作"正月十五日"，不知是否与《坛经校释》各有所本。

外的各本《坛经》则大都记载了此说，并以通行本《坛经》中"仁者心动"的概括而广为流传。各种资料的记载虽详略不一，文句有别，但大意相同。我们赞同这样的看法："这种情况正说明取自不同来源，很可能最早是来自当事者的口头传述。轻易否定其真实性是不足取的。"①我们还可以从惠能禅学思想的角度来看这个问题。在惠能看来，凡所有相，皆是虚妄，因为诸相都是心念妄起执著的产物。而惠能所言的"心"不但有"真如佛性"的意义，也常常直指当下妄起执著的人心，或者毋宁说，将当下妄起执著的人心与真如佛性联系在一起，这正是惠能禅学思想的重要特色之一。因此，"仁者心动"之语即使非出自惠能本人之口，我们认为它也代表了惠能的思想。对此，我们将在后面详说。

对于惠能在法性寺的剃发受戒，法海等集的《六祖大师缘起外记》中有非常具体的记载："仪凤元年丙子正月八日，会印宗法师，诘论玄奥，印宗悟契师旨。是月十五日，普会四众，为师薙发。二月八日，集诸名德，授具足戒。西京智光律师为授戒师，苏州慧静律师为羯磨，荆州通应律师为教授，中天耆多罗律师为说戒，西国蜜多三藏为证戒。"据说惠能受戒的戒坛，乃宋朝求那跋陀罗三藏创建。当时还立碑曰："后当有肉身菩萨于此受戒。"又说，梁天监元年(502)，有智药三藏自西竺国航海而来，将彼土菩提树一株植此坛畔，亦预志曰："后一百七十年，有肉身菩萨于此树下开演上乘，度无量众，真传佛心印之法主也。"《曹溪大师别传》所记内容与此大致相似，但人名等略有不同。

① 《敦煌新本六祖坛经》第 239 页。

其中说惠能受戒时的教授师为荆州天皇寺道德[①]律师，并称他与智光律师和慧静(慧作惠)律师三人后来“皆于能大师所学道，终于曹溪”。又说寺中戒坛乃是宋朝求那跋摩所置，坛边的两株菩提树则是由梁代三藏真谛所种。人名虽然不同，但都宣扬了他们的宗教式的预言。这无非都是想说明，惠能至是年才出家受戒，是应了某种预言的。这些预言，显然都是后人为神化惠能而杜撰，然而从这种杜撰中我们也可以看到惠能禅宗递嬗演变的某种痕迹。

惠能出家的法性寺，历史上又称制旨寺，即今天的广州光孝寺，是岭南最早的古刹之一。寺中现仍存有风幡堂、瘗发塔等惠能活动的遗迹。相传，风幡堂是印宗法师当年为纪念惠能著名的“仁者心动”之禅语而建。瘗发塔则是惠能剃度后，寺院住持法才将惠能的头发埋在菩提树下，并在其上建成的八角形砖塔，塔高7.80米。后来历代都有募修者。至今塔旁还有元代刻制的六祖像碑和达摩像碑等。现存法才当年撰写的《光孝寺瘗发塔记》，在记述了求那跋陀三藏和智药三藏的谶言之后，对埋发建塔之事也作了记载：“今能禅师正月八日抵此，因论风幡语而与宗法师说无上道。……于十五日普会四众，为师祝发。二月八日，集诸名德，受具足戒。既而于菩提树下，开单传宗旨，一如昔谶。法才遂募众缘，建兹浮屠，瘗禅师发。……仪凤元年岁次丙子吾佛生日，法性寺住持法才谨识。”[②]

---

① 杨曾文《敦煌新本六祖坛经》所附《曹溪大师传》作“道应”，不知与《坛经校释》是否各有所本。

② 见《全唐文》卷九一二，或《光孝寺志》。杜继文等认为“这一塔记当然属于伪造”(《中国禅宗通史》第140页)。

惠能出家受戒后，就在法性寺的菩提树下为众人开“东山法门”，即弘扬道信弘忍一系的禅法，其实有不少也是惠能自己的独创。不久以后，惠能就离开法性寺回到曹溪。据《六祖大师缘起外记》说，惠能离开时，印宗法师与僧俗千余人将他一直送至曹溪，还有“荆州通应律师，与学者数百人，依师而往”。《曹溪大师别传》则说印宗法师带领僧俗三千余人送惠能回归曹溪。这些记载表明，惠能的出山在当时已产生了一定的轰动效应。

五、曹溪传禅　临终付嘱

关于惠能回到曹溪的时间，史料记载并不完全一致。各本《坛经》都没有明确地说是哪一年。《曹溪大师别传》说惠能为大众初开法门，然后由僧俗三千余人送归曹溪，时间似乎是在惠能剃发受戒的同一年，即仪凤元年(676)，开法的地点则在法性寺戒坛边的菩提树下。但在“送归曹溪”句前，又有“印宗法师请大师归制旨寺，今广州龙兴寺经藏院是大师开法堂”的说法，这又令人有点费解，似乎惠能开法并不在法性寺(即制旨寺)，若然，则开法的时间也就难以确定了。《六祖大师缘起外纪》则说得比较明确：仪凤元年，惠能在法性寺会印宗法师，“次年春，师辞众归宝林，印宗与缁白送者千余人，直至曹溪”。这就是说，惠能回曹溪是在仪凤二年(677)。《祖堂集》和《景德传灯录》等也持与此相同的看法。我们认为，从实际情况看，惠能在法性寺剃发受戒，并为寺众开法，第二年回到曹溪，这样的说法是比较合乎情理的。

惠能回到曹溪后，住持宝林寺，在当地官僚僧尼道俗的支持下，他扩建寺院，广收门徒，大力弘传“直指人心，见性成佛”

的顿悟禅，在南方造成了相当的影响。关于宝林寺，禅史上还有许多传说。据法海等集的《六祖大师缘起外记》记载，宝林寺原为南朝梁天监三年(504)，由西国智药三藏兴建的。当时，智药三藏“自南海经曹溪口，掬水而饮，香美，异之。谓其徒曰：‘此水与西天之水无别，溪源上必有胜地，堪为兰若。’随流至源上，四顾山水回环，峰峦奇秀，叹曰：‘宛如西天宝林山也。’乃谓曹侯村居民曰：‘可于此上建一梵刹，一百七十年后，当有无上法宝，于此演化，得道者如林，宜号宝林。’”当时的韶州牧侯敬中以其言上奏朝廷，由朝廷“赐宝林为额，遂成梵宫”。到惠能再来宝林寺时，虽然寺院已有一定规模，但惠能“睹堂宇湫隘，不足容众，欲广之”。于是，他便去见当地的陈亚仙，对他说：“老僧欲就檀越求坐具地，得不?”陈亚仙问道：“和尚坐具几许阔?”惠能出坐具示之。陈亚仙就同意了。谁知惠能以坐具一展，尽罩曹溪四境，据说还有“四天王现身，坐镇四方”。陈亚仙方知惠能和尚法力广大，便尽舍土地，只是希望日后造塔时能存留自己高祖的坟墓。后来，惠能“游境内，山水胜处，辄憩止，遂成兰若一十三所。”这里的说法虽不免有神化、夸张的成分，但由于前来听法的僧俗众多，惠能回到曹溪之后，曾大建寺院，以满足传禅的需要，这当是事实。

惠能在曹溪弘法传禅，名声日大，影响日广。时任韶州刺史的韦璩慕惠能之名，特邀惠能到韶州城里的大梵寺为众说法，僧尼道俗参加听讲者有成千上万人，门人法海等记录整理当时的开法情况而编成了《坛经》一书，此书成为中国禅宗的最主要经典。有关此经的形成、流传与思想，我们将在第五章及其后的诸章中详述。从现存最早的敦煌本《坛经》一开始的记载，我们就可以看到惠能当年开法时的盛况：

> 惠能大师，于大梵寺讲堂中，升高座，说摩诃般若波罗蜜法，授无相戒。其时座下僧尼、道俗一万余人，韶州刺史韦璩及诸官寮三十余人，儒士三十余人，同请大师说摩诃般若波罗蜜法。

这里的僧尼道俗“一万人”，其他版本的《坛经》大都作“一千人”。不管是千还是万，有这么多信众前来听讲，这表明惠能当时在南方传禅已有了较大的声势。

这里顺便说一下宝林寺与大梵寺的关系。两者是一还是二？一般都认为这是两个不同的地方。但有的日本学者认为宝林寺和大梵寺为同寺异名，就是惠能在曹溪传教的所在地。对此，杨曾文曾引有关史料作了专门的说明，认为两者不是一回事。因为《曹溪大师别传》中明确地说宝林寺在“韶州曲县南五十里曹溪村”，即今广东省韶关市南二十公里处，而大梵寺则在韶州治所曲江县城内。宋代赞宁的《宋高僧传》卷八《惠能传》记载说，惠能“乃移住宝林寺焉。时刺史韦璩命出大梵寺，苦辞，入双峰曹侯溪矣。”显然，宝林寺和大梵寺并不在一处。元代宗宝编的《坛经》中也说：“时大师至宝林。韶州韦刺史与官僚入山，请师出于城中大梵寺讲堂，为众开缘说法。”这里说得更加清楚：宝林寺在山中，大梵寺在城里，两者不是一回事。“赞宁五代时曾长期生活在江浙一带，宗宝元代曾为广州报恩光孝寺（原为法性寺）的住持，他们对曹溪慧能遗迹应是比较了解的，故所记是可信的。”[①]我们认为这样的

---

① 《敦煌新本六祖坛经》第244页。

判断是合适的。

惠能在南方传法数十年，前来求法学禅者络绎不绝，《曹溪大师别传》说他“因兹广阐禅门，学徒十万”，从而逐渐形成了一个以传授顿教见性禅法为特色的禅宗派别。为了与主要活动于北方嵩洛地区的神秀北宗相区别，史称惠能南宗。惠能在南方的名声，也传到京城朝廷。据说由于神秀等人的举荐，武则天和唐中宗都曾专门下诏请惠能进京。据《曹溪大师别传》，神龙元年（705）正月十五，唐中宗[①]专门下敕，并派遣中使薛简迎惠能前往京城施化。敕文中说：

> 朕虔诚慕道，渴仰禅门，召诸州名山禅师，集内道场供养，安、秀二德，最为僧首。朕每咨求，再推南方有能禅师，密受忍大师记传，传达磨衣钵，以为法信，顿悟上乘，明见佛性，今居韶州曹溪山，示悟众生，即心是佛。朕闻如来以心传心，嘱付迦叶，迦叶展转相传，至于达磨，教被东土，代代相传，至今不绝。师既禀承有依，可往京城施化，缁俗归依，天人瞻仰。故遣中使薛简迎师，愿早降至。

对于朝廷的诏请，惠能以“久处山林，年迈风疾”等理由力辞，表示自己愿“居山养疾，修持道业”，从而保持了弘忍以来山林佛教的特色。中使薛简只好辞别惠能，带着惠能的辞表回到京城。唐中宗[②]见惠能不来，还于神龙三年（707）四月专门赐“磨

---

① 原误作“高宗大帝”。

② 原误作“高宗大帝”。

衲袈裟一领及绢五百匹”等物以供养惠能，并于当年十一月[①]敕韶州刺史重修惠能所居之宝林寺，赐额为法泉寺，又以惠能新州的故宅为国恩寺。

关于朝廷诏请惠能之事，史籍中有许多不同的说法，对其真伪也有不同的看法。从禅宗的史料来看，敦煌本和惠昕本《坛经》根本就没提此事。契嵩本和宗宝本则都有如下相同的记载：“则天、中宗诏云：朕请安、秀二师宫中供养，万机之暇，每究一乘。二师推让云：南方有能禅师，密受忍大师衣法，传佛心印，可请彼问。今遣内侍薛简，驰诏迎请，愿师慈念，速赴上京。师上表辞疾，愿终林麓。……简蒙指教，豁然大悟，礼辞归阙，表奏师语。其年九月三日，有诏奖谕师。……奉磨衲袈裟及水晶钵。敕韶州刺史修饰寺宇。赐师旧居为国恩寺。”但契嵩本说是“神龙二年上元日”，宗宝本则说是“神龙元年上元日”[②]。《景德传灯录》等也记作“中宗神龙元年降诏”。而《宋高僧传·神秀传》中虽提到神秀曾“奏天后请追能赴都，能恳而固辞”，但并没有说具体的年代。《宋高僧传·惠能传》中在说“武太后、孝和皇帝咸降玺书，诏赴京阙，……续遣中官薛简往诏，复谢病不起”时，也没提具体的时间，接下来则又说，神龙三年，“敕韶州可修能所居寺佛殿并方丈，务从严饰，赐改额曰法泉也”。

以上“则天、中宗诏云”和“武太后、孝和皇帝咸降玺书”等说法，并不能确定朝廷诏请惠能的次数。而《历代法宝记》中则具体说到了武则天和唐中宗对惠能的多次诏请。其中说，长寿

① 原文作“神龙三年十一月十八日”，这个日期也有问题，因为这一年九月就改元“景龙”，故不应有“神龙三年十一月十八日”。

② 见《〈坛经〉对勘》第129～136页。

元年(692),武则天"敕使天冠郎中张昌期往曹溪,请能禅师,能禅师托病不去";万岁通天元年(696),武则天"使往再请能禅师,能禅师既不来,……依请即擎达摩祖师传信袈裟与敕使,……于内道场供养";景龙元年(707)[1],"又使内侍将军薛简至曹溪能禅师所",告之祖传袈裟已赐给了惠能的同门智诜禅师,别将"摩衲袈裟一领"等物赠惠能以作供养。[2] 这里提到的武则天两次遣使前往曹溪迎请惠能之事,据杨曾文"从历史情节考察,第一次难以成立,……第二次也不会在通天元年,而应在通天二年"。而第三次遣使往曹溪所提及的袈裟事,因只见于智诜系所传的《历代法宝记》,很可能是智诜门下的编造,当"不足凭信"。[3]

再看禅门之外的说法。唐代王维在《六祖能禅师碑铭》中就说:"则天太后,孝和皇帝,并敕书劝谕,征赴京城。禅师……固以此辞,竟不奉诏。"这里提到了则天太后和孝和皇帝"并敕书劝谕,征赴京城"。而柳宗元的《赐谥大鉴禅师碑》中则说"中宗闻名,使幸臣再征不能致",似乎中宗曾征召惠能两次。

对于以上的不同记载,后人曾有怀疑,特别是后来被收入《全唐文》的唐中宗诏请惠能的敕文,常有人提出质疑。[4] 例如

---

① 原作"则天至景龙元年十一月",当有误。因武则天已于神龙元年(705)十一月去世,中宗则已于是年正月即位。故"则天"当为"中宗","景龙元年(707)"或为"神龙元年(705)"。

② 《大正藏》第 51 册,第 184 页上～下。

③ 《敦煌新本六祖坛经》第 245 页。

④ 杜继文等的《中国禅宗通史》中说:"唐王朝是否征召过慧能,是个悬案。史中所附敕文之鄙粗,所记历史之错乱,只能是出自某个半通文墨者的伪造。后来好事者的精加工,补救了它们的缺陷,愈显其伪。"(见其书第 132～133 页)

胡适就曾明确地说“此是伪造的诏书”[①]，并专门撰有《〈全唐文〉里的禅宗假史料》一文对此作了辨析，认为中宗诏并不见于《唐大诏令集》，也不见于现存二个最古本的《六祖坛经》，只见于很晚出的《坛经》，而《坛经》中“神龙元年上元日则天中宗诏”的说法，是出于《曹溪大师别传》的“神龙元年高宗大帝敕”。胡适认为，《别传》的作者竟不知高宗至神龙元年已死了二十多年，显然是个没有知识的和尚。因而他断言，这个敕文是假的，因而不能用来作史料。[②]

我们认为，尽管各种史籍的记载很不一样，但综合各种情况看，大体上可以认为朝廷诏请惠能是确有其事，并很可能是武则天于通天年间和唐中宗于神龙年间曾分别遣使前往。因为王维、柳宗元等都是距武后、中宗时代并不很远的唐代著名文学家，又都在朝廷担任一定的官职，“他们所说，不会是凭空杜撰”[③]。而朝廷当时尊崇佛禅，弘忍门下许多弟子应召入京：久视年中(700)，武则天诏请弘忍的大弟子神秀入京，“亲加跪礼，内道场丰其供施，时时问道。……洎中宗孝和帝即位，尤加宠重”[④]；神龙二年(706)，弘忍的另一个大弟子老安又受召入京，后辞归嵩岳[⑤]；景龙二年(708)，神秀、老安的同门玄赜也应中宗的召请而入西京，“便于东都广开禅法”[⑥]。据说武则天

---

① 《坛经考之一》，《近现代著名学者佛学文集·胡适集》，中国社会科学出版社 1995 年版，第 19 页。

② 《近现代著名学者佛学文集·胡适集》第 268 页。

③ 《敦煌新本六祖坛经》第 244 页。

④ 《宋高僧传》卷八《神秀传》。

⑤ 见《景德传灯录》卷四和《宋高僧传》卷十八。

⑥ 《楞伽师资记·原序》。

曾问神秀："所传之法，谁家宗旨？"神秀回答说："禀蕲州东山法门。"因此，惠能作为传东山法门衣钵的传承者，到南方传禅又造成了一定的声势，他受到朝廷的重视和召请也是在情理之中的。而且，当时禅门中的法统问题并不突出，南能北秀不同禅系之间也没有互相排斥，据有关记载，神秀和老安等都还曾介绍过自己的弟子去从惠能受学，并向朝廷举荐过惠能。这都是朝廷诏请惠能的重要原因。至于史籍中有"神龙元年上元日，则天、中宗诏云"这样比较含混的说法，因武则天和唐中宗在其年先后在位，故如前引杨曾文所说，这应该也是可以理解的。当然，后世禅宗对朝廷诏请惠能之事作些渲染，添加些内容，或在记载上有些出入，这也都是可能的。但细究这些问题，已不是我们要讨论的重点。

值得我们注意的倒是，出身寒微，不识文字的惠能之所以能在很短的时间内名声远播，甚至远在北方的朝廷也专门遣使迎请，这与他在南方传法得到了当地信众包括统治者的支持和帮助还是分不开的。事实上，现存有关惠能行历及思想的最宝贵资料《坛经》是惠能著名的一次开禅说法的实录，而这次法会就是在当年韶州刺史的安排下举行的。但另一方面，惠能始终没有应召入京，没有像神秀北宗那样走上依附帝室的道路，没有采取与统治者合作的态度，而是保持了弘忍以来山林佛教的特色，这又表明惠能与当时其他佛教宗派的创始人相比，还是有很大不同的，而这种不同对于他所创的禅宗南宗日后的勃兴，特别是唐武宗灭法以后的进一步发展，都有极大的关系。对此，我们将在以后详述。

据《坛经》记载，先天元年(712)，惠能曾回故乡新州，命门人在国恩寺建塔，次年夏末塔建成。[1] 先天二年(713)，惠能染疾。在临终之前，他曾对弟子有专门的付嘱。他特别地向将“各为一方师”的十大弟子说了“三科三十六对法”，并对日后南宗弟子的传法作了交代，交代的内容，各本记载不同。敦煌本《坛经》等记的是：“已后传法，递相教授一卷《坛经》，不失本宗，不禀受《坛经》，非我宗旨。”而宗宝本《坛经》则记为：“汝等于后传法，依此(指三十六对法所体现的“二道相因，生中道义”)转相教授，勿失宗旨。”这不同的记载，反映了惠能门下不同禅系的不同发展及对《坛经》的不同改作。各本《坛经》都还记载，惠能在临终之际对弟子们说了《真假动静偈》、《真佛解脱颂》和历代祖师传衣付法的次第以及《传法偈》等，对这些内容，我们将在以后各章节中作进一步的分析。值得注意的是，《曹溪大师别传》中还专门提到了惠能临终时与弟子讨论付法传袈裟的事。诸门人问他：“大师，法当付嘱阿谁?”惠能回答说：“法不付嘱，亦无人得。”他的弟子神会不解地问：“大师，传法袈裟，云何不传?”惠能回答说：“若传此衣，传法之人短命；不传此衣，我法弘盛，留镇曹溪。我灭度七十年后，有东来菩萨，一在家菩萨，修造寺舍，二出家菩萨，重建我教。”门徒又问：“云何传此衣短命?”惠能现身说法道：“吾持此衣，三遍有刺客来取吾命，吾命如悬丝。恐后传法之人被损，故不付也。”[2]惠能之后，禅宗就不再以法衣为传授了。这段记载，与敦煌本《坛经》等以《坛经》为传法凭信的主张正好相合。一般认为，以《坛经》取代袈裟，并在现存敦煌本《坛经》中增加这方

---

① 《曹溪大师别传》则说：“大师在日，景云二年(711)，先于曹溪造龛塔。”

② 《曹溪大师别传》。

面的内容，这是惠能弟子神会及其门下所为。因神会没有得到法衣，故他强调要以《坛经》取代袈裟作为传宗付法的依据。① 但《别传》这里讲的“七十年后”有人出来“重建我教”，暗示的显然不是神会，与敦煌本《坛经》(惠昕本与此同)中说神会二十余年后将出来为南宗争正统的悬记也不相合，而与契嵩本和宗宝本《坛经》的“吾去七十年”的说法却又是一致的，这反映了现存各种禅宗史料相互关系的复杂性，对此，我们将在第五章中结合《坛经》版本的讨论再作进一步辨析。

先天二年(713)八月，惠能卒于新州国恩寺，春秋七十有六，其遗体不久即被他的弟子迎回曹溪。惠能的弟子对惠能的逝世作了相当的渲染。据说惠能“灭度之日，烟云暴起，泉池枯涸，沟涧绝流，白虹贯日。岩东忽有众鸟数千，于树悲鸣。又，寺西有白气如练，长一里余，天色清朗，孤然直上，经于五日乃散。复有五色云，见于西南。是日，四方无云，忽有数阵凉风，从西南飘入寺舍，俄而香气氤氲，遍满廊宇。地皆振动，山崖崩颓”②。惠能死后，广州、韶州和新州等地的官僚僧俗争迎惠能的遗体回去供养。争执不下，最后大家达成协议，焚香祈祷，“香烟指处，师所归焉”。结果，香烟直指韶州曹溪，惠能的遗体便被迎回曹溪宝林寺。“十一月十三日，迁神龛并所传衣钵而回。次年七月出龛，弟子方辩以香泥上之。……达摩所传信衣，中宗赐磨衲宝钵，及方辩塑师真相，并道具等，永镇宝林道场。”③

① 请参见本书第五章的内容。

② 《曹溪大师别传》。

③ 宗宝本《坛经·付嘱品》。

据说惠能临终前曾预言自己死后会有人来要他的脑袋，因此，他的门人在他死后乃以铁皮漆布“固护师颈入塔”。数年后的一天，果然有人来盗惠能之首，由于铁皮的保护才免遭其难。那天夜里，众人闻塔中有如拽铁索的声音，惊起一看，只见一个扮作孝子模样的人从塔中走出来，而惠能的颈脖子上却有了伤痕，于是将此事奏报官府。后此人被抓住，一审问，原来他被新罗（今朝鲜）僧人收买，要来偷盗六祖大师的头颅回海东供养。据说刺史曾亲往曹溪，询问惠能的门人，对此人该如何处置？惠能的门人答曰：若以国法论之，理当诛夷，但以佛教的慈悲，冤亲平等，况且他的本意是求取供养，就免了他的罪吧！后来，官府就将此人赦免了。

以上这些记载，不乏弟子们对惠能的神化，但这也从一个侧面反映了禅门弟子对惠能的敬重与崇拜。惠能最终的归宿宝林寺，中宗时曾改称中兴寺，后重建又改名法泉寺，五代时复称宝林寺，宋初时重建后改名南华禅寺，从此沿用此名，一直至今。此寺因惠能的弘法传禅和创立南宗而得到很大的发展，有“东粤第一宝刹”之称，并被南宗门下视为“祖庭”。据称惠能的遗体保存完好，至今仍在寺中供养。寺内的六祖殿现在所供奉的惠能肉身像，一般认为就是惠能的真身。

随着南宗禅在大江南北的影响日隆，惠能的地位也被后人越抬越高。惠能去世一百多年后，也就是唐宪宗元和十一年（816）[①]，唐宪宗下诏追谥惠能为“大鉴禅师”。北宋太平兴国元年（976），宋太宗加谥惠能为“大鉴真空禅师”。宋仁宗时，惠能又被追谥为“大鉴真空普觉禅师”，后来，宋神宗又追谥“大

① 柳宗元的《赐谥大鉴禅师碑》等作元和十年。

鉴真空普觉圆明禅师”。随着皇帝的不断追谥,惠能的谥号越来越长,这表明他的地位也越来越高。

惠能从一个“一生已来,不识文字”①的普通人,发展为禅宗史上的一代宗师,并成为在中国佛教史乃至整个中国思想史上都占有很重要地位的思想家,这其中既有他个人的天赋与努力,也与时代的需要和佛教的发展密切相关。当我们对惠能思想的形成及其特点作进一步的研究时就会发现,惠能及其所创的南宗禅的出现,实际上是当时佛教发展和社会现实的需要。历史选择惠能这样的人来创佛教一代新风,并非偶然。

① 敦煌本《坛经》第42节。禅宗各种史料大都把惠能说成是不识文字者,有学者认为“此事可疑。因为慧能的知名门徒中,几乎全是有一定文化修养的。南宗文化人之所以乐于渲染他们的祖师是文盲,不过是为了强化其作为普通劳动者的典型性”(《中国禅宗通史》第137页)。我们认为,惠能虽不一定是一字不识,但从他的出身和经历看,其文化水平不高当是可以确定的。

第三章　禅宗六祖

惠能虽是禅宗南宗的创始人，却是以传达摩心法的禅宗"六祖"而称名于世的。重视师承传授，这一向是由禅的特点所决定的禅家的一大特色，并因此而导致了禅门中比较注重建构系统有序的师承关系。早在中国禅宗"传法定祖"以前，甚至在印度佛教中，就已有佛灭度后，尊者大迦叶等"诸持法者，以此慧灯，次第传授"的说法[①]，为禅宗的祖师相传和以"传灯"喻"传法"张了本。在隋唐佛教各宗派皆利用当时的法统观念[②]编造自己传法世系的大背景下，禅宗更是精心编制了从印度摩诃迦叶开始传佛心印的"教外别传"谱系，以

---

① 《达摩多罗禅经》卷上《修行方便道安那般那念退分第一》，《大正藏》第15册，第301页下。

② 在南北朝时，社会上就先后有《付法藏因缘传》和《萨婆多部记》等叙述佛教法统的著作流传。

标榜自己传佛正法。据说释迦牟尼在传授心法给摩诃迦叶的同时，还把自己的金缕僧伽黎衣传给了迦叶以为传法的凭信。因此，迦叶以后，西天历代祖师都是衣法相传，一直传至菩提达摩。但从迦叶到达摩之间究竟有几代传承，禅门中一开始的说法并不相同[①]，到唐代《宝林传》（约成书于801年）的出现，西天二十八祖说才渐成定论，并在禅门中产生广泛影响。作为西天二十八祖的达摩来华，与慧可、僧璨、道信、弘忍等依次相传，又合称东土五祖。五祖弘忍门下众多的弟子在把东山法门传向全国的同时，也逐渐形成了许多不同的禅系，其中以神秀系和惠能系为最主要的两支。后有惠能的弟子神会出来辨析南能北秀的是非邪正，攻击神秀一系"师承是傍，法门是渐"[②]，而将惠能一系奉为达摩以来禅宗的唯一正脉，为惠能争得了"六祖"的地位。虽然西天二十八祖说主要反映了佛教各宗派的法统之争，并没有太多的历史意义，但从达摩到弘忍的东土五祖，则不仅完成了中国禅宗的初创，而且在理论上和实践上也都为惠能及其南宗禅学思想的出现和禅法特色的形成奠定了基础。而惠能在禅门中的地位和佛教史上的影响，又是与禅宗的创立和分化发展联系在一起的。因此，要全面了解六祖惠能，就有必要把他放到禅门的法脉和禅宗的发展中，先对他的师资传承及六祖地位的确立作一番考察。

---

① 请参见任继愈《汉唐佛教思想论集》，人民出版社1981年版，第163～164页。

② 宗密《中华传心地禅门师资承袭图》，载《中国佛教思想资料选编》第二卷，第二册，中华书局1983年版，第460页。

一、达摩来华传禅

在中国禅史上，由南天竺来华传禅的菩提达摩是一个富有开创性的且具有传奇色彩的人物。千百年来，“如何是祖师西来意”成为禅门弟子参学的主要话头之一，仅在《五灯会元》中就出现了不下于二百次。菩提达摩初至金陵与梁武帝的问答也在《碧岩录》中被列为第一则“颂古”而成为禅门众所周知的公案。这一切都将菩提达摩推上了一个神圣的位置——中国禅宗的东土初祖。

菩提达摩（？～536，或说～528），简称达摩，“摩”亦作“磨”。一般认为他在南朝刘宋末年或梁代时来到中国。① 有关他的生平事迹，历来传说的成分很多。各种史料的记载，出入也很大。因此，到现在甚至对禅宗奉为初祖的菩提达摩究竟是谁，学术界还有不同的看法，②他的身世也一直被染上了一

---

① 对于达摩来华的时间，中外学者有不同的看法。胡适曾考证，认为“大约在刘宋晚年（约 470～475），但必在宋亡（479）之前”（《楞伽宗考》，载《近现代著名学者佛学文集·胡适集》第 162 页。并请参见其文《菩提达摩考》及《书〈菩提达摩考〉后》等）。日本学者忽滑谷快天则认为在梁普通七年（526）（见其著《中国禅学思想史》第 74～75 页）。

② 例如吕澂先生认为“原来指的是佛陀跋陀罗所译禅经中的达摩多罗”（见其著《中国佛学源流略讲》第 369 页，并见于吕著《禅学述原》，载《中国哲学》第十三辑）；胡适则认为就是《洛阳伽蓝记》里的菩提达摩（见前注《菩提达摩考》等）；而太虚法师又提出：“《洛阳伽蓝记》上所载的菩提达摩，是的确有这个波斯胡僧的，但却不是后来禅宗奉为初祖的菩提达摩。禅宗所奉为初祖的事实上人物，应是先在嵩山少林寺为魏君臣道俗举国奉为大禅师的佛陀扇多。”（太虚《与胡适之论菩提达摩书》，载《现代佛教学术丛刊》第 4 册《禅宗史实考辨》）

层朦胧且神秘的色彩。

现存的“菩提达摩”史料，以北魏杨衒之的《洛阳伽蓝记》为最早，其中有“西域沙门菩提达摩者，波斯国胡人也。……自云年一百五十岁”的说法，但此人是否就是后代禅宗奉为东土初祖者，似难下定论。

唐代道宣作《续高僧传》，已时隔近百年，故其所记，不乏传说。但关于达摩的生平事迹，仍然记得很少。《续高僧传·达摩传》中仅记载说，菩提达摩为南天竺人，属婆罗门种姓。“初达宋境南越，末又北度至魏，随其所止，诲以禅教”。遇道育、慧可二沙门，感其精诚，诲以真法，授“二入四行”的大乘安心壁观禅法。达摩自言年一百五十余岁。游化为务，不测所终。

唐宋时所出的各种禅门典籍中，有关达摩的记载日益丰富，但编造的东西不少，很多内容都难以确考。由于这些内容在禅门中广为流传，影响很大，并且从一个侧面反映了惠能禅学思想传播发展的佛禅文化背景以及被认为是传承达摩衣钵的惠能禅的某些特色，故我们下面以较为通行的《五灯会元》为主要依据，并参考其他一些记载，对有关菩提达摩的事迹略作些介绍。①

据说菩提达摩为南天竺国香至王第三子，属刹帝利种姓，本名菩提多罗。从二十七祖般若多罗出家，改名达摩，“达摩者，通大之义也”。从师得受正法，并承祖位，是为西天二十八祖。奉师之命，在师入灭以后，先留本国，行化六十余年，后待震旦缘熟，乃远渡重洋，历三载，于梁普通七年(526)至中国南海。广州刺史萧昂具主礼迎接，并表奏梁武帝。

有“皇帝菩萨”之称的梁武帝在当时是佛教的积极倡导

① 以下引文，凡不加注者，均出自《五灯会元》卷一，中华书局1984年版。

者，他广建佛寺，盛造佛像，礼佛诵经，弘法护教，并坚持素食，过戒律生活，在他的支持扶植下，南朝佛教在梁代达到了极盛。据说梁武帝看了萧昂的上奏，闻知达摩来华，便遣使迎请。因此，达摩于次年(527)来到了金陵。梁武帝初见达摩，就迫切地希望了解佛教的真谛，于是便问："如何是圣谛第一义？"达摩却回答说："廓然无圣。"梁武帝听了很不以为然，便追问："对朕者谁？"达摩回答说："不识。"这样，话不投机半句多，两个人的谈话不欢而散。达摩见梁武帝虽然崇佛爱禅，但并不能领悟佛法大义，"机缘不契"，便渡江北上，来到嵩山少林寺。

有关达摩见梁武帝并与之论佛法大义事，学者曾有不同的看法。例如胡适曾认为："旧说达摩曾见梁武帝，谈话不投机，他才渡江北去。见梁武帝的年代，或说是普通元年(520)，或说是普通八年(527)。这都是后起的神话，并非事实。"[①]"达摩与梁武帝问答的话全是后人伪造出来的"。[②] 他还根据包括敦煌文献在内的各种史料专门对此作了考证，他说："七世纪中叶，道宣作《续高僧传》，全无见梁武帝的事。八世纪时，净觉作《楞伽师资记》，也没有达摩与梁武帝相见问答的话。"稍晚出的《传法记》，有了"梁武帝与达摩故事的最早的"记载，但还比较简单。到了八世纪晚年所出的《历代法宝记》，同一故事"已添了不少枝叶了"。接着，越到后来，编造的东西越多。十一世纪以后出现的各种《灯录》，则不但问答的内容大有增加，语意也更深奥了，甚至还记下了两人对话的"详细的年月日"。据此，胡适提出质疑："七世纪人所不记，八世纪人所不能详，

① 《楞伽宗考》，《近现代著名学者佛学文集·胡适集》第162～163页。

② 《菩提达摩考》，《近现代著名学者佛学文集·胡适集》第100页。

而十一世纪以下的人偏能写出详细的年月日，这岂非最奇怪的灵迹吗?”他认为:“这一件故事的演变可以表示菩提达摩的传说如何逐渐加详，逐渐由唐初的朴素的史迹变成宋代的荒诞的神话”。① 胡适的观点为一些学者所赞同或采用②。我们认为，达摩与梁武帝的见面与对话确实很难说是史实，但它常为惠能门下津津乐道，从一个侧面反映出惠能南宗是把达摩视为宗奉“廓然无圣”之般若思想的，这对我们理解被认为是传达摩心法的惠能禅的思想特色还是有一定意义的。

据说达摩来到少林寺后，面壁而坐，终日默然。人莫之测，谓之“壁观婆罗门”。九年以后③，达摩准备返回天竺，便把门人召来，命大家各言自己修禅所得。弟子道副说:“如我所见，不执文字，不离文字，而为道用。”达摩评价道:“汝得吾皮。”另一位比丘尼总持接着说:“我今所解，如庆喜见阿閦佛国④，一见更不再见。”达摩说:“汝得吾肉。”又一位弟子道育说:“四大本空，五阴非有，而我见处，无一法可得。”达摩仍不太满意，说:“汝得吾骨。”最后，慧可走上前，向达摩礼拜，然后默然无语，依位而立。达摩对他说:“汝得吾髓。”达摩印可了慧可的

---

① 《菩提达摩考》，《近现代著名学者佛学文集·胡适集》第103～105页。并请参考《楞伽宗考》一文，同上书，第162～163页。

② 请参见巴宙的《禅宗与菩提达摩》和黄忏华的《禅宗初祖菩提达摩考》等，均收录于《现代佛教学术丛刊》第4册《禅宗史实考辨》。

③ 胡适认为达摩于刘宋末来到中国，所以说:“旧说他在中国只住了九年，依我们的考据，他在中国差不多住了五十年。”(《楞伽宗考》，《近现代著名学者佛学文集·胡适集》第163页)

④ 阿閦佛：据佛经上讲，是住东方妙喜世界的佛，如果有人勤修六度，发愿生其国，死后就可以转生彼处。

“默然无语”，这是表明禅只可体悟心证，不可言说，“说似一物即不中”的道理。这里所表现的思想，是典型的惠能以后南宗禅的思想，但与达摩禅“藉教悟宗”的精神也还是相一致的。

接下来，达摩就把历代祖师依次相传的“正法眼藏”付于慧可，并授袈裟，以为法信，还对慧可说了一首传法偈：“吾本来兹土，传法救迷情。一花开五叶，结果自然成。”这里的“一花开五叶”，被认为是暗示了日后惠能南宗门下的五家分派。这首传法偈，各本《坛经》都有记载，但文字稍有不同。最早的敦煌本首句作“吾本来唐国”，后来惠昕本作“吾本来东土”，通行本则都为“吾本来兹土”。[①] 达摩又对慧可说：“吾有《楞伽经》四卷，亦用付汝，即是如来心地要门，令诸众生开示悟入。”关于达摩传禅以四卷本《楞伽经》来“印心”，这在道宣的《续高僧传·慧可传》中就已提到：“初，达摩禅师以四卷《楞伽》授可曰：‘我观汉地，惟有此经，仁者依行，自得度世。’”从有关史实来看，早期达摩禅的传授，确实与四卷本《楞伽经》有密切的关系，以至于传达摩系禅者最初有楞伽师之称。对此，我们将在后面再作分析。

当时在北方有光统律师、流支三藏等人与达摩不合，“竞起害心，数加毒药”。据说前后共有人六次下毒，前五次，由于达摩还未找到传法人，故都设法自救。到第六次，达摩师以化缘已毕，传法得人，遂不复救之，端居而逝。这一年是魏大统二年(536)。达摩死后，葬于熊耳山，起塔于定林寺。传说三年后，有一个叫宋云的人，奉使自西域回国，在葱岭遇到达摩，

---

① 郭朋先生认为，“吾本来唐国”的说法，“伪迹”太明显了，“北魏之世，何来唐国”！而“一花开五叶”的说法，则“表明这一颂文，乃是禅宗五家出现以后的产物(一说“五叶”指自达磨以至弘忍的“五代”，有些牵强)”(《坛经校释》第105页)。

见他手上拿着一只鞋，就问他到哪里去，达摩回答说“去西天”。宋云回来后，向大家细说此事。等到门人打开坟墓一看，发现空棺中仅存一只鞋。此事传开后，举朝为之惊叹。曾有诏将达摩留下的那只鞋子供养于少林寺中，但后不知所在。梁武帝曾为之作碑文，并记宋云事。唐代宗赐谥“圆觉禅师”。这里关于有人多次对达摩下毒等说法，虽有传说的成分，但若联系《楞伽师资记》中所说的达摩“游化汉魏”时“取相存见之流乃生讥谤”和《续高僧传·慧可传》中所说的慧可传的法被视为“魔语”等记载来看，这实际上也反映了当时北方不同禅系之间的争斗以及达摩系禅最初受到排挤的情形。

中国禅宗的各个支派都将达摩奉为开山立宗的祖师，但中国禅学并非始自达摩。早在达摩来华传禅之前，禅学就已在中土传播，并在与中国传统文化的相互融合与渗透中不断演变和发展。仅就《高僧传》和《续高僧传》等记载，在达摩以前或与达摩同时，在华从事禅经翻译，或修持禅业、传授禅法者，就有七十多人。达摩初至，并没有立即成为众多禅师中的佼佼者，他的最初影响，也不能和与他同时的僧稠等人相比。但达摩顺应中国佛教和禅学发展的趋势，在禅学理论上继晋宋时的竺道生会通般若实相与涅槃佛性以后，又将融会了般若实相的心性本净学说与禅法相结合，从而为日后中国禅宗的思想和实践奠定了坚实的理论基础，他提倡的随缘而行也为中国禅的进一步发展开拓了道路。

佛教大小乘禅在汉代就随着佛法的东渐而传至中土。因此，在达摩来华传禅之时，禅学在中土已流传了几百年。随着时间的推移，中国禅的形式和内容也都在逐渐地发生变化，早期比较繁琐的程式化的小乘禅学的形式化倾向逐渐被破除，

“修心”的地位日益在禅修中突出，特别是经魏晋玄学和佛教般若学的洗礼，禅修更多地转向了内心的体悟。但是，怎样才能获得“直指人心，见性成佛”的禅趣？这在当时成为中土禅学亟待解决的问题。达摩来华传禅，一反传统的禅的修行法。他针对中土禅学的发展状况，扬“二入四行”的“安心”禅法，崇尚虚空而不著言相，重视实践而不重形式，倡“藉教”而“悟宗”，虽仍有坐禅，但更强调在禅定中自证本心，契悟真理，而不是对身姿呼吸的调整与控制。简便易行的达摩禅进一步促进了印度禅向中华禅的转化或过渡。

达摩所传的禅法，后来在中国蔚为大观。唐代道宣在《续高僧传·习禅篇论》中说：“有菩提达摩者，神化居宗，阐导江洛，大乘壁观，功业最高，在世学流，归仰如市。”同时，魏末至隋初，中国佛教的发展进入了模仿世俗封建宗法制度而确立传法世系进行创宗的年代，特重师承的禅家更是追师定祖，确立传承谱系。因此，以传授“南天竺一乘宗”相标榜的菩提达摩，也就被后世禅宗尊为东土初祖。从现有资料看，虽然把达摩说成是中国禅宗的开创人尚缺乏足够的证据，但他所传之禅对中国禅宗的形成和发展产生了十分巨大的影响，这却是事实。退一步说，即使达摩及其禅法与惠能禅宗的关系为后世禅宗所编造，当惠能禅被认为是最得“达摩祖师西来意”时，联系被禅宗普遍认可的达摩祖师其人其事其禅及其所产生的实际影响来研究惠能仍然是十分必要的。

二、东土五祖传承

如果说，达摩在楞伽与般若的有机结合中开出的禅流为中国禅宗和惠能的禅学思想提供了初步的基础,那么,从达摩到慧可、僧璨、道信和弘忍依次形成的"东土五祖",则不但从思想上和组织上完成了中国禅宗的初创,而且直接为惠能南宗及其特色的形成创造了条件。

关于二祖慧可(487～593),僧传上有许多不同的记载,有些还带有神奇的色彩。据说,慧可是洛阳武牢(今洛阳东)人,俗姓姬,初名曰光。他自幼志气不群,博览群书,善谈玄理,而不事家产,并常叹曰:"孔老之教,礼术风规,《庄》《易》之书,未尽妙理。"后读佛书,超然自得,即前往洛阳龙门香山,依宝静禅师出家受具,遍学大小乘义。后又"终日宴坐,又经八载"。曾于静默之中见一神人暗示他前往参拜达摩祖师,知有神助,因此又改名为"神光"。不久便前往少林参见达摩,达摩替他改名为"慧可"。

有关慧可见达摩的经过,禅门典籍中有非常生动的描绘。据说当年约四十、久居伊洛的神光慕名而前往少林寺参拜达摩时,达摩最初端坐面壁,并不理睬他。但神光拜师求法的信念毫不动摇,他对自己说:"昔人求道,敲骨取髓,刺血济饥,布发掩泥,投崖饲虎。古尚若此,我又何人?"有一天夜晚,天降大雪,他依然在雪地里坚立不动,到天明时,积雪已过双膝。这时,达摩才怜悯地问道:"汝久立雪中,当求何事?"神光流着眼泪回答说:欲求佛道。达摩告诉他,欲求诸佛无上妙道要相当勤苦才行。神光为了表示自己求道的诚意与决心,乃潜取利刀,自断左臂,置于达摩面前。达摩知是法器,便对他说:"诸佛最初求道,为法忘形,汝今断臂吾前,求亦可在。"于是收他为弟子,并为之易名曰"慧可"。这就是禅门中广为流传的"立雪断臂"的故事。

慧可成为达摩弟子后，曾请达摩为他传授心法。他问道："诸佛法印，可得闻乎？"达摩回答说："诸佛法印，匪从人得。"慧可又说："我心未宁，乞师与安。"达摩对他说："将心来，与汝安。"慧可求达摩为之"安心"，达摩却要他把未安的"心"拿来才能帮他安。慧可想了许久，只好回答说："觅心了不可得。"这时，达摩对他说："我与汝安心竟。"这段对话，虽可能是后人的编造，但其中所表达的般若无所行、无所得的倾向却反映了达摩禅向惠能禅发展的方向。①

在慧可的生平事迹中之所以传说的东西很多，除了后来禅宗人有意编造之外，与慧可作为禅者不事讲说而重实修也有关系，而当时达摩系禅的传播不广也造成了道宣《续高僧传》中所说的"人世非远，碑记罕闻，微言不传，清德谁序"的情况。道宣在写慧可传时，就已感到了材料的不足，并已听到了有关慧可的不同传说。所以道宣在《慧可传》中先记载说，慧可是一个"外览坟素，内通藏典"的博学之士，年四十而遇达摩，一见悦之，遂奉以为师，从学六载，精究一乘，理事兼融，苦乐无滞。达摩入灭后，慧可亦埋形。但道俗慕其名声，常来请教。慧可"意非建立"，然"奋其奇辩，呈其心要"，仍"言满天下"。随迁都而北至邺地后，盛开秘苑，但"滞文之徒，是非纷举"。特别是当时有"徒侣千计"的道恒禅师排斥慧可，贬其说法为"魔语"，"深恨谤恼于可"，后来甚至"货赇俗府，非理屠害"，使慧可"几其至死"。后来，慧可"乃纵容顺俗，时惠精猷，乍托吟谣"，即随顺世俗，经常把精妙的禅理编成歌谣，以利在社会下层传播。晚年"流离邺卫，亟展寒温，道竟幽而且玄，故末绪卒

① 以上引文，均请参见《五灯会元》卷一。

无荣嗣”。这就是说，晚年的慧可处境艰难，没有显贵的弟子继承其后。后来，道宣可能又得到了有关慧可的一些新材料，所以对《慧可传》的内容又作了补充。他记载说，“初，达摩禅师以四卷《楞伽》授可”，“可专附玄理”。有那禅师从慧可学道，又有慧满，随那禅师学法。“那满等师，常赍四卷《楞伽》以为心要”。而慧可则曾感叹：“此经四世之后，变成名相，一何可悲。”可见，在唐初，关于慧可就已经有种种不同的说法。

道宣在《续高僧传》中还特别提到，慧可曾“遭贼斫臂”，他“以法御心，不觉痛苦，火烧斫处，血断帛裹，乞食如故，曾不告人”。这表明，慧可之臂是为贼人所斫，而非像“立雪断臂”所说的那样，是慧可“自断左臂”。从当时慧可传法的情况看，道宣的记载可能比较符合事实。因为许多史料都表明，达摩系的禅法至慧可时仍未得广传，且经常遭到其他禅系的排斥和迫害。除上述道宣所记之外，《历代法宝记》中也有慧可“佯狂”而隐遁山林的记载，《景德传灯录》卷三中也说慧可晚年“韬光混迹，变易仪相，或入诸酒肆，或过于屠门，或习街谈，或随厮役”。这都从不同的方面反映了慧可当时的实际处境。

正是由于上述种种情况，因而现在留下来的关于慧可的禅法思想及其禅行方便的资料就极少。《楞伽师资记》中提到慧可十分重视坐禅，认为“若有一人不因坐禅而成佛者，无有是处”，并记载了慧可的《答向居士书》，此书在道宣的《续高僧传》中也有详细的记载，此为现存最完整的有关慧可的思想资料，比较集中地反映了慧可禅学思想的特点，并可窥见到慧可对达摩禅的继承发展及对惠能禅的影响，对此，我们下章再作分析。

根据禅门的记载，慧可于北齐天保三年(552)授法于弟子僧璨，并亦作传法偈一首：“本来缘有地，从地种花生。当本元无地，花从何处生”[①]。惠可在邺地传法三十余年，后于隋文帝开皇十三年(593)去世，隋文帝曾赐谥“正宗普觉大师”，唐德宗也赐谥“大祖禅师”。

从慧可密受衣法而成为禅宗三祖的僧璨(？～606)，现存可信的史料更少。道宣在《续高僧传》中非但没有给他立传，甚至在《慧可传》中也没有提到他一个字。后来道宣在写《法冲传》而补充有关楞伽禅系的资料时，也只是写了“可禅师后粲禅师”这样简短的几个字，并且是把这个粲禅师与惠禅师、那禅师等人并列在一起的，没有给他什么特殊的地位，也没有提到他“得法”的事。因此，人们对僧璨这个人物一向有所怀疑。但道宣在《辩义传》中也曾提到过有一僧粲禅师，说他在隋仁寿四年(604)以前曾在庐州(今安徽合肥)独山“烧香求水”，当时泉涌奔注，“至粲亡后，泉涸积年”。而在《道信传》中道宣又记载说，“有二僧，莫知何来。入舒州(安徽潜山)皖公山静修禅业。(道信)闻而往赴，便蒙授法。随逐依学，遂经十年。师往罗浮，不许相逐，但于后住，必大利益。”这里提到的道信从之受学并蒙授法的二僧之一，是否就是僧璨，没有明讲，但由于独山和皖公山相去不远，应该说有这种可能。而禅宗人也就一直是这样认为的。

例如敦煌本《传法宝纪》(约作于公元 713 年[②])中就有这样的记载：

① 敦煌本《坛经》第 49 节。据《敦煌新本六祖坛经》，第三句作“当来元无地”。《五灯会元》卷一则作：“本来缘有地，因地种华生。本来无有种，华亦不曾生。”

② 一说撰于公元 716 年至 732 年之间。

> 释僧璨，不知何处人。事可禅师，机悟圆顿，乃为入室。后遭周武破法，流遁山谷，经十余年。至开皇(581～600)初，与同学定禅师，隐居皖公山(在舒州，一名思空山)。……释道信，……开皇中，往皖山归璨禅师。……经八、九年，璨往罗浮。

约作于公元720年左右的《楞伽师资记》也把僧璨排列在慧可之后，并记载了他进一步传法于禅宗四祖道信的事：

> 隋朝舒州思空山粲禅师，承可禅师后。其粲禅师，罔知姓位，不测所生。按《续高僧传》曰：可后粲禅师，隐思空山，萧然净坐，不出文记，秘不传说法。唯僧道信，奉事粲十二年，写器传灯，一一成就。粲印道信了了见佛性处。

后来，《历代法宝记》和《景德传灯录》等有了更多的记载。例如《历代法宝记》中说僧璨得慧可传法后，也像慧可一样，“亦佯狂市肆。后隐舒州司空山，遭周武帝灭佛法，隐岘公山十余年”，后又“往罗浮山隐三年”。[①]《景德传灯录》则更详细地描绘了慧可为僧璨剃发、取名、授戒，并密传达摩心法和信衣的情况。同时记载说：“僧璨……既受度传法，隐于舒州之皖公山。属后周武帝破灭佛法，师往来太湖县司空山，居无常处，积十余载，时人无能知者。至隋开皇十二年(592)壬子岁，有沙弥道信，年始十四，来礼师。……服劳九载。……师屡试以玄微，

---

① 《大正藏》第51册，第181页中～下。

知其缘熟，乃付衣法。”[①]隋炀帝大业二年（606），僧璨为四众广宣心要讫，于法会大树下合掌站立而终，唐玄宗谥“鉴智禅师”。这就是后来禅宗普遍的说法了。

以上种种不同的记载，虽然传说的东西不少，但也有可参考之处。例如有关僧璨佯狂于市、隐遁山中的记载，就反映了达摩系禅在当时由于受到北方其他禅系的排斥和北周武帝灭佛等的影响还没有得到很大发展的情景。因此，对于禅门的各种记载，我们不宜简单地全盘加以否定，而应该作具体的辨析。

虽然由于缺乏直接的可靠史料，人们对僧璨有各种不同的看法。但在道宣以后，僧璨就一直被说成是慧可的得法弟子，禅宗也都将他奉为第三代祖师，有关他的事迹和言论，在禅门中一直流传并发生着深刻的影响，这都是不争的事实。因此，就现有资料对僧璨的禅学思想和禅法特点作出探索，对于了解禅宗和惠能的思想，也是有意义的。从《楞伽师资记》所记的僧璨“萧然净坐，不出文记，秘不传说法”及他认为的“圣道幽通，言诠之所不逮。法身空寂，见闻之所不及。即文字语言，徒劳施设也”等来看，僧璨继承了达摩禅重实修而不重讲说的传统，同时在思想上有更进一步向般若无所得接近的倾向。这种倾向在托名僧璨所作的《信心铭》中有充分的体现。对此，我们也将在下章中再作介绍。

根据禅宗的记载，僧璨在传法给道信时，也曾作有一首传法偈：“花种虽因地，地上种花生。花种无生性，于地亦无生。”[②]

---

① 《大正藏》第51册，第221页下。

② 敦煌本《坛经》第49节。据《敦煌新本六祖坛经》，第一句作“花种须因地”。《五灯会元》卷一则作：“华种虽因地，从地种华生。若无人下种，华地尽无生。”

道信得法受衣，遂成为禅宗四祖。如果说，从达摩到道信的传承现在仍难以确证的话，那么，从道信以后，中国禅宗的传承就是十分清楚的了。

道信（580～651），俗姓司马，河内（治所在今河南沁阳）人。少年出家，后往舒州皖公山，以僧璨为师，静修禅业，并蒙授法。经十年，又赴吉州、江州（均在江西境内），曾在庐山大林寺住了十年。大林寺为三论师法朗的门人智锴所创建，智锴曾从天台智顗修习禅法。道信在大林寺留止多年，受到了三论宗、天台宗等多方面的影响，使其思想日渐丰富，为以后融会各家而自成一系奠定了基础。后应蕲州道俗所请，渡江北上，住黄梅（今湖北黄梅县）西北的双峰山，安居收徒，大弘达摩禅法，并创立自家门风，“自入山来三十余载，诸州学道，无远不至”①，门下徒众达五百余人，形成了相当的规模。现双峰山上的“四祖寺”，据说就是当年道信传禅的道场，寺内现存有唐代的毗卢塔及清代重修的“四祖殿”等遗迹。据说唐太宗曾多次诏请道信入京，道信均以年老多病相辞。后唐太宗又派使者持刀威胁，说禅师若不来即取头来，道信仍不为所动，坚辞不去，保持了山林佛教的特色。这一特色后来在惠能南宗门下得到了发扬光大。

永徽二年（651），道信去世。唐代宗赐谥“大医禅师”。道信的得法弟子是弘忍，其他比较著名的弟子还有荆州玄爽、荆州法显、衡岳善伏等。另有创牛头禅宗的法融，也被认为是旁出其门。

从时间上看，达摩禅传至道信时，历史已进入了隋唐统一

---

① 《续高僧传·道信传》。

的时期。隋代建国之初,就大兴佛教,并"偏宗定门"[1],对禅学给予了特别的扶植。隋灭唐兴,佛教更是得到了极大的发展。南北朝以来动荡不安的社会造成了大量的流民,扩大了禅僧的队伍,他们既"排小舍大,独建一家"[2],与教门各家区别开来,又对官方采取回避与不合作的态度,与所谓的官禅区别开来。为了生存,他们开始择地开居,耕作生产,从而为禅学向禅宗的过渡提供了多方面的基础。道信生当其时,又适逢达摩禅法南移,来到了更有利于综合北方重行与南方谈玄之风气的区域,因而得以在蕲州黄梅双峰山"再敞禅门"[3],并初步形成宗门特色。

在传法方式上,从达摩、慧可至僧璨,都是"行无辙迹,动无彰记"[4],游方各地,随处行化。弟子们则常行头陀行,一衣一钵,住无定所。到了道信,却开始依山傍林,择地开居;习禅修道,农耕自给;远离政治,面向民众。同时,为了适应团体生活的需要,道信既教禅,又传戒。这一切,对推动达摩禅的发展,都起了极为重要的作用。既便于诸州学人前来学道,也有利于禅法的展开和影响的扩大。在道信门下出现一个较大的修禅僧团,形成宗门的雏形,这都不是偶然的。

道信付法传衣于弘忍,其传法偈曰:"花种有生性,因地种花生。先缘不和合,一切尽无生。"[5]嗣五祖位的弘忍继承道信

---

① 道宣《续高僧传·习禅篇论》。

② 道宣《续高僧传·习禅篇论》。

③ 《楞伽师资记》。

④ 《传法宝纪》。

⑤ 敦煌本《坛经》第49节。《五灯会元》卷一作:"华种有生性,因地华生生。大缘与性合,当生生不生。"

的禅风而进一步完成了中国禅宗的创建,并直接把惠能推上了历史的舞台。

由于弘忍在中国禅史上的地位,有关他的生平事迹也被后人添加了不少神奇的色彩。例如传说弘忍前世为破头山(后改称双峰山)中的栽松者,曾向四祖道信请教,因年老而未得受法。道信对他说,你若再来,我还可以等你。于是,他行至水边,见有一女子在洗衣服,便问:“寄宿得否?”女子答曰:“我有父兄,可往求之。”他要女子先答应,得到允诺后,他便离去。女子回家后,即怀了孕,遭到父母的厌恶,被赶出家门。后生下一子,以为不祥,便弃之于浊港。第二天,见这孩子溯流而上,气体鲜明,心中大惊,便又把孩子抱回来抚养。孩子稍大,随母乞食。有人见了,称这孩子相貌非常,仅缺七种大人之相不及佛陀(佛教认为佛陀生来就有三十二种与凡俗不同的容貌特征,称三十二大人相)。后小儿遇道信,两人之间还有一段问答。

> (四祖道信)一日往黄梅县,路逢一小儿,骨相奇秀,异乎常童。祖问曰:“子何姓?”答曰:“姓即有,不是常姓。”祖曰:“是何姓?”答曰:“是佛性。”祖曰:“汝无姓邪?”答曰:“性空,故无。”①

道信默识其法器,即同至其母所,乞令出家。其母以宿缘故,很爽快地答应了。这个小儿就是弘忍,他终于成为道信的弟子,并得法受衣,成为禅宗五祖。

这段记载,虽有明显的传说的成分,但从中也透露出一

---

① 请参见《五灯会元》卷一。

些信息，例如，说明弘忍从小生活比较贫困，没有机会很好地读书等。这与后来“不识文字”的惠能很有点相似，这也许是后来弘忍特别器重惠能并传法给惠能的重要原因之一。

有关弘忍的生平事迹，现存的各种禅宗史料记载并不一致，但大致可以了解他的基本情况。据载，弘忍(601～674)①，俗姓周，蕲州黄梅人。七岁就随道信出家②，“三十年不离信大师左右”③。他白天劳作，夜晚坐禅，性情敦厚，与世无争。由于他独善其身，精进不懈，因此，虽然文化水平不高，读经不多，却能契悟佛法大义，因而深得道信的器重，道信“悉以其道授之”④。道信之后，弘忍接过祖师的衣钵，定居于黄梅双峰山东去不远的冯墓山(故又称东山)，弘法开禅，大启法门，门徒甚众，规模空前。据说前来学道者“月逾千计”⑤，“学道者千万余人”⑥。二十余年间，“道俗受学者，天下十八九，自东夏禅匠传化，乃莫之过”⑦。这些说法，虽不免有夸张的成分，但亦可见得弘忍在当时禅门中的特殊地位及不同凡响的社会影响。惠能正是慕名而来的求道者之一。

在弘忍的努力下，冯墓山成为当时全国重要的禅学中心。

---

① 关于弘忍的生卒年，历来有不同的说法，这里取《楞伽师资记》和《曹溪大师别传》说。

② 《楞伽师资记》、《神会语录》、《历代法宝记》和《宋高僧传》等都主此说，但《传法宝纪》说他“年十二事信禅师”。

③ 《历代法宝记》。

④ 《宋高僧传·弘忍传》。

⑤ 《楞伽师资记》引《楞伽人法志》。

⑥ 《历代法宝记》。

⑦ 《传法宝纪》。

由于弘忍据以传禅的冯墓山在道信弘法的双峰山东去不远，故此山又称“东山”，弘忍的禅法也被称为“东山法门”。其实，“东山法门”应该包括道信和弘忍两个人的禅法，因为弘忍的禅法是对道信禅法的发扬光大。《楞伽师资记》曾记载了神秀与武则天的一段问答：

> 则天大圣皇后问神秀禅师曰：“所传之法，谁家宗旨？”答曰：“禀蕲州东山法门。”问：“依何典诰？”答曰：“依《文殊说般若经》一行三昧。”则天曰：“若论修道，更不过东山法门。”

这里，神秀把“一行三昧”视为东山法门之根本，而这个“一行三昧”就是由道信首倡、再由弘忍加以发展的。因此，唐代的李知非在为净觉的《注般若波罗蜜多心经》所作的《略序》中就明确地说：“蕲州东山道信禅师，远近咸称东山法门。”这表明“东山法门”很早就是与道信联系在一起的。而《宋高僧传·神秀传》中也说：“忍与信俱住东山，故谓其法为东山法门。”我们认为这种说法比较符合实际。东山法门应该说是由道信开创，而由弘忍完成的。

弘忍对“东山法门”的发扬光大，既表现在对禅学理论和禅修方便的发展上，也表现在将“一行三昧”落实到实际的禅行生活中，并为这种生活的展开提供了经济上、组织上的保障，从而推动了东山法门在全国范围内的展开，并完成了中国禅宗的创立。据现有资料，“东土五祖”的传法世系也是在弘忍时成为定说的，惠能也因此才得以有“六祖”之称。

据《坛经》记载，弘忍传法于惠能时，也作了一首传法偈。

偈曰："有情来下种，无情花即生；无情又无种，心地亦无生。"[①]同时，弘忍已预见到了自己将不久于人世[②]，因而把"佛法大行"的希望都寄托在了惠能的身上。弘忍去世后，唐代宗敕谥"大满禅师"。

弘忍时确立了禅宗东土五祖的法统，"五祖"弘忍传法付衣于惠能，但这是否就意味着惠能是弘忍"唯一的"嫡传了呢？惠能的"六祖"地位是否随即就得到了弘忍门下普遍的公认了呢？从现有资料看，情况并非如此。弘忍时确立五祖传承，无非是为了表明禅宗法脉的正统，并不意味着禅宗传法"一代只许一人"[③]。弘忍本人"广开法门，接引群品"，"一生教人无数"[④]，在他去世后，其众多的弟子四处弘法，形成了许多同时并存的禅系。后来随着因人因地而传的禅法出现的差异，禅宗逐渐分化，并出现了派系之间的法统之争，因而谁是"六祖"的问题也就尖锐地提了出来。如果说"东土五祖"的确立，只是弘忍初创禅宗的重要一环，并没有引起很大的纷争，那么，惠能得到"六祖"的称号，却经历了一段十分曲折的过程。惠能"六祖"地位的获得实际上与其弟子神会的努力是分不开的，与其所传禅法的特色也是密切相关的。而惠能"六祖"地位的真正

---

① 敦煌本《坛经》第 49 节。《五灯会元》卷一作："有情来下种，因地果还生；无情既无种，无性亦无生。"

② 但各本《坛经》所记弘忍对惠能的交代不一。惠昕本作"汝去后一年，吾即前逝"；契嵩本和宗宝本则作"汝去三年，吾方逝世"。这是由于对惠能密受弘忍衣法的年代说法不一的缘故。

③ 神会和尚语，见《菩提达摩南宗定是非论》，《神会和尚禅语录》，中华书局 1996 年版，第 27 页。

④ 《历代法宝记》。

确立，更是经过南宗弟子几代人的共同努力。

三、禅宗的创立与分化

惠能是中国禅宗南宗的开创者，同时又被奉为禅宗的六祖。仅就前者而言，由于日后趋于繁兴并在中国思想史上产生巨大影响的主要是惠能南宗，因而学界有人称惠能为中国禅宗的实际创始人，似未尝不可；但若就惠能的“六祖”而言，惠能所创的南宗，确实只是中国禅宗的一支，尽管它是最大、最有影响的一支，毕竟与整个禅宗的创立和分化发展有着割不断的联系。因此，考察一下禅宗的创立以及禅宗各系特别是南能北秀两系之间围绕“六祖”所发生的争论，以便从惠能“六祖”地位的确立中，更好地了解惠能及其所创南宗的思想特色，这是十分必要的。

关于中国禅宗的创立问题，学术界有不同的看法。这其实涉及以什么标准判断佛教宗派的形成或佛教宗派形成的主要标志是什么这样一个问题。对此，目前学界也没有完全一致的看法。一般而言，佛教宗派应该有自己独特的宗教理论体系、宗教规范制度，有独立的寺院经济、势力范围，有自己相对固定的徒众和传法世系，以及判教说法等等。[①] 以此来对照，我们认为把“东山法门”作为中国禅宗的初创是有根据的。

首先，东山法门已经包含了日后禅宗各系的基本思想和方便法门。例如禅宗的两大基本派别南宗和北宗皆以正传东

---

① 请参见任继愈主编的《中国哲学史》第三册、郭朋著《隋唐佛教》和《汤用彤学术论文集》等。

山法门相标榜，“一行三昧”则成为南北禅宗的共同禅法①。其次，东山法门已经奠定了禅宗生产和生活的基本方式，开创了中国禅宗特有的宗风。从道信到弘忍，都有比较固定的徒众，团体生活、农禅并作、经济上实行自给自足等，都成为禅宗禅行生活的基本规范，禅宗丛林制度的基本法式，实际上已于此时初步形成。第三，东山法门已经以蕲州黄梅为中心，在湖北一带形成了一定的势力范围。弘忍众多的弟子，分别在荆州、随州、襄州、业州等地传禅，造成了一定的影响，以后又以此为据，把东山法门进一步传到了广东、湖南、江西乃至全国各地。第四，东山法门已开始打出“传佛心印”的“教外别传”之旗号，东山门下各系都坚持了息言离经而突出“心印”的宗风，并由此而与当时教下的各派区别了开来。② 第五，东山法门已完成了禅宗的传法定祖之说，东土五祖的传法世系也于弘忍时基本成为定说，这成为禅宗创立的一个重要标志。弘忍以后，东山门下各系都出来争法统，他们均以传东山之法的正宗自居，特别是神秀北宗和惠能南宗门下，争论尤为激烈，但他们所争的都是“六祖”的桂冠，而对弘忍五祖的地位则没有任何异议，表明从达摩到弘忍的五祖之说在当时已为大家公认。倘若认为中国禅宗始创于惠能，那么就会将神秀北宗等禅系排斥于“禅宗”之外，这显然是不合适的。而且，当时既无禅宗，惠能的弟子要树惠能，何须先破北宗？正是因为有弘忍实际形成宗派在前，才有门下的傍正之争在后。因此，我们认为把东山法门

---

① 请参见敦煌本《坛经》第 14 节以及《楞伽师资记》等。

② 例如《唐中岳沙门释法如禅师行状》在记法如禅法特色时就有“天竺相承，不立文字，入此门者，唯意相传”的说法。

视为中国禅宗的初创是比较合适的。[①]

那么，弘忍以后，禅宗是如何分化发展的呢？惠能南宗在东山门下各系的法统之争中是如何获得正宗的地位、惠能又是如何成为禅宗“六祖”的呢？

据现有资料，由于弘忍“法门大启，根机不择”，广接天下学人，因而其门下大师辈出，“堪为人师”者皆分头弘化，各为一方人物。在弘忍众多的弟子中，最著名的有所谓“十大弟子”之说。据净觉的《楞伽师资记》引玄赜的《楞伽人法志》记载，弘忍临终时曾对十大弟子分别作了评述：

> 如吾一生，教人无数，好者并亡，后传吾道者，只可十耳。我与神秀，论《楞伽经》，玄理通快，必多利益。资州智诜，白松山刘主簿，兼有文性。莘州慧藏，随州玄约，忆不见之。嵩山老安，深有道行。潞州法如，韶州惠能，扬州高丽僧智德，此并堪为人师，但一方人物。越州义方，仍便讲说。又语玄赜曰：汝之兼行，善自保爱。吾涅槃后，汝与神秀，当以佛日再晖，心灯重照。

这里，玄赜列出了除己之外弘忍的十大弟子，而把自己与已经获得显赫声誉的神秀放在了一个比较特殊的地位。《历代法宝记》列出的不离忍大师左右的“十人”与此相同，但由于此书作于惠能得法受衣之说盛行之时，因而其中有“除惠能，余有十尔”的说法，把惠能突出在他人之上。在禅门的其他典籍中，关

① 请参见拙文《东山法门与禅宗初创》，载《南京大学学报》1996 年第 2 期。

于弘忍十大弟子具体指何人，说法有不一，但弘忍“传吾道者，只可十耳”的说法却为大家认可。这表明东山法门的传授是并不拘于一代一人的。弘忍的弟子在把东山法门传向全国各地的同时，禅宗内部也酝酿着分化，逐渐形成了不同的派系。其中影响较大并现今可考者，除惠能系和神秀系之外，还有法如系、老安系、玄赜系、智诜系等。

法如系是以弘忍的上首弟子法如为代表的禅系。法如(638～689)，俗姓王，上党(今山西长治市)人。“年十九出家，博穷经论，游方求道”①。后投至弘忍门下，“祖师默辩先机，即授其道，开佛密意，顿入一乘”②。在弘忍左右奉持十六载，直至弘忍去世。在弘忍去世后的一段时间里，法如曾享有极高的声誉。他曾居嵩山少林寺开禅，据说“学侣日广，千里向会”③。从现有资料看，法如是一个朴实无华、重视行证的禅师。他的禅法不重口说而重心行，同时还具有“顿悟心性”的特色。法如的门人很多，但他传法谨慎，机缘未至，并不轻易授人。再加上他“守本全朴，弃世浮荣”④，并不以弟子多或受人赞誉(包括被帝王宠信)为荣耀，始终保持了山林佛教的朴实禅风。因此，法如在以后的禅史上未能像南能北秀那样留下巨大的名声，更没有得到“六祖”的地位。《唐中岳沙门释法如禅师行状》在记述法如师承时有“菩提达摩……传可，可传粲，粲传信，信传忍，忍传如”的说法。此碑作于弘忍

① 《传法宝纪》。

② 《唐中岳沙门释法如禅师行状》，载《金石续编》卷六。

③ 《传法宝纪》。

④ 《唐中岳沙门释法如禅师行状》。

去世后不久(约689年),因而值得重视。这里提到了达摩以来的六代传授,但并没有说法如是“六祖”,也没有排除他人得法于弘忍的可能性。这反映了弘忍以后禅宗发展的最初状况。

老安系的代表人物老安(582～709),亦称道安、慧安,他是弘忍弟子中年龄最大的,比弘忍还要年长20岁,因而被称为老安。据《宋高僧传》卷十八记载,俗姓卫,荆州支江(今湖北枝江县西南)人。“受性宽裕,不染俗尘,修学法门,无不该贯。”为避隋炀帝之征诏而潜入太和山,不久又杖锡登衡岳寺,行头陀法。贞观中,至蕲州,礼拜弘忍大师。唐高宗曾召之,安不奉诏。于是遍历名迹。另据记载,久视元年(700),武则天在巡幸途中曾召老安于辇下,待以师礼。[①] 中宗神龙二年(706),老安又应诏入京,后辞归,寂于嵩岳少林寺。老安系的禅法现也已不可详考,但从其与弟子的交往中可知其禅风与惠能南宗禅相近。例如据《景德传灯录》卷四记载,曾有坦然、怀让二人来参见老安,问:“如何是祖师西来意?”老安答曰:“何不问自己意?”又问:“如何是自己意?”答曰:“当观密作用。”问曰:“如何是密作用?”老安“以目开合示之”。可见,老安不重禅定的渐修而重当下的顿悟自证,并注意以行为动作来启发学人摆脱言相的执著。也许正因为此,所以他才时常推荐门人去惠能处参学。这里提到的怀让,后来即成为惠能著名的高足之一。据说老安也向帝室举荐过惠能[②],表明当时弘忍门下的门户之见

① 《宋高僧传》未记此事的时间与地点。有关情况可参见宋儋的《唐嵩山故道安禅师碑》、《景德传灯录》和《旧唐书》等。

② 请参见《曹溪大师别传》和《全唐文》卷十七《召曹溪惠能入京御札》等。

仍然并不明显。

玄赜则是弘忍晚年的弟子，生卒年代均已不可详考。据他的弟子净觉的《楞伽师资记》载，他咸亨元年(670)才到双峰山，“恭承教诲，敢奉驱驰，首尾五年，往还三觐，道俗齐会，仂身供养。蒙示《楞伽》义云，此经唯心证了知，非文疏能解”。弘忍临终时，神秀、惠能等弟子都不在身边，故玄赜是为弘忍造塔者。所谓弘忍对他说“汝与神秀，当以佛日再晖，心灯重照”云云，显然暗示了玄赜在弘忍门下的重要地位，具有抬高玄赜的意义。但与神秀相提并论，这同时也反映出弘忍弟子在当时仍然可以并存的实际情况。玄赜系的禅法现也不可详考，只能从《楞伽师资记》的有关论述中略知一二。大致说来，玄赜系也继承了达摩禅兼融般若和楞伽的思想倾向，并表现出东山法门兼摄诸方便的特色。

智诜系由于分化出了有影响的净众系和保唐系而成为弘忍门下值得重视的重要派系。据《历代法宝记》载，智诜禅师(609～702)，俗姓周，汝南人。随祖官至蜀。年十岁好佛教，不食薰莘，志操高标，不为童戏。十三岁时辞亲入道场。初事玄奘法师学经论，后舍经论而投至弘忍门下。可见，智诜是由义学转向禅门的。弘忍临终时对他的评价是“兼有文性”，看来是反映了他的特点的。智诜从弘忍处得法后，便回归四川资州德纯寺。据说万岁通天二年(697)七月，武则天曾派人前往迎请，智诜受请赴京，入内道场供养。后因疾进奏表，归德纯寺。智诜在德纯寺化导众生，“首尾三十余年”。他曾将受之于武则天的禅宗传法袈裟授予大弟子处寂。处寂门下有净众寺无相禅师，无相又传保唐寺无住禅师。净众系和保唐系都是当时影响较大的禅宗派别。[①] 从智诜系所传的《历代法宝记》(约作于774年以后)所载的情况来看,智诜系是卷入了东山门下的法统之争的。例如说,武则天曾将从惠能处拿来的达摩祖师传信袈裟赐予智诜"将归故乡,永为供养",此后,智诜门下便"嫡嫡相传付授"这一"表其法正,令后学者有其禀承"的法衣了。这表明智诜门下虽因当时"天下知闻曹溪法最不思议"而承认惠能得着了弘忍的付法传衣,但同时又认为,自惠能以后,他们系便代表了达摩以来的正宗。这反映出当时傍正之争已在东山门下全面展开。

除以上各系外,东山门下最有影响的就是以惠能为代表的南宗和以神秀为代表的北宗两大系,禅门的傍正之争,主要的也是在这两系门下展开的。不过,在惠能和神秀之时,两人的禅法虽有差异,却并没有发生公开的激烈的争论,争论的挑起者实际上是后来被胡适称为"南宗急先锋"的神会[②]。

据记载,东山门下各系最先发展起来的是主要盛行于北方嵩洛地区的神秀一系,史籍中有"嵩岳渐门炽盛行于秦洛"[③]、"两京之间皆宗神秀"[④]之说,可见其在当时的势力和影响。相比之下,惠能系最初只是在广州等南方地区流传。

但唐中期以后,惠能一系蔚为大宗,影响大,范围广,完全取代了北宗的地位。宋代以来的禅史灯录,也都依南宗而作,

---

① 唐代宗密在《圆觉经大疏钞》卷三之下述禅家"七家"义时,曾分别将净众系和保唐系列为第二和第三家,并较详细地介绍了他们的禅法特点,可以参考。

② 请参见胡适的《荷泽大师神会传》,载《近现代著名学者佛学文集·胡适集》。

③ 宗密《圆觉经大疏钞》卷三之下。

④ 《宋高僧传》卷八《神会传》。

推崇惠能，抬高南宗，特别是广泛记载了唐五代时兴起的五家七宗之禅，而曾经盛行于秦洛的神秀北宗禅史则几近湮没。长期以来，人们只能从《坛经》等对神秀北宗禅的批评中略知北宗禅法一二，而无从窥其原貌，更无从了解南能北秀之外禅宗系脉的流传发展与特点。这种状况至本世纪初敦煌经卷的发现才发生根本的变化。敦煌经卷中有许多是唐代写本的禅宗资料，其中比较重要的有净觉的《楞伽师资记》、杜朏的《传法宝纪》、神秀的《大乘无生方便门》和《观心论》、神会的语录及《南宗定是非论》、智诜门下的《历代法宝记》等。[①] 这些多出于弘忍弟子或再传弟子之手的作品，虽然不乏门户之见，但却为我们全面了解弘忍以后的禅宗发展提供了极有价值的参考材料。如果结合有关的金石资料和考古新发现，再参考宗密等的有关记载，我们不仅可以大致了解弘忍门下各系的分化发展情况，也能对神秀及其北宗的禅法特点有更清楚的了解。由于惠能南宗禅是在对神秀北宗禅的否定或扬弃中挺立出来的，从某种意义上说，神秀北宗禅为惠能南宗禅的发展提供了背景舞台，成为了解惠能禅的一个重要参照系，因而从南北宗禅法异同的比较中，将能更好地把握惠能禅的特色及其对传统禅法的革新，并更容易理解曾经盛行一时的神秀北宗为什么最终会被惠能南宗禅所取代。为此，我们下面对神秀北宗的有关情况及禅法特点等作些专门的分析和研究。

---

① 各种敦煌经卷，现有黄永武博士主编的《敦煌宝藏》一百四十册将它们汇集出版（台湾新文丰出版公司 1986 年出齐），并附有《敦煌遗书最新目录》一卷，为查考提供了方便。不过，《敦煌宝藏》收录的只是藏于中国、法国和英国的已公布的部分，据方广锠博士告诉笔者，其数量约占全部总数的三分之二左右。

据《宋高僧传》卷八和《景德传灯录》卷四等载，北宗禅的创始人神秀（约 606～706），俗姓李，东京尉氏（今河南尉氏县）人。少览经史，博综多闻，既而奋志出家，剃染受法。他老庄儒学，佛教三藏，无不通晓。后到蕲州双峰山东山寺见五祖弘忍禅师，乃叹伏曰：此真吾师也。弘忍对神秀也十分器重，曾认为“东山之法，尽在秀矣”①，并命神秀为上座，且为“教授师”。弘忍卒后，神秀住荆州当阳山玉泉寺传法，四海缁徒，向风而靡。久视年中（700）（一说大足元年，即公元 701 年），武则天诏请神秀入京，“肩舆上殿，亲加跪礼，内道场丰其供施，时时问道。……时王公已下，京邑士庶，竞至礼谒，望尘拜伏，日有万计。洎中宗孝和帝即应，尤加宠重”②。“遂推为两京法主，三帝国师”③。神秀走出山林，来到京城，活动于朝廷、贵族之中，受到了最高统治者的尊崇和礼遇，既改变了东山法门山林佛教的特色，又扩大了北宗禅的社会影响。神龙二年（706），神秀去世，诏赐谥曰“大通禅师”，是为中国历史上帝王赐谥僧人之始。

神秀作为弘忍十大弟子之一，因其自身卓越的才华而在弘忍的百千徒众中居于特殊的地位，受到大家的推崇。在弘忍要选择法嗣传法付衣定六祖时，众门人曾一致认为“神秀上座是教授师”，衣法必是他得，都准备等神秀成为六祖后跟他学佛，由此可见神秀当年在弘忍门下的地位与威望。弘忍以后，

---

① 张说《荆州玉泉寺大通禅师碑铭并序》，《全唐文》卷二三一。

② 《宋高僧传》卷八《神秀传》。

③ 张说《荆州五泉寺大通禅师碑铭并序》。两京，指东都洛阳与西都长安；三帝，指武则天、唐中宗和唐睿宗。

神秀一系在北方盛行一时。以神秀为代表的“北宗”当时实际上成为传东山之法的主要代表。

关于神秀的禅法，史传上虽略有记载，但各种记载都未曾言及神秀有何专门的禅学著作存世。《楞伽师资记》则明确地说神秀“禅灯默照，言语道断，心行处灭，不出文记”，否定了神秀有著作流传于世。但随着近代敦煌石窟藏经洞的现世，人们发现在敦煌经卷中有几个本子，可能是神秀所述，而由其弟子记录整理，可以代表神秀北宗的禅法。其中主要有《大乘无生方便门》、《大乘五方便（北宗）》（亦名《北宗五方便门》）、《大乘北宗论》和《观心论》等。[①] 根据这些资料，并结合宗密等人的其他一些记载，就有可能对神秀北宗的禅法有个大致的了解。

从禅法的思想倾向上看，神秀北宗继承了东山法门重《楞伽》的传统，“持奉《楞伽》，递为心要”[②]。据说普寂诣神秀，神秀“令看《思益》，次《楞伽》，因而告曰：此两部经，禅学所宗要者”[③]。净觉的《楞伽师资记》也记载弘忍语曰：“我与神秀，论《楞伽经》，玄理通快，必多利益。”这些都表明神秀系的禅法与《楞伽经》仍有密切的关系。但从总体上看，神秀的禅法主要

---

① 《观心论》一向在日本有流传，但在中国却失传已久。现在敦煌经卷中发现了好几个《观心论》的本子，例如《大正藏》第 85 册就收录了其中的一种，《大正藏》第 48 册收录的《少室六门》之二《破相论》，实际上也是《观心论》的一个异抄本。日本学者铃木大拙曾对五个不同的本子作了对校，但他认为此论为达摩口述，而由其弟子记录的（请参考杨曾文的《日本学者对中国禅宗文献的研究和整理》一文，载《世界宗教研究》1987 年第 1 期）。本书所引《观心论》主要为上述《大正藏》收录的两个本子，而《大乘无生方便门》等则主要依据日本学者宇井伯寿著《禅学史研究》（岩波书店 1939 年版）第八部分“北宗残卷”所附的校刊本。

② 张说《荆州玉泉寺大通禅师碑铭并序》。

③ 李邕《大照禅师塔铭》，载《全唐文》卷二六二。

是按照《大乘起信论》的思想组织起来的[1]，它依《起信论》的“一心二门”而立论，并在方便法门中融入了一定的般若思想。我们可以从两个方面来理解其主要内容：一是禅法的理论基础，主要以《观心论》为代表；二是禅法的方便法门，主要体现在《大乘无生方便门》等本子中。前者主要发挥了弘忍的“守本真心”论，后者则对道信的修心五方便作了发展。[2]

神秀的《观心论》从体用相即出发，论证了真妄二心的一体同源、互不相生，并进而强调了息妄修心这一“观心”修行法的可能性与必要性。《观心论》可说是立足于“行”而发挥了弘忍的“守本真心”论。其中提出：

> 心者，万法之根本也。一切诸法，唯心所生，若能了心，万行具备。

“心”为万法之本，万化之源。因此，唯观心一法，总摄诸行，是求佛道最为省要的修行之法。神秀还特别强调了自心起用而有染净二心的道理。他认为，清净的真如之心和污染的无明之心，都是人“自然本来俱有”的。净心恒乐善业，染心常思恶业。

---

① 《大乘起信论》与《楞伽经》有很密切的关系。吕澂先生曾认为《起信论》是依魏译《楞伽经》而作，请参阅其《起信与楞伽》、《大乘起信论考证》等文，载《吕澂佛学论著选集》(一)，山东齐鲁书社 1991 年版。

② 对于神秀北宗的禅法与道信、弘忍等的禅法之关系，学界有不同的看法，有的认为“北宗的禅法，忠实地继承了道信和弘忍的衣钵”(温玉成《禅宗北宗初探》，载《世界宗教研究》1983 年第 2 期)；有的则认为“神秀的禅法比起早期禅宗的慧可、道信来，有明显的突破”(任继愈《神秀北宗禅法》，载《中国社会科学》1990 年第 2 期)。

依净心就可以远离诸苦而享永乐，随染心则会沉沦三界而受种种痛苦。因此，自心不但是“众善之源”，也是“万恶之主”，“观心”之法就是要去妄显真，除染还净，摄心守净，从而断灭诸苦，自然解脱。他认为，当众生懂得“心为出世之门户，心是解脱之关津”的道理，就会自觉地“观心”修行。

神秀的观心论还突出了对真如之体受无明妄心障覆故众生轮回受苦的论述，显示了他的禅法重心在于“息妄”渐修的特色。他要人时刻注意排除自己的感情欲望，时刻提防物欲对人心的侵袭，正如他著名的偈颂所说：“身是菩提树，心如明镜台；时时勤拂拭，莫使有尘埃。”将灭除情欲、物欲，恢复并保持清净的本然之心作为人生的第一要义，要求通过否定尘世生活的价值与意义来保持心地的自然清净，表现出了宗教禁欲主义的倾向。

在强调观心、摄心、去除染恶的重要性和必要性之后，神秀又把观心与念佛联系在一起。他依《大乘起信论》的思想把念佛解释为“觉察心源，勿令起恶”，了知自心清净，这里的心即自性清净心，亦即本觉的真如之体。当神秀将此心等同于佛时，他所说的念佛，实际上也就是观心看净。这种“念佛”把向外求佛转为反观自心，从形式上看是对道信“念佛即是念心”的继承，而从内容上看则更多的是对弘忍“守本真心”论的发挥。

基于这样一种反身向内、“总摄诸行”的观心论，神秀反对“修伽蓝、铸形像、烧香、散花、燃长明灯”等外在的形式主义的求佛道之行，认为“广费财宝，多积水陆，妄营像塔”等都是“背正归邪”的行为，“于真性一无利益”①。神秀这种不劳外求，只

---

① 敦煌本《观心论》。

需于自心上修炼的特色与惠能南宗强调的“造寺布施供养，只是修福，不可将福以为功德”[①]是一致的。这表明，东山门下从不同的角度共同发展着注重修心的传统。同时，与东山门下出现的重顿悟心性的倾向相一致地，神秀的观心法门也是主张“顿悟”的。为此，神秀还专门从理论上作了说明。他把佛所言的“三大阿僧祇劫”解释为“三毒心”，认为通过观心而去除一念之中的“三毒心”，就是度得三大阿僧祇劫了。这样，神秀的观心法门便把解脱从遥远的未来移到了当世，他在强调观心的同时，也就一再提到了“一念净心，顿超佛地”[②]，认为只要能摄心内照，绝三毒心，那么，“超凡证圣，目击非遥，悟在须臾，何烦皓首？”[③]但由于神秀在讲顿悟的同时更强调“息妄”的渐修，他把顿悟安置在渐修种种“观心”的方便法门基础之上，而不像惠能禅那样始终着眼于不假修习、直了见性的“顿悟”，因而他所说的顿悟与惠能的顿悟还是有所不同的。张说的《大通禅师碑》在述神秀的禅法宗旨时说：“尔其开法大略，则专念以息想，极力以摄心。其入也，品均凡圣；其到也，行无前后。趣定之前，万缘尽闭；发慧之后，一切皆如。”这里，就证得的悟境而言，与惠能南宗禅并无多大差别，但把这种悟境置于“息想”、“摄心”的禅定之后，则显出了与南宗的差异。神秀的渐修顿悟说更多地是对《楞伽经》思想的继承和发挥。[④]

① 敦煌本《坛经》第34节。

② 敦煌本《大乘无生方便门》。

③ 敦煌本《观心论》。

④ 《楞伽阿跋多罗宝经》卷一中曾专门谈到“如来净除一切众生自心现流”的息妄修行，犹如磨镜，是“渐净非顿”的，而净除之时，“顿现无相无有所有清净境界”，则犹如明镜现像，是“顿”而非“渐”的。请参见《大正藏》第16册，第485～486页。

宗密在论述神秀北宗的禅法时曾说："北宗意者，众生本有觉性，如镜有明性。烦恼覆之不见，如镜有尘暗，……息灭妄念，念尽则心性觉悟，无所不知，如磨拂昏尘，尘尽则镜体明净，无所不照。"[①]在《禅源诸诠集都序》中，宗密把神秀北宗的禅法归入"息妄修心宗"，他说：

> 息妄修心宗者，说众生虽本有佛性，而无始无明覆之不见，故轮回生死。诸佛已断妄想，故见性了了，出离生死，神通自在。当知凡圣功用不同，外境内心各有分限，故须依师言教，背境观心，息灭妄念。念尽即觉悟，无所不知。如镜昏尘，须勤勤拂拭，尘尽明现，即无所不照。又须明解趣入禅境方便，远离愦闹，住闲静处，调身调息，跏趺宴默，舌拄上腭，心注一境。南诜、北秀、保唐、宣什等门下，皆此类也。

可见，神秀北宗的禅法重的是背境观心、息灭妄念的坐禅渐修法，与惠能南宗强调的"直显心性"确实是有区别的。

但需要指出的是，在神秀与惠能之时，顿渐仅是不同的禅法所强调的重心不同而已，并没有表现为派系的对立之争。后来由于惠能的弟子神会北上入洛，攻击神秀北宗"法门是渐"，人们才开始以"南顿北渐"来区别南北禅宗禅法上的不同特点。对此，近代以来已有学者根据南宗不废渐修、北宗也主张顿悟来反对"南顿北渐"的区分，认为"这是不确切的"[②]。而且

① 《中华传心地禅门师资承袭图》。
② 请参见侯外庐主编的《中国思想通史》第 4 卷，上册，第 270 页。

事实上，神秀、惠能在日，也是并不以顿渐为对立的。例如惠能就曾把顿渐归之于人的根机之不同，认为禅法本身并没有什么不同，所谓“法无顿渐，人有利钝”①，并曾把顿渐皆摄入自己的禅学法门之中，明确提出“我此法门，从上已来，顿渐皆立无念为宗”②。不过，若就南北禅宗的立足点看，以“南顿北渐”来标明南北禅宗禅法上的差异，“南顿”是说南宗重顿悟，“北渐”则是说北宗重渐修，这也是合适的。③

宗密在《圆觉经大疏钞》中还曾以“拂尘看净，方便通经”来概括神秀北宗的禅法特色。“拂尘看净”就是时时勤拂拭的观心守心，那么“方便通经”是什么意思呢？这里的方便，主要是指神秀对道信以来五种方便禅法的继承；通经，则是指神秀进一步把方便与经教会通起来。其具体内容主要是：

第一总彰佛体，这是依《大乘起信论》的心体本觉立论的，认为众生皆有本觉真心，为无明妄念障覆而不觉，心体离念，即恢复本觉，觉者即佛，故总彰佛体又名“无念门”。“第二开智慧门，依《法华经》开示悟入佛知见也”④。这说的是由定发慧的方便，即本觉的心体不动、无念而得佛知见之用，故此门亦

① 敦煌本《坛经》第16节，《坛经校释》“钝”误作“顿”，现据敦煌卷子底本校正。

② 敦煌本《坛经》第17节。

③ 任继愈先生曾认为：“从基本倾向说，南宗倾向于顿悟，北宗倾向于渐修。这种分歧在禅宗后期较为突出。神秀、惠能时代，南北两宗都有顿悟、渐修的思想。渐修是达到顿悟的手段。”（《神秀北宗禅法》）杨曾文则说：“缩短从现世到彼岸的距离，是禅宗内部普遍蕴育着的一种新的倾向，然而这种倾向在神秀及其弟子那里没有得到发展，而在弘忍的另一个弟子慧能及其继承者所主张的顿悟禅风上得到体现。”（《禅宗北宗及其禅法》，载《佛教与中国传统文化》，宗教文化出版社1997年版）

④ 宗密《圆觉经大疏钞》卷三之下。

名“不动门”。第三显不思议门，依《维摩经》说由“观心”、“守心”而至不可思议的解脱境界。第四明诸法正性门，依《思益梵天所问经》，强调一切法如如平等而显现诸法正性，由明诸法正性而心识不起，心识不起而得智慧之用，从而成就佛道。第五了无异自然无碍解脱门，依《华严经》的圆融无碍思想，将种种禅修方便与所证之境统统融摄于“自心”中，认为“心无分别”便一切法无异，从而就能自然无碍地得解脱。

从神秀的五方便，我们可以看到，其内容不外是“观心”禅法的展开，其理论依据则不离《大乘起信论》的一心二门体用说。如果说，神秀的观心论是通过对心之体用的理解而强调观心守心的必要性，那么，五方便则是体用不二说在修禅实践中的具体贯彻。《楞伽师资记》曾引神秀语曰：“我之道法，总会归体用两字。”根据我们的分析，“体用”二字确实可以作为理解神秀全部禅法的纲领。

神秀北宗虽然和惠能南宗一样都继承了东山法门“修心”的传统，但由于对心的理解不同，因而导致了在“修心”方法上的差异。神秀禅所谓的心，是指人们本觉的真心，即肯定有一个清净心体的存在，并认为有妄念情欲时刻会污染它。而惠能禅所谓的心则主要是指人们当下现实的每一念心。惠能认为，心时刻处于流动变化之中，无妄念即是真，无妄情即是自然，因此，不存在一个可以观、可以修、可以拂拭的清净心。有心可修与无心可修构成了神秀禅与惠能禅的根本差异。由此出发，在如何修心上，神秀主张离念去情，有证有修，通过观心看净、时时勤拂拭的渐修而顿悟清净心。惠能则主张无念息情，无证无修，强调真心与妄心都不离人们当下的一念之心，起心修证就是妄心有为，反而失却了清净本然之心。因而惠能曾批评神秀北宗起心看净的修行法，认为“若言看净，人性本净，为妄念故，盖覆真如，离妄念，本性净。不见自性本净，起心看净，却生净妄，妄无处所，故知看者却是妄也。净无形相，却立净相，言是功夫，作此见者，障自本性，却被净缚。”[①]显然，神秀北宗禅更多地保有传统禅法的特点，而惠能南宗禅则更易于与日常生活相结合，惠能南宗日后得到更广泛的流传，与其禅法特点也是有一定关系的。

从历史上看，神秀北宗禅虽然在帝王的支持下曾盛极一时，一度成为弘忍门下最有势力的一支，但不久即让位给了惠能南宗禅。当然，这不但是因为惠能禅的简易法门和反传统特色吸引了更多的信徒，而且也因为惠能禅远离政治，远离都市，远离王室，继续保持了山林佛教的禅风和超然于尘世之外的生活态度，从而为其持续发展奠定了基础。

但南宗禅的兴盛，并不等于北宗禅的消亡。史料表明，在安史之乱以后，北宗弟子仍在继续阐扬宗风，他们收徒传法，师承相续，不绝如缕，绵延发展了百年之久。在神秀众多的弟子中，以普寂（651～739）和义福（658～736）最为著名。他们也曾应召入京，受到王公士庶的礼谒，并为朝野所重。神秀以后，他们在帝王的支持下率众继续弘传北宗禅法，并与神会展开了争夺嫡系的斗争。

北宗门下各系的传法，延续的时间长短不一，师承的关系错综复杂，许多现在因资料缺乏而难以详考。其中影响最大、流传也比较广的是普寂系，其法脉延续现略有资料可考，从中可见北宗禅传播发展的有关情况。据北宗门人独孤及在大历

① 敦煌本《坛经》第18节。

七年(772)所作的《舒州山谷寺觉寂塔隋故镜智禅师碑铭并序》中说:“寂公之门徒万人,升堂者六十有三,得自在慧者一,曰弘正。正公之廊庑,龙象又倍焉。或化嵩洛,或之荆吴。”[①]虽然这里不免有所夸张,但至少反映了普寂一系曾十分兴盛,普寂以后,门下的弘法活动仍然十分活跃。从有关资料看,神秀北宗门下,有的隐遁山林,独居修禅,拒请入城,也有的仍保持了神秀与帝王和朝廷公卿关系密切的传统,受到上层人物的礼遇。根据现有资料,北宗中最后一位曾高居“国师”地位的是普寂的再传弟子昙真(704～763),他曾在玄宗、肃宗、代宗三朝均被礼为“国师”。[②] 由此可见,北宗在神秀去世半个多世纪以后,在京城里和社会上仍有相当的势力和很大的影响。此外,普寂系还将神秀北宗的禅法远播日本和朝鲜。

安史之乱以后,盛极一时的神秀北宗逐渐趋于衰落。唐武宗灭法(845)后,以寺院为主要依托的北宗禅终于衰歇,不仅在思想上走向沉寂,而且在组织上也全面松散了。而与此同时,保持山林佛教特色的惠能南宗却日益发展起来,并逐渐取代北宗而在全国形成极大规模。

四、惠能六祖地位的确立

据现有资料,东山门下各系最初是相互并存,相互容忍的。不同的派系虽也有自我标榜,但门户之见并不是很深,法

---

① 《全唐文》卷三九〇。

② 《大唐青龙寺三朝供奉大德行状》中有密宗大师惠果“幼年九岁便随圣佛院故三朝国师、内道场持念赐紫沙门昙真和尚立志习经”的记载。

统之争也不激烈。即使是日后形同水火的南北禅宗之间，也没有相互攻击和排斥，相反，如前所述，神秀等还曾介绍自己的弟子去惠能处修学，并向帝室举荐过惠能。作为弘忍大弟子的神秀，其地位虽然得到各系的尊重，但并没有被称为“六祖”，也没有被说成是弘忍的唯一嫡传。事实上，神秀门下对其师的同门“第六代”的地位也是承认的。例如神秀的弟子“普寂禅师为（神）秀和上竖碑铭，立秀和上为第六代。今修《法宝纪》，又立（法）如禅师为第六代”[①]，第六代是并不只限于一人的。

同样的情况，在弘忍的上首弟子法如去世后，《唐中岳沙门释法如禅师行状》曾记述其师承曰：“菩提达摩……传可，可传粲，粲传信，信传忍，忍传如。”这里肯定了法如得法于弘忍的事实，但并没有明确法如为“六祖”，也没有排除他人得法于弘忍的可能性。此碑作于弘忍去世后不久，因而反映了弘忍以后禅宗发展的最初状况。学界曾有人根据此碑的记载，认为法如为“六祖”是弘忍门下最早的说法，当时神秀等人都在世，都有机会见到此碑的内容而未提出异议，这进一步证明了此碑所记为事实，并以此而对《楞伽师资记》中的有关记载抱有怀疑。[②] 我们认为，根据禅宗当时发展的实际情况和其他相关资料，对这种看法可以进行再讨论。因为从碑文本身来看，记载禅者的生平而追述其师承是很自然的事，而在追述师承之时

---

① 敦煌本《菩提达摩南宗定是非论》，载《神会和尚禅语录》，中华书局 1996 年版，第 32 页。

② 请参见温玉成《禅宗北宗初探》（《世界宗教研究》1983 年第 2 期）和《读〈禅宗大师法如碑〉书后》（《世界宗教研究》1981 年第 1 集）。

由当时已成定论的五祖推下来写为第六代，这并不等于就否认有第六代的其他同门，联系当时法统之争尚不明显，“一代只许一人”之说尚未出现等事实看，碑文所记似不能视为与以后的神秀、惠能“六祖”说相对立。① 作于开元十三年（725）的《大唐中岳东闲居寺故大德珪和尚纪德幢》②在记述李元珪的师承时也说：“自达摩入魏，首传惠可，可传粲，粲传信，信传忍，忍传如，至和尚凡历七代，皆为法主，累世一时。”这同样不能说是在把李元珪定为“七祖”。李元珪卒于公元716年，其时神秀的地位及名声均已大大超过了法如，李元珪尽管在法如殁后曾在神秀门下呆过，但碑中仍明言其为法如门下，这只能说当时“六祖”尚未成定说，而不能说明当时人们“仍普遍认为是法如才得到了弘忍的真传”。③ 据敦煌本《传法宝纪》载，法如临终前曾留下遗训，要他的弟子“而今已后，当往荆州玉泉寺秀禅师下咨禀”，从当时的实际情况来看，这是有可能的。

弘忍门下诸系并存的局面至惠能弟子神会北上而告终结。以惠能派嫡传自居的神会于开元八年（720）传惠能禅法于北土，并向神秀系发起了挑战，攻击神秀系“师承是傍，法门是渐”④，为惠能争正统。对于主张“从上已来六代，一代只许一

---

① “一代只许一人”是后来神会为惠能争法统才明确提出来的，北宗等禅系一般没有这种主张，即使是在法统之争激烈展开之时，北宗仍有普寂和义福同受神秀付嘱的说法，见严挺之作于开元二十四年（736）的《大唐故大智禅师碑铭并序》，载《金石萃编》卷八十一，并见于《全唐文》卷二八〇。

② 此幢现存龙门。

③ 温玉成《禅宗北宗初探》。

④ 宗密《中华传心地禅门师资承袭图》。

人,终无有二。纵有千万学徒,亦只许一人承后”[①]的神会来说,同时有数人为“第六代”是不能容许的,只有惠能大师才堪称第六代。

据《宋高僧传·神会传》载:“释神会……居曹溪数载,后遍寻名迹。开元八年,敕配住南阳龙兴寺。续于洛阳大行禅法,声彩发挥。先是,两京之间皆宗神秀,若不淰之鱼鲔附沼龙也。从见会明心六祖之风,荡其渐修之道矣。南北二宗时始判焉,致普寂之门盈而后虚。”神会在南阳住了近十年,大弘惠能的顿教法门,并开始对惠能得法受衣之事大加渲染。在神会咄咄逼人的攻势下,在嵩洛地区颇有根基的神秀门下当然不甘示弱,于是就有了“普寂禅师在嵩山竖碑铭,立七祖堂,修《法宝纪》,排七代数,不见著能禅师”[②]等一系列的活动,这显然是对神会的攻势作出的一种反应。从此,“六祖”之争便在惠能系与神秀系之间激烈地展开了,甚至达到了你死我活、水火不相容的地步。由于惠能系的禅主要流传于中国南方,神会又以菩提达摩“南天竺一乘宗”正传自诩,而不许神秀门下“妄称南宗”,因此,惠能系便获得了“南宗”的称号,而主要流传于中国北方的神秀一系则被称为“北宗”。法统之争最终导致了“南北宗中,相敌如楚汉”情形的出现[③]。

为了进一步确立惠能的“六祖”地位,神会于开元二十年(732)左右在滑台(今河南滑县东旧滑县)大云寺设无遮大会(即道俗僧尼均来参加的大会),与当时“两京名播,海外知闻”

① 敦煌本《菩提达摩南宗定是非论》,载《神会和尚禅语录》第27页。

② 《菩提达摩南宗定是非论》,同上书,第31页。

③ 宗密《禅源诸诠集都序》。

的山东崇远法师进行了一场关于南北禅宗是非邪正的大辩论，提出了南北宗的许多对立和差异，以“为天下学道者辨其是非，为天下学道者定其宗旨”[①]，辩论的记录后由其弟子独孤沛结集整理为《菩提达摩南宗定是非论》。正是在这种辨析与争论中，才逐渐确立了惠能在禅宗中的地位。

在滑台大会上，就神秀一系“师承是傍”的问题，神会在反复强调禅门师资传授“一代只许一人”的同时，特别强调了历代祖师的衣法相传，他说：“从上已来，具有相传付嘱”。菩提达摩将袈裟授与慧可，慧可传僧璨，璨传道信，道信传弘忍，弘忍传惠能。“经今六代，内传法契，以印证心。外传袈裟，以定宗旨。从上相传，一一皆与达摩袈裟为信。其袈裟今在韶州，更不与人。……忍禅师无传授付嘱在秀禅师处，纵使后得道果，亦不许充为第六代。”[②]神秀虽然是弘忍的上首弟子，但由于没有得到弘忍的付法传衣，因此只能是傍出而不是正传。只有惠能从弘忍处得到了历代祖师以心传心的达摩袈裟，因而才是禅宗的正脉，才能名正言顺地成为禅宗“六祖”。这样，神会一手举起“一代只许一人”的利剑，另一手祭起惠能“得法受衣”的法宝，剥夺了包括神秀在内的其他任何人“充为第六代”的资格，为惠能争得了禅宗唯一正统的地位。

为了彻底压倒神秀为代表的北宗，神会在滑台大会上还指斥神秀一系“法门是渐”。他大力宣扬惠能倡导的“顿悟”法门为历代祖师的心传，而“渐修”法门则是不了义。他说：“我六代大师一一皆言单刀直入，直了见性，不言阶渐”，而神秀禅师

---

① 《菩提达摩南宗定是非论》，载《神会和尚禅语录》第 19 页。

② 《菩提达摩南宗定是非论》，同上书，第 27～28 页。

却教人“凝心入定，住心看净，起心外照，摄心内证”[①]，这种渐修显然与历代祖师的禅法不相合，因此，神秀系不可能是禅门的正宗。自神会在滑台大会上提出顿渐的区分后，“南顿北渐”便成为南能北秀对立的重要标志，“顿渐门下，相见如仇雠”[②]的局面也逐渐形成。

此后，神会与北宗门人之间争夺嫡系的斗争愈加激烈。双方不但立碑作记，论师定祖，而且都力图借助于政治势力来抬高自己，甚至不惜将对方置于死地。

据唐代宗密的记载，神会在滑台演两宗之真伪以后，“便有难起，开法不得”。甚至遭遇逮捕、暗杀等危险，“三度几死。商旅缞服，曾易服执秤负归，百种艰难”[③]。而在开元二十四年(736)义福去世而立的碑文中也出现了北宗人立的法系：“禅师法轮，始自天竺达摩。大教东流，三百余年，独称东山学门也。自可、粲、信、忍、至大通，递相印属。大通之传付者河东普寂与禅师二人，即东山继德，七代于兹矣。”[④]强调大通禅师神秀是六祖，普寂与义福则为七祖。不久以后，李邕作《嵩岳寺碑》也再次强调弘忍传法于神秀，“秀钟于今和尚寂”，以强化神秀北宗的正统地位[⑤]。据说普寂临终时也曾明确地对弟子说：“吾受托先师，传兹密印，远自达摩菩萨导于可，可进于璨，

---

① 《菩提达摩南宗定是非论》，载《神会和尚禅语录》第 30 页。

② 宗密《禅源诸诠集都序》。

③ 《圆觉经大疏钞》卷三之下。

④ 严挺之《大唐故大智禅师碑铭并序》，《金石萃编》卷八十一。

⑤ 碑文载《文苑英华》卷八五八。据温玉成《禅宗北宗初探》：“该碑立于公元 739 年，撰文当略早，时普寂尚在”。

璨钟于信，信传于忍，忍授于大通，大通贻于吾，今七叶矣。”①这些都是对神会滑台挑战作出的回应。

天宝四年(745)，神会因得到兵部侍郎宋鼎的支持而入东都洛阳。此时，神秀的弟子、北宗大师普寂和义福都已去世。神会在北宗的主要活动地洛阳建荷泽寺，并以此为道场，“为人说法，破清净禅，立如来禅(这里指惠能禅)”②，大唱南宗宗旨。“于是曹溪了义，大播于洛阳，荷泽顿门，派流于天下”③。神会还特别“于洛阳荷泽寺，崇树能之真堂，兵部侍郎宋鼎为碑焉。会序宗脉，从如来下西域诸祖外，震旦凡六祖，尽图绘其影。太尉房琯作《六叶图序》”④。神会借助于宋鼎、房琯等人而为惠能的正统地位造得一定的声势。

神秀北宗门下当然也不甘示弱。天宝十二年(753)，由于神会经常聚徒讲学而被诬奏“聚徒疑萌不利”⑤，最后被赶出了洛阳。据说他在不到两年的时间里，曾先后辗转于弋阳、武当、襄州和荆州等四地，其艰难处境可以想见，宗密称此皆北宗门下所为。⑥

然而，社会政治的风云变化使神会的处境很快发生了戏剧性的变化。天宝十四年(755)，安史之乱起，两京沦陷。后郭

---

① 李邕《大照禅师塔铭》。

② 《历代法宝记·无相传》。

③ 宗密《圆觉经大疏钞》卷三之下。

④ 《宋高僧传》卷八《惠能传》。

⑤ 《宋高僧传》卷八《神会传》。

⑥ 《圆觉经大疏钞》卷三之下：“天宝十二年，被谮聚众，敕黜弋阳郡，又移武当郡。至十三载，恩命量移襄州。至七月，又敕移荆州开元寺。皆北宗门下之所[毁]也。”

子仪虽然收复两京，但唐王朝财政困难，便在各大府置戒坛度僧，收香火钱以筹军饷。神会被推出来主持此事，“所获财帛，顿支军费。代宗、郭子仪收复两京，会之济用，颇有力焉”[1]。这样，神会算是为唐王朝立下了汗马功劳，因而受到了帝室的重视，被肃宗皇帝诏入宫内供养，并为之造禅宇于荷泽寺中，使其传承自成一系，世称“荷泽宗”。神会死后，敕赐祖堂额，塔额，并获“真宗大师”的谥号。特别是在“贞元十二年(796)，敕皇太子集诸禅师，楷定禅门宗旨，遂立神会禅师为第七祖”[2]。神会被立为“第七祖”，那惠能当然也就是“第六祖”了。自此，南北禅宗的正统之争也就基本上告一段落。[3]

可见，惠能的“六祖”地位，实际上是通过其嫡传弟子神会成为“七祖”而得以确立起来的。在此以后，惠能的六祖地位也逐渐得到了官方的认可[4]，惠能南宗禅则在北宗渐趋消沉

① 《宋高僧传》卷八《神会传》。

② 《圆觉经大疏钞》卷三之下。宗密的《中华传心地禅门师资承袭图》中有相同的说法。但胡适曾对此的真实性提出过怀疑，见胡适的《跋裴休的〈唐故圭峰定慧禅师传法碑〉》一文，载《近现代著名学者佛学文集·胡适集》。

③ 关于南北禅宗之争和南北宗禅法上的异同，任继愈的《神秀北宗禅法》曾作过如下评说：“学术界长期误认为，南北两宗的宗旨相去天悬地隔，南宗重言下顿悟，北宗重渐次修习；南宗重慧解，北宗尚禅行。这恐怕是一种误解。北宗禅法不是不重义解，也不是不重顿悟，其中有些精辟见解，与南宗几乎没有什么差别。如果不加说明，放在今本《坛经》里，恐怕也没有人会相信不是惠能的宗旨。……在现存的南北禅宗双方资料来看，其修行方法、宗教理论、思维方式都比较接近。……神秀禅法的保守派形象是后来惠能后学塑造出来的。神秀的思想也相当解放。南北之争，与其说是学术之争，倒不如说是政治地位的争夺。”

④ 刘禹锡(772～842)的《大鉴禅师碑》中说：“元和十一年(816)某月日，诏书追褒曹溪第六祖能公，谥曰大鉴。”(《全唐文》卷六一〇)

的同时，在全国得到了很大的发展，并逐渐取代北宗的地位而成为禅宗的主流，乃至在九世纪初就有“天下凡言禅，皆本曹溪”[①]的说法了。惠能南宗不仅成为禅门的唯一正宗，而且在以后的发展中更几乎成为中国佛教的代名词。南宗的兴起，使惠能传佛心印、正传达摩的“六祖”地位最终得以确立。

需要指出的是，神会挑起的南北禅宗傍正之争，其目的当然是在抬高惠能和南宗的同时，也为自己争得正统的地位，然在客观上确实为惠能“六祖”地位的确立和南宗禅在全国的崛起起了很大的推动作用。但惠能成为六祖和南宗禅得以取代北宗禅而在全国广泛传播，这又不能仅仅归之于神会个人的作用，因为这实际上是由当时的社会历史状况和惠能禅的特点等多方面原因所决定的。

就惠能禅的特点来说，它在坚持佛教基本立场的同时，能不拘于一师一说，并大量融摄老庄等传统的思想和方法，倡导“识心见性，顿悟成佛”的简便法门和“农禅并作”等适应中国封建社会的修行生活，从而使它能在唐武宗灭佛以后继续得以在下层民众中广泛传播和发展。而惠能众多弟子对惠能禅法的继承与发扬，也对惠能的六祖地位起了巩固的作用。惠能门下众多的禅系，特别是保持山林佛教特色的怀让系江西马祖门下和行思系湖南石头门下，都把惠能奠定的禅法思想和原则进一步贯彻到禅行生活中去，并在递嬗演变中分化出了五家七宗，在全国形成了巨大的规模。五家七宗的禅法虽然各有特色，但他们都奉达摩为初祖而突出六祖惠能大师，并在六祖禅法的基础上进一步推进了禅的中国化。因此可以说，神会

① 柳宗元(773～819)的《赐谥大鉴禅师碑》，载《全唐文》卷五八七。

虽然为惠能争得了六祖，而五家七宗的繁兴才真正为惠能巩固了六祖的地位。

从惠能六祖地位的确立过程中，我们一方面可以看到外来的佛教如何适应本土的文化而不断地改变着自己的形式与内容，另一方面也应看到，外来的宗教文化又总是与其创生之源在理论与实践中保持着一种割不断的联系。正是在这种若隐若现的依稀联系中，印度禅才以禅为基点在一种迥然不同的社会文化环境中一步步发展出了中国的禅宗和惠能的禅学思想。

第四章 惠能禅学思想的理论渊源

惠能在禅宗法系上成为“六祖”，那么惠能与东土五祖在思想上的关系如何呢？禅宗是佛教中国化的产物，是印度禅向中华禅演变的结果，那么传统佛教和传统禅学与东土五祖的关系又如何呢？我们说，惠能的禅学思想是渊源于印度佛教而形成于传统思想文化之中，惠能所创的南宗禅之所以能够替代神秀北宗禅而在中国文化舞台上潇洒风光千年之久，且至今依然在现代社会中发挥出它的特殊魅力，这与惠能禅本身包含着深厚的思想内涵紧密相联，也与惠能禅能更彻底地中国化，从而更适应中国社会文化的需要密切相关。惠能禅深厚的思想内涵和鲜明的中国化特色并非凭空而来，印度禅在中土的长期中国化过程为其积淀了肥沃的土壤，提供了丰厚的理论资源。而在禅的中国化进程中出现的东土五祖的禅学思想和禅法方便，则更是直接为惠能思想的形成奠定了理论基础。正如每一个思想家都是对前人思想的继承与发展一样，惠能的禅学思想也是对传统佛教、前代禅师特别是东土五祖思想的继承、革新与发展。为此，本章将重点追寻印度禅学思想中国化的轨迹，辨析东土五祖禅法的流变沿革，以期更好地了解惠能禅学思想的来龙去脉，从而更好地把握惠能的禅学思想及其特色。

一、禅法初传：惠能禅得以形成的前提

印度佛教在汉代经西域传至中国内地，大、小乘相继而入，其禅法也随着佛典的大量译出，开始在中土传播。据史料记载，最早来华传译佛经的主要是安世高和支娄迦谶，他们在分别译介小乘说一切有部的理论和大乘般若学的同时，也译出了数部禅经。安世高先传小乘禅法，支娄迦谶后扬大乘禅法，他们在中华大地上洒下的禅种，为后来中国禅宗的出现准备了基础和条件，而中国的社会和文化则为禅在中土的生根、发展乃至百花争妍以及惠能禅特色的形成提供了良好的外部环境。惠能禅既保留了印度禅的精神，又增添了华夏文化的色彩，这与禅在儒道等传统文化的影响下传播、同儒道等文化相互激荡融摄、经历了一个不断中国化的过程有密切的关系。大致说来，这个过程始于安世高对禅经的最早翻译而终于惠能南宗禅的出现。

安世高，名清，据《出三藏记集》卷十三《安世高传》说，原为安息国王太子，"后王薨，将嗣国位"，但他"深悟苦空，厌离名器"，看破了红尘，不想继位。服丧既毕，便让国与叔，自己

走上了出家修道之路。后遍游各地，到处弘法。东汉桓帝建和二年(148)，他来到中土洛阳。不久，就通习了华语，并开始译经。至东汉灵帝建宁(168～172)中，二十余年间，他共译出了佛典三十多部，其中大多属于小乘，不少是介绍小乘禅法的。①

安世高译介的主要是小乘佛教“说一切有部”的理论，即认为“三世实有”，“法体恒有”，并由此而把佛所说的一切教法，都视为是实有其体的真实存在。这种观点体现在安世高所传禅法的特点上，就是注重禅修的形式和对禅境的执著，并通过对佛教名相概念的分析而提出禅修实践上的要求。

最能代表安世高系禅学思想的主要有《阴持入经》和《安般守意经》，它们的内容都是提倡通过戒、定、慧来对治各种“惑业”，通过禅定的修习而获得人生“非常、苦、非身、不净”的认识，从而离生死，得解脱。两者的不同之处在于，《阴持入经》偏重于对名相概念的分析与推演，来表达禅法的理论基础。《安般守意经》则比较注重对人的意识活动的控制，它通过对“安般守意”这一禅法的具体论述来发挥佛教思想，并指导人们如何按照佛教的要求来从事实际的禅修。此二经所明之禅定，成为汉魏两晋间人们修习禅法的重要理论依据。

---

① 有关安世高及其所译介的佛典，北京大学王邦维教授在《论安世高及其所传学说的性质》一文中对现在学术界通行的观点提出了一些不同的看法，认为“在安世高的同时代人或者弟子或者其后的人看来，安世高……应该属于大乘。……我们如果承认有一个‘安世高学派’，我们只能说，这个学派并不完全是小乘学说的宣传者，他们佛教信仰的基本立场，是大乘而不是小乘。”(见《佛教与中国传统文化》，宗教文化出版社 1997 年版，第 667～682 页)

《阴持入经》主要通过对佛教基本概念——阴、持、入①等的分析来说明，人并无“实我”，人所生活的世界也是“无常”的，人生的本质就是“痛苦”，要求通过禅定的修习而破除“我执”，舍弃贪欲，从而出离苦海。经中把不明了四谛、五蕴等佛法义理而沦入人生苦海的各种“惑业”归结为“痴、爱、贪、恚、惑、受(取)、更(触)、法、色”等九种，并依此九种“惑业”而提出了九种对治的方法——“一止、二观、三不贪、四不恚、五不痴、六非常、七为苦、八非身、九不净”。经中特别提出，在诸多惑业中，“痴”(不明佛理，不能按佛教的要求来认识人生的本质)与“爱”(对物欲、情欲的贪爱)是最为根本的，是众生沦于生死苦海的最根本原因，经中称之为“二本罪症”，并要求用“止”与“观”来加以对治，即通过佛教禅定的修习而达到对佛理的证悟。为此，该经特别强调“止观双俱行”，这成为安世高系禅法的基本特点之一。②

阴、持、入，后被佛教列为“三科”，是佛教修学的最基本内容，这同样也为惠能所重视，并成为惠能临终付嘱弟子的重要内容。③ 而“止观双俱行”，则不但为中国佛教各宗派所坚持，也为惠能进一步以慧摄定、倡“定慧等学”提供了基础。

---

① 阴，后译作“蕴”，积聚、类别之义，共有色、受、想、行、识五类，故称“五阴(蕴)”；入，后译作“处”，包括眼、耳、鼻、舌、身、意“六根”和色、声、香、味、触、法“六境”，合称“十二处(入)”；持，后译作“界”，即十二处再加眼、耳、鼻、舌、身、意“六识”，共“十八界”。

② 以上引文见《阴持入经》，载《大正藏》第15册，第173～180页。

③ 据说惠能临终时曾对弟子们说：“吾灭度后，汝各为一方头，吾教汝说法，不失本宗：举三科法门，动用三十六对。”(敦煌本《坛经》第45节)请参见本书第八章对此的分析。

安世高译介的另一部对后世影响较大的禅经是《安般守意经》。安般守意，是“数息观”的异译。“安名为入息，般名为出息”，“安般守意”就是通过数出入息来守住心意，不使散乱。小乘佛教认为，人身之所以有生灭，人行之所以有善恶，皆由“意念”所致，意生而法生。《安般守意经》坚持了这种观点。因此，要为善去恶，断生死，出苦海，“守意”就是十分重要的了。如何守意？经中提出了数息的方法。

“数息观”与“不净观”、“慈悲观”、“因缘观”和“界分别观”合称“五停心观”，在小乘禅法体系中，这些都属于修行的初步阶段。但安世高所译的《安般守意经》却把它与实现解脱联系在一起论述。经中说：“安般守意，名为御意至得无为也。”意谓通过数息这种禅观以控制意念而最终达到涅槃解脱之境（这里的“无为”是当时佛教对“涅槃”的意译）。因此，经中特别强调，光是数息并不等于就是“守意”，只有同时具有“六事”——“数息、相随、止、观、还、净”，才称得上是真正的“守意”，也才能至“无为”之境。安世高译涅槃为“无为”，反映了他对老庄道家概念的借用，而他突出“六事”的环环相扣以对付人的无明与爱欲以及由此而生起的种种恶行，最终达到佛教的觉悟，这又反映出他所传禅法的渐悟倾向。

《安般守意经》最后明确提出了“坐禅数息”的主张：“坐禅念息，已止便观，观止复行息。人行道，当以是为常法也。”①这是中国禅学史上第一次出现“坐禅”这个词。由于“坐禅数息”方便而又有可操作性，其方法与当时道家方士所提倡的吐纳

① 以上引文均见《佛说大安般守意经》，载《大正藏》第 15 册，第 163～173 页。

养气又有相似之处，因而它不仅成为中土早期习禅的主要形式、必修功课，而且自汉魏以来，也普遍存在于中国道教乃至儒家之中，成为修道或修心养性的重要方法。而它对中国禅宗的影响更是非常之大，从初祖达摩在少林寺面壁九年，到五祖弘忍白天劳作、夜便坐摄，乃至神秀的调身调息、背境观心，都是不废“坐禅”这一形式的。直到惠能禅的出现，才以“无念无著”为指导，破除了对“坐禅”形式的执著而突出了当下自心自性的觉悟，从而使中国禅实现了根本性的变革。

安世高所传之禅，理论与行法并举，止与观、定与慧兼而有之，主张依教修禅，以禅悟理，这对后世达摩禅的“藉教悟宗”有着直接的影响，对惠能禅的“藉师自悟”也产生了间接的影响；但安传禅法强调的悟理主要还是“四谛”、“十二因缘”之理，这种禅与“数法”相结合的特点又使之与后来达摩禅的“不随于言教”和强调“安心”“悟心”区别了开来。

安世高所传之禅虽主“止观双俱行”，但受社会上道家神仙家思想和呼吸吐纳等方术的影响，还是比较偏重凝心入定和坐禅数息所获得的神通，其最初发生的实际影响也不在禅理，而在坐禅数息的禅法以及所能引发的神通。三国东吴名僧康僧会是此系学说的重要继承者，但他从明心的角度对此作了重要的发挥。

康僧会(？～280)，祖籍康居，世居天竺，其父因经商而移居交趾。十岁时，父母双亡，他孝事完毕后即出家修道。吴赤乌十年(247)，他来到建业(今江苏南京)，从事译经传教活动。据有关记载，他曾受学于安世高的弟子“南阳韩林，颍川皮业，会稽陈慧”等人，并协助陈慧注解了《安般守意经》。他对小乘安般禅的发展，突出地表现在对“明心”的强调上。

康僧会曾明确提出:“心者,众法之源,臧否之根,同出异名,祸福分流。”[①]在他看来,每个人的心本来都是明净的,但本净的心如果受到色声香味触法等外境的迷惑,便会生出许多秽念,清净的心就被污染了。通过修持“四禅六事”的禅法,使净心复明,就能达到理想的境界。在《安般守意经序》中,他曾非常形象地用磨镜来比喻“明心”,认为净心被污染,就像明镜处于泥秽之中而被蒙上了污垢。如果有良师对被污染了的镜子仔细刮磨,使镜子上的污垢灰尘荡然无存,就能使镜子恢复明净而照清人的毛发面容。人心与镜相同,通过“明心”的修禅,去除秽念,也就是去除污垢对心的障覆,就能使心恢复明净。一旦净心复明,人也就能得一切智,获一切神通。康僧会也主张“止观俱行”,但他把“止”看作是“明心”的功夫,认为本净的心为外尘所污,因而需要通过“止”来恢复其本然,犹如磨镜;明心所引发的神通即成为“观”的内容,就如明镜能无幽不睹,无物不照。对清净心的强调,打开了小乘禅学通向大乘“唯心”的法门,并对中国禅产生重大影响。无论是菩提达摩的“安心”,还是东山法门的“守心”,乃至神秀北宗“时时勤拂拭”的“观心”,都可以看到这种影响的存在。这同时也为惠能禅融合儒家性善论而在当下现实之心的基础上倡导“行直心”开拓了道路。康僧会在重“神通”的同时更突出“修心”,透露了中国禅由安世高系的小乘向支娄迦谶系的大乘过渡的消息。

支娄迦谶是汉代与安世高齐名的译经大师,简称支谶。他比安世高稍晚一点来到中国,是中国佛教史上第一位把大乘般若学和大乘禅法传至汉地的僧人。据《出三藏记集》卷十三

① 《法镜经序》,载《出三藏记集》卷六。

《支谶传》记载，他本是月支国人，“汉桓帝末，游于洛阳，以灵帝光和、中平之间(178～189)，传译胡文”，后不知所终。支谶在洛阳的十多年中，先后译出了佛经十四部二十七卷，其中主要的有宣说诸法性空(支谶译为“诸法本无”)的《道行般若经》和介绍大乘禅法的《首楞严三昧经》及《般舟三昧经》等。支谶所译介的禅是在大乘般若学指导下的大乘禅，这种“大乘般若禅”成为后来惠能禅学思想的重要来源。

大乘般若学的中心内容是说世界万法皆因缘和合，没有恒常不变的自性或实体，因而都是虚幻不实的，认识到万法皆空的道理，就是把握了宇宙的真实相状，就能获得解脱。而要把握宇宙的真实相状，则必须靠般若。般若，是梵文的音译，意译为“智慧”，由于它是佛教特指的能观悟万法性空、导致成佛的一种智慧，因而中国一些佛学家曾用“圣智”来表达它，以区别于世俗所说的智慧。般若是大乘“六度”之一。六度，即布施、持戒、忍辱、精进、禅定和般若等六种从生死之此岸到达解脱之彼岸的方法或途径。作为六度之一的般若，全称为“般若波罗蜜(多)”，这也是梵文的音译，意译为“智慧到彼岸”，简称“智度”，意思就是通过般若智慧，观悟佛法真理，把握宇宙实相，即可到达涅槃解脱的彼岸。

般若的主要特点是观悟诸法实相，般若学的基本理论是万法性空。支谶译出的《道行般若经》受老庄道家思想的影响，用“本无”来表示“性空”，经中反复强调了“一切皆本无”，“本无”亦“本无”，甚至连佛与佛法也是本无！《般若经》所说的“空”并不是说万法不存在，而是说存在的万法都不真实，因而都不可执著。万法性空的真谛只存在于对万法真实性的否定之中，而不是离万法之外另有独立的存在。在《般若经》中，色与空是二而一的东西，认识到“色”之假有，也就把握了性空的“真”，破除了世俗的“邪见”，才能获得佛教的“正见”。而佛教的“正见”也只存在于对世俗认识的否定之中，任何计较执著，哪怕是执著“空”，也是不符合“空观”要求的。这种对一切加以否定以显示宇宙实相或证悟佛法真谛的思维方式对大乘禅观产生了深刻的影响。后来的惠能也正是依“万法性空”的般若思想而展开对各种执著的破除，并在传统儒家性善论和心性论的影响下，将般若与众生的自心自性结合起来，认为“般若无形相，智惠性即是”[①]，从而提出了富有特色的“识心见性，自成佛道”[②]的南宗顿悟禅。

如何在般若的指导下进行禅定的修习？支谶译出的《般舟三昧经》和《首楞严三昧经》分别通过对大乘禅法中具有代表性的“般舟三昧”和“首楞严三昧”这两种禅法的介绍而作了专门的说明。

“首楞严三昧”讲求的主要是如何通过修禅来达到符合般若的认识，从而作菩萨成佛。据说此禅定能统摄大乘佛法，具有不可思议的神奇力量。“首楞严”即是健行（健步如飞，易于成佛）、健相（其性坚固，诸魔无能坏者）的意思。“首楞严三昧”是梵文的音译，意译也可译作“健行定”或“健相三昧”。由于它是达到“勇者”（指菩萨）的一种禅定，因而也可译为“勇伏定”或“勇健定”等。修习“首楞严三昧”，有别于小乘安般禅规定的必须坐禅调息、观察特定的对象、进行特定的思维等做法，它主要强调截断人们主体与客体的交流，通过玄思冥

① 敦煌本《坛经》第 26 节。
② 敦煌本《坛经》第 30 节。

想来证悟“无碍智慧”，从而获得神通和“入大灭度而不永灭”的境界。[①]

“般舟三昧”则主要是通过专心念佛而使十方诸佛出现于眼前的一种禅定。“般舟三昧”为梵文的音译，“般舟”即是“出现”、“佛立”的意思，因此，“般舟三昧”也可意译为“佛立三昧”或“佛现前定”。《般舟三昧经》在介绍这种禅定时称，行此三昧，修禅者就会获得无量的功德，不仅能得长寿，得高才，得端正美丽的容貌，而且还会获得凡人所不具有的种种神通。《般舟三昧经》还在中国佛教史上第一次将阿弥陀佛净土信仰传到了中国，认为只要一心专念阿弥陀佛，即可见阿弥陀佛立于面前。但与此同时，经中也特别强调了知人法“本无”的重要性，把“了本无”、“知本无”等作为获得“般舟三昧”的重要前提，并以般若性空的理论来破除人们对念佛和念佛所见的执著，强调念佛和念佛所见，其实都是自心的作用，当了悟一切皆本无时，即证得了佛的智慧，获得了解脱。经中所突出的般若性空和所主张的“心是佛心”、“心作佛”以及认为无心无想是涅槃等，都对后世惠能禅学有很大的影响。经中还对“师”的地位和作用给予了特别的重视，提出了“当敬于师，承师供养，视当如佛；视善师不如佛者，得三昧难”的说法[②]，这与惠能禅重视“大善知识”的指点，强调“藉师自悟”，所谓“若不能自悟者，须觅大善知识，示道见性”[③]，乃至惠能以后的禅有“祖师

① 支谶所译的《首楞严三昧经》已佚失，现存的是鸠摩罗什的译本，载《大正藏》第 15 册，第 629～645 页。

② 引文见《佛说般舟三昧经》，载《大正藏》第 13 册，第 897～902 页。

③ 敦煌本《坛经》第 31 节。

禅”之称等,其间的联系也是值得重视的。

继支谶以后进一步传译大乘禅学的重要代表人物有三国时的支谦。支谦的祖籍为大月支,但他生长于洛阳,曾受学于支谶的弟子支亮。他在主要弘传大乘般若学的同时,也译出了大乘禅经《慧印三昧经》和《首楞严经》等,并译出了对中国禅宗影响深远的《维摩诘经》。《慧印三昧经》讲的是可以获得无上智慧的“慧印三昧”,认为修习此禅定即可在成佛的道路上不再退转,并最终证得佛智,成就佛果。此经的一个重要特点是以般若思想为理论基础,通过对“佛身”的论述而发挥了般若空义,这与晋宋以后般若学和佛性论的融通在理论上有着某种相通之处。值得注意的是,般若学与佛性论的融通后成为惠能全部思想的理论基点。支谦译出的《维摩诘经》本身虽不是禅经,但它对禅宗及惠能思想的形成都曾起过很大的作用。特别是它宣扬的“唯心净土”和有、无双遣的“不二法门”,对惠能的禅学理论和修心实践都有很大的影响。

如果说,汉魏时期译介的禅学思想和禅法方便只是惠能禅的远源,那么,魏晋般若学和南北朝佛性论与禅的结合,则直接为惠能禅的出现创造了现实条件。

二、般若佛性:惠能禅的两大理论支柱

从中国禅发展的历史进程来看,大小乘禅虽然在汉代均已介绍到中土,但在汉魏间流传的主要是安世高系的小乘禅学,而且此系禅法虽理论与行法并举,但实际发生影响的主要是其坐禅数息的方法及其所能引发的神通,并不在其义理。支谶所传的与般若思想相结合的大乘禅直到魏晋玄学兴起以

后，随着般若学的盛行才真正得以流传。

“早期禅学受社会上道家神仙家思想和呼吸吐纳等方术的影响，虽主止观双修，但更偏重凝心入定，追求神通。禅与定的结合，往往是以定摄禅，长坐不卧即为修禅的主要形式。魏晋时期，大乘般若学盛行，禅学的形式化倾向受到了冲击与改造，禅的重心逐渐由修持形式转向了对宇宙实相的证悟。南北朝佛性论兴起以后，实相与自性趋于合一，在自性本觉的基础上，禅修的内容也主要地成为自性自悟，形式上则出现了随缘而行的倾向。”[①]早期禅在中土的进一步展开，为达摩禅的传播创造了条件，也为惠能禅的出现进一步奠定了基础。

从思想理论上看，魏晋般若学和南北朝的佛性论可视为惠能禅的两大理论前提、两大理论支柱或两大理论基础。从早期小乘禅学到魏晋般若学，再进至南北朝佛性论，这既是佛教中国化的历史进程，也体现了佛教包括禅学自身演进的内在逻辑：即首先关注与早期佛教相近的禅法，注重修持形式的引进；进而注重对佛教实践之理论根据的探讨，禅法遂与义学相结合，禅智双运成为时代的要求；由于佛教的一切理论与实践，目的都是为了求得解脱，因而最后又转入了对解脱境界与解脱主体的研究，这便是晋宋以后盛极一时的涅槃佛性说。惠能禅宗正是孕育于这个过程之中，它的思想基本上也就由上述三个方面的内容融汇而成。因而可以说，般若与佛性的结合，再与禅的精神相融，这构成了惠能禅的基本特征。

我们先来看禅学与般若学的结合。魏晋时期，中土玄学盛

---

① 洪修平《中国禅学思想史纲》，南京大学出版社 1994 年版，第 17 页。

行，玄风大畅。由于佛教般若学假有性空的理论与老庄玄学谈无说有的思想特点有相契合之处，因而随之繁兴，并与玄学合流，蔚为一代显学。这样，当时的禅智双运、禅智结合，便主要是禅与般若的结合。魏晋般若学与禅的结合，主要是在扫除禅的形式化和突出“心”的解脱方面为惠能禅开拓了道路，而这是通过许多佛教思想家的努力才逐渐得以实现的。东晋名僧释道安(314～385)最早把大乘般若学与小乘禅数之学结合起来理解，高扬禅智双运的旗帜，不仅使禅具有了更丰厚的理论基础，而且也使般若与禅的会通成为魏晋时期禅学发展的主线。道安作为安世高系禅学的继承者和般若学六家七宗中“本无宗”的主要代表人物，他主要是从“本无论”出发来贯通小乘禅学的。他的“本无论”认为：“无在元化之先，空为众形之始，故称本无。……夫人之所滞，滞在末(原作未)有，苟宅心本无，则斯累豁矣。”[①]由此，道安把安般守意归结为“宅心本无”，一方面强调只有“宅心本无”才能清除种种妄念杂想，使人心不滞于末有，另一方面，又要求将悠然无寄、泯然无名之心契入真如实相，以达到佛教理想的最高境界。而这又有赖于“以慧探本”，即以般若智慧来指导禅观。尽管道安提倡的禅智双运，主要是般若与小乘禅的结合，但他的禅学思想已具有了以大乘般若空观的简便法门来改造繁琐的禅数之学的倾向，特别是他自禅观趣般若，以般若解禅观，肯定并突出“心”之本然状态与真如实相相契合的思路，通过魏晋时期一些僧人的发扬，对形成惠能以心的解脱为特色的禅，仍然产生了不可忽视的深刻影响。

---

① 《名僧传抄·昙济传》引，载《卍续藏经》第134册，第18页。

道安的弟子慧远(334～416)也是东晋时著名的佛学家,他的般若思想传道安的“本无说”而又特重心神之不灭,并第一次把大乘般若学与大乘禅法相贯通。他循着道安“宅心本无”的思维途径,提出了“反本求宗”的思想和“冥神绝境”的理想境界①,并认为,要达到这种极致,则离不开禅与智,因为“三业之兴,以禅智为宗”,而禅与智又是相辅相成的,“禅非智无以穷其寂,智非禅无以深其照”,因而要以“反本求宗”为目标来指导禅观,并通过“洗心静乱”而使智慧“深其照”。由此,慧远对禅有着一种特别的关注,“每慨大教东流,禅数尤寡。”②时有印度禅师佛陀跋陀罗来华,先至长安传禅,因与鸠摩罗什所传不合,不久就遭到鸠摩罗什门人的摈斥而率徒南至庐山。慧远对“以禅律驰名”的佛陀跋陀罗的到来欣喜异常,他一方面派弟子致书后秦主姚兴和长安僧众,调解摈事;另一方面又请佛陀跋陀罗译出介绍达摩多罗和佛大先禅法的《达摩多罗禅经》二卷,并亲自为之作序,推崇其“劝发大乘”,强调修持禅业的重要性。由于慧远的介绍和提倡,禅法在江南地区得到了流传,并对东山法门的兴起产生了一定的影响。慧远还特别倾心大乘念佛禅,将禅智双运具体落实到“功高易进”的念佛禅上,他倾心的念佛与后来净土宗提倡的称名念佛不同③,也不仅仅是为了期生西方,而是更重“洗心”、“御心”以

---

① 《沙门不敬王者论》,《弘明集》卷五。

② 以上引文均见《庐山出修行方便禅经统序》,《出三藏记集》卷九。

③ 佛教的念佛,一般有三种:一是实相念佛,即观佛的法身“非有非无,中道实相”之理;二是称名念佛,即口称佛的名号,如诵念“南无阿弥陀佛”;三是观想念佛,即静坐入定,专心观想佛的种种美好相状及其所居佛土的美妙庄严。慧远所修持的即是观想念佛。

达到“冥怀至极，智落宇宙”[①]，这与他“反本求宗”的般若思想还是一致的。

道安与慧远虽然都以大乘般若学去贯通禅学，但道安的“宅心本无”，仍有“心”可宅，有“无”为本，慧远的“反本求宗”、“冥神绝境”更强调法性实有，心神不灭，而到了支道林的“即色游玄论”，才进一步把禅法引向了般若学的绝念忘虑、无心逍遥。支道林(314～366)是魏晋时期著名的般若学者，佛教六家七宗中“即色宗”的代表人物，他思想上深受玄学的影响，在立身行事方面则颇具名士和名僧的双重风采。他曾引佛理来解《庄子·逍遥游》，因“卓然标新理”而在当时引起士人的好评，他依“即色是空”的般若思想来贯通禅法，突出“心”的超然解脱，这对后来的惠能禅有着独到的影响。支道林认为，“色不自色，故虽色而非色”[②]，那么，大千世界又是依什么而立呢？支道林认为，色之为有，随心而起。只要心不起执著，就一切皆空。据此，他认为对佛的各种教法都“宜求之于筌表，寄之于玄外”，[③]并强调禅法仅是一种达到无心而逍遥的手段，对其本身不可有任何执著。显然，支道林的禅法已趋于不拘泥于形式而注重神悟理入的自心解脱。但由于支道林的“即色义”仍然没有摆脱从有和无的相对境界上来理解般若空观，因此，尽管他没有像道安、慧远那样执著一个“本体”，他对解脱境界的追求本身却也还是一种“执著”。到了鸠摩罗什及其弟子那儿，禅观才真正得以与般若空观相结合，并成为惠能禅的重要理论

---

① 《念佛三昧诗集序》，《广弘明集》卷三十。

② 据僧肇的《肇论·不真空论》引。

③ 《大小品对比要钞序》，《出三藏记集》卷八。

支柱之一。

鸠摩罗什(344～413),略称罗什,原籍为印度,出生在西域龟兹,曾随吕光东入姑臧(凉州治所,今甘肃武威),留住十六年。后于弘始三年(401),被姚兴迎入长安,在大力弘传般若思想的同时,也应中土僧人的要求译出了数部禅经。由于他本人并不倾心于禅法,他所重的是离言绝象、非有非无的般若三论学,即用"非有非无"的"毕竟空"义来破斥一切执著。因此,他把禅法只是视为一种不能有任何执著的方便法门,反对像早期小乘禅法那样把禅观的内容视为实在。罗什所传的中观般若思想和非有非无、不落二边的思辨方法几乎影响到中国化佛教的所有宗派,而般若空观与禅法的结合,经过他弟子的阐扬,则直接影响到了惠能禅基本理论的建构和修行实践特色的形成。

在罗什众多的弟子中,声望最高、影响最大、对般若性空之学领会也最深刻的当推僧肇(384～414)。僧肇曾被罗什誉为"秦人解空第一者"①,他在融会中外思想的基础上,用中国化的表达方式,比较完整而准确地发挥了非有非无的般若空义。他把罗什所传的中观般若学的基本理论概括为"不真空论",并以此来说明非有非无、非动非静、非有知非无知、一切皆虚幻不真的道理。他还以中道空观来沟通出世与入世、此岸与彼岸的联系,强调"非离真而立处,立处即真",他说:"道远乎哉？触事而真。圣远乎哉？体之即神。"②他描绘的理想境界是:"圣人空洞其怀,无识无知。然居动用之域,而止无为之

① 见吉藏《百论疏》,《大正藏》第42册,第232页上。

② 《肇论·不真空论》。

境;处有名之内,而宅绝言之乡。寂寥虚旷,莫可以形名得。若斯而已矣。”①僧肇的思想与方法对惠能及其所创的南宗禅的影响是多方面的。不仅他的许多话语都被当作“禅语”而为六祖门下所津津乐道,而且他的动静一如、有无齐观、事理不二的思想,“得意忘言”、“不落二边处中道”的方法,以及不拘言象、创造性地融合吸收传统思想文化,特别是从老庄玄学的思想中自由地引申、发挥佛理以建构思想体系的做法等,都直接或间接地影响到了惠能禅学思想体系的建立。正是经过魏晋时期玄学化的般若学的洗礼,禅学在中土的发展,才进入了一个完全不同于以前的新阶段。它逐渐摆脱了早期小乘禅学形式化的倾向,不再强调苦修苦行以达到神通,而是突出了主观精神的修炼,注重般若的空观,追求精神的超越。老庄玄学的自然而然、泯然合一和物我两忘等在惠能禅中也得到了淋漓尽致的发挥。

然而,般若学非有非无的方法对于排除一切妄心执著来说虽然十分有效,但其晦涩的哲理、否定一切的思维倾向,却往往使一般人难以把握,也给与般若结合的禅带来一定的消极后果,使佛教解脱的终极目标缺乏坚实的基础。而《般若经》通过对现实世界和世俗认识的否定来阐扬自己的宗教理想,实际上也为涅槃佛性学说开辟了道路。因而从般若真空向涅槃妙有的过渡,不仅是佛教理论的要求,也是禅实践的需要。特别是中土人士,总是希望禅能使人的生活在顺随自然中始终面向着终极关怀,又通过建构人的主体世界,使人在心理层次上逃避现实世界而趋向本真的存在——即心即佛。因

① 《肇论·答刘遗民书》。

此，在印度主要是一种思维修习方式的禅，在中国佛教中，还成为一种实实在在的生活方式。这样，南北朝时期涅槃佛性论继东晋般若学之后而大兴，也就成为中国佛学发展的必然趋势了。而禅学与佛性论的进一步结合，才使惠能禅的出现真正成为可能，因为强调识心见性、顿悟成佛的惠能禅，仅靠般若的离言扫相支撑还是远远不够的。

晋宋之际，佛教般若学向佛性论的过渡，主要是通过僧叡、道生等人实现的。如果说僧肇对惠能禅的影响主要在于对般若之“空”的发挥，那么同为罗什高足的僧叡与竺道生的影响则主要在于他们在精通般若空义的同时，又用这种“空”的学说去融合贯通涅槃佛性“有”的理论，从而为惠能禅宗的修行解脱观最后完成了理论基础。所不同的是，僧叡偏重于把般若空观与佛教“唯心”的观点结合起来，注重禅法的“厝心”作用，并从般若之空转向了对“实体”（佛性）的兴趣，从而为中国禅学与佛性论的结合初开风气之先；而道生则偏重于对“理”的慧解，注重对“性”的顿悟，并直接把人心、佛性与法性结合起来理解，从而既为禅的修行和解脱确立了实践主体，也开了惠能禅顿悟的先声。

僧叡由于在罗什门下多年，实际参与了《般若经》的翻译与修订，因而对般若思想也有很深的领会，并特别推崇“般若除其虚妄”的作用[①]，认为通过般若智慧，便能去除人们的虚妄倒见而达到非心、非待的超脱之境。他提出“非心故以不住

① 《喻疑》，《出三藏记集》卷五。根据《出三藏记集》的记载，《喻疑》为慧叡法师所作，但近年来有学者考证，认为此记载有误，《喻疑》应该是僧叡所作（见任继愈主编的《中国佛教史》第二卷，中国社会科学出版社 1985 年版，第 452 页）。

为宗，非待故以无照为本，……启章玄门，以不住为始；妙归三慧，以无得为宗”[①]，把“非心”、“非待”、“无得”、“以不住为宗”、“以无照为本”等作为理想之境，这与后世惠能禅提倡的无念为宗、无住为本、自心解脱等，显然有着某种理论上的渊源关系。由于僧叡把外在的万有和内在的烦恼都归之于人们妄念邪思的结果，因而他十分重视禅法的厝心作用，认为禅法是“向道之初门，泥洹之津径”[②]，把修禅视为获得般若的必要前提。正是基于“禅非智不照，照非禅不成”的基本看法，他极力主张双修“禅智之业”[③]。与此同时，僧叡还对佛教解脱的主体，即佛性问题给予了特别的关注。他曾多次关心“积功累德，谁为不惑之本？”[④]当他接触到《法华经》的“开权显实”以后，大加赞赏，认为般若诸经“于实体不足”的缺陷在《法华经》中得到了弥补。当他见到法显译出的《大般泥洹经》中“泥洹不灭，佛有真我，一切众生，皆有佛性”以后，更是“如白日朗其胸襟，甘露润其四体”，欣乐之情，溢于言表。[⑤] 值得注意的是，僧叡是把佛性与般若作为佛教不可缺少的组成部分来加以理解的，他曾认为，“般若除其虚妄，法华开一究竟，泥洹阐其实化”[⑥]，此三者无优劣高下之分，故不可偏执。僧叡这种把般若性空与涅槃佛性结合起来理解的倾向，在竺道生那里得到了进一步的发展，并直接对惠能的思想产生了多方面的

---

① 《大品经序》，《出三藏记集》卷八。

② 《关中出禅经序》，《出三藏记集》卷九。

③ 《关中出禅经序》，《出三藏记集》卷九。

④ 《喻疑》，《出三藏记集》卷五。

⑤ 《喻疑》，《出三藏记集》卷五。

⑥ 《喻疑》，《出三藏记集》卷五。

深刻影响。

竺道生(? ～434)早年曾在庐山与慧远共从僧伽提婆学习小乘毗昙学,后至关中随鸠摩罗什学大乘般若学。时逢《涅槃经》各本先后译出,他又随顺时代潮流,致力于涅槃佛性论的研习,强调众生皆有佛性,皆得成佛,晚年在建业大弘此说,并因此而有"涅槃圣"之称。

竺道生涅槃佛性论的主要特点及其对中国禅影响最大的就是将般若实相说作为其理论基础,把实相无相与涅槃佛性会通起来。他依据自己对佛教的独到体会,提出既然"实相"是万法、众生与佛的共同本性、本体,众生凭借实相(佛性)方得为众生,那么,一切众生皆有佛性,"一阐提",即断了善根的人也不应例外。这种富有中国特色的人人皆有佛性说,倡导的是宗教平等观,它将成佛的可能给予了每一个现实的人,从而受到生活在苦难之中而又渴望幸福、追求解脱的中土人士的欢迎,成为流传极广的中国佛性论的主流。同时,竺道生通过般若实相说而把佛性、法性、众生与佛等同起来,把佛性作为众生的本性,众生的自性即是佛,其实际意义在于把成佛从对外在宇宙实相的体认转为对内在自性(自心)的证悟,从而更突出了众生的自性自度。这种以心性为解脱之根本,把非有非无的实相与众生清净本性相联系的空有相契、由外向内、自证自悟的思维途径与方法,成为后来惠能禅解脱论的基本理路,并通过惠能禅而从一个侧面推动了中国学术思想由本体之学向心性之学的转变,影响宋明理学达数百年之久。

既然人人皆有佛性,皆得成佛,接下来的问题便是,众生凭借佛性如何成佛,成佛需要经过什么阶段,经历多少时间,这就是"顿悟"还是"渐悟"的问题。竺道生是顿悟说的积极倡导者。他认为，证悟诸法实相（涅槃、佛性）之理就是成佛，而实相是完整圆满的“理”，理不可分割，因此，要么证悟它，要么就没有证悟它，不能分阶段地逐渐得到它。“以不二之悟，符不分之理”[1]，就只能是顿悟。由于所悟的般若实相之理就在众生自身，因而众生证悟实相不必向外求觅，反归自身本性，见性即能成佛。竺道生的这种顿悟说和见性成佛论都对后来的惠能禅学产生很大的影响。胡适曾认为，“禅宗之顿悟说，实始于四世纪的生公”[2]，这是有一定道理的。[3]

涅槃佛性论与般若实相说的结合，使南北朝时期的中土禅风发生了很大的变化。老庄玄学化的般若学扫除了禅的形式化倾向，并以实相取代了实境，使禅既具有般若学“非有非无”、“亦有亦无”的思辨精神，也有了老庄玄学顺随自然、潇洒旷达的人生态度；涅槃佛性论融实相与心性为一体，使修禅解脱的重心转向了对自我心性的顿悟。正是在这样的理论基础上，南朝时出现了宝誌和傅大士等人的禅，初显后来为惠能所发扬光大的中国独特的禅风之端倪。其主要特点就是不再在禅定功夫上虚耗光阴，而是立足于打开自己的慧眼，体悟自己的心性，明见自己生命的本来面目。禅不仅仅是一种修道的方法，而且也成为一种认识生命真谛和世界本源的方法。通过这

---

① 慧达《肇论疏》。

② 胡适《中国禅学的发展》，《近现代著名学者佛学文集·胡适集》第47页。

③ 当然，严格地说，道生与惠能虽皆主“顿悟”，但两者的内容与方法却是有很大不同的。同时，竺道生虽主张顿悟，却并不废渐修，他认为“悟不自生，必藉信渐”（慧达《肇论疏》），这与惠能提倡的不假渐修、当下顿悟也是不一样的。详见本书第八章第二节。

种方法，禅修、禅悟和人生的内涵都得到了进一步的开拓。

宝誌(418～514)，也作保誌，南朝齐梁时的禅僧。史籍中有关他的神话很多，但也透露出了他的一些特点。例如他修禅不拘形式，言谈不落名相，认为佛法要旨，不在文字，“一切无非佛事，何须摄念坐禅”①，反映了他对契悟心证的重视。这与他禅学思想上的“即心即佛”倾向也是一致的。学界有人认为“即心即佛”是惠能南宗禅兴起以后才出现的思想，其实不然。事实上，在魏晋般若学和南北朝佛性论盛行以后，即心即佛、见性成佛等思想就已经开始在社会上流传。与宝誌同时且与之有交往的法云在《法华经义记》中就说：“有心识者同归作佛，理唯一致，无三差别。”《涅槃经集解》中也记当时的僧亮语曰：“见性成佛，即性为佛也。”这种思想与禅的结合，便是不假名言和修持形式的直契心性。因此，宝誌禅风的出现与中国佛教和禅学的发展方向是相一致的。与宝誌齐名的傅大士，其禅风也与宝誌有相似之处。据有关记载，傅大士是一个以禅修为业而不以经教为重、但也不完全排斥经教的禅者，提倡“以虚怀为本，不著为宗”②，表现出一种与东晋以来真空妙有契合无间、真俗二谛妙不可离的佛教思想相合拍的超然禅风，并飘逸出玄学和般若学的阵阵清香，反映了中国禅发展的新特点。③

宝誌和傅大士的思想及禅风从一个侧面表明，在惠能禅

① 《十四科颂·事理不二》，《景德传灯录》卷二十九。

② 《景德传灯录》卷二十七。

③ 关于宝誌和傅大士的禅学思想及其禅法特色，请参见洪修平《中国禅学思想史纲》第二章第四节。

宗正式出现之前，融入老庄玄学旨趣的禅学已经在中国流传发展起来，般若学的离言扫相和涅槃学的自心佛性与禅学的结合，再加上特定的时代条件，为菩提达摩来华开创新一代禅风提供了良好的土壤，达摩至弘忍的禅学思想和禅法方便之沿革，成为惠能禅的直接理论来源和禅行基础。

三、以心传心：东土五祖的禅法之沿革

中国禅宗将南北朝来华传教的南天竺僧人菩提达摩奉为东土初祖，从达摩到弘忍，东土五祖衣法相传，在一百多年的时间里，随顺中国佛教和禅学发展的趋势，逐渐形成了一个富有特色的禅系，并完成了禅学向禅宗的过渡。这个禅系的禅学思想和禅行方便以融合为重要特征。这一方面表现在对印度与华夏两种民族文化的融合：老庄的玄思与自然主义的生活态度，儒家的积极入世与反身而诚的道德修养，自给自足的小农经济思想与社会民众的宗教信仰等，都被融合到了禅学之中，使印度禅学逐渐中国化。另一方面，此系的禅法又始终表现出在思想上对般若实相说与楞伽心性论的融合，及修行实践上对各种不同禅行方便的兼摄。虽然在后来的发展中，不同的禅学思想倾向和禅行方便在不同的禅宗系脉和不同的禅师那里有不同的侧重，但不拘经教、融会兼摄、为我所用，则是达摩系禅的基本特色，这种特色在惠能禅中得到了进一步的发展。虽然从达摩到弘忍，其人物及有关资料尚有待进一步研究和辨析，但从思想上看，他们之间确实存在着一定的联系，作为五代祖师以心传心的传人，六祖惠能就是在继承达摩系禅基本特色的基础上又作出了创造性的变革与发挥。从达摩系

禅法的流变与沿革中我们可以更好地了解惠能对传统禅法的继承与变革。

作为禅宗初祖的菩提达摩，其来华所传禅法的内容究竟如何？它对中国禅宗以及惠能的禅学思想主要产生了哪些影响？从现存史料来看，由于达摩重体悟心证而不重言教，因而没有给我们留下什么文字的著作。后世流传的许多署名达摩的东西，有的出自伪造，有的则是附会。五祖弘忍的再传弟子杜朏在《传法宝纪》中曾说："今人间或有文字称《达摩论》者，盖是当时学人，随自得语以为真论，书而宝之，亦多谬也。若夫超悟相承者，既得之于心，则无所容声矣，何言语文字措其间哉！"尽管如此，有些文献中还是留下了有关达摩禅的资料。敦煌本《楞伽师资记》就记载了曾受学于达摩的昙林所记的《略辨大乘入道四行及序》，较为详细地介绍了达摩"二入四行"的"大乘安心"禅法，并称"此四行是达摩禅师亲说"。唐代学风较严谨的佛教史专家道宣撰《续高僧传·菩提达摩传》，也引用了"二入四行"的内容。故一般认为，这大致能代表菩提达摩的禅法。① 下面，我们就主要据此来对达摩的禅学思想和禅法特色作些分析，并探讨其对中国禅特别是对惠能禅的影响。

从总体上看，达摩禅是围绕着"安心"而展开的，所以称之为"大乘安心之法"。"安心"本来是印度禅与中国早期禅学所共有的内容，但达摩把它突出了出来，作为修禅的根本，以取

---

① 关于敦煌本《二入四行论》的发现以及中外学者对此的研究，请参阅杨曾文《菩提达摩禅法〈二入四行论〉》一文（载《中国嵩山少林寺建寺1500周年国际学术研讨会论文集》，宗教文化出版社1996年版）和日本学者柳田圣山编校并注释的《达摩的语录——二入四行论》（筑摩书房1969年版）等。

代传统禅法对身姿行法的偏重。同时，他从般若扫相与心性本净相结合出发，赋予了“安心”以新的内涵，给中国禅门吹进了一股清新之风。

达摩所强调的“安心”的重要内容为“壁观”。“如是安心者，壁观。”①所谓“壁观”，大致有二层意思：其一，就壁观在印度禅法中的本意来说，是“十遍处”之一的“地遍处”法门，即是以坐禅所面之壁的土色为观想的对象，并进而在幻觉中视天地为一色，从而达到心地清净的一种方法，故达摩在嵩山少林寺修禅，曾“面壁而坐”、“端坐面墙”②。其二，就禅修的结果而言，“壁观”又是一种譬喻，有心如墙壁、无所执著的意义。如汤用彤先生所曾指出的：“壁观者喻如墙壁，中直不移，心无执著，遣荡一切执见。”③达摩来华传壁观之法，强调随缘“安心”，重在破除心的执著，因而更突出壁观的“心如墙壁”之义而并不强调“壁观”的形式。后世的禅宗也常以“心如墙壁”来理解达摩的西来意，如宗密所认为的那样，“达摩以壁观教人安心，外止诸缘，内心无喘，心如墙壁，可以入道”。④ 惠能南宗门下强调的“心如木石，无所辨别”⑤和“心如顽石头，都无缝罅”⑥等也都是这个意思，反映了“壁观”对中国禅的实际影响，也体现了达摩所传的禅为适应中土的需要而中国化的特色。

---

① 净觉的《楞伽师资记》引。

② 《景德传灯录》卷三《菩提达摩传》。

③ 《汉魏两晋南北朝佛教史》下册，中华书局 1983 年版，第 565 页。

④ 宗密《禅源诸诠集都序》。

⑤ 《五灯会元》卷三《百丈怀海禅师》。

⑥ 《黄檗断际禅师宛陵录》。

为了帮助人们实际地修习，菩提达摩还提出了“理入”和“行入”两种具体的“安心”修行方法，认为“入道多途，要而言之，不出二种：一是理入，二是行入。”何为理入？“理入”就是“藉教悟宗”，即凭藉“种种教法”而悟道。首先是要通过经教而“深信含生，凡圣同一真性”，即一切众生皆有真性佛性，皆能解脱成佛；众生之所以轮回于生死而未能成佛，是因为清净的佛性为客尘所障覆，不能显了。其次是要以佛理来指导自己的修禅，通过“凝住壁观”而“舍妄归真”。最后是“不随于言教”，即舍弃言教而悟道，证入“与道冥符”之境，从而“无自无他，凡圣等一”。这也就是得意忘言、得鱼忘筌的意思。在这里，经教成为悟道的中介。在悟道证理之前，要借助于经教而明白佛理，并以此指导禅观；但要真正领宗得意，则必须越过文字的障碍，不随于言教才行。显然，达摩的“理入”虽然强调“藉教悟宗”，但具有抬高“宗义”而贬低言教的倾向，这可看作是日后禅宗“教外别传”的先声。分析一下达摩所“藉”之教的内容，我们就会发现，其中既包含了《楞伽经》自性清净心的思想，也融合了《般若经》离言扫相、破除执著的思想。前者如“凡圣同一真性，但为客尘妄覆，不能显了”，后者如“凡圣等一”、“不随于言教”云云。这种对不同经教的会通融合，从一个侧面反映了禅者对经教的基本看法——依教而不著教，也体现了中国化的佛教和禅学在传统文化包容性、融合性等的影响下形成的一大特点，这些都对后来的惠能禅发生了深刻的影响。

何为行入？“行入者，所谓四行。其余诸行，悉入此行中。何等为四行？一者报怨行，二者随缘行，三者无所求行，四者称法行。”其具体内容大致如下：

第一“报怨行”，即在受苦之时，认识到所受的一切苦难都是自己过去所作所为的报应，非他人所造成，因而无所抱怨，“逢苦不忧”。视人生为苦，将苦归之于自己过去所造下的业，依业而受报，这本是佛教的一般观点。但达摩突出了以这种理论来指导自己的禅行，突出了在日常生活中加强自我心理调控的要求，从而表现出了他作为一个禅者重实际践行的特色。

第二“随缘行”，是在“报怨行”的基础上进一步以佛教“诸行无常”、“诸法无我”等基本理论来分析人生的苦乐现象，从而要求修行者“苦乐随缘”，“得失随缘”，不生喜乐之心。达摩认为，若能遵此而行，便能与佛教的真理冥然相合。这里强调的仍然是在实际的践行中体会并贯彻佛法真理。把理论落实在禅行生活中，这成为中国禅的一大特色。

第三“无所求行”，即强调要对一切都无所贪求。因为在佛教看来，“三界犹如火宅”、“人生皆苦”，而芸芸众生之所以沦于生死苦海的根本原因，即在于其对佛理的无明（无知），从而对物欲的贪爱，由此而造下种种惑业，受种种苦。达摩正是据此而提出，“有求皆苦，无求乃乐”，要求修行者“息想无求”。

第四“称法行”，即全面地按照佛教的要求去行动，以与“性净之理”相契合。这里提到的“性净之理”，也就是前面提到的凡圣共有的清净真性。达摩提出修行者应该“信解此理”而“称法而行”，表明他是依佛教的“信、解、行、证”而提出要求的，但其重心显然是在行与证。这实际上也是达摩的“理入”所谓的“藉教悟宗”在“行”中的基本要求。①

从上述“四行”的基本内容和要求看，达摩提出的“行入”

① 以上引文，凡不注出处者，均引自净觉的《楞伽师资记》或道宣的《续高僧传·菩提达摩传》。

已不再注重传统禅法的静坐、调息等繁琐的形式，而是以“安心”为宗旨，要求在契悟真性的基础上无贪无著、随缘而行，并认为，也只有在日常的道行之中才能真正体现出安心无为、称法而行。后来惠能南宗禅提倡的“饥来吃饭，困来即眠”这样一种随缘任运的修行方法，可以看作是对此的进一步发展。

“理入”与“行入”大致概括了达摩禅法的主要内容和思想特点。这种“二入四行”的安心禅法对中国禅的发展特别是对惠能禅的影响是多方面的，最主要的表现在以下两点：

其一，达摩根据《楞伽经》的“宗通及说通”而提出的“藉教悟宗”，虽不废“言教”，却具有抬高“悟宗”的倾向，这种对“宗”与“教”的区分，开了后世佛教史上“宗门”与“教下”之分的先河，也为日后惠能禅宗强调“不立文字，以心传心”提供了立论依据。

其二，“理入”和“行入”都体现了般若之空和佛性之有两种佛教思想的结合。达摩把《楞伽》心性本净论与《般若》离言扫相说结合在一起作为禅法的理论基础，因而既要求依于“凡圣同一真性”而修，又强调要“不随于言教”，随缘而行，行而无所行。这种对空、有理论的融会奠定了整个中国禅宗的基本特色，并突出地体现在惠能南宗的禅学理论与实践中。

尽管达摩的禅法一再强调心无所著，称法而行，但既谓“入”，就有能入所入；既要“符道”，便有道可符，而且这个“道”实际上还是外在于人心的。因此，达摩的“安心”从根本上说仍然没有完全摆脱“心注一境”的传统禅法，清净之本心与无相之实相并没有真正合二为一。这种状况在达摩以后，经慧可等历代祖师的不断发展，一直到惠能时才得到根本的改观。

二祖慧可继承了达摩“藉教悟宗”的传统，在以四卷本《楞伽》印心的同时，又“专附玄理”，不执著言相文句，在实践达摩的“二入四行”、苦乐随缘的禅法中，进一步发展了达摩禅。他的禅法思想，在《续高僧传·慧可传》记载的慧可《答向居士书》中有大致的反映。《书》中说道：“说此真法皆如实，与真幽理竟不殊。本迷摩尼谓瓦砾，豁然自觉是真珠。无明智慧等无异，当知万法即皆如。愍此二见之徒辈，申词措笔作斯书。观身与佛不差别，何须更觅彼无余。”从中可以看出，慧可对达摩的“藉教悟宗”是有进一步的发挥的。他从本末体用一如的观点出发，强调了修行实践上的自度自证，自我解脱，表现了以《维摩经》等为代表的生死涅槃不二、众生与佛不二的大乘佛学思想。其立足点虽仍是《楞伽经》的清净心，但更突出了众生对清净本心的自觉，突出了幻化非真、虚妄无实与如实幽理、万法皆如的不二，般若的思想显然也是存在的。众生自性清净，与佛无二，豁然自觉，明见佛性，即为成佛。这样，他就把达摩的“与道冥符”逐渐向“自性觉悟”作了发展，为惠能禅的出现进一步开拓了道路。

有学者曾认为，慧可与向居士“这番问答的理论意义，在于把般若性空之‘理’当作遍在于一切的‘真如’，它遍在于一切众生之中，表现为一种本有的‘智慧’，即所谓‘摩尼真珠’的佛智。这样一来，原属怀疑论性质的般若体系，就变成了有本体论意义的如来藏体系，般若学同佛性论很自然地结合了起来，从而使达摩禅中‘虚宗’与‘真性’的矛盾说法，得以协调”①。虽然我们并不赞同这里关于达摩禅中“虚宗”与“真性”有矛盾的说法，因为在我们看来，融会“虚宗”与“真性”两种思想正是达摩系禅的重要特色，但我们认为这里提到的慧可沟

① 杜继文等《中国禅宗通史》第 48 页。

通了般若性空之理与众生佛性的联系，“把般若学同佛性论很自然地结合了起来”的看法是有道理的，这其实也是慧可对达摩禅法的进一步发展。正是在此基础上，慧可提出了“是心是佛，是心是法，法佛无二，僧宝亦然”①，把佛法僧三宝统一于心，从而突出了自性自度，自心觉悟。这种倾向，后来在僧璨禅法和东山法门中有进一步的发展。这对简化修行方法，形成直契心性的禅风，都是有意义的。这也成为日后建立在此基础上的惠能禅得以繁兴的重要原因。

慧可把佛法僧统一于心，突出自心的觉悟，其理论意义在于，一方面将佛由外在的崇拜对象拉向了人的心性，另一方面也使禅观之境由外搬到了内。在达摩禅法中，最高的境界是“与道冥符”，即众生本净的心性与真如实相冥然相符。而在慧可禅法中，心性就是真如，自性就是佛，因而清净之心就是所观的对象，修禅无需追求“与道冥合”，而是应该“自性觉悟”。但是，只要有观，便含有分别，哪怕是以心观心，也还是将心分而为二。慧可以后，一直到弘忍的守本真心和神秀的观心看净，都遵循了这一思路。而惠能则在老庄玄学的影响下，独标新理，倡“心境泯然”说，主张“从于自心顿现真如本性”②，即清净的本性自然而然地显现而不起任何执著之心。惠能反对“看心看净”③，无论是内境还是外境，都不可执著，因为在他看来，“起心即是妄”④。惠能的这种思想，在托名僧璨的《信心

① 《景德传灯录》卷三。
② 敦煌本《坛经》第 30 节。
③ 敦煌本《坛经》第 14 节。
④ 敦煌本《坛经》第 36 节。

铭》中就已有所发端。

《信心铭》的全文为《景德传灯录》卷三十所收录。其是否为僧璨所作，一向有不同的看法。但从内容上看，与达摩、慧可以来强调的“众生与佛不二”等思想是一致的，因而我们认为可以视为是达摩禅系早期的作品。

《信心铭》的思想核心是《楞伽经》的自性清净的如来藏思想，强调众生本心的自然具足，同时又引入了般若三论心境两空、破邪显正的思想与方法，结合“不二法门”而把达摩禅中的“无自无他”、“称法而行”进一步发展为息妄显真、无求无证、自然逍遥。《信心铭》强调，清净之心与真如法界不二，心境原是一空，万法本来一如，世俗所谓的是非、得失、染净都是由妄心而起，皆是虚妄，应该“得失是非，一时放却”。为此，《信心铭》提出，“不用求真，唯须息见”，认为只要息除一切妄念，心之真性便会自然显现，若有所求，反而会失之弥远。将这种理论落实在禅行实践上，便是要求在无求无得、无念无行的自然生活中证悟自己的本觉真心以实现解脱。《信心铭》在强调不取不舍、绝言忘虑的基础上，发展了达摩禅所要求的随缘而行，提倡一种放之自然、任性逍遥的修行生活，把佛教的“万法一如”、“即心即佛”与老庄玄学的人生哲学巧妙地结合到了一起，开了后代惠能禅的先声。

从慧可和僧璨的禅学思想和禅法特点中我们可以看到，达摩禅在其展开中虽一直以《楞伽》心性论为主，但也始终包含着《般若》的思想，特别是到了僧璨这里，般若无所得的思想占了较大的比例，从而有可能进一步破除传统禅法的繁琐形式而提倡直契心性的简便法门。同时，以般若破执著，也就使达摩的“藉教悟宗”更进一步向“领宗得意”、不执言相的方向发展，这既为在“藉教”而不著教的旗号下突破《楞伽》而广摄众经打开了方便之门，也为“不立文字”的出现开拓了道路。僧璨以后，达摩禅逐渐传至般若三论思想盛行的南方地区，僧璨的得法弟子、禅宗四祖道信开东山法门，进一步从理论上对般若与楞伽的会通加以论证，并广泛引用了包括《金刚经》在内的大量佛教经论，提倡各种因人而宜的禅法方便，更好地适应了众多修禅者的需要，从而开启了达摩禅系发展的新阶段。

从思想上看，道信继承了达摩系禅会通空、有的思想特色。同时，由于受南方佛教的影响，他又更多地将立足点移向了般若。禅史上曾有这样的记载：隋大业十三年（617），道信领徒众抵吉州，正值群盗围城，七旬不解，万众惶怖。道信愍之，就教大家念《摩诃般若经》。这时守城的贼众望雉堞间若有神兵，乃相互传言说：“城内必有异人，不可攻矣。”[①]于是，贼众悄悄退兵。以念《般若经》而退贼兵，这固然是神话，但这也从一个侧面反映了当时人们对《般若经》的信奉以及道信与《般若经》的关系。道信自己在《入道安心要方便法门》中也曾明确地说：

> 我此法要，依《楞伽经》诸佛心第一，又依《文殊说般若经》一行三昧。[②]

《楞伽师资记》也记载道信曾引用《金刚经》来说明“度众生如度空”的道理。虽然从总体上看，道信的禅法仍不离四卷本《楞

① 请参见《五灯会元》卷一。

② 见《楞伽师资记》引。

伽经》，但由于他同时又依《文殊说般若经》，因而进一步淡化了楞伽的真性之义，使真常之心更多地转向了人们的现实之心，为依于当下现实之心而展开全部理论与实践的惠能禅的出现直接创造了条件。

道信所依的《文殊说般若经》，从“性空”实相的角度论证了众生与佛的不二，并基于“佛及凡夫二法相空”的思想而提出了“一行三昧”的念佛法门，认为通过“系心一佛，专称名字”的念佛即能入此三昧，证得佛智，从而等同于佛。道信正是将这种即假而空、生佛不二的实相念佛法门与《楞伽经》的“诸佛心第一”相结合而成就了自己的“安心”方便法门。他把“系心一佛”与系念自心联系起来，强调所念之佛即是心，念佛之心即是佛，念与所念皆不离心，心就是佛。道信所强调的“心”，既保留了楞伽的如来藏清净心之义，也通过般若实相说而具有了当下念佛的人心之义。因此，在修行观上，道信一方面提出了坐禅守心、观心看净[①]的方便法门，另一方面又依于无所得心而倡导“身心方寸，举足下足，常在道场，施为举动，皆是菩提”[②]这样一种随心自在、无碍纵横的修行生活，从而为日后南北禅宗的分化埋下了种子。如果说，神秀为代表的北宗禅继承了他的观心看净而强调“时时勤拂拭，莫使有尘埃”，那么，惠能所创的南宗禅则发挥了他的随心自在而突出了“不著心，亦不著净”[③]的无相无念，自在解脱。

---

① 《传法宝纪》记载说，道信“每劝诸门人曰：努力勤坐，坐为根本”。《楞伽师资记》中也记载了道信提出的“守一不移”、“或可谛看，心即得明净”等。

② 见《楞伽师资记》引。

③ 敦煌本《坛经》第 18 节。

由于在道信的禅法中出现了更多的般若思想，而且道宣在《续高僧传·道信传》中没有提到道信奉持《楞伽经》，也没有提到道信与楞伽师的传承关系，相反却提到了道信在吉州教人“但念般若”以退敌的事，因而有学者认为道信不是楞伽师①而“是鼓吹《般若》的”②。我们认为，道信的禅学思想偏重《般若》是事实，正因为此，日后才有江南牛头宗的般若禅旁出于道信门下的说法。但道信的思想并未完全离开《楞伽》心性论，他仍然是依《楞伽经》而说“安心”禅法的，他的弟子弘忍也正是由此而强调了“守本真心”。道信、弘忍的东山法门初创了禅宗，其门下之所以有南能北秀的分化，从禅学思想和禅法方便上看，与他们发挥了道信、弘忍禅法中般若和楞伽的不同倾向也是有密切关系的。当然，从根本上说，经典教义对于禅者来说，都只不过是一种方便法门、假借的手段。但达摩系的禅学理论基础始终不离楞伽心性论与般若实相说的融摄，只是在不同的人那里有不同的侧重，这也是历史的事实。

正是基于会通经教的禅学立场，道信在提倡“一行三昧”的同时，又围绕“心”之体用而提出了种种禅修方便，并将之概括为最基本的“五种”。即一者知心体，二者知心用，三者常觉不停，四者常观身空寂，五者守一不移。这五种方便法门，既容纳了传统禅法的修心内容，又以般若空观发挥了慧可、僧璨禅法中即心即佛、万法一如的思想。从这五种方便禅法中可以清

---

① 南北朝时，随着佛教经论的大量译出，讲习经论之风也大兴，并逐渐形成了许多以弘传某部经论为主的不同学派，例如毗昙学派、楞伽学派等，这些学派的学者也相应地被称为“毗昙师”、“楞伽师”等。关于楞伽师，请参阅拙文《略论楞伽师、楞伽禅与中国禅宗》，载《世界宗教研究》1997 年第 3 期。

② 杜继文等《中国禅宗通史》第 65 页。

楚地看到道信以般若实相说来改造楞伽心性论而未彻底，博采众经之说而为我所用的新禅风。道信自己曾提出："前所说五事，并是大乘正理，皆依经文所陈，非是理外妄说。"①这说明他的禅法是依教明禅，仍未超出"藉教悟宗"的藩篱。他在《入道安心要方便法门》中也确实先后引用了十多种分属不同思想体系的佛教经典，特别是开了禅门引用《金刚经》的先例。但道信特别强调了"依义不依语"，认为要证悟佛法大义，只有"一言亦不用"。同时，他在将一切归之于空幻的同时又留下了不空的清净之心。这些既充分体现了道信兼摄诸经教，兼融诸方便的禅者风度，同时也对惠能产生了极为深刻的影响。惠能正是以不拘一说、"六经注我"的态度对传统佛教融会贯通，并对达摩系禅作出了进一步的发展与变革。

从达摩系禅的发展来看，道信所开创的新禅风在五祖弘忍那里得到了发扬光大。弘忍在东山传法二十余年，足不出山，长期养性山中，一方面保持了道信对统治者上层人物不合作的态度，发扬山林佛教的特色，另一方面聚徒定居，生产自给，把禅的修行与生产劳动相结合，把禅修与日常生活打成一片，主张"四仪（行住坐卧）皆是道场，三业（身口意）咸为佛事，盖静乱之无二，乃语默之恒一"②，从而使达摩以来随缘自在的修行观具体落实到了实际的禅行生活中去，在农禅并作的修禅生活中透露出了中国禅宗特有的老庄风度。中国禅宗的基本组织形式与生活态度在弘忍之时基本得到了确立。在禅学思想上，弘忍主要是强调"守本真心"，认为"此守心者，乃是

① 《楞伽师资记》引《入道安心要方便法门》。

② 《楞伽师资记》引《楞伽人法志》。

涅槃之根本，入道之要门，十二部经之宗，三世诸佛之祖”。[①] 这些思想主要保存在传为弘忍所作的《最上乘论》中。[②]

《最上乘论》是否为弘忍所作，中外学者一直有不同的看法。我们认为，它很可能是由弘忍门下根据弘忍所说集录而成，大体上可以反映弘忍禅法的特点。[③] 在《最上乘论》中，弘忍围绕“守心”这个主题，对所守之心为何、为何守心以及如何守心等作了专门的说明。论中明确提出，所守之心为“自性圆满清净自心”，亦可称之为“我心”、“本心”、“真心”、“真如佛性”等。只要守住此心，便自然与佛无二。论中虽然表现出了一定的般若性空思想，例如明确把法性和涅槃等一切都归于空，但同时又保留了不空的真心，强调了“守本真心”，认为只有念念守住真心，才能见性成佛。这显然是继承了道信的思想特点而又更突出了真心的成分。[④] 在谈到如何守心时，论中特别提到了识心自度，强调要“自识本心是佛”，从而不假外求，“但于行住坐卧中常了然守本真心”，这样才能“一切心义自现”而自得成佛。为了识心自度，论中也提到了坐禅、调息和念佛等方便禅法，从形式上看，与道信的五种方便大致相似，不

---

① 《最上乘论》，载《大正藏》第 48 册，第 377～379 页。以下引文凡不注出处者，均与此同。

② 敦煌卷子中题为“蕲州忍和尚”所作的《导凡趣圣悟解脱宗修心要论》一卷与《最上乘论》为同一作品。

③ 请参见洪修平《禅宗思想的形成与发展》，江苏古籍出版社 1992 年版，第二章第四节。

④ 任继愈先生曾认为，“弘忍传法的指导思想为般若大乘空宗，应是事实。《坛经》记慧能北上求法以前，曾听人诵《金刚经》，经询问，知为弘忍所授，这些记载，不能看作是后人捏造的”（《弘忍与禅宗》，载《“东山法门”与禅宗》，武汉出版社 1996 年版）。

同在于，弘忍提出的种种禅法方便都是围绕“守真心”展开的。

弘忍阐扬的“守心”禅法对南能北秀都有很大的影响。“守本真心”，如果立足于“行”，突出“观心”而息妄心，便会有神秀北宗的“息妄修心”；如果立足于“证”，突出行住坐卧真心不失，便会有惠能南宗的“直显心性”。而弘忍由“守心”出发对“迷悟”和“经教”的看法对惠能禅的影响也是十分值得重视的。

在弘忍以前，达摩系的禅法一般还没有专门涉及自性的迷悟等问题[①]，弘忍发展了达摩以来实相、佛性与人心自性趋于合一的禅法，将对自心自性的迷与悟明确地引入禅门，并将它提到极重要的地位，认为众生与佛的根本差别就在于对本来清净的自心自性的迷悟的不同。在悟的顿渐问题上，弘忍没有作出定说，但从“缓缓静心”、“譬如磨镜”和“妄念云尽，慧日即现”等说法来看，有渐修顿悟的倾向。自弘忍以后，自性迷悟与顿渐问题便与禅宗结下了不解之缘，并成为南北禅宗的核心问题之一，惠能就是以顿悟自性法门而扬名于世的。

对于经教，弘忍对达摩的“藉教悟宗”也有进一步的发展，他的禅法不再要求借助于经教来达到“理悟”，而是强调“心”为万法之源，“守本真心是十二部经之宗”，认为“千经万论，莫过于守本真心是要”，“若了此心源者，一切心义自现”，故众生可以不必凭藉教法，“但守一心”，即得成佛。在弘忍看来，经教至多只是用来“印证”守心之必要性的方便，而不是“悟宗”

① 有传为达摩所作的《悟性论》（被编入《少室六门》之一，载《大正藏》第48册），其中提到了“烦恼名众生，悟解名菩提，亦不一不异，只隔其迷悟”等，但一般认为，此为后人伪托，从内容上看，当是出自惠能南宗门下。

的必要条件。这种对自心的强调和对经教的看法，确立了禅宗以心命宗的基调，处处显示出了直契心性的禅宗特色，它实际上已开始超出"藉教悟宗"的藩篱而开了"藉师悟心"①的惠能禅的先声，为"教外别传"确立了"心"的基础："一切法行不出自心，唯心自知心无形色。诸祖只是以心传心，达者印可，更无别法。"②自弘忍以后，历代祖师以心传心、不随言教、自心觉悟便成为禅宗、特别是惠能南宗的主要旗帜了。

综上所述，东土五祖的禅法既有区别，又有联系，正是承东土五祖禅法的沿革，进一步衍化出了对达摩系禅作出新的变革的以惠能为代表的南宗禅。

① 请参见敦煌本《坛经》第 12 节、第 20 节和第 31 节等。
② 《宗镜录》卷九十七所记弘忍语，载《大正藏》第 48 册，第 940 页上。

第五章　惠能思想与《坛经》

惠能本人并没有写下什么文字著作。[1] 从现有资料看，惠能的禅学思想主要体现在《坛经》中。《坛经》为《六祖坛经》的略称，由于它记载了惠能的语录和事迹而成为禅宗神圣的“宗经”。“经”在佛教中本来特指佛陀所说的教法。惠能的言行录被称为经，《坛经》成为唯一的一部以“经”命名的中国僧人

---

① 《全唐文》卷九一四有署名慧能的《金刚般若波罗蜜经序》，《续藏经》中也有托名慧能的《金刚经口诀》（又名《金刚经解义》、《金刚经注解》或《六祖解义》、《六祖口诀》）一卷（或作二卷），但一般都认为非是惠能所作。请参见日本学者忽滑谷快天的《中国禅学思想史》第 132 页等。但也有学者提出，敦煌本《坛经》和神会的作品“均受到《金刚经解义》的影响，……很大程度上是以《解义》为依存的，由此可见，关于《坛经》出处的诸多问题及神会的基本立场需要在此阐明，这同时可以论证《解义》确为慧能所作。”（日本松本史朗《禅思想の批判的研究》，日本大藏出版株式会社 1994 年版，第 88 页。请详阅此书第二章“关于《金刚经解义》”）

的著作，由此也可见得惠能在中国佛教史上特殊的重要地位。本世纪以来，随着敦煌本《坛经》和其他禅籍的发现，中外学者围绕着《坛经》作了许多研究，并就一些问题展开了非常激烈的争论。《坛经》的作者究竟是谁？《坛经》与惠能思想的关系如何？《坛经》是怎样形成并流传开来的？在《坛经》的流传过程中，其版本有哪些变化？这些变化说明了什么？现存不同版本的《坛经》之间相互关系又怎样？等等。这些问题曾引起学术界广泛的兴趣和讨论，甚至形成了所谓的"一代学术公案"①。"任何欲研究禅宗史者，对《坛经》之考察是不可或缺之史料。"②而要研究惠能思想，《坛经》更是必不可少的典籍依据和必须研究的课题。虽然我们并不准备对不同的《坛经》本子及其异同等做版本上的详细考证，但为了在以下诸章中更好地研究、把握惠能的禅学思想及其特点，也有必要对上述问题略作分析和说明，并表明我们的看法。

一、《坛经》的形成与版本之流变

据《坛经》记载，六祖惠能在黄梅得法后回到南方，曾住持曹溪宝林寺，后应韶州刺史韦璩等人的邀请，到韶州大梵寺说法。门人将其说法的内容记录下来，汇集整理而编成《坛经》一书。由于惠能的弟子视惠能如佛，惠能的法语，犹如佛语，六祖

---

① 张曼涛主编《现代佛教学术丛刊》第1册《六祖坛经研究论集·本集编辑旨意》。

② 宇井伯寿《第二禅宗史研究·第一坛经考》，日本东京·岩波书店1941年版。

惠能在法坛上说法[1]，因而称《六祖坛经》，简称《坛经》。

现存的各种《坛经》本子大致都由三个方面的内容组成，一是惠能自述生平，二是惠能开法授戒说般若禅，三是惠能与弟子的问答等。前两个部分的内容大体上是惠能在大梵寺开法的记录，各本《坛经》的出入并不是很大，基本上反映了惠能出身贫苦、黄梅得法、南归传禅的生平事迹以及以空融有、直了心性、顿悟成佛的禅学思想和禅法特色。第三部分，即惠能平时与弟子的问答及临终付嘱等等，后出的本子在内容上增加了不少，但考之于禅宗史传中有关惠能弟子的记载，这部分内容基本上也还是可信的。对于《坛经》的形成，印顺法师曾作过比较中肯的评说："慧能在大梵寺，'说摩诃般若波罗蜜法，授无相戒'。传说由弟子法海记录，为《坛经》的主体部分。这在慧能生前，应该已经成立了。等到慧能入灭，于是慧能平时接引弟子的机缘，临终前后的情形，有弟子集录出来，附编于被称为《坛经》的大梵寺说法部分之后，也就泛称为《坛经》。这才完成了《坛经》的原型，可称为'曹溪原本'。"[2]

在篇幅上，现存各本《坛经》多的二万余字，少的只有一万二千来字。乍一看，《坛经》给人以内容单薄之感。实际上，《坛经》以简要凝练的文字，叙述了惠能学佛的缘由与行迹，重点放在了惠能怎样从一个不识文字的普通人成长为一代禅宗祖师，并对惠能的主要思想作了概括。其中，对禅宗的传承，南宗

① 坛，在佛教中多指戒坛，惠能在大梵寺说法的同时也授戒，而其本人受戒和首次说法之处，传说早在南朝刘宋时就已有西来法师创立戒台，并预言惠能将在此受戒传法（请参阅本书第二章第四节），故《坛经》之"坛"，也有认为专指戒坛而言的。

② 《中国禅宗史》，上海书店 1992 年版，第 246～247 页。

禅的禅法，特别是对般若、定慧、坐禅、顿渐、一行三昧、无相、无念、无住等问题都作了解释，最后还记载了惠能去世前对本宗根本宗旨的概括等。《坛经》既是对惠能思想比较真实的记载，同时作为惠能所创的南宗传法的根本经典，在中国禅宗史乃至思想文化史上也一直占有重要的地位。正如张曼涛在编《六祖坛经研究论集》时所说的："《坛经》不仅关系到中国思想史上一个转换期的重要关键，同时也是佛教对现代思想界一个最具影响力的活水源头。它代表了中国佛教一种特殊本质的所在，也表现了中国文化，或者说中国民族性中的一分奇特的生命智慧。"①这充满赞誉的话语，从一个侧面说明了《坛经》所包蕴的文化"含金量"。

惠能去世后，神会北上争法统，使惠能南宗禅的传播范围不断扩大，《坛经》也随之而流布到中国广大地区。由于惠能的弟子众多，在大梵寺听惠能说法者也不少，平时能得到惠能开示的更不在少数，因此，《坛经》形成后，众多的弟子对其各有修订补充当是很自然的事。随着惠能的名声日起，南宗门下各禅系在修订补充《坛经》的过程中，进一步抬高惠能或加入有利于自己一系的东西，这也在情理之中。而古时的印刷业不发达，经书的流传往往靠心记手抄，这就难免出现笔误。因此，《坛经》在长期的流传过程中经不断传抄、修订和补充，便逐渐出现了许多不同的版本。

在诸多的《坛经》本子中，历史上最为流行的是经元代僧人宗宝改编的本子，它几乎成为明代以后唯一的流通本。但本

① 张曼涛主编《现代佛教学术丛刊》第1册《六祖坛经研究论集·本集编辑旨意》。

世纪初敦煌本《坛经》发现以来，人们认识到了不同版本的《坛经》对全面了解惠能及其所创南宗的重要意义，因而对搜寻《坛经》本子的兴趣陡增，在中日两国学者的共同努力下，先后又有一些新的《坛经》本子被不断发现。直至1986年，中国社会科学院世界宗教研究所在编《中国佛教丛书·禅宗编》的过程中重新发现了一个收藏于敦煌博物馆的敦煌本《坛经》的新抄本①，仍引起了中外学者的广泛关注，并成为1987年在北京召开的“中日第二次佛教学术会议”上的热门话题之一。②而1997年4月从北京图书馆所藏的敦煌遗书中鉴定出了一件《坛经》的残片，同样引起了中日学者的很大兴趣。③

综观现今存世的《坛经》本子，真可谓五花八门，令人眼花缭乱。日本学者石井修道的“六祖坛经异本系统图”列出了《坛经》的十四种不同的版本④。宇井伯寿在他的《禅宗史研究》一

---

① 此抄本最初由敦煌当地的名士任子宜1935年于敦煌千佛山之上寺发现并收藏。1943年，北京大学历史学家向达教授去敦煌考古时从任子宜收藏的写经中发现有梵夹式蝶装本一册，凡九十三页，上面抄有四种禅宗文献，其中之一就是《坛经》，此本“不但钞写工整，而且文字少误”（周绍良《敦煌新本六祖坛经·序》）。据考证，大约为五代或宋初的传抄本。因现收藏于敦煌县博物馆（馆藏077号文书），故有“敦博本”之称。

② 有关这个新抄本的情况，请参见杨曾文在这次会议上递交的学术论文《中日的敦煌禅籍研究和敦博本〈坛经〉、〈南宗定是非论〉等文献的学术价值》，原载《世界宗教研究》1988年第1期，后收入《中日佛教学术会议论文集》一书，中国社会科学出版社1997年5月版。并请参见《敦煌新本六祖坛经》附编（二）《〈坛经〉敦博本的学术价值探讨》。

③ 请参见本章附录《方广锠先生关于敦煌本〈坛经〉给本书作者的一封信》。

④ 见《伊藤隆寿氏发现之真福寺文库所藏之〈六祖坛经〉之绍介》一书第80页。

书中则列出了《坛经》近二十种。而中国学者杨曾文在其介绍敦博本《坛经》的文章后面表列的《坛经》本子更是多达近三十种[①]。日本学者柳田圣山教授主编的《六祖坛经诸本集成》一书[②],收集了流传于中日两国的十一个不同的《坛经》本,在目前来说,是较为完备的一种。而日本驹泽大学禅宗史研究会编著的《慧能研究》中发表的敦煌本、大乘寺本、兴圣寺本、德异本和宗宝本五本对照的《坛经》[③],则体现了对《坛经》研究的新成果。

自敦煌本《坛经》被发现以来,中外学者对《坛经》展开了多方面的研究,发表了许多不同的看法,专著论文,多得不胜枚举,但"关于《坛经》的作者及其年代,有各种传说和推论,中日学者考究很多,至今尚难定论"[④],《坛经》的"繁简真伪之争,至今未得定论"[⑤],故许多问题仍有待继续研究。郭朋先生的《坛经校释》序言中曾对中外有代表性的观点作了概要的介绍,可以参考。而本世纪七十年代,台湾学者张曼涛把半个世纪以来中国学术界关于《坛经》讨论的重要论文编成了《六祖坛经研究论集》一书,作为《现代佛教学术丛刊》(100 册)的第一册加以出版,从而再现了《坛经》在学界曾引发的争论。日本学者田中良昭 1990 年发表的《坛经典籍研究概史》一文则"以为数颇多的《坛经》研究,以及异本极多的《坛经》本身为中

---

① 见《世界宗教研究》1988 年第 1 期,并见于《中日佛教学术会议论文集》第 104 页,或《敦煌新本六祖坛经》第 297 页。

② 日本京都・中文出版社 1976 年版。

③ 日本东京・大修馆书店 1978 年版。

④ 《中国禅宗通史》第 178 页。

⑤ 周绍良《敦煌新本六祖坛经・序》。

心”,对本世纪1913年至1988年间中外学者的《坛经》研究历史作了概观,并在附表“坛经典籍研究概史资料”中列出了各国学者研究《坛经》的主要成果,颇便查考。由于作者认为“中、韩的研究成果,资料并不十分充足”,因此,“除极重要必须的资料之外”,论文乃是“主要以在日本的研究历史为经纬”。① 杨曾文编的《敦煌新本六祖坛经》所附《〈坛经〉敦博本的学术价值探讨》一文,也对六十年来国际学术界的《坛经》研究作了简要的回顾,可以参考。

在世纪之交的今天,国内外学术界对《坛经》和惠能思想的研究依然有着很大的兴趣。在各种禅宗研究论著不断问世的同时,对《坛经》的研究也仍在继续。1997年1月在澳门召开的“慧能与岭南文化”国际学术讨论会上,关于《坛经》的文本研究,仍然是会议讨论的三大内容之一。大家还认为,对《坛经》的文本研究发展到今天,引进新的研究思路和方法很有必要,有些学者还对从语言学、修辞学、佛典文本学的角度来研究《坛经》作了初步的尝试。② 日本学者伊吹敦在1995年发表的长篇论文《敦煌本〈坛经〉的形成》③,通过对各种资料的比较研究,提出了所谓的“原《坛经》”及其在流传过程中经历了四次增广的观点,引起了新的争论。而国内八十年代重新发现的敦博本《坛经》经杨曾文整理而于1993年以《敦煌新本六祖

① 田中良昭《坛经典籍研究概史》,载《佛光山国际禅学会议实录》,佛光出版社1990年版。

② 有关会议的研讨情况,可参阅《“慧能与岭南文化”国际学术讨论会综述》,载《学术研究》(广州)1997年第3期。

③ 载《论丛:アジアの文化と思想》(《论丛:亚洲文化与思想》)第4号,アジアの文化と思想の会,1995年12月。

坛经》为题首次正式出版后,也受到了学术界的广泛注意,被认为"其意义重大",因为它"推翻了原有的敦煌本《坛经》是'天下孤本'的结论"。"敦博本的发现在于,纠正前人对慧能思想的认识,校出新的善本,使人重新考虑同种《坛经》流传的范围和流行时间,所以'由此可以推论在唐宋之际此种《坛经》相当流行,是代表禅宗的正统思想的'。"[①]此外,《坛经》的校勘、导读乃至白话翻译等近年来也一直有新本不断问世。就在最近(1997 年 12 月),文物出版社又出版了周绍良先生编的《敦煌写本坛经原本》一书。[②] 不过,应该说,目前各种对《坛经》的校勘和整理,都仍存在着不同程度的不完善,因而对《坛经》的整理工作还远未完成,对《坛经》的研究,更是任重而道远。

虽然现存的《坛经》本子很多,但许多只是版本不同而已,内容上并无太大的差异。日本学者田中良昭曾认为:"目前,《坛经》的版本系统,依驹泽大学禅宗史研究会所刊行之《慧能研究》,约可分为五种:(一)敦煌本,(二)惠昕本,(三)契嵩本,(四)承继敦煌本系古本与契嵩本而再编的德异本,(五)主要承接契嵩本而再编的宗宝本。"[③]杜继文等则说:"现已发现的《坛经》分属唐、宋、元三个朝代编订,可以四种类型为代表:一为法海集本(即敦煌本和敦博本),二是惠昕述本(简称"惠昕本"),三为契嵩改编本(已佚,或即"德异本"),四是宗宝校编

① 见《中国哲学年鉴·1994》第 115 页。

② 正当作者在修订本章内容时,收到了中国社会科学院世界宗教研究所方广锠博士关于敦煌本《坛经》写本及国内外所发表的录校本情况的一封来信,其中提供了不少有价值的学术新信息,特附在本章之后,供读者参考,并在此谨向方广锠先生致以衷心的谢意。

③ 田中良昭《坛经典籍研究概史》。

本(简称“宗宝本”)。这四种版本,总体思想倾向是一致的。”[①]而郭朋先生也曾指出:“真正独立的《坛经》本子,仍不外乎敦煌本(法海本)、惠昕本、契嵩本和宗宝本这四种本子;其余的,都不过是这四种本子中的一些不同的翻刻本或传抄本而已。”[②]郭朋先生于1981年出版的《〈坛经〉对勘》,就是对他所说的四种《坛经》本子之异同的对勘,并略加了评说,为研究《坛经》及惠能与禅宗思想提供了资料上的方便。[③]

而根据我们的研究,现存《坛经》真正有代表性的其实只有敦煌本、惠昕本和契嵩本三种。因为德异本和宗宝本实际上都是属于契嵩本系统的。但由于宗宝本是明代以来的通行本,所以在本书的分析介绍中,仍然把它作为一个独立的本子。下面,我们就按时间的先后对上述四个《坛经》本子作一简单的分析,以略示《坛经》版本流变的大致脉络。

现存最早的《坛经》本子即本世纪初发现的敦煌本,全一卷,不分品目。约为780年的写本,其全称为《南宗顿教最上大乘摩诃般若波罗蜜经六祖惠能大师于韶州大梵寺施法坛经》,后面注明是由“兼受无相戒弘法弟子法海集记”,因而也被称为“法海集本”。一般认为它是“今日能够见到的最早写本,但不一定是最早的流行本”[④]。这个比较接近《坛经》原本的本

---

① 《中国禅宗通史》第178～179页。

② 《〈坛经〉校释》序言,并见于《坛经导读》第39页(巴蜀书社1987年版)。

③ 由于《〈坛经〉对勘》是以敦煌本的文字顺序为准而将其他各本打乱了重排的,因而不易见到其他本子的原样,要从总体上把握各本之间的特色及异同,略有不便。

④ 《中国禅宗通史》第179页。但学术界也有不同的看法,例如周绍良先生最近就提出了敦煌本《坛经》是“最早原本”,是“唯一的原本”的看法(《敦煌写本坛经原本》,文物出版社1997年版,第190页,第180页)。

子，由日本佛教学者矢吹庆辉在本世纪二十年代从伦敦大英博物馆藏的敦煌卷子中(S5475)发现后影印公布，并经过校订而收入了《大正藏》第 48 册。后铃木大拙和公田连太郎又参照兴圣寺藏惠昕本对此作了校订，并将其分为五十七节，后被收入了《普慧大藏经》。此后，敦煌本便成为人们研究《坛经》常用的本子。

到目前为止，已发现的《坛经》本子，同属敦煌本的还有北京图书馆藏有字 79 号残片、冈字 48 号写本、敦煌博物馆藏 077 号写本和曾藏于旅顺博物馆、现下落不明(日本龙谷大学图书馆现藏有此本首尾两叶的照片)的写本等四个本子，它们的抄写年代大致是在盛唐至五代之间。[①] 其中最值得一提的是在八十年代重新发现的敦博本，它虽与敦煌本为同一底本的异抄本，但抄写的质量更好，也更具研究价值。此写本现已有不同的整理本出版，为研究《坛经》提供了很好的新资料。

由于敦煌本与元代以来一直通行的宗宝本，从内容至形式都有很大的不同，因而敦煌本《坛经》的发现，引起了人们对《坛经》研究的重视，学者通过对不同版本的比较研究，“普遍认识到《坛经》在历史上不是一成不变的，它有一个形成演变的过程，是禅宗历史发展的反映。研究禅宗思想和历史演变，各本《坛经》是重要资料”[②]。现存的《坛经》文本“带着很浓厚

---

① 有关敦煌本《坛经》至今已发现的五个不同写本的情况，请参见本章附录《方广锠先生关于敦煌本〈坛经〉致本书作者的一封信》和周绍良先生编的《敦煌写本坛经原本》。《敦煌写本坛经原本》一书并收录了五个写本原件的影印件，可以参考。

② 《敦煌新本六祖坛经》第 206 页。

的派别色彩，不可不注意分析”①。那么，《坛经》在历史上是如何流传与演变的呢？各本《坛经》之间及其与禅宗各派的关系又是怎样的呢？

从现有的资料来看，现存最早的敦煌本《坛经》距惠能去世也已有近七十年的时间。在敦煌本之前，《坛经》就曾有过被人“改换”的历史，因而如印顺法师所说的：“以现存《坛经》本来说，敦煌本最古。但敦煌本已不是《坛经》原型，而有过补充、修改，这是古人所曾经明白说到的。”②对此，让我们来看一下《景德传灯录》卷二十八载《南阳慧忠国师语》中的如下一段话：

> 吾比游方，多见此色，近尤盛矣。聚却三五百众。目视云汉，云是南方宗旨。把他《坛经》改换，添糅鄙谭，削除圣意，惑乱后徒，岂成言教？苦哉！吾宗丧矣！

慧忠（？～775）作为惠能的弟子③，自领受心印后，曾游诸名山，后居南阳白崖山党子谷修禅，四十余年不下山门。开元年（713～741）中，曾应征而居南阳龙兴寺，此即神会在开元八年（720）以后居住了近十年的道场。上元二年（761），唐肃宗诏请入京，待以师礼。后又受到唐代宗的礼遇。慧忠在北方随机说法数十年，禅风很盛，徒众甚多，僧俗弟子逾万人，一时影响很大。慧忠的禅法独具特色，印顺法师认为：“从传的慧忠语句而

---

① 吕澂《禅宗——唐代佛家六宗学说略述之三》，见《中国佛学源流略讲》第 374 页。

② 《中国禅宗史》第 247 页。

③ 由于禅史记载的不同，也有认为慧忠是弘忍弟子或神会弟子的，但根据都不是很充分。有关他的事迹，请参见《宋高僧传》卷九和《景德传灯录》卷五等。

论，慧忠有独立的禅风，出入于东山及牛头，南宗与北宗之间。"[1]这有一定的道理。我们认为，从总体上看，慧忠的思想偏重于般若三论的无所得而与惠能的直了心性禅相通。[2] 从时间上看，慧忠与神会同时在北方弘扬六祖禅风，他们以不同的方式推动了惠能南宗禅在北方的传播。由于慧忠长期在北方生活，也受到了北宗禅的影响，比较注重对经律论的研习，并因此而对南方禅者传道不重视经典的随意说法提出过批评，当他看到经"南方宗旨"改换过的《坛经》，马上表示了不满。

上述记载如果属实，那么从慧忠的批评可知，在慧忠生前，也就是在惠能以后的五、六十年中间，至少已经有了两个《坛经》本子在流传：一个是慧忠早年见到过的《坛经》本，另一个就是经"南方宗旨"改换过的本子。关于前一个本子，现在难以确知其详情，有可能就是早期流传的《坛经》原本。[3] 而后一个本子，情况比较复杂。因为在历史上，神会或神会门下也曾改换过《坛经》。那么，神会门下所传的本子是否就是"南方宗旨"本呢？有人认为，"这个南方本子，当属大树'南方宗旨'的荷泽禅系所造，也就是今天敦煌本的原型"[4]。我们认为实际情况不一定是如此。从慧忠与南方来的禅客的问答中可以了

① 《中国禅宗史》，第 260 页。

② 请参见洪修平著《中国禅学思想史纲》第七章第一节。

③ 台湾学者潘重规先生认为慧忠见到的经人改换的《坛经》与岭南的南宗弟子私人抄写的不容旁人窜改的《坛经》，两者不是一回事，并认为现存的敦煌本《坛经》就是"未经窜改的私人钞本"，"它的接近原本的真实性，似乎是不容怀疑的。"见其编《敦煌坛经新书》的《绪言》，台湾佛陀教育基金会 1995 年版。

④ 《中国禅宗通史》第 179 页。

解到，所谓“南方宗旨”是以见闻觉知为佛性的，佛性亦称神性，是离却墙壁瓦石等无情之物而永恒不灭的。“身是无常，其性常也”，“此身即有生灭，心性无始以来未曾生灭”。抛弃无常之身心，使“灵台智性，迥然而去，名为解脱”[①]。就“南方宗旨”张扬的“无情无佛性”思想而言，与神会“佛性遍一切有情，不遍一切无情”的思想是一致的，这种思想在现存的敦煌本《坛经》中也可以见到。[②] 而《神会语录》中关于佛性无受、“身是妄身”、“梦中被打，为睡身不觉知”[③]等思想与身性为二、性知痛痒的“南方宗旨”也是相通的，它们都有将身性分别说的倾向。但就“南方宗旨”以佛性为常、以不灭的灵觉之性离无常之身而为解脱的思想而言，却与神会所主张的佛性“不有不无”、“性不离妄”[④]等是有差异的。而现存敦煌本《坛经》中虽有法身色身相异的思想[⑤]，却并没有离却身心为解脱的思想，相反，它强调的是应该“见自色身中三身佛”[⑥]，于自色身归依三身佛，这显然与神会思想相近而与“南方宗旨”不合。因此，以“南方宗旨”对《坛经》的改换与神会门下对《坛经》的增删看来并不完全是一回事。那么慧忠所见的“南方宗旨”本是否就是神会门下据以改编的本子呢？就现有资料看，有这种可能，但

---

① 《景德传灯录》卷二十八《南阳慧忠国师语》，《大正藏》第 51 册，第 437～438 页。

② 敦煌本《坛经》第 48 节所载的“真假动静偈”中就有“无情无佛种”句。

③ 《神会语录》第 45 节。

④ 见《神会语录》第 41 节和第 45 节等。

⑤ 见敦煌本《坛经》第 17 节。

⑥ 敦煌本《坛经》第 20 节。

不能下最后定论。[1]

一般认为，现存的敦煌本《坛经》是法海记录并经神会系整理补充过的本子。关于神会系对《坛经》作了一定的增删后将其作为传宗的凭信或依据，这在史籍中也是早有记载的。卒于828年的韦处厚在为马祖道一的弟子大义禅师所作的《兴福寺内道场供奉大德大义禅师碑铭》中曾述及当时禅宗的四派，在提到神会一系时说：

洛者曰会，得总持之印，独曜莹珠，习徒迷真，橘枳变体，竟成《坛经》传宗，优劣详矣。[2]

胡适曾据此提出过《坛经》是神会所作或至少其中的重要部分是神会所作的观点。其实，这里神会门下"竟成《坛经》传宗"的说法，并不像胡适所认为的那样，是"明说《坛经》是神会门下的习徒所作"[3]，而是指神会系利用《坛经》作为传宗付法的依承。这可以联系现存敦煌本《坛经》中的有关内容来看，例如其中多次提到，"已后传法，递相教授一卷《坛经》，不失本宗。不禀授《坛经》，非我宗旨。"[4]"无《坛经》禀承，非南宗弟子也，未得禀承者，虽说顿教法，未知根本，终不免诤。"[5]这都表明神会一系是以《坛经》来取代达摩袈裟作为传法依据的。而他们

---

① 印顺法师对此是持肯定态度的，认为"敦煌本——'坛经传宗'本，是在'南方宗旨'本上，增补一些传承依约而成的"(《中国禅宗史》第264页)。

② 载《全唐文》卷七一五。

③ 《荷泽大师神会传》，《近现代著名学者佛学文集·胡适集》第92页。

④ 敦煌本《坛经》第47节。

⑤ 敦煌本《坛经》第38节。

之所以这样做，也可以从当时的历史背景中找到原因。神会在滑台大会上为南宗争正统的主要武器之一就是以传袈裟为禅门正宗的标志，强调“经今六代，内传法契以印证心，外传袈裟以定宗旨。从上相传，一一皆与达摩袈裟为信”[①]。然而，当别人要神会拿出袈裟来时，他又不得不承认“其袈裟今见在韶州”而不在自己身边。惠能的同门智诜的门下正是利用了这一点，宣称袈裟在他们那儿，以为自己争正统[②]。神会没有惠能的“信衣”，怎么能证明自己是代代相传的正宗呢？为了给自己寻找新的传承根据，抬出《坛经》以取代袈裟就是很有必要的了。神会一系在“竟成《坛经》传宗”以后，在《坛经》中添加些传宗的内容，并抬高神会，这是很自然的事，但这并不意味着从根本上改变《坛经》的基本内容。从现存敦煌本《坛经》的一些记载来看，许多都与神会的思想和神会门下的传说并不一致。对照《神会语录》等，其在思想义趣与风格上也有一定的差异。[③] 敦煌本《坛经》所记载的惠能十大弟子，以法海为首，以神会为末，这也从一个侧面说明了《坛经》最初是由法海集记的可信性，神会系只是对它作了修改补充而已。日本学者伊吹敦最近也撰文，根据敦煌本中的传授系统跟神会的系统没有任何关系，而对敦煌本《坛经》是神会弟子之间传授秘本的说法提出了质疑，认为敦煌本原本的成立与神会或他的弟子并没有关系，是神会的弟子为确立神会的权威而对所得到的《坛

---

① 《菩提达摩南宗定是非论》，《神会和尚禅语录》第 27 页。

② 见《历代法宝记》。

③ 即使《坛经》所记与神会所说相合，也不能据此就断定是神会伪造了《坛经》而不是神会在宣扬师说。

经》原本作了“加写改编”，从而形成了今日所谓的“敦煌本”。[①]

现存的另一个《坛经》本子是惠昕改编于晚唐或宋初的本子[②]，故一般称为惠昕本，共二卷十一门。胡适称其为“是人间第二最古的《坛经》”[③]。由于它最早是在日本京都崛川兴圣寺发现的，因此又称兴圣寺本。日本大乘寺本、真福寺本和金山天宁寺本等都是它的异抄本。[④] 兴圣寺的惠昕本题为《六祖坛经》，前有“依真小师邑州罗秀山惠进禅院沙门惠昕述”的署名之序，序后又有“绍兴二十三年(1153)六月二十日右奉议郎权通判蕲州军州事晁子健谨记”的再刊记。[⑤] 胡适在对上述前序和后记进行了细致的考证后认为，“可断定惠昕改定二卷十一门是乾德丁卯的事(967)。此本的祖本是十世纪的写本，距离那敦煌写本应该不很远了”[⑥]。由于从再刊记中可知，晁子健 1153 年的蕲州刻本所依据的写本为北宋天圣九年(1031)晁

---

① 见其为参加 1997 年在澳门召开的“慧能与岭南文化”国际学术研讨会而递交的论文《敦煌本〈坛经〉是否为传授本》，载学术研究杂志社编辑出版的会议论文集《六祖慧能思想研究》。

② 郭朋先生据《郡斋读书志》等称此本《坛经》为“唐僧惠昕撰”的有关记载，认为惠昕“当为唐人”(《中国佛教思想史》中卷，第 406 页)，故认为“惠昕本在晚唐”(《坛经校释·序言》)。但现在一般都依日本学者铃木大拙提出、而由胡适考定的说法，认为此本约改编于 967 年。

③ 《〈坛经〉考之二》，载《近现代著名学者佛学文集·胡适集》第 27 页。

④ 此三本与兴圣寺本相比，内容大同，但略有小异，例如缺少惠能在大庾岭对惠明说“不思善，不思恶”、在法性寺说风幡之动及惠能死后“诏追谥曰大鉴禅师，事具刘禹锡碑”等，请参见《敦煌新本六祖坛经》第 191 页和 289 页。

⑤ 《敦煌新本六祖坛经》附编(一)。

⑥ 见《〈坛经〉考之二》，载《近现代著名学者佛学文集·胡适集》第 25 页。

迴题字的本子，因而胡适又根据成书于绍兴二十一年(1151)前的南宋晁公武《郡斋读书志》和马端临《文献通考·经籍考》中关于惠昕本《坛经》三卷的记载，推论出在蕲州刻的惠昕二卷十一门本之前，可能早已有一部三卷十六门的惠昕本在社会上流通了。他说："在 1031 年到 1151 年，这一百二十年之间，惠昕的二卷十一门《坛经》，已被人改换过了，改成了三卷十六门了。那三卷十六门的惠昕本，我们没见过，不能下确定的推论，但我们可以推测那个本子也许是北宋至和三年(1056)契嵩和尚的改本。……他改定之后，仍用惠昕之名。"[①]胡适此说，可供参考。

但杨曾文近年根据真福寺本《坛经》及其后面周希古写于北宋大中祥符五年(1012)的后叙提出，"据此可以证明晁公武《郡斋读书志》衢州本及马端临《文献通考·经籍考》转录的说惠昕本《坛经》有三卷十六[②]门是错的。因周希古为刊行《坛经》写后序的时间早于《郡斋读书志》(1151 年自序)问世的时间。……此本《坛经》的原本，比晁子健所据以刻印的写本(天圣九年，公元 1031)还早，上距惠昕改定《坛经》才四十五年，可以说更接近惠昕的原本。"[③]其实杨曾文这里并没有能证明晁公武《郡斋读书志》及马端临《文献通考》中关于惠昕本《坛经》有三卷的说法是错的，也没有能排除胡适的上述假说，因为周希古写的后叙表明此本《坛经》比较早出而更接近惠昕改定的二卷本原本，不等于其后就不会有三卷本《坛经》的出现。当然，胡

① 《〈坛经〉考之二》，《近现代著名学者佛学文集·胡适集》第 27 页。

② "十六"原文中误作"十三"。

③ 《敦煌新本六祖坛经》第 191 页。

适的推论假设也有待于史料的进一步验证。值得一提的是，杨曾文在其所编的《敦煌新本六祖坛经》附编中首次在国内全文发表了日本铃木大拙所校的惠昕本之一的大乘寺本《坛经》，从而为国内《坛经》研究提供了新资料，这是有意义的。

现存的第三个《坛经》本子就是契嵩改编的本子。从宋吏部侍郎郎简为之所作的序中可以推知此本约成书于宋仁宗至和三年(1056)。但序中称契嵩得“曹溪古本，校之，勒成三卷”。而现存的契嵩本只有一卷十品，全称为《六祖大师法宝坛经曹溪原本》，且是明代的本子。因此，中外学者也有不称其为契嵩本，而称其为“明藏本”或“曹溪原本”的。例如胡适就常用“明藏本”之称，并认为“明藏本即是契嵩改本”①。但由于“明藏本”并非只有一种，明版大藏经本也有南藏本与北藏本的不同，因而以“明藏本”来指称《坛经》本子，实际上容易造成混乱。例如印顺法师《中国禅宗史》中所说的“明藏本”指的就是宗宝本。而印顺法师和日本学者宇井伯寿等则都沿用现存契嵩本的原名，称此本为“曹溪原本”②。但现在学术界正在探讨《坛经》最早的“原本”或“祖本”等问题，而现存的契嵩改编本已基本可以肯定它并非《坛经》的“原本”。故为了避免不必要的误解，也为了叙述上的方便，我们将因郭朋先生等的说法，仍称此本为契嵩本，尽管其可能已不是契嵩改编本的原貌。③

① 《〈坛经〉考之二》，《近现代著名学者佛学文集·胡适集》第31页。

② 请参见宇井伯寿的《禅宗史研究》和印顺的《中国禅宗史》等。

③ 杨曾文曾推测此“很可能就是契嵩本”(《敦煌新本六祖坛经》第293页)。

契嵩"勒成三卷"的《坛经》本子现虽已不存,但除了上述的"曹溪原本"之外,现还有一种"德异本",正文与"曹溪原本"一样,也是一卷十品,但附记略有不同。从德异为之所作的序来看,其刊行于元至元二十七年(1290),在日本有经高丽传入的元延祐三年(1316)的刻本,故又有"延祐本"之称。德异在《六祖大师法宝坛经序》(作于元至元二十七年,即公元1290年)中说:"惜乎《坛经》为后人节略太多,不见六祖大全之旨。德异幼年,尝见古本。自后遍求三十余载,近得通上人寻到全文,遂刊于吴中休休禅庵。"据此则可知,在元至元年间,社会上流传着一种"为后人节略太多"的《坛经》本子,是否就是惠昕嫌"古本文繁"而作的改编本,不能下断语,但有这种可能。而德异从通上人处得到的早年曾见到过的"古本",则有可能就是契嵩的改编本。德异在刊行古本时是否作过改动,现不能确知,若未作增删,则所谓的"德异本"也就有可能就是契嵩本。

最后就是通行的元代的宗宝本,题名《六祖大师法宝坛经》。从内容上看,宗宝本与德异本一样,都属于契嵩改编本这个系统。据宗宝的跋文,此本刊行于至元辛卯(1291),是取当时流行的三种不同的本子校雠而成的。《跋》中说,因见《坛经》"三本不同,互有得失",遂"取其本校雠。讹者正之,略者详之,复增入弟子请益机缘,庶几学者得尽曹溪之旨"。印顺法师曾认为,宗宝本主要是依据了德异本,其刊行的实际时间也要更晚一些[①]。由于德异本有可能是契嵩本的再刊本,而宗宝本与德异本内容基本相同,通行的宗宝本前又都有德异的序,因

① 《中国禅宗史》第275～276页。

而宗宝本所用的底本也就可能是契嵩本[①]。宗宝本与现存的契嵩本（"曹溪原本"或"德异本"）一样，也是一卷十品，虽然品目不完全一样，但内容大致相同，不过在内容的编排上略有改动。从比较中可以推论，宗宝所校雠的三个本子中可能也包括了惠昕本。[②] 明清之际的王起隆曾对宗宝本大加攻击，认为它"窜易颠倒，增减删改，大背谬于原本"[③]。王起隆所依据的是"曹溪原本"。但在诸本《坛经》中，宗宝的改编本仍然最为流行，自明代以来，它几乎成为唯一的流通本，为此，我们在以后分析《坛经》思想时，也将把它作为一个独立的本子来对待。

民国时期普慧大藏经刊行会曾刊印了以上四种《坛经》本子的合编本。笔者写作本书之际在金陵刻经处看到他们正在重印《普慧藏》。郭朋先生的《〈坛经〉对勘》用的即为《普慧藏》的四种《坛经》合编本。

关于《坛经》的注疏，历来很多。比较重要的有契嵩的《法宝坛经赞》一卷、天柱的《注法宝坛经海水一滴》五卷、袁宏道的《法宝坛经节录》、李贽的《六祖法宝坛经解》、亘璇的《法宝坛经要解》、益淳的《法宝坛经肯窾》五卷、青峦的《法宝坛经讲义》一卷、丁福保的《六祖法宝坛经笺注》一册、无著道忠的《六祖坛经生苕帚》三卷等。[④] 其中丁福保的《坛经笺注》因六十年代有重刊本而流传较广。近年来较为流行的则是中华书

---

① 请参阅杨曾文《敦煌新本六祖坛经》第 296 页。

② 例如惠昕本第十一门"教示十僧传法门"的内容，在契嵩本中分为第九"法门对示品"和第十"付嘱流通品"两品，但在宗宝本中又合为第十"付嘱品"一品。

③ 见《坛经校释》所附《重锓〈曹溪原本法宝坛经〉缘起》。

④ 请参阅《佛光大辞典》第 1289～1290 页。

局 1983 年出版的郭朋的《坛经校释》。除各种汉文版《坛经》之外，自本世纪三十年代以来，《坛经》也已先后有多种外文版问世。

二、围绕《坛经》的争论

本世纪初，敦煌藏经洞被发现[①]，许多久已失传的佛教经典得以重见天日，其中包括了《六祖坛经》在内的一大批禅宗史料。日本学者最早对这些珍贵的敦煌文献进行了艰苦的搜集、整理和校勘工作，并取得了令人瞩目的成就，从而在学术界掀起了《坛经》和禅宗研究的热潮。

早在本世纪一、二十年代，日本学者矢吹庆辉就曾两次去伦敦大英博物馆查阅被斯坦因掠去的敦煌文献，从中找到了《坛经》、《历代法宝记》、《楞伽师资记》和《观心论》等珍贵的早期禅宗史料，并影印带回了日本。1928 年，编号为斯 5475 号的敦煌本《坛经》经他校写后编入了《大正藏》。1930 年，矢吹庆辉将带回的包括《坛经》在内的一百多幅照片以《鸣沙余韵》为名出版，1933 年又附上了他自己的解说。据他介绍，敦煌本《坛经》“与普通卷子本不一样，厚纸四十六叶，每叶折中，取折本，方册型式。影印缩微照片约为原本的三分之一大，四十六叶全予收录。书体当为唐末宋初，正文脱误假借颇多，从其内容可认为是现存《坛经》的最古本……敦煌本不分篇章，亦不

---

① 关于敦煌藏经洞封闭的原因，学术界多主“避难说”，但近年来也有学者提出了新解——“废弃说”，请参阅方广锠文《敦煌藏经洞封闭原因之我见》，载《中国社会科学》1991 年第 5 期。

分卷……其原本可推定为六祖灭后二十余年后的某年形成。"[①]敦煌本《坛经》的发现与出版，对全面了解《坛经》的演变和惠能的思想具有极为重要的意义，因而在社会上引起了很大的反响，激发了人们对《坛经》和禅宗研究的热情，吸引了许多学者对《坛经》版本等问题展开了深入的研究，《鸣沙余韵》一书也一版再版。后来，在日本又有大乘寺本、金山天宁寺本和真福寺本等不同的《坛经》本子被发现，更为《坛经》研究提供了新资料。诚如日本著名禅学专家柳田圣山所说：《大正藏》最初把敦煌本《坛经》收编进去，"就向国际学术界提出了研究课题"[②]。而随着新文献的不断问世，不但带来了学术研究的新进展，也引发了学术界围绕《坛经》展开的激烈争论。

据杨曾文介绍，日本学者中最早对《坛经》展开研究的是松本文三郎(1869～1944)。在敦煌本《坛经》公开发表以后，松本文三郎曾对各种版本的《坛经》进行了比较研究，他认为"《坛经》似乎是继承曹溪惠能法系的南宗祖师作为印可证明，而授予弟子的传授本。他们秘怀此书，奔走天下。只把此书授予特定弟子，即使在远离中原的西陲敦煌，也同样如此。斯坦因本是天下的孤本，是偶然残存下的一本。他又从敦煌本与兴圣寺本所载的传承世系及内容进行考察，认为二者在形式上虽有差别，但从内容上看相距时代不远。因此作为天下孤本而又是劣本的敦煌本是可以读通的，是可以据兴圣寺本进行校勘的。这种观点为利用兴圣寺本校勘敦煌本《坛经》提供了理

① 《鸣沙余韵解说》(岩波书店 1933 年版)，转引自杨曾文《敦煌新本六祖坛经》第 186 页。

② 转引自杨曾文编《敦煌新本六祖坛经》第 194 页。

论依据”①。此后，铃木大拙对大乘寺本的校订和研究，石井修道对真福寺本的校订和研究，以及柳田圣山对敦煌本《坛经》的专题研究等等，都大大推进了《坛经》研究的深度和广度。

如果说日本学者矢吹庆辉对敦煌本《坛经》的整理出版引发了日本学者对《坛经》及禅宗研究的兴趣，那么，本世纪三十年代，中国学者胡适先生通过对敦煌文献的搜集和研究则启发了中国学者对禅宗研究中一些传统的、似成定论的东西重新加以审视。1924 年，胡适曾试作中国禅学史稿，但资料问题很快就摆到了面前。据他自己说，“写到了慧能，我已很怀疑了；写到了神会，我不能不搁笔了。我在《宋高僧传》里发现了神会和北宗奋斗的记载，又在宗密的书里发现了贞元十二年敕立神会为第七祖的记载，便决心要搜求关于神会的史料。……我们若要作一部禅宗的信史，必须先搜求唐朝的原料，必不可轻信五代以后改造过的材料。但是，我们向何处去寻唐朝的原料呢？当时我假定一个计划，就是向敦煌所出的写本里去搜求。敦煌的写本，上起南北朝，下讫宋，包括西历五百年至一千年的材料，正是我要寻求的时代。况且敦煌在唐朝并非僻远的地方，两京和各地禅宗大师的著作也许会流传到那边去。”②带着对惠能南宗禅的种种疑虑，胡适利用 1926 年去欧洲的机会，顺道前往巴黎国立图书馆和伦敦大英博物馆，他不仅在巴黎找到了三种神会语录，而且又在伦敦找到了《显宗记》，此外还有一些极为重要的禅宗史料。胡适高兴地说：“我假定的计划居然有这样大的灵验，已超过我出国之前的最

① 杨曾文校写的《敦煌新本六祖坛经》第 190 页。

② 《神会和尚遗集》序，《近现代著名学者佛学文集 · 胡适集》第 40 页。

大奢望了。”[①]胡适于1927年回国途中路过东京，会见了日本著名的佛教学者高楠顺次郎、常盘大定和矢吹庆辉等人，并获知矢吹庆辉从伦敦找到并摄影带回了敦煌本《坛经》。回国后不久，胡适得到了敦煌本《坛经》的影印本，并在他整理出版《神会和尚遗集》等敦煌禅宗史料的过程中，充分利用了这一珍贵文献。后来，胡适又以敦煌本为参照，对惠昕本和契嵩本作了对比研究，写下了《坛经考之一》和《坛经考之二》等研究《坛经》的专题性论文，并将有关观点运用到了对禅史的研究之中，发表了许多独到的新见解。

胡适以“大胆假设，小心求证”的实证方法，借助于新发现的敦煌禅宗史料，发表了《荷泽大师神会传》等一系列研究成果，对禅宗史上的许多传统看法提出了自己的不同观点。例如他在《楞伽宗考》中提出，现在所传的早期禅宗史，其实是“神会捏造出来的道统伪史”，这个伪史后来“居然成了信史”。他说菩提达摩在中土开创了“楞伽宗”，而“神会很大胆的全把《金刚经》来替代了《楞伽经》。……所以慧能神会的革命，不是南宗革了北宗的命，其实是一个般若宗革了楞伽宗的命”。[②] 惠能传袈裟的事完全是神会捏造出来的，神秀与惠能同是弘忍的弟子，并没有傍嫡之分。最大胆的是，胡适在《荷泽大师神会传》中提出，《坛经》反映的不是惠能的思想，它是惠能弟子神会或神会一系的杰作！“至少《坛经》的重要部分是神会作的。”[③]这一惊人之论犹如重磅炸弹，在学术界引起了极大的

① 《神会和尚遗集》序，《近现代著名学者佛学文集·胡适集》第40页。

② 《近现代著名学者佛学文集·胡适集》第161页，第195页。

③ 《近现代著名学者佛学文集·胡适集》第92页。

震动和争论。《坛经》究竟是谁的作品？它所记述的惠能的思想是真还是伪？能否代表惠能的思想？如何理解禅宗的起源和早期禅宗的发展？这些问题曾一再被提出来讨论。

虽然胡适的许多观点并不能为大多数学者所接受，但他作为本世纪中国学人中第一个以科学态度和怀疑精神来利用敦煌史料对禅学和《坛经》进行研究，且研究时间最长、影响最大的学者，其对近代以来兴起的禅学研究热潮所起的作用无疑是巨大的。正是他对《坛经》作者的新论，"引起了学术界对坛经广泛的注意，设非胡先生的一再强调，则今天学术界恐怕对坛经尚未如此重视"①。胡适"为禅宗翻案，也要为中国的思想史翻案，在这种空前的认真的学问趣味追求下，他不仅为中国学术界带来了新的刺激，也为佛教史学界带来了朝气，使得一向沉默的佛教，也跟着热烘烘起来了。这使得我们不能不承认，他为禅宗史也树立了新的里程碑，甚至于可以说，现代中国佛教的禅宗史，完全是由胡适先生拓荒出来的。"这种说法虽似有点过分，但胡适"对禅宗史所下的功夫，我们不论从什么角度看，他都是很认真的，即使你完全否定他，你也不得不承认，他是自己一步一步探索出来的"。② 尽管他的这种探索有时似乎有点感情用事。胡适善于发现问题，提出问题，从而引起了学人的兴趣与思考，推动了禅宗的研究，这都是历史的事实。江璨腾先生曾认为："胡适的论断，不管正确与否，都使别人有文章可作。若无胡适的论断在先，中国禅学研究，在

① 张曼涛主编《现代佛教学术丛刊》第 1 册《六祖坛经研究论集·编辑旨意》。

② 张曼涛主编《现代佛教学术丛刊》第 4 册《禅宗史实考辨·编辑旨趣》。

中国学人间，将寂寞多矣！”[①]楼宇烈先生也曾撰文对胡适的禅宗研究作出客观而平实的分析评价，认为“胡适在禅宗史研究中虽有不少主观武断和谬误之处，但从总体上来看，他是中国近代史上最早以非信仰者的立场，用思想史的眼光，历史学的态度和方法研究禅宗史的学者。他的一些研究成果，对今天研究禅宗史也还是有重要参考价值的”。例如胡适对《坛经》的考证，“对查清《坛经》演变史，有着重要的价值”。[②] 日本学者柳田圣山在 1974 年曾专门搜集整理胡适有关禅宗史研究的论文、讲稿、手稿和书信等，主编了《胡适禅学案》一书以供学者参考，并在所附的《胡适博士与中国初期禅宗史的研究》一文中指出，胡适“为近代禅宗史的研究历史，带进了初期的时代。……自一九三五年开始，数年之间，中日根据新出的敦煌卷子，不断的研究初期禅宗，活气空前，无与伦比”。[③]

胡适的《坛经》和禅史研究不但在中国学人中引起了一定的反响，许多著名的人物如钱穆、印顺、罗香林、杨鸿飞等都对胡适的观点发表了看法，并在讨论中提出了一些自己的新见解[④]，而且在海外，特别是在日本也产生了很大的影响，并至今仍受到重视。[⑤] 日本一些著名的佛教研究专家像宇井伯寿

---

① 《现代中国佛教史新论》，台湾净心文教基金会 1994 年版，第 257 页。

② 《胡适禅宗史研究平议》，载《北京大学学报》1987 年第 3 期。

③ 见柳田圣山编《胡适禅学案》，台湾正中书局，第 18 页。

④ 张曼涛主编的《现代佛教学术丛刊》(100 册)中有《六祖坛经研究论集》、《禅学论文集》(一、二)、《禅宗史实考辨》和《禅宗思想与历史》等五个分册，搜集、汇编了有关这方面的研究论文，并相对集中地反映了中国学者本世纪七十年代前在这方面的研究成果，请参阅。

⑤ 胡适最初发表《神会和尚遗集》等禅宗研究新成果时，在国内并没有产生很大的影响，相反却受到了海外学者的关注，有人专门远道来访，对此胡适在

著《坛经考》、《荷泽宗的盛衰》，铃木大拙著《关于六祖坛经·慧能及慧能禅》等，此外还有入矢义高、关口真大、柳田圣山等，他们既对胡适的研究成果发表了自己的看法，也对惠能禅的历史与特点作出了进一步的研究。他们既重视考据，也重视思想，决不疏忽哪一边。而在这些专家的学者中，几乎有一个共同一致的看法，那就是不完全附和胡适先生的意见。例如，宇井伯寿根据敦煌新史料而重新系统地研究了禅宗，发表了皇皇巨著《禅宗史研究》、《第二禅宗史研究》和《第三禅宗史研究》，认为"《坛经》除了神会一系的敦煌本外，必还有其他的本子。……同时，他又认为即使以敦煌本为最古本，为各本的所依，也不能就以敦煌本可以直接认识惠能。这使得他的意见，无形中代表了肯定惠能存在地位的正统"①，从而与胡适的观点有了差异。

综合起来看，敦煌禅宗史料的发现与整理出版，大大地推进了本世纪的禅学研究，就内容上说，整个禅学研究虽然牵涉到菩提达摩、惠能南宗、神秀北宗以及神会等多方面，但细究之，主要还是围绕《坛经》和早期禅史而展开的。中外学者在出版的一系列专著和论文中，发表了许多不同的看法，甚至展开了比较激烈的争论。关于《坛经》，争论比较大的主要有以下一些问题：

第一，《坛经》究竟是谁的作品？

在历史上，《坛经》称《六祖坛经》，其作者为六祖惠能，这

1934 年还曾有过抱怨。江灿腾的《胡适禅学研究在中国学界的冲突与诤辩》一文（载《现代中国佛教史新论》）对此有专门的分析与评说，可以参考。

① 澹思《惠能与坛经》，《现代佛教学术丛刊》第 1 册《六祖坛经研究论集》第 245～251 页。

一向不是一个问题。但敦煌本《坛经》等禅宗史料被发现后，胡适对此提出了质疑，并提出了《坛经》是神会或神会一系所作的观点，从而在这个问题上引发了很大的争论，并出现了许多不同的见解。1978年出版的日本驹泽大学禅宗史研究会编的《慧能研究》一书中关于敦煌本《坛经》的作者问题就介绍了五种不同的看法：(1) 胡适、久野芳隆认为《坛经》的主要部分是神会所作；(2) 矢吹庆辉、关口真大认为是神会或神会一派所作；(3) 铃木大拙认为《坛经》原是惠能的说法集，后人又附加了部分内容，宇井伯寿认为是神会一派作了这种附加；(4) 柳田圣山认为《坛经》古本原是牛头禅系的法海所编，后人又有修改；(5) 中川孝认为《坛经》敦煌本是神会在法海所抄录的基础上又增加了新的内容而编成的，后来曹溪山的南宗弟子又对此作了些改动。[①]

那么胡适认为《坛经》的作者为神会，并不代表惠能思想的主要根据是什么？据他提供的"外证"和"内证"有：

其一，如前所说，《全唐文》卷七一五《大义禅师碑铭》中有"洛者曰会，得总持之印，独曜莹珠，习徒迷真，橘枳变体，竟成《坛经》传宗，优劣详矣"的说法，胡适认为，这是"明说《坛经》是神会门下的习徒所作"。

其二，敦煌本《坛经》第四十九节有如下一段记载：

> 上座法海向前言："大师！大师去后，衣法当付何人？"大师言："法即付了，汝不须问。吾灭后二十余年，邪法撩乱，惑我宗旨，有人出来，不惜身命，定佛

---

① 转引自杨曾文编著的《敦煌新本六祖坛经》第196～197页。

教是非，竖立宗旨，即是吾正法，衣不合传。”

胡适认为，这里所记的二十年后将有人出来的悬记，可为《坛经》“是神会或神会一派所作的铁证”[①]。因为这一段文字，仅见于敦煌本，而敦煌本是《坛经》最古的本子。这段文字所暗指的，“即是神会在滑台大云寺及洛阳荷泽寺定南宗宗旨的事。神会滑台之会在开元二十二年(734)[②]，正是慧能死后二十一年。此条悬记可证敦煌本《坛经》为最古本，出于神会或神会一系之手，其著作年代在开元二十二年以后。”[③]因此，胡适强调：“后世所奉为禅宗唯一经典的《六祖坛经》，便是神会的杰作。《坛经》存在一日，便是神会的思想势力存在一日。”[④]

其三，“《坛经》古本中无有怀让、行思事，而单独提出神会得道，‘余者不得’，这也是很明显的证据。”[⑤]

其四，胡适说：“我信《坛经》的主要部分是神会所作，我的根据完全是考据学所谓‘内证’。《坛经》中有许多部分和新发现的《神会语录》完全相同，这是最重要的证据。”[⑥]对此，胡适举出了“定慧等”、“坐禅”、“辟当时的禅学”、“论《金刚经》”和“无念”等例证来加以说明。他的结论是：“《坛经》的作者，——这是我们的神会。在中国佛教史上，没有第二个人有这样伟大

① 《荷泽大师神会传》，《近现代著名学者佛学文集·胡适集》第 91 页。

② 胡适后来又考定为开元二十年(732)。

③ 《坛经考之一》，《近现代著名学者佛学文集·胡适集》第 17 页。

④ 《荷泽大师神会传》，《近现代著名学者佛学文集·胡适集》第 91 页。

⑤ 《荷泽大师神会传》，《近现代著名学者佛学文集·胡适集》第 91 页。

⑥ 《荷泽大师神会传》，《近现代著名学者佛学文集·胡适集》第 92 页。

的功勋，永久的影响。”[①]胡适认为上千年的历史将神会的功勋埋没了，为此，他很为神会打抱不平。

对于胡适的这一观点，学术界与佛教界均有人出来著文加以驳正。比较有代表性的是钱穆先生的《神会与坛经》和印顺法师的《神会与坛经——评胡适禅宗史的一个重要问题》等。钱穆是较早起来反对胡适这一观点的学者。他在1945年发表的《神会与坛经》一文中，对胡适提出的论据一一作了否定，认为史料中“习徒迷真，竟成《坛经》传宗”云云，是说“神会独成坛经之传宗，即谓其独得坛经之真传也”，“坛经传宗，犹云坛经嗣法”，而胡适误解了文义；关于神会二十年后出来定是非的悬记，完全可能是推崇神会的曹溪僧人所为，并无证据说必是神会所作；“坛经记慧能临灭称赞神会，安知非确有其事？”“怀让、行思诸人的名字，虽则古本坛经里没有，但他们曾在六祖门下，亦无可否认”；至于敦煌本《坛经》与《神会语录》有内容相同的问题，钱穆一方面列举了《坛经》中的“前念迷即凡，后念悟即佛”等语，认为“此等语皆是《坛经》最明白最直捷处，此最见六祖开山精神，今《神会语录》中则寻不到此等语”。另一方面又指出，“《神会语录》与《坛经》相同处，如论定慧等义，皆见经典气，皆见文字障，全部《神会语录》之精神更如此，处处都讨论经典，剖析文字，神会究竟是一个学僧，与慧能不同，我们只细读《坛经》与《神会语录》，便知此两书虽非慧能与神会手笔，抑且均由许多人纂集，并各经历一段相当时期，但由此两书，还可依稀辨出慧能与神会当日的精神意境皎然不同处”。“慧能到底是南宗开山，到底是新禅宗的创立者，神会

① 《荷泽大师神会传》，《近现代著名学者佛学文集·胡适集》第97页。

到底不过是《坛经》传宗，他不过到北方去放了一大炮，把南宗顿义在北方宣扬开来。”钱穆的结论是，《坛经》代表的是惠能的思想。①

佛教界的印顺法师也曾撰写专文，对胡适的观点提出批评，并在其所著的《中国禅宗史》中专章讨论了《坛经》的成立及其演变。值得一提的是，印顺特别强调了以理服人，他说："胡适所作的论断，是应用考证的，有所依据的。我们不同意他的结论，但不能用禅理的如何高深，对中国文化如何贡献，更不能作人身攻讦。唯一可以纠正胡适论断的，是考据。检查他引用的一切证据，有没有误解、曲解；更应从敦煌本《坛经》自身，举出不是神会所作的充分证明。唯有这样，才能将《坛经》是神会或神会一派所造的结论，根本推翻。”本于此，印顺对胡适的主要论据一一作了检讨，分析了史料中“竟成坛经传宗”的说法其实是“竟然变成用《坛经》来作为传宗的依约”之意，并非是说《坛经》为神会或神会门下所造；认为“敦煌本是现存《坛经》各本中的最古本，而不是《坛经》的最古本。从《坛经》成立到敦煌本，至少已是第二次的补充了”；神会门下在《坛经》中补充了法统、禀承等内容，“但并不是造一部《坛经》”；“《坛经》的部分文句，的确与《神会语录》相近，……慧能是老师，神会是弟子，这是胡适所承认的。慧能自己没有著作，由弟子们记集出来。神会当然是继承慧能的，那末神会语录中的语句，部分与《坛经》相同，为什么不说神会采用慧能的成就，要倒过来说《坛经》是神会或门下所造呢”？更何况经过审细的研

①　以上引文，均请见张曼涛主编的《现代佛教学术丛刊》第 1 册《六祖坛经研究论集》第 81～108 页。

讨，胡适所列举的种种内证，“没有一条是可以成立的。所以，神会或神会门下造《坛经》的论断，不能成立，不足采信”！印顺还模仿胡适的说法，提出他“考据学所谓内证”的证据，即以《坛经》与神会及其门人的说法相比较，指出两者在许多地方完全不同，“足以证明《坛经》不是神会或神会门下所造”。同时，印顺法师也曾非常客观地指出，“他（胡适）的结论是不足取的，但在禅宗史的研究上，仍旧是有贡献的”①。

钱穆和印顺的观点代表了学术界在这个问题上的一般看法，即神会或神会门下曾对《坛经》作出过改动，并利用《坛经》来抬高本宗的地位，但《坛经》基本上仍代表着惠能的思想。这也是我们的基本看法。从现存敦煌本《坛经》来看，说《坛经》是神会或神会一系所作的理由是不充分的。

第二，联系敦煌本与惠昕本所记传授次第的不同，如何看待敦煌本与惠昕本的关系，以及与之相关的所谓“文繁”的“古本”问题？

关于敦煌本与惠昕本的关系，中外学者也有不同的看法。有的把它们视为并列的两个系统，有的则认为惠昕本是对敦煌本的发展，“惠昕使用的底本，可能就是这敦煌本”②。我们的看法是，敦煌本与惠昕本既可能有同一底本，又形成了不同的系统，同时，惠昕本在改编过程中，当也参考过敦煌本，从而形成了一种复杂的交叉关系。让我们从两本所记的不同传授

---

① 引文请参见印顺著《神会与坛经——评胡适禅宗史的一个重要问题》，载《现代佛教学术丛刊》第1册《六祖坛经研究论集》第109～141页。另请参阅印顺著《中国禅宗史》第六章。

② 周绍良《敦煌写本坛经原本》第190页。

次第来看这个问题。

敦煌本《坛经》第五十五节记载了《坛经》初期的传授次第："此《坛经》，法海上座集。上座无常，付同学道漈。道漈无常，付门人悟真。悟真在岭南漕溪山法兴寺，见今传授此法。"而惠昕本《坛经》所记则与此有异："洎乎法海上座无常，以此《坛经》付嘱志道，志道付彼岸，彼岸付悟真，悟真付圆会。"①其中志道也是法海的同学。这两处的记载虽然有所不同，但从法海传至悟真，则是共同的。这就表明，惠昕本与敦煌本这两种本子可能是从同一个底本发展而来。从"悟真在岭南漕溪山法兴寺，见今传授此法"的记载来看②，这一底本当形成在惠能再传弟子悟真活着的时候，时间是比较早的。我们可以假设它就是惠能死后三、五十年内所流传的《坛经》原本。那么，对两种传授记载的差异如何解释呢？

胡适在《坛经考之二》一文中认为："这也许是因为惠昕本的《坛经》传授世系也是惠昕妄改的。"③这种说法似有武断之嫌。印顺在《中国禅宗史》第六章中则认为，这可能说明"南方宗旨"对《坛经》的修改就是法海与悟真之间的志道所为。这种看法虽有一定道理，实际上仍未解释两种记载何以会有差异，因为印顺是断定现存敦煌本承"南方宗旨"改编本而来的，那为什么敦煌本中没有志道，而惠昕本中却有了呢？杨曾文在表列各种《坛经》本子的时候，曾将惠昕本与敦煌本所依的本子

---

① 请参见《〈坛经〉对勘》第 166 页。

② 日本学者伊吹敦认为这一记载是不真实的，是神会一派为提高《坛经》的价值而伪造的。见其论文《敦煌本〈坛经〉是否为传授本》。

③ 《近现代著名学者佛学文集·胡适集》第 34 页。

并列于《坛经》祖本之后，即把敦煌本与惠昕本视为《坛经》祖本之后完全并列的两个系统，如下图所示[①]：

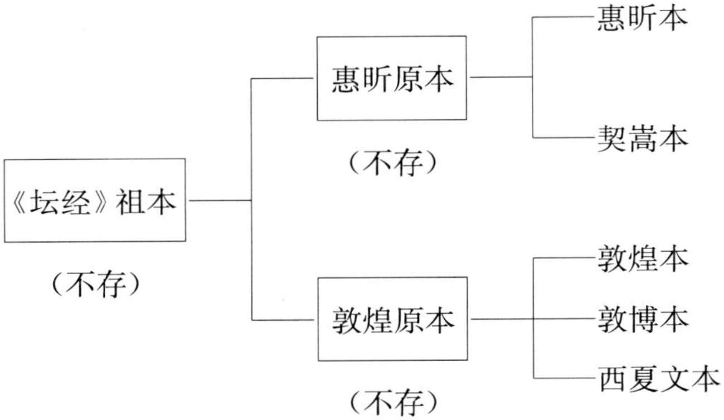

我们认为这种看法也是有问题的。因为神会一系修订后“竟成《坛经》传宗”的敦煌本子中有关以《坛经》传宗的记载，几乎都为惠昕本所沿袭，而这种记载却均不见于后来的契嵩本与宗宝本，因此，即使惠昕本主要地不是依据敦煌本，也应该是参考了敦煌本的，这两种本子至少应该是交叉关系，而不是简单的并列关系。我们认为，惠昕本所记《坛经》传承之所以与敦煌本有异，很可能是因为惠昕参照另一个文繁的古本进行了修订，而那个古本与敦煌本则属于两个不同的系统，但也不能排斥敦煌本对这一古本的影响。

据惠昕的《六祖坛经序》中说：“古本文繁，披览之徒，初忻

① 请参见《世界宗教研究》1988 年第 1 期，并见于《中日佛教学术会议论文集》第 104 页，或《敦煌新本六祖坛经》第 297 页。

后厌。”[1]表示了对古本文繁的不满。然现存的惠昕本也有一万四千字左右，比敦煌本多出了近两千字，它据以修改的文繁古本，想来字数当更多，这应该不会是敦煌本。[2] 惠能以后，南宗逐渐盛行起来，其门徒中流传着惠能以及惠能与弟子的各种传说，这是很自然的事，有人出来汇编成书，也在情理之中。像《曹溪大师别传》、《历代法宝记》等，均属于此类作品。文繁的古本当也就是汇集了各种传说的一个本子。据此改编而成的惠昕本和契嵩本等与敦煌本的不同，主要是关于惠能的生平事迹和弟子的机缘，由此可以推知，这一文繁的古本关于惠能大梵寺说法的基本内容，变化并不大，甚至也可以推测，此古本在形成过程中也可能参考了敦煌本，它是一个内容十分丰富而又庞杂的本子。后来惠昕本中的“风幡之动”等记载，当皆取之于此。郎简为契嵩本写的序中也说到了为俗所增损的《坛经》本子“文字鄙俚繁杂”，这证明了文繁之古本的存在。如果说，这个文繁的本子为惠能的另一个弟子志道门下所编，那么，以志道、彼岸等人取代道漈，就是可以理解的了。从据以改编的惠昕本、契嵩本分别增加了“志道传承”与“志道机缘”、惠昕本中还增加了与志道主张相近的见闻觉知即是佛性的思想等情况来看，这种可能性是存在的。当然，要确认这种可能性，还有待于将来新资料的发现来进一步验证。但从惠昕本与敦煌本内容上的差异来看，惠昕改编本在参考敦煌本的同时，还依据了另外一个文繁的古本，这一点在现在似乎是可以肯定的。

---

① 见《坛经校释》附录。

② 周绍良先生则认为，“古本文繁”就是宋郎简《六祖法宝记叙》中所说的“文字鄙俚繁杂”，“并不是指字数或情节多寡的问题”（《敦煌写本坛经原本》第 190 页）。

文繁古本的存在，反映了惠能以后，弟子们不断“结集”师说，充实《坛经》的事实，而充实的内容，虽有不少传说的东西，却并不能完全归入伪造之列。

第三，在敦煌本之前是否有一《坛经》原本或祖本存在？

对这一问题的看法，中外学者的分歧很大。有的学者否定敦煌本之前还有更古的本子存在，认为敦煌本就是最古的本子。例如日本学者宇井伯寿在《禅宗史研究·坛经考》中曾认为：“敦煌本《坛经》，为‘最古’本的《坛经》，它是其后各本《坛经》的基础。在以后各本的《坛经》中，由于都有很多的增改，所以，它们的内容，较之敦煌本《坛经》，都有明显的不同。”[①]周绍良先生最近也非常明确地提出了敦煌本《坛经》是“最早原本”[②]的观点，认为“敦煌本《坛经》……就是惠能原本，……是唯一的原本”[③]，“敦煌所发现的本子，正是法海集记的原本”，后来流传的一些整理本，“应该就是从敦煌所发现的本子而加以整理的”[④]。他还试图在方言、俗语、历史背景等方面来对此加以考定。但我们读后的感觉是，他考定的只是敦煌本为现存各种流通本的“原本”，而实际上并未能确证它就是历史上最古的惠能原本，如他所说的除外“再没有其他原本”[⑤]。

与上述看法不同的是，许多学者认为敦煌本《坛经》是现存最早的本子，但已不是历史上存在过的最古的本子，它在流传过程中已经人修改过了。但对于修改的次数和内容等，则

① 郭朋《坛经校释》序言，第16页。
② 《敦煌写本坛经原本》第190页。
③ 《敦煌写本坛经原本》第180页。
④ 《敦煌写本坛经原本》第1页。
⑤ 《敦煌写本坛经原本》第180页。

又有许多不同的看法。例如柳田圣山在1967年出版的《初期禅宗史书的研究》一书中就提出，敦煌本《坛经》的形成经过了一个相当长的过程。在此之前当存在过一个古本《坛经》，然后才发展到敦煌本《坛经》。[①] 印顺法师也曾明确提出，《坛经》的原型可称为"曹溪原本"。"从《坛经》原本到敦煌本，至少已有过二次重大的修补"[②]，"以现存的《坛经》本来说，敦煌本最古。但敦煌本已不是《坛经》原型，而有过补充、修改，这是古人所曾经明白说到的"[③]。上文提到的日本学者伊吹敦在《敦煌本〈坛经〉的形成》一文中更是提出了从"原《坛经》"至敦煌本《坛经》已经过了四次增广的观点，并从内容到文字和用语等不同的方面对此作了检讨和说明。杨曾文在谈到《坛经》诸本的演变时也提出了"《坛经》祖本"，并在"《坛经》祖本"以后又分列出"敦煌原本"和"惠昕原本"两个系统，以作为现存各本《坛经》的底本(见前图所示)。

我们赞同上述第二种看法，即认为敦煌本是现存最古的本子，但不一定是历史上存在过的最早的本子。综合各种资料看，在敦煌本之前似还应该有更古的《坛经》本子。例如前面所曾提到的，从敦煌本和惠昕本的异同来看，这两种本子就可能是从惠能以后三、五十年内所流传的同一个《坛经》原本发展而来。另外值得一提的是近年来学者对西夏文《坛经》的研究。例如史金波先生通过对分藏于不同地方的西夏文《坛经》残页

---

① 请参见杨曾文《新敦煌本六祖坛经》第193页。

② 《中国禅宗史》第272页。"二次重大的修补"当指"至少已经过'南方宗旨'、'坛经传宗'的改补"(同上，第266页)。

③ 《中国禅宗史》第247页。

的译释，并对照汉文《坛经》进行比较研究，提出了"西夏文本《坛经》内容，接近法海所集唐中期古本（即指现存的敦煌本——引者按），而与惠昕本、契嵩本、宗宝本相去较远。……西夏文本和法海本相近而不雷同，疑西夏译本所据汉文底本为现已失传的另一版本。"[①]这是否也为敦煌本之前或之外另有一古本的存在提供了一个间接的证据呢？

第四，关于契嵩本和契嵩本的来源问题。

关于契嵩本与现存德异本及宗宝本等的关系，我们在前面谈契嵩本时已作了论述，这里再就学界对契嵩本的来源问题产生的不同观点作些介绍，并表明我们的看法。

宋代郎简所作的《六祖坛经序》在提到契嵩本《坛经》形成的机缘时曾有过如下论述：

> 然六祖之说，余素敬之，患其为俗所增损，而文字鄙俚繁杂，殆不可考。会沙门契嵩作《坛经赞》，因谓嵩师曰：若能正之，吾为出财模印，以广其传。更二载，嵩果得曹溪古本，校之，勒成三卷，璨然皆六祖之言，不复谬妄，乃命工镂板，以集其胜事。

郭朋先生认为，这里所说的文字鄙俚繁杂的《坛经》本，"很可能指的就是法海本《坛经》"。并认为，"在郎简怂恿下，契嵩花费了两年时间，对《坛经》进行了更大的篡改，然后诡称他'得'到了'曹溪古本'《坛经》，并把它提供给了郎简。"[②]这就是说，所谓契嵩本，

---

① 《西夏文〈六祖坛经〉残页译释》，载《世界宗教研究》1993年第3期。

② 《中国佛教思想史》(中卷)第407页。这里说的法海本，即指现存的敦煌本。

其实可能就是契嵩对当时流传的敦煌本(或惠昕本)的改编,并不存在另外一个什么“曹溪古本”作为底本。胡适先生在《坛经考之一》中也曾认为这个为俗所增损的文字鄙俚繁杂的本子就是敦煌本,并认为契嵩所得的所谓“曹溪古本”,就是《曹溪大师别传》。后来惠昕本在日本被发现以后,胡适在《坛经考之二》中修正了自己原先的观点,认为“文字鄙俚繁杂”、“为俗所增损”的本子“也许就是惠昕的二卷十一门”。并认为,在1031年至1151年之间,二卷十一门的惠昕本可能已被人改换成三卷十六门,而这个改编者可能就是契嵩,因此,所谓“三卷十六门的惠昕本”,可能就是契嵩的改编本。也就是说,胡适认为契嵩本是契嵩依《曹溪大师别传》而对惠昕本进行校改的结果。

我们认为,现存的契嵩改编本一卷就有两万余字,若有契嵩“校之,勒成三卷”的本子,字数想来应当更多,它不仅大大超过了敦煌本,也多出了惠昕本不少,契嵩当年所依据的“文字鄙俚繁杂”的“俗所增损”本似不大可能是比现存契嵩本字数还要少的敦煌本或惠昕本,而很可能就是前面提到的惠昕据之改编的文繁古本。至于契嵩所得到的“曹溪古本”,则如胡适所说的,可能就是约六千二百字的《曹溪大师别传》。这样,所谓的契嵩本,就可能是依《曹溪大师别传》而对“文繁古本”进行校改的结果。在谈到《曹溪大师别传》对契嵩改编本的影响时,楼宇烈先生曾提出,“细考契嵩所增加和订正的内容,其主要部分都来自《曹溪大师传》。因此,在某种意义上也可以说,契嵩本是惠昕本(或敦煌本)与《曹溪大师传》的合编本”[①]。借用此表述,我们也

① 楼宇烈的《敦煌本〈坛经〉、〈曹溪大师传〉以及初期禅宗思想》,载《隋唐佛教研究论文集》,三秦出版社1990年版,第85页。

可以说,在某种意义上,契嵩本可能是文繁的古本与《曹溪大师别传》的合编本。不过,从现存的契嵩本来看,契嵩改编《坛经》时,在参考《曹溪大师别传》的同时,很可能还参考了《历代法宝记》等其他一些流传的资料。

另外,前面提到,根据德异《六祖大师法宝坛经序》中"惜乎《坛经》为后人节略太多,不见六祖大全之旨。德异幼年,尝见古本。自后遍求三十余载,近得通上人寻到全文,遂刊于吴中休休禅庵"的说法,我们可以推测当时社会上流传着一种"为后人节略太多"的《坛经》本子,这个本子可能是惠昕改编本,而德异从通上人处得到的早年曾见到过的未被节略太多的"古本",则可能就是契嵩的改编本。那么,现在结合契嵩本的来源,我们是否可以对《坛经》的流变再作如下推论呢?即:

文繁古本(字数不详)——(节略太多的)惠昕改编本(一万四千字)——契嵩本(超过二万字,也许更多)①

三、《坛经》与惠能南宗

虽然有关《坛经》的各种观点现在并不能完全统一,但《坛经》是由惠能弟子记录整理而成,后虽经多次修改补充,仍基本代表着惠能思想,这却是大家比较共同的看法。南宗弟子为了抬高惠能和自己一系,在《坛经》中加进一些对自己有利的东西,这是完全可以理解的。从上述的讨论中我们也可以

① 这里的连线,并非是指版本上的前后依据,而是表明时间上的先后,以及逻辑上的对文繁古本的否定(节略太多)与再肯定。

看到，现存的各种版本的《坛经》确实存在着时间越后内容越多的情况：敦煌本约一万二千字，惠昕本约一万四千字，而契嵩本和宗宝本则都超过了二万字。这证明了《坛经》在流传过程中不断被修订补充的事实。但我们认为，不能把后来增加补充的东西都视为是窜改或伪造，而应该联系实际情况作具体的分析。任继愈先生在肯定敦煌本《坛经》的资料价值的同时曾指出："要考虑到，此后的其他版本，成书虽迟，其中包含的思想却可以很早。"[①]我们认为这是对的。不能简单地以本子的先后来判断真伪，不能认为晚出的本子所记载的东西就一定不如先出的本子真实。

举例来说，较早出的敦煌本与惠昕本都有神会将于惠能死后二十年出来定南宗是非的悬记，而较后出的契嵩本与宗宝本则均改为惠能灭度后七十年有二位菩萨东来"建立吾宗"。这种不同的记载只反映了惠能门下传宗的情况，而很难从《坛经》本子的先后上去区别它们的真伪。胡适就曾据此资料对惠能南宗的发展情况进行过分析，认为"此悬记甚明白，所指即是神会在滑台大云寺及洛阳荷泽寺定南宗宗旨事。……神会建立南宗，其功绩最伟大。但在九世纪以下，禅宗大师多出于怀让、行思两支，渐渐都把神会忘了。契嵩之时，神会之名已在若有若无之间，故二十年的悬记已不能懂了。所以契嵩采取《曹溪大师别传》中的七十年悬记来替代此说。但七十年之记更不好懂，后来遂有种种猜测，终无定论，故今世通行本又把这七十年悬记全删去了"。[②] 从不同版本

① 任继愈：《敦煌坛经写本序》。

② 《坛经考之一》，载《近现代著名学者佛学文集・胡适集》第 17～18 页。

的《坛经》的不同记载中，我们可以看到惠能南宗门下的演化，也可以通过对各本《坛经》的比较研究，了解到惠能思想在南宗发展中的影响。惠能及《坛经》得到了南宗各派的共同尊奉，这从一个侧面反映出《坛经》的流变情况，《坛经》正是在南宗各派的共同奉持中才广为流传，不断发展，如果仅靠惠能门下神会这一支流传时间并不很长的禅系，《坛经》是不可能在禅门中取得那么高权威的。再如，惠能在广州法性寺会见印宗法师，并说出了“仁者心动”的惊人之语，这虽不见于敦煌本《坛经》而只见于以后的《坛经》诸本，但它却是先于现存敦煌本《坛经》的王维《六祖能禅师碑铭》[①]或《历代法宝记》中就已有的记载，这显然也不能仅以《坛经》各本的先后来判其真实与虚假。事实上，从现存各本《坛经》的内容来看，有关惠能生平和惠能开法说禅的部分都基本一致，大致反映了惠能在大梵寺说法的基本情况，这是研究惠能的重要思想资料，而其他不完全相同的部分，均是在流传过程中由南宗弟子不断修订添加，这也正可从不同的方面透露出有关南宗发展的信息。

同时，我们更不能因为现存最早的敦煌本《坛经》经神会或神会弟子整理补充过而认为它一定出自神会一系，甚至像胡适那样认为《坛经》根本就是神会的杰作。因为事实上敦煌本《坛经》的许多记载与神会门下的传说并不很一致，而这种不一致有时也从一个侧面反映出了早期禅宗史料的多元性和

---

① 胡适曾推想敦煌本《坛经》的祖本约成于天宝四年(745)，而王维的《碑铭》约作于天宝十二年(753)，因而认为王维的《碑铭》作于《坛经》已写成之后，所以敦煌本《坛经》不曾提到王维的碑文(请参见《坛经考之二》)。

《坛经》流变的复杂性，并帮助我们更全面地把握惠能以及神会等人的思想。例如上述王维的《碑铭》乃是应神会之请而作，其中有印宗法师在南海讲《涅槃经》并与惠能论经中大义的一段文字，而敦煌本《坛经》却丝毫没有提及，且敦煌本《坛经》更多地突出了《金刚经》的般若思想。这是否表明神会对惠能兼融中道般若和涅槃佛性的思想，在继承发挥时有所偏重呢？再看有关神会见惠能的一段记载。敦煌本《坛经》说，惠能在与神会问答之间批评神会道："汝自性且不见，敢来弄人。"于是，"神会礼拜，更不敢言"。[①] 此后，惠能便为神会说了一通自心迷悟的道理。而与敦煌本《坛经》差不多同时的《曹溪大师别传》中却说惠能在与神会问答之间便对神会特别器重，至夜，神会又以"佛性无受"之说而深得惠能赞赏，被认为"如智证得真正受三昧"，并因此而密受付嘱。两相对照，显然《别传》的记载更倾向于神会。但与此同时，《别传》的悬记却又另指他人而不提神会，敦煌本《坛经》则不但突出了《金刚经》而与神会的说法相近，并且还添加了神会将不惜身命为南宗争正统的悬记。可见，现存的早期禅宗资料之形成情况是比较复杂的，各种版本的《坛经》之间并不一定就是直线性的联系，很可能有交叉或并存的关系。了解这种复杂的关系对于研究惠能与南宗思想的发展显然都是非常有意义的。

综合以上所说，并结合前面对《坛经》形成与流变的论述，我们试以如下图式来表示我们对《坛经》各本之间相互关系的基本看法：

---

① 敦煌本《坛经》第 44 节。

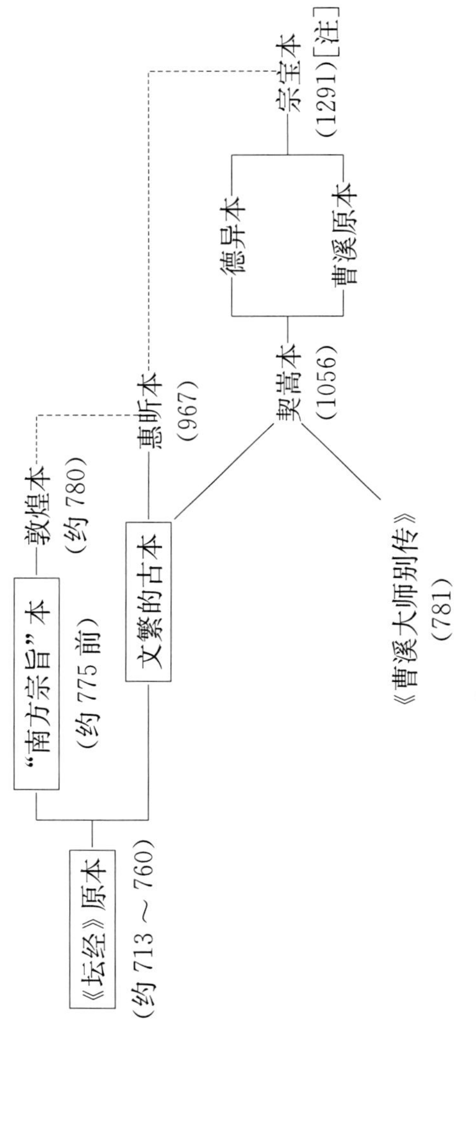

[注] 实际的时间可能更稍晚一些。

在上图中，带方框者表示现今不存，实线表示用作底本或比较直接的联系，虚线则表示作为参考或某种可能的联系。

需要说明的是，图表所示的各本《坛经》之间的关系，有的还只是一种推测，尚有待于进一步的研究和新材料的证实。我们这里只是想借此表明：《坛经》在实际流传过程中，由于时间与空间的复杂性，其各种版本之形成，情况也是复杂的，现存各本《坛经》之间并不一定仅是直线关系，晚出的版本所增加的内容，既有可能是后人伪造的，也有可能是来源于较早的传说或记载，因而不宜简单地一概否定。

我们认为，各种本子在流传过程中不断被修改、增删，这是事实；不同的记载从不同的方面反映了禅宗的发展，这也是事实。我们从各种不同的记载中可以了解到《坛经》随着惠能南宗的发展而发生的演变，反过来也可以从《坛经》的演变中来了解惠能思想的影响及南宗发展的有关情况。各种不同的《坛经》本子的相同记载固然为我们提供了惠能南宗的基本思想，而各种不同的记载有时也从不同的方面反映了惠能南宗的思想，为我们全面把握惠能南宗的思想提供了可作参考的资料。因此，对不同版本的《坛经》内容，我们应该根据具体情况作具体的分析。在分析惠能思想时，以早出的敦煌本《坛经》为主要依据，同时也参考其他各本，这样做是比较恰当的，也是必要的。这也是本书所采取的基本态度。

《坛经》奠定了南宗禅的主要理论基础，离开了《坛经》就无从研究惠能的思想，也难以研究惠能南宗的形成、发展与演变。但我们对惠能及惠能南宗的研究也不能仅局限于《坛经》，其他还有许多相关的资料和碑铭石刻等也应当成为我们的重要参考资料。随着时间的推移，以“不立文字”相标榜的禅宗后来走上了文字化的道路，出现了各种“灯史”、“语录”以及“击节”、“评唱”等大量的文字化的东西，这些东西当然也都为我们研究惠能南宗的禅学思想提供了丰富的依据。

从历史上看，《坛经》是惠能南宗的理论旗帜。惠能去世后，其弟子到各地去传播南宗禅法。由于不同的社会生活环境与文化背景等多种原因，惠能南宗很快就形成了神会系、南岳系和青原系等不同的禅系。晚唐至五代，惠能南宗经南岳系和青原系更进一步递嬗演变分化出五家七宗，即南岳系分化出沩仰宗、临济宗，青原系分化出曹洞宗、云门宗和法眼宗。宋代时，临济宗中又分出黄龙、杨岐二派。五家七宗遍布大江南北，在全国形成巨大规模。虽然各禅系在各自的发展过程中，又都逐渐形成了自己独特的禅风和传法谱系，但他们以《坛经》为传法的主要依据则是基本一致的。正如元代僧人德异所说：“一门深入，五派同源，历遍炉锤，规模广大，原其五家纲要，尽出《坛经》”[①]。正因为都以《坛经》为基本的指导思想，南宗禅各派才皆奉惠能为六祖，积极地将惠能直了心性、顿悟成佛的禅学理论与禅行之原则具体贯彻到实际的宗教生活中去，使惠能所创的禅法在禅行实践中得到了进一步的发扬光大，从而“当其他各宗大都凋零枯萎时，禅宗却五宗并起，形成争妍竞秀一时称盛的局面”[②]。最后，惠能南宗终于湮没了弘忍门下包括神秀北宗在内的其他各禅系而成为禅门的唯一正宗，并几成为中国佛教的代名词，在中国佛教史和思想文化史上占据了极为重要的地位。惠能所创的南宗得到很大的发展，其

---

① 《六祖大师法宝坛经序》，见《坛经校释》附录。

② 严北溟《中国佛教哲学简史》，上海人民出版社 1985 年版，第 160 页。

原因当然是多方面的，但与《坛经》所产生的影响和所发生的凝聚力应该说也是分不开的。因此，言简意赅地表达了惠能思想和禅法特色的《坛经》，不但是我们研究惠能思想的主要依据，也是我们了解整个南宗发展不可或缺的重要资料。

附：方广锠先生关于敦煌本《坛经》致本书作者的一封信

修平兄：

您好！

所需敦煌本《坛经》资料及整理情况，简述如下：

敦煌遗书散藏世界各地，敦煌本《坛经》也有好几个写本。

最早被发现的敦煌本《坛经》是日本大谷探险队成员吉川小一郎在敦煌得到的乙36号，从照片看，应该是缝缋装。该写本后归旅顺博物馆收藏，在《大谷光瑞氏寄托经卷目录》（稿本，年代不详，约1914年至1916年）、叶恭绰《旅顺关东厅博物馆所存敦煌出土之佛教经典》（载《图书馆学季刊》第一卷第四期，1926年）、《关东厅博物馆大谷家出品目录》（载《新西域记》下卷，1937年）中均有著录。遗憾的是该写本现下落不明。但日本龙谷大学图书馆藏有该写本首尾两叶的照片。首叶照片为《坛经》之首，虽然只保存了首题及5行经文，但对研究《坛经》标题、研究《坛经》的性质、研究无相戒及其流传实况，均有重要价值。末叶照片为《大辩邪正经》之尾，有题记"显德五年己未岁三月十五……"及杂抄经文。1989年，井之口泰淳、白田淳三、中田笃郎等在《旧关东厅博物馆所藏大谷探险队将来文书目录》中公布了这两张照片。1994年在日本时，我曾就此事询问过龙谷大学的有关先生，据说当时没有全部拍摄，只拍摄了这么首尾两拍。由于只有这么两张照片，我们现在不知道该写本所抄之《坛经》是否完具。不过，由于该号是缝缋装，册尾既是《大辩邪正经》，则册首的《坛经》很可能是完具的。或者由于原件下落不明的缘故，该号一直没有引起研究者的注意。1994 年潘重规先生的《敦煌坛经新书》首次利用它作校本。

其次被发现的是藏于英国的斯 5475 号，从照片看，似为粘叶装，首尾完整。1923 年由日本矢吹庆辉发现。1928 年，《大正藏》第四十八卷首次公布了它的录文；1930 年，《鸣沙余韵》公布了它的照片。五十年代英国公布了缩微胶卷。所以，在相当长的一段时间内，对敦煌本《坛经》的研究大抵依据这个抄本。此后台湾《敦煌宝藏》根据英国的缩微胶卷发表图版。

第三个被发现的是藏于北图的冈 48 号。该号卷轴装，只抄写了《坛经》的末尾部分，有尾题。1930 年陈垣曾用附注的形式在《敦煌劫余录》中作了著录，但没有引起研究者的重视。五十年代与八十年代初，北图两度公开该号的缩微胶卷，仍未引起研究者的重视。1986 年黄永武《敦煌最新目录》再次著录，《敦煌宝藏》也发表了图版。1991 年日本田中良昭首次发表录校、研究。

第四个被发现的是现藏于敦煌县博物馆的敦博 077 号。缝缋装，首尾完整。该号原藏敦煌任子宜家，抄写禅文献四件，《坛经》是其中之一。另还有独孤沛《南宗定是非论》、神会《坛语》、净觉《注般若波罗蜜多心经》等。四十年代向达赴敦煌考察时曾二度录文，并在所撰《西征小记》(载《唐代长安与西域文明》，三联书店，1957 年)中作了著录。向达先生的这两个过录本，一个后来赠送给吕澂先生，吕澂先生曾经将其中的净觉撰《注般若波罗蜜多心经》整理发表在《现代佛学》1961 年第四期上，其余文献则未整理发表。该过录本现由周绍良先生收藏。另一个过录本现存北京大学图书馆。此后很长时间，该写本的原本下落不明。1983 年周绍良先生发现它被敦煌县博物馆收藏，便组织拍摄照片。1993 年，杨曾文首次发表录校研究。任继愈先生主编《中国佛教丛书·禅宗编》收入图版。这是现知敦煌本《坛经》中抄写质量最高，校勘、研究价值最大者。周绍良先生评价说："过去研究者据伦敦藏本加以臆测、考证、订补之处，得此本而霍然，毋庸费辞矣。"(《敦煌新本六祖坛经序》，载《敦煌新本六祖坛经》，上海古籍出版社，1993 年 10 月）

1997 年 4 月，我在整理北图藏敦煌遗书时，从尚未定名的残片中鉴定出一件《坛经》。该残片原编号为"有 79 号"，新编号为"北敦 8958 号"。有乌丝栏，共 10 行。但仅前 5 行抄写经文，后 5 行空白。所抄内容如下：

（前剪）

1. 迷妄即自悟，佛道成行誓愿力。今既发四弘誓
2. 愿讫，与善知识无相忏悔三世罪障。大师言：善
3. 知识！归依觉，两足尊；归依正，离欲尊；归依净，
4. 众中尊。从今已后，称佛为师，更不归依余邪迷
5. 外道。愿自三宝

（后缺）

原卷为卷轴装。上述 5 行文字自首行"迷妄"至"大师言：善知识"，及"大师言：善知识"至末行"三宝"分属《坛经》的先后两段经文，中间缺漏 140 余字。显然，这是涉"大师言：善知识"重文而漏抄的一例。古代敦煌抄经，因原卷错抄而作废时，为节约纸张，往往将错抄部分剪下，接粘素纸后继续抄写。而剪下之错抄部分则备作他用。本号背面抄有其他文献，就是证明。这种例子，在敦煌遗书中颇多见。本号背面所抄为"午时无常偈"、"中夜无常偈"、"后夜无常偈"等 6 行。亦未抄完便放弃，应属于杂抄之类。

上述五种敦煌本《坛经》，三种为册子本，二种为卷轴本。在北敦 8958 号被发现之前，我们所看到的卷轴本只有北图冈 48 号一件。而从北图冈 48 号形态看，显然不是一个正规的写经，而属于经文杂抄，那么正规一些的敦煌《坛经》就全部都是册子本了。由于册子本携带方便，所以，我以前一直有一个推想，以为禅宗南宗，起码是南宗神会系既以《坛经》作为传法的依凭，门弟子人手一部，随身携带，则《坛经》的标准形态可能就是册子本。如果这种推想可以成立，则册子本这种装帧形式的产生年代将大大提前。不过，由于这种推想没有什么过硬的证据，所以始终不敢提出，只是在自己心中琢磨。但从此次发现的北敦 8958 号的形态看，它的纸张是常见的写经纸。长度虽已不可测，但高度与同时代写经相符。有乌丝栏，规格也与同时代写经相符。行 17 字。北敦 8958 号虽是废弃的错稿，唯其如此，说明当初抄写时是很认真的，抄成的正稿质量一定上乘。凡此种种，都说明敦煌曾经存在过以标准的卷轴本形态抄写的《坛经》。所以，我以前的那种推想不能成立。

现存敦煌本《坛经》均属南宗神会系传本，这一点大概无可怀疑。神会系以《坛经》作为传法的依凭，而北敦 8958 号的形态反映敦煌当地亦抄写《坛经》。由此，南宗神会系之传到敦煌，应该说是确凿无疑的。敦煌本《坛经》既有卷轴本，又有册子本，两种流传形态反映了时代的差异，亦即反映了南宗神会系曾经在敦煌长期流传，绵绵不绝。

北宋时，敦煌孤悬西北，同时向北宋王朝与辽王朝称臣朝贡，似乎实行等距离外交。但辽王朝盛行《华严》，禁绝《坛经》。敦煌却流行禅宗与《坛经》，采用北宋王朝的纪年。由此看来，表面上的等距离外交不能掩盖敦煌的亲宋疏辽的实质。

北敦 8958 号证明敦煌至少抄写过一号质量较好的卷轴本《坛经》。但在现存敦煌遗书中却没有发现。由于敦煌遗书绝大多数已经面世，所以恐怕这一件《坛经》根本就没有入藏藏经洞，自然也不可能被发现。站在敦煌遗书“废弃说”的立场上来看，这是很正常的。站在“避难说”或“图书馆说”的立场上来看，这种情况则是奇怪的，或难以理解的。所以，敦煌遗书中存在着错抄的北敦 8958 号，却没有北敦 8958 号所从剪下的那卷抄写正确的《坛经》，正是敦煌遗书“废弃说”的又一个证明。

至今为止，从事敦煌本《坛经》整理的先生往往参考其他系统的《坛经》流通本，来修订、改正敦煌本。在敦煌《坛经》诸本没有充分被发掘之前，那种方式或者是不可避免的。但在敦煌本《坛经》已经大量被发现的今天，我以为排除所有其他系统《坛经》的干扰，纯粹采用敦煌本互校，作成一个敦煌本《坛经》的精校本，以作为进一步研究的基础或出发点，可能更有意义。

此外还应该提及的是西夏译《坛经》残片。此类残片最早发现于本世纪二十年代，三十年代罗福成曾在《北京图书馆馆刊》上发表过研究论文，日本学者也曾发表研究成果。其后又续有发现，现分藏各处，计 12 个残页。有史金波先生考释译文《西夏文六祖坛经残页译释》(载《世界宗教研究》1993 年第三期)。据史金波告诉我，从纸张、笔迹等形态看，他考察过的诸残页均属同一写本。西夏文《坛经》是从汉文《坛经》翻译的，有的研究者认为，底本应为敦煌本。在现存诸《坛经》传本中，西夏文本的年代与流行地域最接近敦煌本，文字也最接近敦煌本，因此它无疑是研究敦煌本《坛经》时必须参考的资料。

敦煌本《坛经》被发现后，国外利用它们发表录校，或利用它们与传世本《坛经》进行合校、对勘、英译的，先后有：

一、《大正藏》第四十八卷(大正一切经刊行会,1928年),所用为斯坦因本(同时亦参校的其他传世本一概不注出,下同)。

二、铃木大拙与公田连太郎合著的《敦煌出土六祖坛经》(森江书店,1934年),所用为斯坦因本。

三、宇井伯寿《第二禅宗史研究》(岩波书店,1941年),所用为斯坦因本。

四、陈荣捷(Wing-tsit Chan)《坛经——禅宗的基本经典(The Platform Scripture, The basic Classics of Zen Buddhism)》(美国圣约翰大学出版社,1963年),所用为斯坦因本。

五、菲利普·B·阎波尔斯基(Philip B. Yampolsky)《敦煌写本六祖坛经译注(The Platform Sutra of the Sixth Patriarch, the text of Tun-Huang Manuscript, translated, with notes)》(美国哥伦比亚大学出版社,1967年),所用为斯坦因本。

六、柳田圣山《禅语录》(中央公论社,1974年),所用为斯坦因本。

七、柳田圣山《六祖坛经诸本集成》(中文出版社,1976年),所用为斯坦因本。

八、驹泽大学禅宗史研究会《慧能研究》(大修馆书店,1978年),所用为斯坦因本。

九、石井修道《惠昕本六祖坛经之研究——定本的试作及其与敦煌本的对照》(载《驹泽大学佛教学部论集》第11号,1980年;第12号,1981年),所用为斯坦因本。

十、金知见《校注敦煌六祖坛经》(载《六祖坛经的世界》,

韩国民族出版社,1989 年),所用为斯坦因本。

十一、田中良昭《敦煌本六祖坛经诸本之研究》(载《松冈文库研究年报》第 5 号,1991 年),首次对北图冈 48 号进行录校。

十二、凯瑟琳·杜莎莉(Catherine Toulsaly)《六祖坛经(Sixieme Patriarche Sutra de La Plate-foyme)》(法国友丰出版公司,1992 年),所用为斯坦因本,但除斯坦因本外,还附有北图冈 48 号及旅博本的照片。

十三、伊吹敦《敦煌本〈坛经〉的形成——惠能的思想与神会的发展》,载《论丛,アジアの文化と思想》第 4 号,1995 年 12 月。伊吹敦本人实际上并没有做录文、校勘的工作,所以本来不应该把他的文章罗列在这里。但伊吹敦是一个很认真、扎实的学者,他力图依据杨曾文本的录校成果,用自己的研究思路,尽量复原《坛经》最初的原貌及其演变过程。这是很有意义的,他的研究可以参考。当然,他的这一研究还没有得到日本学术界的首肯,下文提到的孟庆东的文章就提出批评。批评、讨论是好事,可以把研究推向深入。

十四、孟庆东《关于敦煌本〈坛经〉》,载日本《禅学研究》,1997 年 3 月。所用为斯坦因本、敦博本、北图冈 48 号、旅博本。

上面仅为我目前所掌握的资料,想必会有遗漏。

我国的情况如下:

一、郭朋《坛经对勘》(齐鲁书社,1981 年),所用为《普慧藏》本,即经铃木整理的斯坦因本。

二、郭朋《坛经校释》(中华书局,1984 年),所用本同上。

三、杨曾文《敦煌新本六祖坛经》(上海古籍出版社,1993

年)，所用为敦博本与斯坦因本。

四、潘重规《敦煌坛经新书》(台北佛陀教育基金会，1994年)，所用为斯坦因本、敦博本、北图冈 48 号、旅博本。但所用的敦博本为向达过录本。向达在这个过录本上有一些与斯坦因本校勘后的记录，但潘本不察，把它们当作敦博本的内容使用了。

五、邓文宽《大梵寺佛音——敦煌莫高窟〈坛经〉读本》，台湾如闻出版社，1997 年 2 月。所用为斯坦因本、敦博本、北图冈 48 号、旅博本。

六、周绍良《敦煌写本坛经原本》，文物出版社，1997 年 12 月。所用为斯坦因本、敦博本、北图冈 48 号、旅博本、北敦 8958 号等全部五种敦煌本《坛经》，是目前唯一全面使用敦煌资料来校定《坛经》的第一书。尤其是该书收集、发表了上述五种敦煌本的全部照片，且甚为清晰，为研究者提供了珍贵的第一手资料。

七、李申《六祖坛经》，佛光文化事业有限公司，1997 年 4 月。所用为宗宝本。李申没有采用敦煌本，所以本来也不应罗列在这里。不过这是老朋友最近刚出版的，列在这里是告诉您一个出版信息。但李申正计划利用上述五种敦煌遗书，并排除其他系统《坛经》的干扰，校定一个敦煌本《坛经》。大约不久可以完成。

上述情况，仅供参考。

谨颂

时祺！

方广锠

1998 年 1 月 1 日

第六章 惠能的唯心禅学新论

惠能禅学理论的核心是解脱论，解脱论的基础是佛性论。依持佛性而求得解脱，这本是佛教解脱论的基本理路，但惠能的不同凡响之处则在于，他融摄空有，不拘一说，把神圣的佛性拉向了人们当下的现实之心，从而以他独特的心性学说，开启了中国禅发展的新阶段，并为其直了见性、顿悟成佛的解脱论和修行观奠定了坚实的基础。惠能禅学新论的最大特色，就在于以非有非无的般若实相来会通佛性，将实相无相与心性本净结合起来，从而使其整个禅学理论都安置在人们当下之心这一空有相摄的产物之基础上。惠能的全部禅学理论都是围绕着人的解脱问题而展开的，它一般并不涉及宇宙生成或构成等问题，但从它对人的解脱的论述中也透露出了唯当下现实之心的本体论预设，这种唯心论并不能以通常意义上的主观唯心论或客观唯心论来简单概括。任何思想的诞生，归根到底是由这种思想所处时代的生产力的发展及生产关系等社会存在所决定的，但就思想意识的发展而言，又是思想文化的缔造者对既有文化进行大规模整合的结果。惠能创立以空融有、空有相摄为主要特征的禅学新论，也正是他站在佛教立场上整合各种文化要素，使之协调统一于满足人们精神解脱需要的结果。追寻惠能禅学新论的思想之源，我们可以发现，惠能对传统佛学是既有继承，又有发展的。

一、佛性思想的经典依据

佛教在两汉之际传入中国，经过几百年的传播发展，到唐代时已达到了创宗立派的鼎盛时期。佛教经典的大量译出，使中国人比较全面和系统地了解佛教精神之真谛成为可能。《楞伽经》、《金刚经》、《涅槃经》、《维摩经》和《大乘起信论》等关注现实之人如何从贪欲、烦恼和痛苦中摆脱出来而达到涅槃解脱的佛经受到了人们的广泛重视。惠能的禅学思想虽然有其独创性，但与传统佛性论仍有许多割不断的联系，佛教经典所表达的关于佛性的思想，仍成为惠能思想的重要理论来源。所不同的是，惠能能够不拘泥于经典文字，能够立足于人们的当下解脱而对佛教诸说加以融会贯通。

从佛教本义上看，佛性，是梵文 Buddhatā 的汉译，亦作法性、真如、如来藏等。本来是指佛陀的本性、体性①，后来也

① 隋慧远《大般涅槃经义记》卷八中说："佛性是佛自体性。"（《大正藏》第37册，第827页下）

发展为众生成佛的可能性、因性或成佛的内在根据。中国三论宗师吉藏说:“平等大道,为诸众生觉悟之性,名为佛性。”[①]将佛性作为众生觉悟的根本依持。同时,佛性作为宇宙万法最真实的本质,又具有法性、即“诸法体性”的意义。所以吉藏又说:佛性与法性“名字虽异,理实无二也”[②]。佛教是如何将一个抽象绝对的佛性作为“众生觉悟之性”的呢?吕澂先生曾指出:“‘佛性’起源于‘心性本净’的思想。‘心性本净’反转来说即是‘性净之心’。众生都具有这个‘性净之心’也就都有成佛的可能,所以叫做‘佛性’。”[③]可见,佛性论的产生与佛教的解脱理想相关,并与人们对人心的净染,亦即善恶、迷悟等状况的认识是联系在一起的。

印度早期佛教主要通过“四谛”、“五蕴”、“十二因缘”等理论来解说众生沉沦于生死轮回中的原因,认为人生无常和痛苦的根源在于人的无明与惑业对人的本净心性的浸染。基于“心性本净,客尘所染,净心解脱”的学说,佛教主张通过修行,使人的烦恼心转变为清净心,以消除人生的烦恼,解脱轮回的痛苦。人修道的过程也就是清净心性显扬的过程。“心”起到了业报轮回和修行解脱的主体的作用。因而说“心恼故众生恼,心净故众生净”[④]。但另一方面,印度佛教从自己的基本理论——缘起论出发又主张“无我说”。从小乘佛教偏重的“人无我”到大乘佛教的“人、法无我”,“无我”说始终是佛教“法印”

① 《大乘玄论》卷三,《大正藏》第45册,第41页下。

② 《大乘玄论》卷三,《大正藏》第45册,第42页上。

③ 《中国佛学源流略讲》第119页。

④ 《杂阿含经》卷十,《大正藏》第2册,第69页下。

的重要内容，也是佛教区别于种种外道的鲜明标志之一。因此，早期佛教所说的污染心和清净心，一般都还不具有精神实体的意义，心只是被“假说”为解脱论上的实体。如《阿毗达磨顺正理论》卷七十二在解释解脱为“心”的解脱时说：“以心所等随从心故，染净法中心为主故，虽无有我而可于心假说缚者脱者等故。”①被假说为业报与解脱主体的“心”还不是绝对永恒的精神实体“佛性”，佛教更多地是从清净或染污的角度去展开对它的讨论的。然而，佛教的解脱论和世界观却非常需要这样一个实体。“若无实我，谁能造业？谁受果耶？……我若实无，谁于生死轮回诸趣，谁复厌苦求趣涅槃？”②“无我”说与业报轮回的解脱论的内在矛盾，使人心向佛性的过渡成为必要，但人心与佛性的沟通，在印度佛教中却走过了一段十分曲折的道路。

早期大乘佛教般若学以诸法性空来解释一切法，主张“佛性佛性空”、“涅槃涅槃空”，③不从正面肯定任何精神实体的存在，而是通过破邪来显正，通过揭示万法的虚幻性来显示宇宙实相和佛法的不可思议，试图淡化“无我”与轮回解脱之间的矛盾。以“性空”来解说心性本净，那就是心性“毕竟空”，因为“毕竟空即是毕竟清净”④。但继之而起的主张一切众生皆有佛性、皆可成佛的佛性-如来藏思想，却直截了当地提出了常乐我净的佛性，并为了突出“如来即在众生身内”⑤而提出

---

① 《大正藏》第29册，第731页下。

② 《成唯识论》卷一，《大正藏》第31册，第2页中。

③ 《摩诃般若波罗蜜经》，《大正藏》第8册，第260页中，第250页中。

④ 《大智度论》卷六十三，《大正藏》第25册，第508页下。

⑤ 《佛说无上依经》卷上，《大正藏》第16册，第470页上。

了“如来藏”以作为佛性的别名，强调佛性是一切众生的成佛之因，从而转向了对解脱成佛主体的肯定。《大般涅槃经》就是一部系统探讨并发挥涅槃佛性论的重要佛典，佛身常在和一切众生皆有佛性、皆可成佛是它最具影响力的思想，后来也成为惠能佛性论思想的主要理论依据之一。

一般认为，《大般涅槃经》有前后两分，它们非一时所出，并分别流行，因而在思想上表现出一定的差异。经的前分在肯定一切众生皆可成佛的同时，又认为断了善根的人，即“一阐提”应当除外，这实际上是否定了这一类人具有佛性。经的后分在解释佛性时又有了新的说法，不但强调一切众生皆有佛性，而且把能了解空性的智慧也包括在佛性之中，甚至用“非有非无”的“中道”来解说佛性，试图沟通佛性与中道的联系。从思想上看，惠能的佛性思想受后半分的影响较大。

由于大乘佛教视佛为神，因而也把佛性描绘为常恒不变的存在。《大般涅槃经》对此作了充分的论述，强调“佛性常恒无有变易”，并认为佛性具有“常乐我净”四德，众生只要明见佛性，便得常乐我净，这就是得到了解脱，“佛性常乐我净，以诸众生不能见故，无常无乐无我无净，佛性实非无常无乐无我无净。……以得见故，众生即得常乐我净”。《涅槃经》认为，只有这样来理解佛性，才符合中道。如果只见无常、无我和苦、空，就得不到涅槃解脱：“佛性者，名第一义空，第一义空名为智慧。……智者见空及与不空、常与无常、苦之与乐、我与无我。空者一切生死，不空者谓大涅槃，乃至无我者即是生死，我者谓大涅槃。见一切空，不见不空，不名中道。乃至见一切无我，不见我者，不名中道。中道者，名为佛性。”[①]这种以中道来阐释佛性的思想，曾给予惠能以很大的启发。惠能会通般若实相的佛性思想可视为是对涅槃经义的创造性发挥。

大乘佛教还进一步认为，常乐我净的佛性，不仅是佛之体性，是众生成佛的内在可能性，而且实际上也是宇宙万法的本质，因此“佛性、法性、真如、实际等，并是佛性之异名”[②]。当“常乐我净”的佛性与法性、真如合而为一时，大乘佛教也就在理论上逐渐完成了一个永恒不灭的绝对精神实体的虚构。接下来的问题便是：既然“一切众生悉有佛性”，皆得成佛，而佛性又是永恒的精神实体，那么，佛性与人心的关系又如何呢？“心”的解脱与佛教明见佛性又是什么关系呢？佛性—如来藏系的思想以“如来藏自性清净心”对此作了回答。

所谓“如来藏自性清净心”，是说如来与众生体性不二，人人具有佛性，佛性在人表现为清净心。如来藏的“藏”，有“胎藏”的意思，如来藏，意即“如来在胎藏中”，它作为“佛性”的异名，更形象地说明了一切众生藏有本来清净的如来法身（佛性）、因而皆得成佛的道理。“如来藏”虽然在众生之中，与烦恼杂，但它的体性是清净的，“如来藏常住不变，……自性清净藏。”[③]清净的如来藏作为一切众生解脱的主体，成佛的根据，它与众生清净的本心就成为异名而同实的了。因而《胜鬘经》

---

① 引文均见《大正藏》第 12 册，第 523 页。

② 吉藏《大乘玄论》卷三，《大正藏》第 45 册，第 41 页下。

③ 《胜鬘师子吼一乘大方便方广经·自性清净章第十三》，《大正藏》第 12 册，第 222 页中。

中说:"此自性清净如来藏,而客尘烦恼、上烦恼所染,不思议如来境界。……自性清净心而有染污,难可了知。有二法难可了知,谓自性清净心难可了知,彼心为烦恼所染,亦难可了知。"[①]这里显然是将自性清净如来藏与自性清净心相提并论的。事实上,在如来藏系的经论中,佛性与人的清净本心经常是在同等意义上使用的。这样,明心也就是见性,早期佛教"假说"为业报与解脱主体的清净心经过与佛性、如来藏相合也同样具有了精神实体的意义,心被抬高到了宇宙人生之本体的高度。

如果说上述"一切众生悉有佛性"、皆得成佛的思想对解脱成佛主体的肯定比较偏重于本净的心性,对"客尘所染"则缺乏充分的说明,且具有较浓厚的印度神我论的色彩,那么,随之而起的大乘瑜伽行派的理论则弥补了这方面的不足。瑜伽行派以真如性来解说佛性和如来藏:"不离心真如,别有心性净"[②],而真如是无为法,依胜义说,是超于净于不净之上的。因此,瑜伽行派别立"三性",提出了以"阿赖耶识"为一切染净法之所依止的"转依"说,通过修行,"于彼依他起上常远离前遍计所执"[③],从而转染成净,显"圆成实性"(真如、如来藏)。如果阿赖耶识所含藏的种子中没有无漏种子,便无法发生无漏功德,亦即不能证入圣果。据此,瑜伽行派又立"五种性",认为有一类众生是无佛性的。这与人人具有如来藏、佛性

① 《胜鬘师子吼一乘大方便方广经·自性清净章第十三》,《大正藏》第12册,第222页中~下。

② 《大乘庄严经论》卷六,《大正藏》第31册,第623页上。

③ 《成唯识论》卷八,《大正藏》第31册,第46页中。

的思想显然又有不一致之处。

对中国禅宗有着深刻影响的《楞伽经》[①]是对上述如来藏说与阿赖耶识说又作了某种程度调和的一部佛经。《楞伽经》篇幅不大，内容却十分丰富，虽然并不像它自称的那样是众经之纲，但佛教的许多重要内容，它确实都包含了。例如它既专门讲到了禅法，又大谈如来藏清净心，同时却又着眼于破除妄想执著以显示真如实相。这么丰富的内容，对于中土禅学的发展显然是非常合适的。因此，达摩来华传禅，就以四卷本《楞伽经》相传授，既迎合中国佛教重心性的学风，满足时人的精神需求，从而在中土得以站稳脚跟，同时又保持了自己禅法破言相而重心悟的基本特色以独树一帜。

《楞伽经》中体悟如来藏性以证得如来法身的思想成为惠能禅的重要思想来源。但值得注意的是，在四卷本《楞伽经》中，如来藏与阿赖耶识有合二为一的倾向，同时，也出现了以"性空"来解如来藏的倾向。经中认为，"如来藏自性清净"，但自性清净的如来藏为"无始虚伪恶习所熏"，为"客尘所染"，便成了生起一切法的"阿赖耶识"，从而成为一切"善不善"之因。阿赖耶识在经中也称识藏或藏识。如来藏即是佛性，识藏也就是众生心。因此，依此心此性而修禅，既可以"舍伪"，也可以"归真"。惠能的先驱者——依《楞伽经》而修行的楞伽师们，有的就从"真心"立论而强调"凡圣同一真性"[②]，有的则从"妄

---

① 《楞伽经》在中土共有三个译本：其一是南朝宋求那跋陀罗于公元443年译的四卷本《楞伽阿跋多罗宝经》，也称"宋译"；其二是北魏菩提流支于公元513年译的十卷本《入楞伽经》，也称"魏译"；其三则是唐实叉难陀于公元704年译的七卷本《大乘入楞伽经》，也称"唐译"。

② 《楞伽师资记》。

心"立论而强调"诸佛说心,令知心相是虚妄法"[1]。这种以真心妄心来分解人心的做法,受到了惠能的批评,同时也为惠能的佛性论超越真心妄心之辨而直指当下的人心提供了理论思路。同时,四卷本《楞伽经》中又有这样的话:"一切无涅槃,无有涅槃佛,无有佛涅槃,远离觉不觉。若有若无有,是二悉俱离,牟尼寂静观。"这种对言相的破除和以"性空"解涅槃的倾向,使如来藏之理与性空之理也就有了沟通的可能。事实上,以般若性空与《楞伽》心性相会通,既是达摩系禅法的基本特色之一,也是惠能禅学得以把神圣的佛性拉向众生心的基点。惠能以般若性空会通涅槃妙有,使禅修的意义就在于明了诸法性空,在破除世俗万法真实性的同时,使解脱的主体——自心自性完全与佛性、如来藏合而为一,而这种合一是合于人们念念无住的当下之心,而不是什么可以修、可以观的对象化的心性佛性。

从《楞伽经》的心性论到惠能的禅学思想,达摩以后特别是东山法门的思想作为中间过渡环节是值得重视的。由于四卷本《楞伽经》要求修行者专向心性上用功,开启了内在超越的方便法门,同时,经中又有"诸佛心第一"的说法,并以"一切佛语心"为品名,在中土盛行佛性论的文化氛围中,禅宗人都将这里原为"核心"、"中心"之义的"心"解释为人心、真性以作为修禅的根本依持。将佛性和人心视而为一,这是从达摩至僧璨依据四卷本《楞伽经》而共有的思想,但他们所言的心主要的还是如来藏自性清净心。后来的道信则根据《文殊说般若经》的思想对《楞伽》之心作了改造,突出了当下即是的念佛之

① 《续高僧传·慧可传》。

心。这种“自心即佛”的思想即成为惠能禅学新论的核心观念之一。《坛经》中讲到，弘忍为惠能说《金刚经》，至“应无所住而生其心时”，惠能言下大悟“一切万法不离自性”的道理。“自性”在《坛经》中是一个十分重要的概念，它在《坛经》中有时有不同的称谓：佛性、自心、本心、本性、人性、觉性、真如，但都是人人本有，只要“自识本心，自见本性”，便“自成佛道”①。所以惠能特别强调“本性是佛，离性无别佛”②，要人“见取自性，直成佛道”。③ 充分表达了惠能禅“即心即佛”的特点。而惠能对“自性”一词的使用，以及对“自性”内涵的理解，都与四卷本《楞伽经》有着密切的关系。④ 正是在继承发挥前人思想的基础上，惠能禅宗才将觉悟众生本有之佛性和彻见众生心性之本源结合在一起，并以“佛心宗”或“心宗”相称。

在谈到《楞伽经》与惠能禅学思想之关系的时候，还必须提及《大乘起信论》。“《起信论》这部书，从其思想来看，很明显地和《楞伽经》有一定的渊源关系。因为从隋、唐时代的慧远、太贤、元晓、法藏等开始，直至明末的德清、智旭，这些注解《起信论》的大师，几乎无一不承认它是依据魏译《楞伽》而作。近代日本学者在讨论《起信论》的真伪问题时，也大都认为《起信论》与《楞伽经》有关系。而吕澂在他的《起信与禅》一文中，更明确指出，《起信论》这部书，‘只是依据魏译《楞伽》而写作’，认为它的来历很容易搞清楚。现在，恐怕已经很少有人再怀疑

① 敦煌本《坛经》第 16 节，第 19 节。

② 宗宝本《坛经·般若品》。

③ 宗宝本《坛经·疑问品》。

④ 请参阅台湾大学哲学系杨惠南教授《坛经中之“自性”的意含》，载《佛光山国际禅学会议实录》第 110～123 页。

《起信论》与魏译《楞伽经》的渊源关系了。”[1]虽然《起信论》是中国人还是印度人的撰述，这个问题可以再研究，但《起信论》与《楞伽经》的心性论有密切的关系，这却是可以肯定的。《大乘起信论》曾对佛性、如来藏作了如下概说：

> 从本已来，性自满足一切功德。所谓自体有大智慧光明义故，遍照法界义故，真实识知义故，自性清净心义故，常乐我净义故，清凉不变自在义故，具足如是过于恒沙不离不断不异不思议佛法，乃至满足无有所少义故，名为如来藏，亦名如来法身。[2]

这里的如来藏，论中亦称“真如”或“一心”，并由“一心”而开出“二种门”：“一者心真如门，二者心生灭门”[3]，由此而展开了对无明与生灭、觉与不觉等的论述，认为众生只要深信真如佛性和佛法僧三宝，依次修习大乘法门，即可获得解脱。《大乘起信论》的这种心性论思想经过进一步改造、发展而成为中国化佛学的主流，并与中观般若思想相融合而产生了强调“识心见性”的中国禅宗之学。[4] 惠能的禅学理论虽然与《大乘起信论》的思想有很大的不同，但其思维框架却明显受到了《大乘起信论》的影响，对此，我们将在本章第三节中再作论述。这里所

---

① 高振农《大乘起信论校释》，中华书局 1992 年版，《序言》第 23～24 页。

② 《大乘起信论校释》第 101 页。

③ 《大乘起信论校释》第 16 页。

④ 有的学者认为惠能所提倡的“直指人心”、“见性成佛”，可能就是受到了《大乘起信论》的影响（高振农《大乘起信论校释》，《序言》第 14 页）。

要强调的是，佛性-如来藏系的心性论思想在印度佛教中并不占重要地位，大乘空宗和大乘有宗甚至都将其视为“不了义”或佛的“方便说”，但这种心性学说传到中土之后，由于和中国传统思想有许多相契合之处，却得到了长足的发展，特别是经过《大乘起信论》的系统整理而对中国佛学和禅宗产生了深刻影响，这是特别值得重视的。[①] 同时，这也表明，惠能的禅学思想尽管形成于中国社会和文化之中，是佛教中国化的产物，但其理论渊源仍可追溯至印度的佛教。

如果说，《涅槃经》、《楞伽经》等在理论上讨论了“一切众生皆有佛性”，众生依持自性皆得成佛，那么，《维摩经》则通过塑造一个在家居士维摩诘，以出世不离入世的生活态度而将这种佛性理论形象化。维摩诘是毗耶离城富有的大乘居士，他具有极高尚而超越的精神境界，从表面上看，他不拘小节，混同世俗，而实际上却是在教化众生。佛国就在人间，理想就在现实之中。“随其心净，则佛土净。”[②]《维摩经》所阐扬的生死与涅槃不二、烦恼与解脱不二和众生与佛不二的思想，开了后代惠能禅出世不离入世思想的先声。

还值得一提的是《金刚经》对惠能佛性思想的重要影响。达摩禅系早期以四卷本《楞伽经》为印证并递相传授，后来逐渐引入了《文殊说般若经》乃至《金刚经》。惠能正是深受《金刚经》的影响而形成自己佛性思想特色的。据《坛经》记载，惠能

---

① 《大乘起信论》被中日一些学者认为是中国人的撰述而不是印度人的作品，其原因是多方面的，而它的思想与中国佛学乃至中国哲学的关系特别密切，因而被认为非常具有中国特色，当也是原因之一。

② 《维摩诘所说经》卷上《佛国品第一》，《大正藏》第 14 册，第 538 页下。

是闻《金刚经》而发心求法的。弘忍在传衣法给惠能时,也是“说《金刚经》,惠能一闻,言下便悟”[①]。后来惠能开法,也是教人“但持《金刚般若波罗蜜经》一卷”。可见,惠能的一生始终与《金刚经》有着不解之缘。

任继愈先生在谈到《金刚经》被禅宗所采用的原因时曾指出:“禅宗自慧可到道信,学的都是《楞伽经》,弘忍在黄梅东山寺传教,开始改用《金刚般若经》,这一转变是值得注意的。因为达磨最初在北方开始传教,北方是‘地论学派’盛行的地方,用《楞伽经》比较适宜;弘忍传教的地区在湖北黄梅,湖北从南北朝以来就是‘三论宗’流行的地区。‘三论宗’属于大乘空宗,《金刚经》是它的主要依据的经典。《金刚经》开始被禅宗所采用,这都是受当时的客观环境决定的。”[②]任先生这里指出了禅宗从奉持《楞伽经》转为推崇《金刚经》是随顺地域文化特色的必然结果,这是非常重要的,对理解惠能禅学思想特点的形成也是很有帮助的。但我们同时也应看到,惠能奉行《金刚经》在其禅法上还有着特殊的意义,它能够更好地体现“不立文字,直指人心”的要求。

《金刚经》的全称《金刚般若波罗蜜经》,虽然只有一卷,但内涵丰富,流传广泛,影响深远。它主旨在于破除人们的虚妄执著,强调世界万法皆虚幻不实,故对现实世界不应有任何执著或留恋:“凡所有相,皆是虚妄”,“是实相者,则是非相”,故“离一切诸相,即名诸佛”。[③] 惠能对此经十分推崇,认为“若欲

① 敦煌本《坛经》第 9 节。
② 《汉唐佛教思想论集》,人民出版社 1981 年版,第 132～133 页。
③ 《大正藏》第 8 册,第 749 页上,第 750 页中。

入甚深法界、入般若三昧者，直修般若波罗蜜行，但持《金刚般若波罗蜜经》一卷，即得见性”[①]。《坛经》中强调的一个重要概念“无相”以及惠能授“无相戒”等，都是来自《金刚经》中的“无我相、人相、众生相、寿者相”等说法。汤用彤先生曾指出：“禅宗在弘忍之后，转崇《金刚般若》，亦因其受南方风气之影响也。再者达磨原以《楞伽经》能显示无相之虚宗，故以授学者。其后此宗禅师亦皆依此典说法。然世人能得意者少，滞文者多。是以此宗后裔每失无相之本义，而复于心上着相（如满禅师所指斥）。至四世之后，此经遂亦变成名相（此可禅师之悬记）。于是哲人之慧一变而为经师之学，因而去达磨之宗愈远。《金刚般若》者言简意深，意深者谓其赅括虚宗之妙旨，言简者则解释自由而可不拘于文字。……故大鉴禅师舍《楞伽》而取《金刚》，亦是学问演进之自然趋势。由此言之，则六祖谓为革命，亦可称为中兴。革命者只在其指斥北宗经师名相之学。而中兴者上追达摩，力求‘领宗得意’，而发扬‘南天竺一乘宗’本来之精神也。”[②]汤用彤先生在这里说到了惠能突出《金刚经》在于可破言相而不拘于文字，这是非常精辟的论述。惠能正是通过破除对经教文字的执著而更好地实现了以般若对佛性的会通，从而确立起他富有特色的突出人们当下之心的禅学新论。

① 敦煌本《坛经》第 28 节。传为惠能所作的《金刚般若波罗蜜经序》中说：“夫金刚经者，无相为宗，无住为体，妙有为用。自从达摩西来，为传此经之意，令人悟理见性。只为世人不见自性，是以立见性之法。”（《全唐文》卷九一四）

② 《汉魏两晋南北朝佛教史》下册，第 569～570 页。

二、般若与佛性的会通

如果说,“要了解《坛经》或禅宗的思想,必须了解贯穿整部《坛经》的两个概念:佛性与般若”①,那么,要了解惠能禅学新论的特色,就更有必要了解般若与佛性的会通。

提到“般若”,我们不能不把目光再次回视到古代印度。印度的大乘佛教是伴随着大乘佛典的出现而产生的。大乘佛典卷帙浩繁,种类繁多,而最早出现的就是宣说万法性空道理的般若类经典。般若,是梵文 Prajñā 的音译,意译为“智慧”,但它是佛教特指的能观照万物性空、使人达到解脱的一种智慧,故僧肇等佛学大师曾将它意译为“圣智”或“真智”②,以与世俗一般的智慧区别开来。东晋道安认为:“般若波罗蜜者,成无上正真道之根也。”③僧叡更是对般若思想推崇备至:“般若波罗蜜经者,穷理尽性之格言,菩萨成佛之弘轨也。……正觉之所以成,群异之所以一,何莫由斯道也。”④因此,般若思想自汉代传入,在魏晋以后曾在中土十分流行。

但就在般若空观颇具新意地显现在中国人面前时,它与佛教解脱成佛的最高目标之间也出现了一个令中国人难以理解的问题:佛教是帮助人出世求解脱的,如果一切皆空,如梦

① 杨惠南《佛学的革命——六祖坛经》,河北人民出版社 1990 年版,第 185 页。

② 请参阅《肇论·般若无知论》。

③ 《合放光光赞随略解序》,《出三藏记集》卷七。

④ 《小品经序》,《出三藏记集》卷八。

如幻，那么，谁是解脱的主体？如何实现解脱？当时许多人提出并思考着这些问题，连中土"解空第一"的僧肇也期盼着"所见不实，则实存于所见之外"①。般若学者僧叡更是对《涅槃经》中的"一切众生皆有佛性"大感兴趣，认为般若类经典"于实体不足"的缺憾在此得到了弥补，因而他努力把般若学与佛性论结合起来理解，并以此来指导禅智双运，把修行实践具体落实到了"修心"、"厝心"之上，从而开了般若之空向涅槃之有转化的风气。

因此，般若学本身虽然并没有讨论佛性问题，但它通过对现实世界和世俗认识的否定来显示佛教的真谛和真实之境的思维方法，却为涅槃佛性论在中土的发展开辟了道路。同时，中国佛性论在其展开中也非常需要般若思想来会通以破除人们过分执著实体的倾向。由于中国传统思想中自古以来就盛行着灵魂不死、因果报应等宗教观念，因此，佛教传入后，首先引起人们注意的就是佛教的业报轮回说。中国人从"灵魂不死"、"神不灭"出发去理解佛教教义，将佛教"无我说"中的"无我"解释为"非身"，即否定血肉之我的永恒，但不否定精神之我的永在，从而为肯定解脱的主体留下了广阔的余地。正是在"人死精神不灭，随复受形，生时所行善恶，皆有报应"②流行的文化氛围中，涅槃佛性论思想来到了中国，并立即受到了普遍的重视和热烈的欢迎。《涅槃经》的译出，佛性论思想的盛行，在一定程度上纠正了般若性空论所张扬的"一切皆空"的偏激，使佛教的解脱论有了坚实的基础。但佛性毕竟不是灵

① 《维摩经·弟子品》注。

② 袁宏《后汉纪》卷十。

魂、神我，涅槃也不是中土传统的“寿命长远”[①]。当人们过分专注对解脱主体的执著时，以般若来“除其虚妄”就是很有必要的了。有着“涅槃圣”美称的竺道生，正是妙悟般若实相，慧解涅槃佛性，在会通实相与佛性的基础上直契众生的自心真性，开“顿悟”法门，从而更为惠能“心宗”的确立开拓了道路。

有种观点有必要在这里讨论一下。学术界曾经流行着一种看法，即认为般若性空说和涅槃佛性论属于两种根本不同的思想体系，不能混为一谈；佛教传入中国后，般若性空学说在魏晋时虽盛行一时，但随着南北朝涅槃佛性论的兴起便日趋消沉，隋唐佛教各宗派，除三论宗之外，均以佛性论为主，受般若空论的影响并不大，即使谈到“空”，也是以有解空，以空显有；惠能禅宗更是典型的佛性论者，是“有”宗而不是“空”宗。对此，我们有不同的看法。

我们认为，空、有两种思想是有很大差别的，但这种差别主要是学理上的和方法上的，并不导致佛教解脱精神上的根本对立。而中国佛教与印度佛教相比，重要的特色之一就在于它更强调大小、空有、性相的圆融，“性相二宗，犹波与水，不可分隔”[②]等曾为许多中国僧人所强调。而作为禅者的惠能，他不立文字，不拘一说，其禅学理论的最重要特色也就在于它的以空融有、空有相摄。

从印度佛教的发展历史来看，空宗和有宗是大乘佛教的

---

① 《高僧传》卷六《慧远传》。

② 明代高僧智旭语，见《灵峰宗论》卷六之三《序·重刻〈大佛顶经玄义〉自序》。

两大基本派别。空宗即龙树、提婆所创立的中观学派，以龙树的《中论》、《十二门论》、《大智度论》和提婆的《百论》等为其主要的理论著作，进一步发挥了般若类经典的缘起性空说。他们以“八不”来破斥一切邪见，用《般若经》的真俗二谛说进一步把性空与假有统一起来，并把真俗二谛说发展为非有非无的中道观，即认为：“佛法不著有，不著无，有无亦不著，非有非无亦不著，不著亦不著。”[①]要求人们“离有离无处中道”[②]。这种中道般若的思想经罗什系统地介绍到我国，并经他的弟子发扬光大以后，对中国佛教的发展产生了极为重要的影响，它的不落两边的遮诠方法尤其成为惠能佛性论的立论之本。有宗，在印度佛教中主要是指瑜伽行派，亦即无著、世亲的法相唯识学。但在我国，说“有宗”一般都还包括了涅槃佛性论这一系的思想。瑜伽行派以《解深密经》和《瑜伽师地论》等为主要经典，基本观点是“万法唯识”，认为万法皆由“识”所变现，离识无外境，“内识生时，似外境现”[③]。因此，识是有，外境是无，“由假说我法，有种种相转。彼依识所变，此能变唯三。……是诸识转变，分别所分别，由此彼皆无，故一切唯识”[④]。根据三类八识的理论，瑜伽行派用“阿赖耶识”的“转依”来说明修行与解脱。此派理论由玄奘传入，并经其弟子窥基敷扬而在中国形成了法相唯识宗。但由于该宗理论繁琐，又坚持“五种性”说而与中土盛行的众生皆有佛性说不合，因而流传的时间并不长。在

① 《大智度论》卷三十八，《大正藏》第 25 册，第 338 页中。
② 《大智度论》卷八十四，《大正藏》第 25 册，第 648 页下。
③ 《唯识二十论》，《大正藏》第 31 册，第 74 页中。
④ 《唯识三十论颂》，《大正藏》第 31 册，第 60 页上～61 页上。

中国得到极大发展并发生重要影响的是在印度并不占重要地位的佛性论思想。这种思想经竺道生等人发挥，与般若思想一起成为中国佛学的两大理论主干。

即使在印度佛教中，空有两系的思想也不是截然对立，而是可以沟通的。例如，早期般若学以诸法性空来发挥“心性本净，客尘所染”的理论，根本目的也在于说明转染成净、解脱成佛的可能性与必要性。由于它把“本净”解为“本寂”、“本空”，不免失之空洞，因此，继之而起的佛性—如来藏系的思想便在般若学否定万法真实性的基础上，转向了对解脱成佛主体的肯定。但这种肯定比较偏重本净的心性，对“客尘所染”则缺乏足够的说明，且具有较浓厚的印度神我论的色彩，因而又很快被唯识学所取代。随之而出现的大乘瑜伽行派以种子来解说种性，以阿赖耶识来说明流转与还灭，在一定程度上弥补了佛性-如来藏系思想的不足。可见，有宗的出现并不是对空宗的简单否定或排斥，而是在空宗基础上的进一步发展。而佛性-如来藏的思想则从一定意义上可说是从空宗到有宗的过渡环节。再从理论上看，空有两宗亦不无相通之处。般若扫相，主性空假有、空有相即，在非有非无的遮诠之中显中道实相，虽然并未明确肯定“有”，却包含着通向涅槃之有的契机，这也就是僧肇所说的“所见不实，则实存于所见之外”。因此，《大智度论》中说“一切诸观中，空观为第一；一切诸法中，涅槃为第一”[①]；《涅槃经》中说“从般若波罗蜜出大涅槃”[②]。中道般若学与涅槃佛性论互相呼应。事实上，空有两宗就某种意义而

① 《大正藏》第 25 册，第 260 页上。

② 《大正藏》第 12 册，第 449 页上。

言，理论上也确实是互为发明，相互补充的：说万法性空是为了显诸法实相，为涅槃解脱作论证[①]，而为了建立真心佛性论，也必须先论证万法之空。这是一个问题的两个方面，是以肯定和否定两种不同的方法在说明同一个问题——解脱的理想和解脱的根据。也许正因为此，所以在印度大乘佛教后期，就出现了调和空有的趋势，著名佛学大师寂护混合中观、瑜伽学说而创立的“瑜伽中观派”就是一个例证。

在中国佛教中，调和空有的倾向就更加明显，并成为中国佛教的基本特色之一。早在东晋慧远的思想中就已“含有分属于有、空两个体系的思想”[②]。著名般若学者僧叡也曾把般若性空与涅槃妙有视为佛教不可缺少的组成部分。而竺道生则更进一步从理论上对空有两宗的思想加以会通，在离言扫相的基础上又直指含生之真性，把非有非无的宇宙实相与众生的佛性、自性联系在一起，他的涅槃佛性论与顿悟成佛说都是融合空有的产物。竺道生以后，中国佛教的理论重心逐渐由般若之真空转向涅槃之妙有，但般若思想的影响并未因此而绝迹，只是由于僧肇谈“空”，已将中观般若的思想推向了登峰造极之境，因而后来不再如东晋之“专重般若”而已。[③] 隋唐时相继建立的中国化佛教各宗派，大都融摄了众家之说，并对空、有两种思想在一定程度上作出了折衷与调和。除三论宗直接

① 虽然大乘空宗说了涅槃空、佛性空、第一义空之类的话，但那都是为了破除言相和人们的妄心执著，因为在中观学中，佛法真谛是不可思、不可议的，是离言绝虑的，“正”只显示在“破”中，而不能从正面作任何解说，或者说，破虚假不实的本身就是对实相的显示。

② 郭朋《汉魏两晋南北朝佛教》，齐鲁书社 1986 年版，第 417 页。

③ 请参阅汤用彤《汉魏两晋南北朝佛教史》上册，第 240 页。

继承中观般若学之外，天台宗的性具实相说吸收融会了罗什所传的般若思想，华严宗的无尽缘起说以空理通于一切作为“十玄”观法的根据①，惠能禅宗作为最典型的中国化的佛教宗派，其融摄空有的特点就更加明显。这都表明般若学和佛性论实际上作为中国佛学的两大理论主干，已同时渗透到了中国化佛教各个宗派的理论学说中去，只是各家的偏重有所不同。调和融合成为中国佛教的最基本特点之一②，并在各宗派的“判教”中得到了充分的体现。这除了社会历史原因之外，与中国文化的包容性等特点也不无关系。这或许也能从一个侧面来说明为什么在印度佛教空有两宗的争论中会有中国僧人玄奘出来“和会二宗，言不相违背”，并著《会宗论》三千颂以明之③，玄奘本人尽管偏重大乘有宗，但他从印度回国后，依然花极大的精力翻译了卷帙浩繁达六百卷之多的《大般若经》。

中国佛教的调和圆融特色在禅宗中表现得最为充分。注重体悟心证而不拘言相，这本来就是禅者与义学沙门的重要区别之一。菩提达摩东来，顺应着竺道生以来融会空有的中国佛教发展趋势，将实相无相与心性本净结合起来，作为“安心”禅法的所藉之教，奠定了中国禅宗心性论的基本理路。从达摩到惠能，传《楞伽经》还是《金刚经》，其本身都只具有象征性的意义，至多只是从一个侧面反映了禅宗的发展而已，并不表

---

① 请参阅吕澂《中国佛学源流略讲》的附录《天台宗》与《华严宗》。

② 方立天先生曾把“调和性”、“融摄性”和“简易性”概括为中国佛教的三大特点，请参阅其著《中国佛教与传统文化》，上海人民出版社 1988 年版，第十四章，第二节。

③ 《大慈恩寺三藏法师传》卷四，《大正藏》第 50 册，第 244 页下。

明他们的禅学思想仅限于“空宗”或“有宗”。事实上，从达摩到南能北秀的禅法中，都同时包含着般若与楞伽的不同思想倾向，只是侧重点各有不同而已。他们会通的经论也是相当广泛的。例如道信在“依《楞伽经》”的同时就又引入了《文殊说般若经》，他的《入道安心要方便法门》中则不仅引用了《维摩经》、《华严经》等，而且还开了禅门引用《金刚经》的先河。而作为一代新禅风开创者的惠能，更是注重“领宗得意”而反对执著言相。“一生已来，不识文字”，没有受过系统佛学训练的樵夫出身，对他不拘一家一说，融摄空有，为我所用，当也有很大的影响。

据史料记载，惠能在向弘忍所呈的“佛性常清净”的心偈和在法性寺所发的“仁者心动”的妙语，都是以慧解为本，妙悟般若实相义，会通涅槃佛性说，在离言扫相的基础上直指众生当下之心性。这种通过般若禅观而证悟诸法实相之理，从人心的无念本觉中来寻求觉悟成佛的解脱之道，构成了惠能禅学理论的重要特色，也是惠能禅最能打动人心之处。

从中国禅学思想发展史上看，以般若会通佛性并非惠能首创，从东土五祖到神秀北宗，其禅学理论都表现出了般若与佛性说的融摄，但惠能之所以能以般若融摄佛性，将立足点完全移于无相、无念、无住的般若无所得，且落实在当下无念的禅行之中，这与惠能受江南般若三论系的法融牛头禅的影响当有很大的关系。对此，我们在这里略作探讨。

按照禅门通常的说法，法融(594～657)为四祖道信门下旁出，受道信印可而在金陵别开牛头禅一支，身当初祖，传法六代。[1] 从禅门传承次第上看，法融当为惠能的师叔。尽管道信印可法融及牛头六代传法之事有可能是后世禅家的编造或牛头禅系的有意依附，但这也从一个侧面反映了道信禅法与般若三论思想的接近，以及法融牛头禅与日趋勃兴的惠能南宗禅的密切关系。由于牛头山离东山不远，据说禅宗六祖惠能曾到过这里，还留下了个“舍身崖”遗迹。相传，惠能在黄梅得到五祖传承的衣钵后，为避他人加害，就迅速离开了东山寺。在回归南方的路上，一路有人追赶，逃至牛头山，在东峰南坡舍身崖处坠落，幸未身死。后来回到南方，开创南宗一派。去世后，其弟子为防人盗惠能之首，曾以铁板护其首，故惠能又有铁板道人之称。在舍身崖上还曾建有一座铁板道人塔，以纪念六祖。[2] 这些传说显然也是为了说明牛头禅与惠能南宗之间的因缘。

据《续高僧传·法融传》等有关记载，可知法融是一个弘法与躬行并重的大师，他由般若三论之义解而趋于禅心之证悟，强调“以本无事为悟，忘情为修”[3]，在金陵南郊牛头山

---

① 对此，历史上传说很多。现存最早的记载见之于李华作于唐天宝十一年(752)的《润州鹤林寺故径山大师碑铭》(载《全唐文》卷三二〇)。刘禹锡约作于唐大和三年(829)的《牛头山第一祖融大师新塔记》(载《全唐文》卷六〇六)对此也作了明确的记载。宗密在《圆觉经大疏钞》(载《卍续藏经》第14册)卷三之下中的说法则流传得最广。从现有史料看，各种传说都是在法融去世百年后才出现。由于现存最早的关于法融的资料《续高僧传》对法融的事迹记载得比较详细，但并没有提到法融与道信的关系，也没有提到法融创牛头宗及其传法的事，而《续高僧传》的作者道宣与道信和法融是同时代人，因而法融得到道信的印可，并别开牛头禅一宗、传承六代的说法，近代以来人们颇多怀疑。

② 请参见《金陵野史》，江苏人民出版社1985年版。

③ 宗密《中华传心地禅门师资承袭图》。

创立了名响天下的牛头禅。《宋高僧传》中曾把法融称为“东夏之达摩”①。关于法融的思想资料，现存的主要有《心铭》一篇，另外《宗镜录》中也有少量的记载。唐代宗密曾说：“牛头融大师有《绝观论》。”②现有好几个敦煌本《绝观论》，《宗镜录》中也节引了部分《绝观论》的内容，这也是可以作为参考的。③ 从这些资料中我们既可以了解法融牛头禅的主要特色，也可以找到惠能禅法的一个重要源头。

从总体上看，法融禅学思想的重心是“心境本寂，绝观忘守”，并在此基础上强调无心可安、以不安为安的禅修方便。这显然是依据般若三论的无所得思想而来的。法融在《心铭》中开门见山就提出：“心性不生，何须知见？本无一法，谁论熏炼？”④表明了他的禅法立足于“心性本寂”的般若三论思想而展开的特色。在法融看来，世间法与出世间法，一切都是如梦如幻，本性空寂的。“境随心灭，心随境无”，无心无境，心寂境如，便是世界的本来面目。这些思想与惠能的“人心不思，本源空寂”⑤显然是一致的。由于无心可守，无境可观，因而在禅修实践上就应该“绝观忘守”，即“一切莫作”，“一切莫执”，“无心用功”，无修无证。法融在《绝观论》中曾提出“心为体……心为宗……心为本”的思想⑥，这里的“心”是指空寂之心。基于这

① 见《宋高僧传》卷八《昙璀传》。

② 《圆觉经大疏钞》卷十一之上，《卍续藏经》第14册，第453页。

③ 日本学者关口真大曾对《宗镜录》所引的融大师说与敦煌本《绝观论》部分内容的相合作了考证，见其著《达摩大师の研究》，彰国社1957年版。

④ 《景德传灯录》卷三十，载《大正藏》第51册，第457页中。

⑤ 敦煌本《坛经》第42节。

⑥ 《宗镜录》卷九十七引，载《大正藏》第48册，第941页上。

种空寂之心来修禅，法融便赋予了传统禅法所强调的“安心”、“修心”以新的含义，主张以不修为修，以不安为安。我们从后世南宗门下编造而流传的从达摩到道信历代祖师之间皆有“觅心了不可得，无心可安”之类的问答，以及惠能的“无念为宗，无相为体，无住为本”①这种将体、宗、本三者并举而又统一于人们当下之心的思想中，皆可以清楚地看到法融牛头禅对惠能及其南宗影响的存在。惠能的“本来无一物”与法融的“本无一法”，不但思想旨趣相通，连文字表达也是非常的相近。

法融还从般若思想出发，对觉智、迷悟和定慧等都作了独到的解释。他从心性本寂而趋向了心性本觉、自性觉悟，并用这种思想来解释定慧、境智等问题，将定慧、境智归之于一心的卷舒、寂照，使迷与悟、定与慧的区分仅仅成为一种相对的方便说法。惠能佛性论中所张扬的自性觉悟、定慧等学、识心见性、自心作佛等思想都已在法融这里张了本。法融还曾谈到顿悟问题。他认为，通过无修之修可以“诸缘顿息”而至涅槃解脱之境，这对惠能顿悟自心、自成佛道的影响也是值得重视的。②

法融以后，牛头禅进一步发展了“顿了心原，明见佛性”（牛头山忠和尚语）等思想而与惠能南宗禅合流。宗密在《禅源诸诠集都序》中曾把牛头与惠能门下石头一系同归入“泯绝无寄宗”，这是有一定道理的。因为在牛头禅和惠能南宗禅之间确实贯穿着相同的心境本空的般若思想和万法自如的自然主义情

---

① 敦煌本《坛经》第 17 节。

② 见《心铭》及《宗镜录》卷九十七引《绝观论》中的有关论述。

调，两家都突出了般若的无所得，且都以般若思想来会通心性佛性，将无所得落实到了自心解脱、自性觉悟的禅行之中。

惠能以般若会通佛性的最重要特点就是以般若智慧来解说人心佛性，以般若的无相化解了人们对真性佛性的执著，从而提倡于自我心性上来体认佛性，现本性般若之知，起真正般若观照，从而证悟众生心灵的本来面目或生命的本源。这里的般若与佛性的会通显然是以般若融摄了佛性，以性空会通了妙有。——这正是惠能禅在牛头禅般若三论思想的影响下超越前人的重要之处。也正是基于此，惠能终于把抽象神圣的佛性完全拉向了现实的人和人心。惠能曾说："世人自色身是城，眼、耳、鼻、舌、身即是城门，外有五门，内有意门。心即是地，性即是王，性在王在，性去王无。性在，身心存；性去，身心坏。佛是自性作，莫向身(外)求。自性迷，佛即众生，自性悟，众生即是佛。"[①]他以一个十分形象的比喻来说明，人的身体犹如一座城，而人的五官与意识则是这座城的内外之门，心灵则是这座城的土地，而性则是整个城的主宰，性在城在，性灭城亡。以此类推，身、心与性的关系也是如此，生命由身心有机地结合而成，性则是生命的主宰，心与性是相互依存，互为表里的，而般若之智则是人能否摒弃痴愚、提升生命境界的关键因素。惠能说："何名般若？般若是智惠。一切时中，念念不愚，常行智惠，即名般若行。一念愚即般若绝，一念智即般若生。世人心中常愚，自言我修般若。般若无形相，智惠性即是。……前念迷即凡，后念悟即佛。"[②]这里，惠能以般若性空的思想和非有非无

① 敦煌本《坛经》第 35 节。

② 敦煌本《坛经》第 26 节。

的中道观，把人心佛性、众生与佛，同当下现实的人联结了起来，而联结的纽带就是人们当下的现实之心。“心”既是惠能佛性论的核心概念，也集中体现了惠能以空融有、空有相摄的理论特色，下面我们就围绕惠能禅学理中的“心”来对惠能禅学新论融摄空有的基本特色再作进一步的说明。

三、空、有相融与心性

般若的特性是离言扫相，破除心执，以佛教的智慧观照诸法性空的实相。而禅的内容则主要是修心观境，通过思维修习以彻见人与事的本性，证得无上菩提。般若与佛性在修心解脱的禅学中也就找到了沟通点。修禅也就是修“心”，这种“修”实际上是立足于一种精神的转变、心性的“本觉”。由此惠能高唱：“我此法门，从一般若生八万四千智慧。何以故？为世有八万四千尘劳，若无尘劳，般若常住，不离自性。悟此法者，即是无念、无忆、无著。莫起诳妄，即自是真如性，用智慧观照，于一切法不取不舍，即见性成佛道。”[①]修习禅定的根本目的就是为了开发本心的智慧，促使自心的觉悟。禅定若无智慧，即非真禅；智慧若离禅观，亦非真智。因此，禅智双运、定慧为本成为惠能佛性论的重要特色之一。“我此法门，以定惠为本。……定惠体一不二，即定是惠体，即惠是定用。”[②]惠能禅主张的定慧等、定慧不二，实际上是以慧摄定，突出人心的智慧本性，从而倡导凡夫的当下觉悟成佛。“菩提般若之智，世人本自有之，

① 敦煌本《坛经》第27节，个别文字据《敦煌新本六祖坛经》校改。

② 敦煌本《坛经》第13节。

只缘心迷，不能自悟，须假大善知识示导见性。当知愚人智人，佛性本无差别，只缘迷悟不同，所以有愚有智。吾今为说摩诃般若波罗蜜法，使汝等各得智慧。”[①]由于“摩诃般若波罗蜜，最尊、最上、第一，无住、无去、无来，三世诸佛从中出”[②]，因而惠能将般若波罗蜜法视为解脱成佛之舟；同时，由于解脱是人的解脱，是心的解脱，因而惠能也十分关注解脱的主体问题。正是般若实相与人心佛性会通而成的自心自性，成为惠能禅学新论的核心概念，也成为惠能全部禅学理论的基石。

惠能佛性论的实质就是心性论，这是学术界的共同看法，但对惠能“自心”、“自性”的理解，学术界却有不同的看法，并引出了对之评价的两种截然对立的观点：一种观点认为，它是“最彻底的主观唯心主义”[③]，另一种观点则认为，它是“标准的‘真如缘起’论的客观唯心主义思想”[④]。这两种观点的相同之处在于，都认为惠能是把心（性）作为世界的本原，并引惠能“于自性中，万法皆见（现）”[⑤]，“万法尽在自心”[⑥]等语为证。两者的区别则在于对惠能所言之“心”有不同的理解。前者认为，“心就是指人的内心，即人的思想和意识”[⑦]，因而是“主观的心”[⑧]；后者则认为惠能所说的“心”是永恒的、绝对的、无所

① 宗宝本《坛经·般若品》。
② 敦煌本《坛经》第26节。
③ 严北溟《中国佛教哲学简史》，第153页。
④ 方立天《佛教哲学》，中国人民大学出版社1986年版，第228页。
⑤ 敦煌本《坛经》第20节。
⑥ 宗宝本《坛经·般若品》。
⑦ 《世界宗教研究》1981年第3集，第113页。
⑧ 严北溟《中国佛教哲学简史》，第153页。

不在、灵明不昧的“真如佛性”、“宇宙之心”。[1] 这些不同的看法，与人们依于传统的观点，仅从“空”的角度或从“有”的一方去理解惠能的禅学理论也有一定的关系。

我们认为，应该把惠能的“自心”、“自性”与“万法在自心”等概念命题放到他的整个思想体系中才能得到更好的理解。从总体上看，惠能的禅学理论回答的主要是佛教解脱的内在根据问题，它一般并不涉及宇宙的生成或构成问题，本体论与认识论的问题也只是在讨论解脱问题时有所体现，并没有专门展开论述。在佛教盛行的年代，生活贫苦、不识文字的惠能由于耳濡目染而对佛教产生了信仰，他所关心的并不是对世界本原的探讨，也不是对艰深的佛理或繁琐的修持形式的系统了解，而是现实中每个人的自我解脱，因此，他对佛教经典文句完全采取了一种“六经注我”的自由解释发挥的态度。从《坛经》的记载中就可以看到，惠能既有闻《金刚经》而发心求法之事，又有听《涅槃经》而为无尽藏尼解说的经历。而从惠能对佛性的解释中也可以看到，他的佛性思想既有一定的佛典根据，又与《楞伽经》和《涅槃经》等都有很大的不同。这都是因为惠能一直是不立文字，不拘文字，继承了达摩系禅法中兼融空、有的不同思想倾向，灵活地运用般若来会通佛性，将实相无相与心性本净结合起来，从而将真心拉向了人们当下之心念。惠能心性论的特点突出地表现在他对“心”的不同阐释中。

在佛教中，“心”一向有多种涵义。宗密的《禅源诸诠集都序》在述及心的“名同义别”时，曾将佛教中的心的不同涵义概

---

① 请参阅郭朋的《隋唐佛教》第 528 页和方立天的《佛教哲学》第 228 页等。

括为最基本的四种：一为肉团心，二为缘虑心，三为集起心，指第八识，四为真心。宗密虽主禅教一致说，但毕竟是一个华严学者，他是依“真心”立论的，因而在他看来，达摩以来，六代相传，皆真心也。那作为惠能禅学理论基础的心是否就是“真心”呢？

从现存《坛经》的有关记载来看，惠能所言之心的涵义也是十分复杂的，其中比较多的是指“妄心”、“迷心”、“邪心”，或“善心”、“正心”等，这些“心”大体上与宗密所说的缘虑心相当，指的主要是一种心念活动或心理状态，它们的基础则是可正可邪、可净可不净之心。所以惠能说：“心但无不净，西方去此不远；心起不净之心，念佛往生难到。”①又说：“心正转《法华》，心邪《法华》转。”②这个可正可邪、可净可不净的心，实际上指的就是人们当下的一念之心，于此心上除却各种邪心、妄心，就叫做“净心”③。净心以后，心不起任何执著，自然任运，便能“心地常自开佛知见”，获得解脱，所以惠能又说：“世人心正，起智惠观照，自开佛知见”；“悟者自净其心，……随其心净，则佛土净”④。可见，当下的一念之心，同时也就是众生的解脱之心。《坛经》中常说的自心迷、自心悟，实际上都是就众生当下的一念之心而言的，因此才有“惠能一闻（金刚），心明便悟”、“惠顺得闻（惠能传法），言下心开”⑤等说法。既然迷悟、缚解皆依当下一念之心，那么惠能主当下顿悟说就是很自

① 敦煌本《坛经》第 35 节。

② 敦煌本《坛经》第 42 节。

③ 这里的“净”用为动词。请参见敦煌本《坛经》第 2 节与第 12 节等。

④ 敦煌本《坛经》第 42 节，第 35 节。

⑤ 敦煌本《坛经》第 2 节，第 11 节。

然的了:"前念迷即凡,后念悟即佛"①。迷悟凡圣,皆在一念之中。此处之念,既为心念,也表示顿义。

上述种种心,显然并非指"真心"。那么它们是否以"真心"为体性呢?答案也是否定的。在惠能那儿,具有真心意义的心,一般称作"本性"或"自性"。由于惠能融摄了般若实相无相说而将真心引向了人们的当下之心,因此,他对"本性"、"自性"的解释又有异于传统的如来藏佛性论。他所说的本净的自性,主要地是指众生之心念念不起妄心执著的本性,一般并不具有什么实体的意义。他以般若的无相来贯通本净的心性,以般若学的遮诠方法来显自心佛性的真实性,使自心佛性不再是一个可以观、可以修的"真心",而是就体现在念念不断的无执著心之中,是众生心不起妄念的一种自然状态,所以他说:"悟此法者,即是无念无忆无著,莫起诳妄,即自是真如性。用智慧观照,于一切法不取不舍,即见性成佛道。"②正是在这一点上,惠能批评了神秀北宗的起心看净:

> 若言看净,人性本净,为妄念故,盖覆真如,离妄念,本性净。不见自性本净,起心看净,却生净妄,妄无处所,故知看者却是妄也。净无形相,却立净相,言是功夫,作此见者,障自本性,却被净缚。③

神秀北宗以心体"离念"为觉,是依有一本觉之心体为前提的。

---

① 敦煌本《坛经》第 26 节。

② 敦煌本《坛经》第 27 节,个别文字据《敦煌新本六祖坛经》校改。

③ 敦煌本《坛经》第 18 节。

惠能认为他们主张“看净”是执著“净相”了，而净是无形相的。惠能自己以觉性释心体，以般若为心之性，并直指人们当下之心念，这种对心的不同理解是南北禅宗禅学理论的根本区别之所在，其他包括修行实践在内的各种差别都可以在这里得到解释。

由于惠能以非有非无、色空双离所显的般若实相来融通心性、佛性，因此，在敦煌本《坛经》中，一般都用“自心”、“自性”来确立众生当下存在的价值，而很少使用“佛性”一词来表示永恒绝对的真如、真心之义，前后总共出现过的五次“佛性”①，也都是在众生成佛的因性上被使用的，并不具有真如缘起论意义上的真心或真如之义。而在《曹溪大师别传》中，“佛性”一词虽然俯拾即是，但大都也是从“不二之法”的角度去加以解释和发挥的，这与各本《坛经》所表现出来的般若无所得的思想倾向是基本一致的。

概括起来看，在惠能的禅学思想体系中，真心与妄心本质上其实是一回事，它们都统一于人们的当下之自心。这看起来与《大乘起信论》的一心二门说十分相似，细究起来却又是有很大差别的。《大乘起信论》的一心开二门，重点在于阐述心真如与心生灭的关系，以说明不变的真如随缘而生万法，真妄和合的阿赖耶识通过熏习而复归清净本心的所谓大乘法门，它立论的基础是真如、真心，众生心实际上成为真心的代名词。而惠能则把真心与妄心又拉回到现实的众生当下的心念上来，他注重的是当下活泼泼的众生之人格而不是去追求一个抽象的精神实体，他关心的是众生当下的解脱而不是真如与

① 分别出现于第 3 节、第 8 节、第 32 节及第 34 节。

万法的关系。惠能与《大乘起信论》的思想差异，我们可以用如下图式来表示：

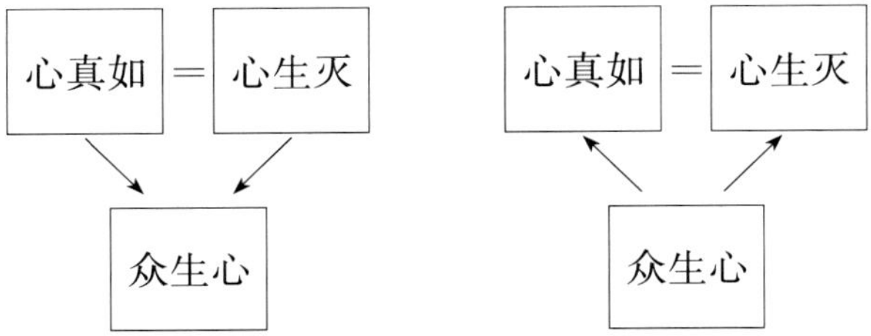

（现实的当下之心）　　　　（真心）

由此可见，惠能的思维框架受《大乘起信论》的影响很大，而思维途径与思想特点却与之有很大的不同。最大的不同就在于惠能所言之心并不以“真心”为体性，而是以众生现实之心为基础。惠能的思想之所以表现出与《大乘起信论》的不同，关键就在于惠能用般若实相说对“真心”加以会通，而这也是对当时社会上普遍对抽象义理不感兴趣而关注自我解脱的思潮的一种反映。

我们还可以联系惠能的得法偈与神秀偈的不同来看惠能南宗与神秀北宗对心性看法的差异。① 关于神秀的偈颂，现存的各种记载基本相同，为：

---

① 尽管惠能与神秀的偈究竟是他们本人所作还是惠能后学所造，人们还有不同的看法，但现存的偈文集中体现了南能北秀禅法的差异，这却是大家比较公认的事实。

身是菩提树，心如明镜台；
时时勤拂拭，莫使有尘埃。

神秀将色身、人心比作有形的“菩提树”、“明镜台”，这首偈所表现出来的“真心”论倾向是显而易见的。“时时勤拂拭”要求的是依持自性清净心而不断地进行修行。而惠能则针锋相对提出了不同的看法。关于惠能偈，现存有不同的记载。敦煌本《坛经》记为两首，其一为：

菩提本无树，明镜亦无台；
佛性常清净，何处有尘埃。

其二为：

心是菩提树，身为明镜台；
明镜本清净，何处染尘埃。

陈寅恪先生曾在《禅宗六祖传法偈之分析》一文中指出：“惠能第二偈中，心身二字应须互易，当是传写之误。”[①]我们赞同这一看法。[②] 敦煌本以后的各种版本《坛经》都将惠能的得法偈

① 张曼涛主编《现代佛教学术丛刊》第1册《六祖坛经研究论集》第263页。

② 周绍良先生认为，“第一偈是说明自己的认识，第二偈是否定神秀的认识，两个偈语是密切相连而不是重复的。如果没有这样认识，当然会感到偈语是有些缺点。”后来的改动，“只把第一偈基本保留下来，而把针对神秀偈语的第二偈删除了。固然减去了取意的矛盾，但与神秀针锋相对的机锋却没有了。”（《敦煌写本坛经原本》第186～187页）

记为一首：

> 菩提本无树，明镜亦非台；
> 本来无一物，何处惹尘埃。

《祖堂集》与《景德传灯录》等也都记为一首，词句与通行本虽有小异，思想内容却大致相同，特别是第三句均记为“本来无一物”。这引起了后人极大的争议。那么，将“佛性常清净”句改为“本来无一物”，这是否如一般所认为的那样是以般若思想（或不准确的般若思想）窜改了佛性论，从而有失惠能的原义呢？我们觉得并非如此。

从惠能的整个思想体系来看，“佛性常清净”与“本来无一物”所表达的实际上都是般若无所得、无可执著的思想。也就是说，“佛性常清净”所表达的并不是传统意义上的佛性论思想，而是经般若实相说改造过了的佛性论思想。在般若学的思想体系中，“清净”、“本净”等名词与佛性-如来藏系的“心性本净”之清净涵义是有所不同的，它们实际上具有“性空”、“毕竟空”等意思。《大智度论》卷六十三中就明确地说：“毕竟空即是毕竟清净，以人畏空，故言清净。”[①]对禅宗有过比较大影响的《思益梵天所问经》中更是提到了性净不受染的思想：

> 一切诸法性常清净。何谓诸法性净？谓一切法空相，离有所得故；一切法无相相，离忆想分别故；一切法无作相，不取不舍，无求无愿，毕竟离自性故；是

① 《大正藏》第25册，第508页下。

> 名性常清净。……譬如虚空，若受垢污，无有是处。心性亦如是，若有垢污，无有是处。[①]

以此来对照惠能所说的“佛性常清净，何处有尘埃”，可以看出，惠能所发挥的其实正是佛性如虚空、离分别、无所得、无可垢污的思想。事实上惠能也确实说过“心量广大，犹如虚空，……世人性空，亦复如是”[②]之类的话。《坛经》中以无生、无灭、般若、清净等来阐释心体、佛性，与此思想都是相通的。正因为心性空寂，佛性即体现在人们当下念念不断的自心之中，并没有一个绝对的清净物存在，所以惠能反对神秀北宗的“时时勤拂拭”，认为这实际上是把清净佛性肯定为一个外在于自我的存在，人为地将自我（心性）分裂为二，把修行者自己安放到了心性之外。《坛经·行由品》中借弘忍之口批评了这种见解是“未见本性，只到门外，未入门内”，认为“如此见解觅无上菩提，了不可得。无上菩提，须得言下识自本心，见自本性，不生不灭；于一切时中，念念自见，万法无滞；一真一切真，万境自如如，如如之心，即是真实。若如是见，即是无上菩提之自性也”。无上菩提，即是如如之自心自性，于一切时中不滞外境（包括真如佛性），当下之心，念念自见，这就是惠能偈所要表达的意思。

由于“佛性常清净”的说法容易被理解为有一清净物之存在，惠能的后学遂将它改为“本来无一物”，更突出了无可执著、无可得之义，这显然并没有窜改惠能的原义。从惠能第一

① 《大正藏》第 15 册，第 51 页中。

② 敦煌本《坛经》第 24 节。

首偈的四句偈文来看,“菩提本无树,明镜亦无台”,否定的正是把菩提、明镜执为实有的观点,蕴涵着“本来无一物”的思想。第二首偈中“明镜本清净”所表达的显然也就是第一首偈中“明镜亦无台”的思想。因此,我们认为,用“本来无一物”替换“佛性常清净”,义旨并无二致,对于文化程度不高的南宗普通信众来说,反而更能理解惠能的本义。因此,这首偈流传广,影响大,成为凝缩惠能佛性思想的结晶。

正是由于惠能所理解的心与性都不离人们当下的心念,因而在他看来,所谓佛性是唯有情才具有的,他曾明言“无情无佛种”①。这一观点也为南宗门下许多人所坚持。例如有人问神会:“佛性遍一切处否?”神会明确回答说:“佛性遍一切有情,不遍一切无情。”并对“青青翠竹,尽是法身,郁郁黄花,无非般若”之说提出质疑:“若青竹黄花同于法身般若者,如来于何经中,说与青竹黄花授菩提记?若是将青竹黄花同于法身般若者,此即外道说也。”②大珠慧海与百丈怀海等也都坚持了这种观点。③ 惠能的这种观点表明他所坚持的既有别于“真心”一元论——真如遍一切处,也有别于般若性空论——从“一切法皆如(性空)”的观点推出“道无所不遍”④或“草木亦有佛性”⑤,他是通过否定一切可执著的东西来显人们当下的心念,这实际上是把每一个活生生的人自身推到了最重要的地位。这充分体现

---

① 敦煌本《坛经》第 48 节。

② 《神会语录》第 30 节。

③ 请参见《景德传灯录》卷六《大珠慧海禅师》和《古尊宿语录》卷一《百丈怀海禅师》等。

④ 见牛头法融的《绝观论》(敦煌本)。

⑤ 见吉藏的《大乘玄论》卷三。

了惠能不拘文字、融摄空有、为我所用的佛性论特色。惠能的出身、经历以及时代的要求等，决定了惠能不是一个义学之徒，而是成为一个关心人类自我拯救的宗教大师。

惠能禅学最鲜明的特色就是会通般若实相与涅槃佛性，在离言扫相的基础上直指人们的当下之心，在“心即是佛”的指引下，把非有非无的宇宙实相与众生的佛性、自性联系在一起。因此，对惠能的禅学思想是不能简单地归结为客观唯心主义或主观唯心主义的，必须具体问题具体分析，才能真正把握惠能中国化的禅学理论的特点。

四、三无论与当下之心

惠能反对执著佛性或清净心，他把心与性都理解为不离人们的当下之心念，因此，他所提倡的修行及所要追求的解脱也就不是排除任何思虑的心注一境或观心看净，也不是断绝心念的与道冥符或返本归真，而是念念不住、念念相续的无著无缚、任心自运，他把这种心理状态称之为“行直心”[①]，并通过对“无相、无念、无住”的解释而作了发挥。

一般认为，“无相、无念、无住”是惠能的认识论或修行法，其实，这“三无”也是对惠能整个禅学理论的一种概括。惠能自己说：“我此法门，从上已来，顿渐皆立无念为宗，无相为体，无住为本。”[②]这里的宗、体、本，皆是心要之义，都是立足于人们

① 敦煌本《坛经》第 14 节在解释“一行三昧”时说：“一行三昧者，于一切时中，行住坐卧，常行直心是。……但行直心，于一切法，无有执著，名一行三昧。”

② 敦煌本《坛经》第 17 节。

当下之心的解脱而展开的。因此,从这“三无”中,我们也可以更加清楚地看到惠能提出的当下现实之心是性空实相论与涅槃真心论相结合的产物。

何名无相?“无相者于相而离相”。这里包含着两层意思:第一,“凡所有相,皆是虚妄”,这是对万法真实性的否定。万法既不真,故不可执著。第二,实相无相,性体清净。这是以破邪来显正,以无相之实相来表无相之自心。在破除了万相之虚幻之后,惠能将心性突出出来,作为人们解脱的依据。所以说:“但能离相,性体清净,此是以无相为体。”①“成一切相即心,离一切相即佛。”②

何为无念?“无念者,于念而不念”。意思是说,任心自念而不起妄念,亦即有正念而无妄念。由于惠能是以般若实相之义来解说自心之体性的,因此,他所说的正念不断、念念相续,既是真如自性起念,又是“念念般若观照,常离法相”。③这种“无念”要求任心自运,不能起心有任何追求,因为起心即是妄,用惠能弟子神会的话来说就是“欲起心有修,即是妄心,不可得解脱”④;但也不能百物不思,念尽除却,那样无异于草木瓦石,还谈什么人的解脱呢?惠能所谓的“无念为宗”,实际上乃是以自己当下之心念为宗。

最后,何为无住?“无住者,为人本性”。这说明无住也是就人的心性而言的。但从它的具体内容来看,主要也包含了两

---

① 敦煌本《坛经》第 17 节。
② 宗宝本《坛经·机缘品》。
③ 敦煌本《坛经》第 41 节。
④ 《神会语录》第 29 节。

层意思：第一，万法无常，迁流不止。般若学从性空、无相的角度强调万法的无住，“无住则如幻，如幻则不实，不实则为空，空则常净”①。但惠能由此“无住”又进一步提出了无所住心。因此，第二，“无住者，为人本性”，这是惠能思想的重心所在。在惠能看来，人的本性就体现在人们当下的心念之中，它是念念相续不断绝而又于一切法上无住的。这里的“无住”，既有心念迁流不息之义，又有心念不滞留在虚假的万法上，不执著妄相之义。惠能说的“心不住法即通流，住即被缚”②，就是这个意思。“无住为本”也就是以“内外不住，来去自由”的自然任运之心为本。所以说：“无住者，为人本性。念念不住，前念今念后念，念念相续，无有断绝。……念念时中，于一切法上无住，一念若住，念念即住，名系缚。于一切(法)上，念念不住，即无缚也，此是以无住为本。”③如果心于境上起执著，哪怕执著的是般若行、圣人境，也如水之起波浪，失却了其本来面目，这只能是迷人的世俗之此岸；若于境上无住，任心自运，念念相续，就如水自常流，这便是智者的解脱之彼岸。

总起来看，惠能的“三无”强调的都是在当下念念无著之

---

① 僧肇《维摩经·弟子品》注。

② 敦煌本《坛经》第14节。

③ 敦煌本《坛经》第17节。值得注意的是，契嵩本和宗宝本《坛经》都将敦煌本中的这段话改为“无住者，人之本性。……若前念今念后念，念念相续不断，名为系缚，于诸法上，念念不住，即无缚也，此是以无住为本”(见《〈坛经〉对勘》第36～40页)。这么一改，似不符合惠能原义，而且使文义也前后不太一致了。既然“念念不住”即无缚，怎么“念念相续”又名系缚了呢？再说，念念相续为系缚的说法与《坛经》中同时存在的“念念无滞，常见本性”、“念念无间是功，心行平直是德”、“若百物不思，当令念绝，即是法缚”(宗宝本《坛经·般若品》)等思想也不合。

中直显自心清净的般若之性。其中的“无念”和“无住”说的都是自心任运的意思，不同之处在于，“无念”重在说明妄念不起，“无住”则是强调正念不断。而两者又都立足于实相无相的基础上。“三无”的着眼点都在直显心性，于自心中“顿见真如本性”[1]，从而“念念般若观照”[2]，自性解脱，“不假外修，但于自心，令自本性常起正见，烦恼尘劳众生，当时尽悟”。[3] 因此，“三无”实际上概括了惠能禅学新论的理论基础及其特色。它突出地表现出了如下两点：

其一，作为惠能禅法之基础的“心”，既非真心，又非妄心，而是念念不断、念念无住的当下现实之心；同时，它又可说既是真心（无念、无住即真），又是妄心（起念、有著即妄），兼真妄而有之。作为真心，它是解脱的主体；作为妄心，它是系缚的根源。迷悟凡圣，就在自己的一念之中。这个集真妄于一体的自心，有别于《大乘起信论》所说的那种真妄和合的阿赖耶识，因为它无须以“真如”为体性，它的本性就是活泼泼的它自己。此中之要，即在于惠能对空、有的融摄。

其二，惠能禅所关注的是每个人的自我解脱，它一般并不探究万法的来源或构成，也不寻求万法的本体或存在的依据。但是，在惠能对人之解脱的论述中，也透露出了惠能特有的本体论思想，这就是超越了传统的本末、体用之二分对立，把一切对立泯灭于当下的一念之中，突出了活泼泼的人之为人的本性，把活生生的人的生命抬到了唯一的至高无上的地位，从

---

① 敦煌本《坛经》第 31 节。

② 敦煌本《坛经》第 41 节。

③ 敦煌本《坛经》第 29 节。

而形成了他所特有的唯当下现实之心的本体论思想。

这样，当我们再来回答惠能哲学性质的问题时就可以说，惠能禅学既是主观唯心论，又是客观唯心论，同时，又两者都不是。因为当它把万法说成是自我妄心的产物时，它就带有主观唯心论的色彩，而当它把人所共有的无念无住之心说成是普遍的、绝对的、唯一真实的存在时，它又带上了客观唯心论的色彩。但在惠能的禅学思想中，真心与妄心是二而一的东西，两者既不相依，又不相生，也非体用关系，妄心并不以真心为体性，真心也不是妄心之外的独立存在，它们都统一于人们当下的现实之心，或者说，是人们当下之心所表现出来的迷与悟这两种不同的状态。在惠能看来，有真有妄，就已经著相，凡所有相，皆是虚妄，只有“除真除妄”[①]，超越真妄的无相之相，无念之念，自然自尔的当下无住之心，才是唯一真实的存在。这种唯当下现实之心的新的唯心论，显然并不能以通常意义上的主观唯心主义或客观唯心主义来简单概括它。

为了说明我们的观点，有必要对惠能的几段重要思想资料再作些具体的分析。在《坛经》中，“不是风动，不是幡动，仁者心动”和“外无一物而能建立，皆是本心生万种法”等[②]，常被人引为主观唯心论的典型例证。其实，这里有生有灭、妄动起念的“心”都是虚妄不实、要去除的“妄心”，并不是第一性的存在，因而以主观唯心论来概括惠能的思想并不妥当。

在《坛经》中，如下两段话又常被认为是代表了惠能的客观唯心论思想：

---

① 宗宝本《坛经·忏悔品》。

② 见宗宝本《坛经·忏悔品》和《坛经·行由品》。

> 善知识！世人性本自净，万法在自性。……如是一切法，尽在自性。自性常清清，日月常明，只为云覆盖，上明下暗，不能了见日月星辰。忽遇惠风吹散，卷尽云雾，万象森罗，一时皆现。世人性净，犹如青天，惠如日，智如月，智惠常明。于外著境，妄念浮云盖覆，自性不能明。……吹却迷妄，内外明彻，于自性中，万法皆见（现）。[①]

> 一切万法，尽在自身（心）中，何不从于自心顿现真如本性。[②]

这里的关键是对“万法在自性”、“于自性中万法皆现”等怎么理解。许多学者认为，这是在说真如佛性派生万物。不过，有的认为惠能是说清净本性“去掉妄念的浮云就能马上显现出森罗万象”，“真如本性显现，就能派生万物”，而去掉妄念浮云，也“就会顿见真如本性，自成佛道”；[③]有的则认为，惠能这里表达的是真如缘起论思想，即自性清净的真如为妄念浮云盖覆而派生（变现）世界万法。[④] 我们认为，惠能并没有把真心佛性与宇宙万象都肯定为真实的存在，他所说的万法于自性中显现也并不等于说自性派生万法，就好比惠能说风吹云散、

---

① 敦煌本《坛经》第 20 节。

② 敦煌本《坛经》第 30 节。

③ 方立天《佛教哲学》第 228 页。

④ 郭朋《慧能与禅宗——禅宗思想研究之一》，载《中国哲学史论文集》第一辑，山东人民出版社 1979 年版。

日月星辰等森罗万象于青天中显现不等于说青天派生了日月星辰一样。同时，惠能也绝没有把自性派生万物与自成佛道并列在一起的意思，使得自性不能明的“外迷著相”之相与“于外著境”之境怎么可能是“吹却迷妄”后的清净本性所派生的呢？至于说真如被染后派生万物，这与惠能自己所说的“吹却迷妄”后“于自性中万法皆现”显然也不相合。

因此，我们认为，惠能在上引两段话中并不是在讲派生万物的宇宙论，而是在强调“自性解脱”的问题，主要在说明自心自性圆满具足一切，自心有佛，自性是佛，迷悟凡圣皆在当下自心的一念之中，因而不必向外求觅，只要识心见性，便能自成佛道。从惠能的这些论述中倒是反映出了他突出人的心性的本体论思想。对此我们可以联系上下文及惠能的整个思想来看。

关于“万法在自性”的那段话，是惠能在要求人“于自色身，见自法性有三身佛”时对“清净法身佛”的解说。这里讲的去掉妄念才能显现和自性本来具足的万法，并不是仅指万事万物，它还包括了佛经佛法，而且主要的还是指自有智慧性，自能成佛道。惠能常说的“三世诸佛，十二部经，亦在人性中，本自具有”，“一切经书，及诸文字，小大二乘，十二部经，皆因人置，因智惠性故，故然能建立。若无世人，一切万法，本元不有，故知万法本因人兴，一切经书，因人说有”[①]等，也都证明了这一点。正是在这个意义上，惠能接着说了“一念若悟，即众生是佛，故知一切万法，尽在自身（心）中，何不从于自心顿现真如本性”的话。顿现真如本性，也就是自性般若起智慧

① 敦煌本《坛经》第 31 节，第 30 节。

观照，亦即是见性成佛道，因而惠能特别强调“各于自身，自性自度”①。

可见，惠能始终是围绕着自性即佛在论述。所谓万法于自性中显现，说的是自性本具的一切如何在自性中显现，亦即如何明心见性的问题，这种显现实际上并没有超出意识的范围。在惠能那里，外境是本净本寂的自性思量的结果，而本净的自性一起思量，便不再是它自身。② 这就表明，于自性中万法皆现同自性与外境的关系是两个不同而又相互联系的问题。万法在自性，自性含万法，是宗教体悟的结果，而它的根据则是自性思量起妄念才有外境这种哲学理论上的唯心论。在惠能看来，既然一切法、一切境均是自性起妄念执著的产物，是自性起用的结果，那就说明万法在自性，因而就不应该对万法有任何执著，应该向内心去体悟自性本具一切。一旦去掉妄念浮云，于自心顿现真如体性，就证得“于自性中万法皆现”之境界。而这时是自心任运，于一切法不取不舍、不执著的。这也就是“识心见性，自成佛道”。就惠能认为自性思量起妄念才有外境而言，他的思想确实接近于真如缘起论。但就他把自性理解为是无相无念无住的当下之心的般若智慧本性，把净妄凡圣皆视为不能执著的相对境而言，他的思想显然又离开了传统的真如缘起论。

从惠能的思想中我们可以看到这样一种本体论预设：一切善恶之法皆以自心自性为依持，而自心自性并不是一个实体，也不是一种逻辑的抽象物，它是空，是清净，是智慧，它无

① 敦煌本《坛经》第 21 节。

② 请参阅宗宝本《坛经 · 付嘱品》。

体无相,不可言说,不可追求,却又能包容万法,成立万法,这实际上是把人与人的生命提到本体的高度,把宇宙本体与人的本体统一于人们"无相无念无住"的当下之心,这个当下之心是一个流变的过程。惠能对思辨的哲学理论问题是不感兴趣的,他所要的是从人的当下存在中来发现自我,揭示人自身生命的价值,突出当下之心是为了反求诸己,从自身中去追求解脱成佛。如果忘记了惠能的佛教徒身份,或离开了惠能的宗教目标,那就很难把握惠能的哲学思想。

从传统佛教的心性论来看,惠能所言的当下之心是真心佛性与般若实相相结合的产物。作为真心,它具足一切功德,作为实相,它又不可修,不可守,无可执著。这也就决定了惠能虽然主张人人皆有佛性,却是从"佛是自性作,莫向身外求"、识心见性即能自成佛道的解脱论的角度提出来的,并不是从缘起论的角度来展开对世界的来源或构成的论述。惠能在解脱论上是一个佛性论者,而在哲学世界观上却并不是一个真如缘起论者,这正体现了惠能禅学理论中国化的一大特点,也表现出了惠能关心人的自我拯救的禅师的本色。正是依于这一基本立足点,惠能展开了他的解脱论与修行观。

第七章　惠能的解脱论

惠能在解脱论上是一个佛性论者，他从关注每一个现实之人的解脱出发，主张人人皆有佛性。由于惠能的佛性论思想融摄了般若实相说，因而它突出的是即心即佛、生佛不二，把自心的迷悟作为凡圣的唯一区别，强调直了见性，自在解脱，从而形成了种种与传统的涅槃佛性义迥异的思想特点，并进而在解脱理想、解脱境界、解脱目标的实现等方面提出了许多与传统不同的看法。惠能依于人们的当下之心而倡导的解脱是一种无需借助于神力或他力的自我解脱和自在解脱，他实际上是把解脱成佛的主动权交到了每一个人的手中，让人们在日常的随缘任运的生活中自觉地摒弃一切有悖于本然之心的感性虚妄或理性偏误而达到精神上的自为状态。既然迷即众生悟即佛，解脱的理想境界内在于人的心中，那么，“识心见性，自成佛道”也就顺理成章地成为实现解脱的努力方向。惠能的解脱论深受中国古代自给自足的小农经济思想的影响。从某种意义上说，惠能的解脱论所追求的独立、自由和平等，也表达了中国农民的思维方式和生活理想。

一、解脱的理想与境界

解脱，为梵文 Vimoksa 或 Vimukti 等的意译，佛教用以表示由人生的烦恼束缚中解脱出来，超脱迷苦而获得自由自在。从广义上说，解脱可以用来泛指摆脱世俗任何束缚而在宗教精神上感到自由。僧肇在《注维摩诘经》卷一中说："纵任无碍，尘累不能拘，解脱也。"[①]狭义地说，解脱是专指断绝生死之因，不再拘于业报轮回，与佛教所谓的"涅槃"、"圆寂"义相通，故《成唯识论述记》卷一中说："言解脱者，体即圆寂。……由烦恼障缚诸有情，恒处生死；证圆寂已，能离彼缚，立解脱名。"[②]可见，解脱是佛教全部理论与实践的最高理想和终极境界。

惠能的禅学思想也是围绕着摆脱人生痛苦、实现人的解脱而展开的。惠能的解脱论是对佛教根本宗旨的继承与发展。众所周知，佛教的创立虽然与当时印度的社会状况和文化背景有着密切的关系，但其最直接的动因却是释迦牟尼对生老病死等人生问题的思考。人生皆苦，这是佛教解脱论的基本出发点。"苦"是释迦牟尼对人生所作的基本价值判断，它是基于对人生现象和人的现实生存状况的深层思考而提出来的。一切众生，本来具有清净的本心，但在世俗社会中，却由于无明

---

① 《大正藏》第 38 册，第 327 页下。

② 《大正藏》第 34 册，第 235 页下。

而受到物欲与情欲的侵染，在不可抑止的贪爱和欲求中，便不知不觉地落入了无明所导致的惑业之中，从而随因果律而起伏，在生死轮回中难以自拔。这样，生命本身既是承受痛苦的主体，也是解脱痛苦的修道之基。释迦牟尼有感于现实人生的种种痛苦而致力于追求永超苦海的极乐。他在菩提树下证悟了宇宙人生的真谛，其实就是以独特的视角探讨并回答了人类自我的生存和精神解脱的问题。他用缘起论来分析生老病死等人生现象，说明人生无常，一切皆苦，并揭示了人生痛苦的原因以及摆脱痛苦的途径、方法和境界，强调通过宗教实践以获得人生解脱的重要性和迫切性。关注人生问题，重视对人生解脱的实际追求，而把那些抽象的哲学问题暂时悬置起来，这是早期佛教的重要特点之一。著名的"十四无记"和"箭喻"等，都反映了佛陀创教的基本理念与追求。

人生问题也是禅宗关注的首要问题。当五祖弘忍感到自己的生命之火即将熄灭而欲传衣法与弟子时，曾"唤门人尽来"，特别地告诉众人："世人生死事大，汝等门人，终日供养，只求福田，不求出离生死苦海。汝等自性若迷，福门何可救汝。"[①]他教导门徒，世人应以了生死、求解脱为本分大事，如果迷失本具的"佛性"而只求福田，如何能出离生死苦海，求得涅槃解脱呢？正是基于此，惠能与神秀才各作偈一首，不仅提出了各自对心性佛性的看法，而且对如何依持心性佛性修道以达到解脱的理想陈述了自己的见解。他们从不同的角度表

① 敦煌本《坛经》第4节。郭朋《坛经校释》疑末句中"门"字为"田"字之误。但敦博本此句中"救"为"求"，全句作"汝等自性迷，福门何可求？"似也可通。

达了对释迦牟尼设定的修行目标的追求。

释迦牟尼以其毕生的精力与智慧，孜孜以求地探索如何实现人生的解脱，并为人们建构了理想的解脱之境——无上菩提的获得，以作为人们修行的目标，他自己也以觉悟了人生而被尊称为佛陀。佛陀，意即谓觉或觉者。觉，指的是觉悟佛教真理；觉者，就是佛教真理的觉悟者。按照佛教的说法，觉有自觉、觉他和觉行圆满三义。只有佛才能既"自觉"，又"觉他"，且"觉行圆满"。佛教的理想人格是以获得智慧，证得真理，以慈悲情怀普度众生为主要特征的。佛陀本身就体现了"真"、"善"、"美"的统一。在印度佛教的发展中，释迦牟尼佛经历了一个不断被神化的过程，反映出了人们对解脱理想的追寻之理路。在原始佛教时期，佛陀还仅仅被视为一个觉悟者，他品格伟大，智慧超人，但他仍然是人而不是神。部派佛教时期，佛陀开始被理解为具有无限量的寿命和无边的法力，并具有常人所不具备的特殊相好。在大乘佛教中，佛陀更被描绘成了至高无上、神通广大、超自然的神。但佛陀并不是远离众生的一个偶像，而是众生修道解脱的榜样。

虽然随着佛教的发展，其对解脱的阐释也出现了许多不同的说法。有以"涅槃"为体的无为解脱，以"胜解"为体的有为解脱，以及慧解脱、心解脱等等。但其根本精神却始终是相通的。在中国禅学中，经常用"慧解脱"来表示以智慧观照而远离无明的解脱，要人们修禅以证智，凭藉智慧去消除烦恼，断灭惑业，从而证得大彻大悟的理想境界。同时又用"心解脱"来表示智慧乃人心本自有之，心离贪爱，智慧即得显现并发挥作用。因而心解脱不离慧解脱，慧解脱说到底也就是心解脱。"慧解脱"或"心解脱"的过程实际上是在主观认识上实现一种根本性的转变，是一种内在精神上的超越与解脱，清净的心性或最高的智慧是人的生命存在的一部分，人通过体悟这种生命存在而使自己的精神变得更加充实和圆满。正如美国当代著名的宗教学家斯特伦所指出："宗教是实现根本转变的一种手段。……所谓根本转变是指人们从深陷于一般存在的困扰（罪过、无知等）中，彻底地转变为能够在最深刻的层次上，妥善地处理这些困扰的生活境界。这种驾驭生活的能力使人们体验到一种最可信的和最深刻的终极实体。尽管这个终极实体在各个宗教传统中都极难定义，但是这些宗教传统的信奉者和追随者们，全都根据这一终极的背景来限定、或约束自己的生活，并努力地照这种方式生活，以此扬长克短，不断完善自己。"[①]惠能的解脱论就是将人心、佛性与佛教的般若智慧结合在一起，并将终极的解脱理想与人们当下的实际努力相结合，要人在平常的生活中依自性般若之智而从各种困扰中摆脱出来，获得精神的升华和超越。

当惠能以一首"菩提本无树，明镜亦无台；佛性常清净，何处有尘埃"而得到五祖弘忍特别的关注后，弘忍于三更之夜唤惠能于堂内，悄悄地为之说《金刚经》。讲至"应无所住，而生其心"时，惠能言下便悟。弘忍知其得悟，便谓之曰："不识本心，学法无益；若识自本心，见自本性，即名丈夫、天人师、佛。"[②]"本心"即成为解脱的理论基点。因而惠能在大梵寺开禅说顿教法，便"普告僧俗，令言下各悟本心，现成佛道"。[③] 在古代，

① 《人与神——宗教生活的理解》，上海人民出版社 1991 年版，第 2 页。

② 宗宝本《坛经·行由品》。

③ 惠昕本《坛经》，见《〈坛经〉对勘》第 1 页。

人们往往是以"心"来代指主观精神，因此，精神上的根本转变和超越，便被归结为是心的解脱，"心"也就成了解脱的主体。"若心不解脱，人非解脱相应。……若心解脱，人解脱相应。"①禅宗和惠能在强调解脱时，突出的也都是心的解脱。他们所说的修心和心的解脱，概括了其全部的理论、方法和目标，因而禅宗也称"心宗"，传禅也称"传心"，解脱的境界就是心的开悟。惠能所谓"识心见性，自成佛道"②，说的就是这个意思。虽然惠能与神秀在如何达到解脱上有不同的看法，但他们对终极理想境界的向往则是一致的，他们将成佛的终极理想与人心的本性清净联系在一起，这也是相同的。

但与神秀北宗相比，惠能所说的"心"更有其特殊的含义。惠能与神秀的分歧，归根到底也在于两人对"心"的不同理解。神秀依《大乘起信论》而倡心体离念即是觉、觉性便是净心体的"观心论"，强调"身心离念，返照熟看清净法身，得入佛道。身心离念，着力硬看清净本觉，得入佛道。"③惠能则用非有非无的中道般若空观来破除人们的一切执著，包括对"观心看净"的执著，把解脱拉向了人们的当下之心，强调解脱是任心自运，是"内外不住，来去自由"的一种境界。前节所分析的"无相、无念、无住"，实际上也是惠能将佛性与现实的人心融通为一而从一个侧面对解脱境界所作的描述。作为惠能解脱论之基础的当下之心，既不是模糊的观念，也不是抽象的概念，而是存在于最现实的生活体验中，是解脱的根本依持。由于"去

① 《舍利弗阿毗昙论》卷二十七，《大正藏》第28册，第698页中。
② 敦煌本《坛经》第30节。
③ 敦煌本《大乘五方便(北宗)》。

来自由，心体无滞，即是般若”[1]，因此，“汝若不得自悟，当起般若观照，刹那间，妄念俱灭，即是自真正善知识，一悟即至佛地。自性心地，以智慧观照，内外明彻，识自本心，若识本心，即是解脱”[2]。惠能通过对“三无”的解说，否定了现实世界的“梦幻虚假”，突出了人的自性解脱。解脱的境界是一种不可思不可议的精神之超越，决不是用语言可以描绘或概念可以把握的，但它内在于每个人的心中，只要自心当下无相、无念、无住，“于一切法不取不舍，即见性成佛道”[3]。

惠能把佛性拉向人心的同时，实际上也把佛拉回到了人自身，因此，他所说的解脱成佛之“佛”就不再像小乘佛教认为的那样，只是释迦牟尼一个人的“专利”，也不再是大乘佛教所虚构的那种具有“三十二相”、“八十种好”的神通广大、佛法无边的“神”，而是人心的自在任运，是每个人本来面目的自然显现：

> 若识本心，即是解脱。既得解脱，即是般若三昧。悟般若三昧，即是无念。……见一切法，不著一切法，遍一切处，不著一切处，常净自性，使六贼从六门走出，于六尘中不离不染，来去自由，即是般若三昧，自在解脱，名无念行。……悟无念法者，见诸佛境界，悟无念顿法者，至佛位地。[4]

① 宗宝本《坛经·般若品》。
② 敦煌本《坛经》第 31 节，个别文字据《敦煌新本六祖坛经》改。
③ 敦煌本《坛经》第 27 节。
④ 敦煌本《坛经》第 31 节。

识本心就是无念，无念并不是“百物不思”，而是“见一切法，不著一切法”，“于六尘中，不离不染，来去自由”，是念念相续的任心自运。可见，惠能所说的解脱成佛，实际上是自我在精神上的完全超脱，是人性在自我体悟中的充分实现，是自心摆脱内外一切束缚的自然显现，说到底也就是心灵的自我解脱。

虽然惠能减少了佛陀的神性，增加了其人性，并将解脱成佛的主动权放到了每一个人的手中，宣扬通过主观的努力皆可以实现理想的目标，其中包含着某些积极的东西，但这种解脱理想的实现是以放弃对外在于自我的一切东西的追求为前提的，其消极意义也不言而喻。

二、即心即佛与自在解脱

如果说惠能对解脱理想与境界的说明为每个人的解脱确立了目标，那么他对即心即佛、自在解脱的说明，则通过对人人皆有佛性、众生即是佛的强调，进一步把理想的目标落实到了人们当下的现实生活之中。

惠能是人人有佛性的坚定主张者。据《坛经》载，惠能初上黄梅拜见弘忍，面对五祖的责问，他就以“人即有南北，佛性即无南北，獦獠身与和尚不同，佛性有何差别”的回答表明了自己对佛性平等的看法，并获得了五祖弘忍的好评与赞赏。《曹溪大师别传》中还进一步记述了惠能与弘忍论佛性义的一段话：

(弘忍)大师问：汝初来时，答吾岭南人佛性与和上佛性有何差别。谁教汝耶？(惠能)答曰：佛性非偏，和上与能无别，乃至一切众生皆同，更无差别，但随根隐显耳。忍大师征曰：佛性无形，如何隐显？能答曰：佛性无形，悟即显，迷即隐。

这段话充分表明了惠能的佛性论观点：佛性非偏，一切众生无不具有，“愚人智人，佛性本无差别，只缘迷悟不同，所以有愚有智”[①]。

但由于惠能的佛性论是以人们的当下之心为依持，突出的是即心即佛，生佛不二，迷即众生悟即佛，主张“但用此心，直了成佛”[②]，因而又表现出了许多与传统佛性论的差异。

自《涅槃经》在中土译出，经竺道生等人的倡导，“一切众生皆有佛性”之说逐渐成为中土佛性论的主流，但对佛性的解释却众说纷纭。有的以心为正因佛性，有的以众生为正因佛性，还有的以得佛之理为正因佛性。种种佛性论分别从人、心或理（境）等方面来理解佛性[③]，说法虽然各异，但把佛性作为思辨、探究、解说的对象，却是各家共同的特点，他们都试图回答“佛性是什么”或“什么是佛性”，因而都有把佛性理解为一种特殊的“存在物”的倾向。惠能则与此不同。在惠能看来，佛性（自性）并不是一个外在于主体的客体，也不是理论思维可以把握的对象，它是凡圣、内外一切法的基础，只有在宗教实践中才能体悟它或把握它。因此，惠能一般并不从理论上给佛性（自性）下什么定义或判断，而是强调在念念无著的实际生活中“自识本心，自见本性”，“于自心顿现真如本性”。在敦煌

① 宗宝本《坛经·般若品》。

② 宗宝本《坛经·行由品》。

③ 请参阅吉藏在《大乘玄论》卷三中对各家佛性义所作的概括以及吕澂先生在《中国佛学源流略讲》第六讲中的有关论述。

本《坛经》中，除了从宗教实践的角度提出“识心见性”的要求之外，凡是论及佛性、自性，惠能都是用描述性的语言来说明其“如何”或“怎么样”，而从不说它是“什么”。只有一次，惠能说了“心即是地，性即是王”这样的话，但这显然是一种譬喻的说法。在契嵩改编后的《坛经》本子（宗宝本因之）中倒是有“什么是佛性”的说法，但却是以“不二之性”来解释佛性的，认为“佛性非常非无常，……佛性非善非不善，无二之性，即是佛性”[①]，“无名可名，名于自性，无二之性，是名实性”[②]，强调了超越二元对立的中道方法对明见佛性的重要意义。

惠能对佛性的理解与三论宗祖师吉藏的“以中道为佛性”不无相通之处，与僧肇的“入一空不二法门”的般若空观思想也是一脉相承，但惠能的佛性论思想更多地表现出他禅者的特色，充满着一种摒弃世俗的二元对立，“直指人心”，关注每一个人的当下生活与当下解脱的情怀。因为僧肇是一个地道的般若学者，他主要热衷于阐发般若性空理论；吉藏也是个标准的义学沙门，他的中道佛性论实际上仍然是以“理”为佛性的。而惠能却是一个禅学大师，他所关注的不是“理”而是“人”——是活生生的现实的人，而不是抽象的或五蕴和合的人；他所关注的不是“境”而是“心”——是人们现实的当下之心，而不是抽象的真心或虚幻的妄心。同时，南北朝以来，中国佛性论发展的趋势是由外向内、由境向心，把佛性与主体“心识”、“自性”统一起来成为各家佛性异说比较普遍的共同倾向。在此背景下，禅学中也逐渐酝酿产生出一股“即心即佛”、

---

① 并见于《〈坛经〉对勘》第 28 页与 30 页。
② 并见于《〈坛经〉对勘》第 122 页与 123 页。

“见性成佛”的思潮，齐梁时的宝誌与傅大士以及达摩系的禅法都表现出了这种特点。惠能的禅学正是在此基础上的进一步发展。因而惠能并没有停留在以“不二”释佛性上，而是把“不二”之理与现实的人及人心进一步结合在一起，以“无相无念无住”的当下本觉之心把空与万法、人心与佛性、众生与佛“圆融无碍”地融摄为一体，从而更突出了人们的当下解脱，并赋予了“即心即佛”、“见性成佛”以新的含义，使这些命题主要地不再是从“理”立言，而是就“行”立论，由“果”而说。

惠能的心性佛性论既综合了从人、心、理(境)等不同方面来理解佛性的各家异说，又超越了各家的思想，就此而言，惠能的心性佛性论思想是中国佛性学说发展的一个新阶段。从整个佛教的发展来看，惠能在融摄中观般若思想的基础上，把大乘佛教虚构出来的精神实体重新拉回到人们的现实之心，使得早期佛教的心之解脱经过如来藏自性清净心的发展，又获得了新的内容和形式，在完成了一个否定之否定的过程以后，佛陀的解脱论又得到了新的肯定。就此而言，惠能禅宗在世界佛教发展史上的地位和意义也是值得重视的，其关注人的当下解脱的特色与佛陀创教的根本精神是相一致的。

宗教与哲学一样，本质上都是以自我为出发点和归宿。西方学者卡西尔在其著名的《人论》一书中曾指出：“认识自我乃是哲学探究的最高目标——这看来是众所公认的。在各种不同哲学流派之间的一切争论中，这个目标始终未被改变和动摇，它已被证明是阿基米德点，是一切思潮的牢固而不可动摇的中心。”[①]卡西尔在这里说的是哲学。其实，认识自我同样也

---

① 上海译文出版社 1985 年版，第 3 页。

可以看作是宗教的出发点和最高目标。只不过哲学是以人类的理性为基本依持，而宗教则以信仰为根本特征。但对神的信仰，从根本上说，还是人为了真正认识自我和实现自我。因为神不过是人自身本质的异化或对象化而已。“信教者对上帝的关系其实就是对他自己的本质的关系”①。惠能禅宗的解脱论，虽不以信仰对象化的佛菩萨为主要特征，但把证悟自心作为解脱，实际上也是在宗教的形式下从终极的意义上提出了认识自我和实现自我的问题。中国传统哲学的一大特点就是注重探讨并解决人的安身立命问题，特别是关注人的生存的本质、意义、价值与终极目标。惠能禅宗并不强调崇拜偶像化的神灵，而是突出对圆满具足的人心本性的预设，把高高在上的佛性拉回到每一个现实之人的心中，希望通过对“即心即佛”的领悟而达到认识自我、实现解脱的最高目标，这也可视为是它在中国文化影响下而形成的重要特色之一。

据《坛经》记载，法海初参惠能，就问怎么理解“即心即佛”。惠能回答说：“前念不生即心，后念不灭即佛；成一切相即心，离一切相即佛。”见法海还似懂非懂，就又作偈一首：“即心名慧，即佛乃定，定慧等持，意中清净。悟此法门，由汝习性，用本无生，双修是正。”惠能这里强调了众生与佛的差别只在自心的一念之中，自心邪念不起，正念不断，不执著任何幻相，便自然与佛不二。他将即心即佛比作定慧等持，进一步说明了“即心即佛”不仅是一个理论问题，更是一个实践问题，只有在宗教实践中才能对它有真正的体悟。据说法海“言下大悟”，也作了一首偈赞曰：“即心元是佛，不悟而自屈，我知定慧因，双

① 费尔巴哈《基督教的本质》，商务印书馆 1984 年版，第 57 页。

修离诸物。"[1]表明他已明白,要用中道正观来超越二元对立以达到对即心即佛的体认,不再向心外去作任何求觅,以真正实现自成佛道,自我解脱。

惠能还曾通过佛性的常与无常来说明即心即佛的道理,强调直了见性、自在解脱。弟子志彻对《涅槃经》中所说的常与无常义感到难以把握,便向惠能请教。惠能回答说:"无常者,即佛性也;有常者,即一切善恶诸法分别心也。"这使得弟子志彻更为大惑不解,"经说佛性是常,和尚却言无常,善恶诸法乃至菩提心,皆是无常,和尚却言是常",此不是与经相违么?对此疑惑,惠能说了一番道理:

> 佛性若常,更说什么善恶诸法,乃至穷劫,无有一人发菩提心者,故吾说无常,正是佛说真常之道也。又,一切诸法若无常者,即物物皆有自性,容受生死,而真常性有不遍之处,故吾说常者,是佛说真无常义。佛比为凡夫外道执于邪常,诸二乘人于常计无常,共成八倒,故于涅槃了义教中,破彼偏见,而显说真常、真乐、真我、真净。

据说,志彻闻说后"忽然大悟"了"因守无常心,佛说有常性"的道理[2]。惠能这里的意思是说,佛性之常就体现在诸法无常之中,离无常法即无"真常性";诸法无常也就是佛性之常的表现,物物并无"无常"之自性。在破除常与无常的"偏见"中便显

① 契嵩本《坛经》,见《坛经〈对勘〉》第109页。

② 宗宝本《坛经·顿渐品》。

示了佛性真正的“常乐我净”之义。惠能的话，使我们很容易联想到般若学者僧肇对常与无常的一段见解：“如来去常，故说无常，非谓是无常；去乐故言苦，非谓是苦；去实故言空，非谓是空；去我故言无我，非谓是无我；去相故言寂灭，非谓是寂灭。此五者，可谓无言之教，无相之说。”[①]惠能正是以这种般若性空的“无言之教，无相之说”来理解佛性义的，表现出了他的佛性论思想的般若倾向。但惠能在这里又特别强调了佛性的常乐我净就体现在“一切善恶诸法分别心”之中，也就是恒常的佛性就在念念无常的人心中，是众生当下现实之心的本性，这样就为在念念无著之中当下直了见性、自在解脱提供了心性论上的依据，使惠能的“即心即佛”表现出了与般若学不同的重践行的禅的特色。这样的“即心即佛”，也为“行住坐卧皆是禅”的出现提供了可能，因为从禅定（常）到行住坐卧（无常）的过渡有了桥梁，禅与生活的结合也就有了可能。惠能南宗门下正是从“即心即佛”而进一步提倡“佛法无用功处，只是平常无事，屙屎送尿，著衣吃饭，困来即卧”[②]的随缘任运。惠能本人也曾把“于一切时中，行住坐卧，常行直心”视为“一行三昧”[③]，并由此而对传统的禅定作了新的解释，认为禅定并不是“长坐不卧”，而是“外离相曰禅，内不乱曰定”。[④] 对此，我们将在本书第九章中再作进一步论述。

惠能“即心即佛”的主要特点还突出地表现在对心、佛与

---

① 《维摩经·弟子品》注。
② 《古尊宿语录》卷四《镇州临济慧照禅师语录》。
③ 敦煌本《坛经》第 14 节。
④ 敦煌本《坛经》第 19 节。

众生的解说上。惠能认为，众生与佛的差别仅在于自心(性)迷悟的不同："自性迷，佛即众生；自性悟，众生即是佛。"[①]这就是说，众生与佛的不二，是以心(性)为中介的。把众生与佛都归之于一心，这本是佛教经论与天台、华严等宗派共同具有的思想。例如《华严经》中就有"心佛及众生，是三无差别，诸佛悉了知，一切从心转"[②]的说法，这里的心指的是真心、法性，众生与佛不二是从"一切唯心造"、体性不二的角度讲的。因此，唐实叉难陀的新译本译文是这样说的："心如工画师，能画诸世间，五蕴悉从生，无法而不造，如心佛亦尔，如佛众生然，应知佛与心，体性皆无尽。"[③]华严宗人从"性起缘起"的根本观点出发，发挥了这种思想，认为心佛与众生皆以自性清净心为体性，这个自性清净圆明体"从本已来，性自满足，处染不垢，修治不净，……亦可在圣体而不增，处凡身而不减。虽有隐显之殊，而无差别之异"[④]。既然众生与佛本为一体，当然就是不二的了。天台宗人的观点与此稍异。他们虽然也认为众生与佛皆归于一心，但他们所言之心为具含一切善恶的真妄和合之心，也就是说，他们是从心佛众生三者互具而说生佛不二的，因此，他们所说的"迷心为烦恼生死，悟心即菩提涅槃，是则菩提烦恼更无二法"[⑤]，都是从"性具说"立论的。惠能与上述观点的不同之处在于，他并不就"理"而言，而是就"人"立论的，他的着眼点始终是人的当下解脱，因而他所说的"心"既不

① 敦煌本《坛经》第35节。

② 六十卷《大方广佛华严经》卷十，《大正藏》第9册，第465页下～466页上。

③ 八十卷《大方广佛华严经》卷十九，《大正藏》第10册，第102页上。

④ 法藏《修华严奥旨妄尽还源观》，《大正藏》第45册，第637页中。

⑤ 灌顶《观心论疏》卷二，《大正藏》第46册，第599页中。

是性体清净的真心，也不是具含一切善恶的真妄和合之心，而是直指人们的当下之心。这个作为生、佛统一之基础的当下之心，实际上也就是每个人现实的、完整的人格和人性。这个当下之心圆满具足一切，众生只要在行住坐卧之中念念无执著，自识本心，自见本性，便能自然解脱成佛道。

在惠能看来，无论是真心还是妄心，都不离自己当下的一念心而存在。起心即妄，任心即真。真心不可求，不可得，本自具有，求之则失。在无念无忆无著之中，清净本心便自然显现。就惠能的当下一念之心即具善恶而言，似与天台宗的性具说相近；就惠能的妄心不起，真心即显而言，则又接近了华严宗的性起说。实际上惠能与性具、性起说都是不同的，他主张的是众生自心本性的自然显现，众生依持自心，不假思虑，不假修持，当下即成佛道。在惠能看来，任何对心的思虑或执著都会失却本心，本心者，心之本然也，有本来面目、本来状态之义，任何语言文字的描绘都无法把握此心此境，只有靠每个人自己在行住坐卧之中去体悟。这种要求远离文字而注重体悟心证的即心即佛、直了见性，成为惠能南宗禅区别于佛教其他宗派的鲜明特征之一。

既然人们现实的当下之心就是涅槃妙心，解脱真心，就是生佛统一的基础，那惠能主张人人有佛性，人人能成佛就是必然的了。佛者，觉也，佛性者，觉性也。因此，惠能在主张人人都有佛性的同时，又以般若智慧性来说心性(佛性)，强调人心本觉，人人“自有本觉性”[①]。他说：“善知识！菩提般若之知，世

① 敦煌本《坛经》第21节。

人本自有之，即缘心迷，不能自悟。”[①]一念若悟，便顿见本觉自性。“若起正真般若观照，一刹那间，妄念俱灭，若识自性，一悟即至佛地[②]。”而这必须是在“行”中得以实现的：

> 何名般若？般若是智惠，一切时中，念念不愚，常行智惠，即名般若行。……世人心中常愚，自言我修般若。般若无形相，智惠性即是。……迷人口念，智者心行。当念时有妄，有妄即非真有。念念若行，是名真有。悟此法者，悟般若法，修般若行。不修即凡，一念修行，法身等佛。[③]

惠能强调的是修般若行。般若无形相，智慧性即是。智慧性即是人心之本性，因而任心自行，念念无著，便是常行智慧，即名般若行，便于自心中起般若观照，内外明彻，开佛智见。若起心而修，口念而行，那就是著相的迷人愚行了。从认识论上说，惠能有知行合一，把知归之于行的倾向。而他所说的“行”又是与“证”紧密结合在一起的。他在回答智常问四乘法义时说：

> 汝自身心见，莫著外法相，元无四乘法，人心量四等。法有四乘：见闻诵读是小乘，悟法解义是中乘，依法修行是大乘，万法尽通，万行俱备，一切无杂，但离法相，作无所得，是最上乘。最上乘是最上行义，不

---

① 敦煌本《坛经》第12节。

② 宗宝本《坛经·般若品》。

③ 敦煌本《坛经》第26节。

在口诤。汝须自修,莫问吾也。[1]

从惠能在这里对“四乘”所作的自由阐释中可以看到,惠能自我标榜的“最上乘”禅法是体现在“行”与“修”之中的,而这种行与修,又是无行之行、不修之修的当下证悟,实际上也就是解脱的一种境界。从佛教的“信解行证”来看,惠能追求的是行、证合一。离法相,无所得,便是万法尽通,万行俱备,同时也就是自然成佛道,自在解脱。惠能强调的修是修般若,行是无念行,讲的都不是一般意义上的实践活动,而是立足于自心之基础上的体悟心证,因为在惠能看来,“万法在自性,思量一切恶事,即行于恶,思量一切善事,即修于善行”[2],一切都是自心思量的结果。这样,惠能“知归于行”的知行合一与王阳明“销行以归知”的知行合一说法虽异,本质上却是相通的,他们都是把知、行归之于一心,归于主观的一种境界。由此也从一个侧面反映了惠能对宋明理学特别是对阳明心学的影响。

需要特别说明的是,惠能所说的自性般若观照,并非是常人的主观认识客观,而是超越主客分别的一种洞察,是基于本觉自性的一种直观,是将能所消融于自心的一种体悟。因此,当有人提出用智慧照生死烦恼时,惠能即用“不二”之说对之进行了批评。在《曹溪大师别传》中,有如下一段记载:

(惠能)大师云:道无明暗,明暗是代谢之义。明明无尽,亦是有尽,相待立名。《净名经》云:法无有

① 敦煌本《坛经》第 43 节,个别文字据《敦煌新本六祖坛经》改。
② 敦煌本《坛经》第 20 节。

> 比，无相待故。
>
> 薛简云：明譬智慧，暗喻烦恼，修道之人，若不用智慧照生死烦恼，何得出离？
>
> （惠能）大师云：烦恼即菩提，无二无别。汝见有智慧为能照，此是二乘见解，有智之人，悉不如是。[1]

这与敦煌本《坛经》反复强调的"般若常在，不离自性，……用智惠观照，于一切法不取不舍，即见性成佛道"[2]，"自性心地，以智惠观照，内外明彻，识自本心，若识本心，即是解脱"[3]等思想是基本一致的。惠能这种思想显然与他以般若为自心之性有一定的关系。"般若，就其客观方面说是性空，就其主观方面说是大智"[4]，因此，般若学者僧肇就曾以"无知而无不知"来解说"般若"，而他"以无知之般若，照彼无相之真谛"的所谓"般若无知论"最后实际上也成了般若的自我观照，所以他说："般若之与真谛，言用即同而异，言寂即异而同。同故无心于彼此，异故不失于照功。"[5]惠能所言之自性般若观照，本质上与僧肇思想并无二致，所不同的只是在于，僧肇侧重于从理论方面说明以般若观万法之性空，惠能则偏重于在禅行实践中证悟自心的具足："心量广大，遍周法界，用即了了分明，应用便知一切！"[6]

---

① 契嵩本与宗宝本《坛经》也都加进了这一段内容。

② 敦煌本《坛经》第 27 节。

③ 敦煌本《坛经》第 31 节。

④ 吕澂《中国佛学源流略讲》第 46 页。

⑤ 《肇论·般若无知论》。

⑥ 宗宝本《坛经·般若品》。

惠能在"即心即佛"的基础上倡导直了见性，自在解脱，把涅槃妙心、解脱真心拉回到人们当下的现实之心，认为妄心真心都离不开自己当下的一念心而存在。因此，在惠能那里，虽然一般都用"心"来表示妄心或人们当下之心，用"性"来表示佛性意义上的真心，但从根本上说，在众生解脱的意义上，心与性是二而一的东西。前面提到，惠能曾形象地把人身比喻为一座城，认为"心即是地，性即是王。性在王在，性去王无。性在身心存，性去身心坏"。从表面看，似乎有把心性分视为二的倾向，认为两者可以独立自存。其实惠能是在强调心性在人身上的相互依存关系，心无性无以存，性无心无以在。性必依心而居，心必赖性而有。有心必有性，故惠能常叫人"于自心顿现真如本性"；性亦不离心，故惠能又说"性在身心存"，要人"只向心觅，莫向外求"。心性是众生的解脱之本，只要"于自心常起正见，烦恼尘劳，常不能染，即是见性"[①]，自性就体现在自心"念念无邪见"、内外无执著之中。当然，在"心"表示妄心的时候，惠能就叫人"将自性般若智除却虚妄思想心"[②]了。但这时的自性般若仍然是不离众生之自心的。

正因为自心与自性是同中有异，异中有同，所以惠能既说自心中有佛之知见，"劝一切人，于自心中常开佛之知见"[③]；又说自性中有不善心，要人"除却自性中不善心、嫉妒心、谄曲心、吾我心、诳妄心、轻人心、慢他心、邪见心、贡高心"[④]。而由

① 宗宝本《坛经·般若品》。
② 宗宝本《坛经·忏悔品》。
③ 宗宝本《坛经·机缘品》。
④ 宗宝本《坛经·忏悔品》。

于心与性在惠能的解脱论中本质上是一回事，因此，惠能有时说心是佛："只汝自心，更无别佛"[①]，要人"见自心佛"[②]；有时又说性是佛："本性是佛，离性无别佛"[③]，要人"见取自性，直成佛道"[④]。其实，心是佛也罢，性是佛也罢，惠能的根本意思是要人们了悟众生与佛只在人们当下的一念之中，"前念迷即凡，后念悟即佛"[⑤]。众生与佛本无二，众生本来是佛，离众生别无佛，众生之所以未成佛道，"只缘心迷，不能自悟"[⑥]。而自心的觉悟就是自心般若智慧性的自然显现，因此惠能反对"百物不思"的绝念和种种有所执著的观心看净，强调人心念念相续、念念无著的自然任运，自在解脱。

我们知道，在中国古代思想中，往往把具有主观精神活动视为人与他物相区别的一个标志，而主观精神又常被归结为"心"、"心神"或"心念"。这样，惠能把心与性都统一到人们的当下之心，实际上也就是指向了现实的人自身，他所说的"即心即佛"，实际上也就把佛拉向了普通的人。因此，在惠能看来，"但识众生，即能见佛，若不识众生，觅佛万劫不得见也"。为此，惠能还特作颂一首：

> 迷即佛众生，悟即众生佛；愚痴佛众生，智惠众生佛。心险佛众生，平等众生佛；一生心若险，佛在众

---

① 宗宝本《坛经·机缘品》。
② 宗宝本《坛经·忏悔品》。
③ 宗宝本《坛经·般若品》。
④ 宗宝本《坛经·疑问品》。
⑤ 敦煌本《坛经》第26节。
⑥ 宗宝本《坛经·般若品》。

> 生中。一念吾若平，即众生自佛；我心自有佛，自佛是真佛；自若无佛心，向何处求佛？①

虽然郭朋先生在《坛经校释》中认为此偈颂"文俚、意俗，殊无深义，很显然，它也是后来加进《坛经》的"，但我们认为这一首偈颂即使是后来加进《坛经》的，但它仍然反映了惠能对心佛与众生的基本看法。而且"文俚、意俗，殊无深义"与惠能的身份也正好相合。这就是说，惠能的"即心即佛"与"生佛不二"是联系在一起的，即心即佛既是对生佛不二的论证，也是对生佛不二的发挥。从根本上说，"即心即佛"说的就是"众生即佛"，而之所以众生与佛不二，就在于共同依持于一心。后来惠能南宗门下所谓的"全心即佛，全佛即人，人佛无异"②，更强调于行住坐卧之间"直显心性"，就是对惠能禅学思想的进一步发展和贯彻落实。

由于惠能的"即心即佛"把佛性拉向了人心，把佛拉回到了人自身，因而他所说的解脱也就是人心的自在任运，是人于当下生存中的自性觉悟，而不是传统佛教所谓的"出世解脱"。惠能的解脱论是以当下的"自在解脱"为其重要特征的。他曾对"出世"作了这样的解释："世人心正，起智惠观照，自开佛知见。……开佛知见即出世。"③如前所述，惠能是以觉释佛、以佛性为觉性、以般若性为人性的，因而自心开佛知见，与自心的自在任运，实际上是一个意思。

---

① 敦煌本《坛经》第 52 节。

② 《五灯会元》卷三《盘山宝积禅师》。

③ 敦煌本《坛经》第 42 节。

本来，在传统佛教中大都是以涅槃来表达解脱境界的。但在敦煌本《坛经》中却总共只使用过一次“涅槃”这个概念，而且是在“如来入涅槃”[①]的意义上使用的。后来的契嵩本(宗宝本因之)《坛经》中曾多次出现“涅槃”，特别是惠能还与志道专门探讨了“无上大涅槃”义，这也许从一个侧面表明我们在第五章中曾提出的契嵩据以改编的那个“文繁”的古本《坛经》可能是偏重《涅槃经》思想的志道门下所编或所传。我们认为，惠能多用“自在解脱”而不用“涅槃解脱”来表示解脱境，这正充分体现了他的解脱论要求人们在现实的行住坐卧中去体悟自家生命之本然、在具体的生活中去显现自己完美具足的人格与人性、不离世间求解脱的重要特点。这种特点的形成，既与老庄道家“人法地，地法天，天法道，道法自然”、“自然无为，无为而无不为”和玄学的“适性逍遥”等思想的熏染有关，也受到了魏晋佛教般若学的影响。我们可以看一下东晋著名的般若学者僧肇对超凡入圣的描绘。僧肇在《答刘遗民书》中曾说：

> 圣人空洞其怀，无识无知。然居动用之域，而止无为之境；处有名之内，而宅绝言之乡。寂寥虚旷，莫可以形名得，若斯而已矣。

然而，僧肇只是停留在对圣人之境的描述上，惠能却进一步要求在实践中来体证这种境界，“见自性自净，自修自作自性法身，自行佛行，自作自成佛道”[②]，从而显示出了他禅家的本色。

---

① 敦煌本《坛经》第 57 节。

② 敦煌本《坛经》第 19 节。

三、自成佛道与小农思想

惠能的即心即佛、自在解脱，本质上是一种自成佛道的自我解脱论，这种自我解脱论突出的是自我的具足，强调的是依靠自力，要人们凭自信与自力去实现自我的拯救与解脱，这特别吸引了有着丰富内心世界活动和追求完美人生境界的士大夫的关爱。也许正因为此，所以如范文澜先生所曾指出的："禅宗是适合中国士大夫口味的宗教，因之能够比其他宗派保持较长的流传。"①而从另一方面看，惠能禅所张扬的自成佛道、自我解脱又是中国传统的自给自足的小农经济思想在宗教解脱论上的反映。

惠能的自成佛道论，在他初参五祖、黄梅得法后不久，就有充分的表露。据《坛经》中说，惠能得法受衣后南行，弘忍门下很多人不服气，就去追赶惠能，想夺回法衣。其中的惠明赶上后，曾请惠能为之说法，惠能云："不思善，不思恶，正与么时，那个是明上座本来面目？"惠明言下大悟，复问密意。惠能说："与汝说者，即非密也。汝若返照，密在汝也。"惠明感叹地说："惠明虽在黄梅，实未省自己面目，今蒙指示，如人饮水，冷暖自知。"②虽然这段记载的可靠性时有人怀疑，而且事实上也很可能是经过了后人的添改，但它确实反映了惠能对解脱的基本看法——解脱是自心对自己本来面目的证悟，是自心无念无住的自然任运。因此，惠能一方面强调"万法在自性"，

① 《唐代佛教》，人民出版社 1979 年版，第 90 页。

② 宗宝本《坛经·行由品》。

要人放弃对外在于自我的一切东西(哪怕是佛、是道)的追求,另一方面又突出自心的觉悟,强调依靠自心来实现自我的解脱,而这种解脱是不离凡夫身、不离世俗间的。

融宗教的信仰于现实的生活,将超越的情怀委于当下,把解脱的主动权放到各人自己手上,这成为惠能解脱论的一大特色。这种解脱无需改变任何外在的东西,只需在随缘的生活中改变自己的主观境界,通过显现自我完美具足的本性而实现内在精神的提升,这对于不满于现实而又无能为力的人来说,无疑具有很大的吸引力,惠能禅得到人们的信奉并获得极大的发展,这并不是偶然的。从更广阔的社会文化背景中来考察,我们会发现,惠能这种不假外求、自成佛道的解脱论所体现的精神恰好就是中国自给自足的小农经济的主要特征。

一种思想的萌芽与发展必然要受到种种主客观条件的制约。惠能之所以将解脱最终落实在每个人的自我拯救、自我解脱上,除了他本人的出身与经历之外,其外在原因与中国自给自足的小农经济的生产方式、王权政治力量的强大、宗法伦理影响的深远和传统思想文化浓厚的现实主义、人文主义精神等也都密切相关。由于社会存在决定社会意识,经济基础决定上层建筑,因此,要探讨惠能解脱论的特点,我们还有必要深入到惠能禅所赖以生存的小农经济生活中去。

从经济上看,长期以来,中国的封建社会因自然环境和地理环境等因素影响而以农业立国。中国人的生活是以农为本的生活,华夏民族的精神也深深地打上了农业文明的烙印。农民作为封建国家的主要生产者,占社会人口的绝大多数,他们靠天吃饭,靠地生活。一家一户的小农经济的生产方式在中国封建社会经济中占有主导地位。政治上的中央集权与小农经济的生产方式相互依存，构成了中国封建社会主要的社会模式。在封建国家重农抑商的政策导向下，农民的生活状况及生活态度在某种程度上就成为社会是否安定和文化是否繁荣的决定性因素。禅宗作为中国佛教的一个宗派，创立并流传于社会下层，信徒中的许多人就是由农民或生活在社会下层的小生产者转化而来的。六祖惠能本人早年也是一个以卖柴为生的穷苦人。惠能生活在社会底层，应该说是最了解农民的所思所想。因此，他建构的自成佛道的自我解脱论就在一定程度上迎合了中国人自给自足的一种精神需要，他所张扬的"自我解脱"以哲学上的肯定主体"自我"为突破口，以自心自性为解脱的根本依持，在发挥印度佛教人生论所潜含的积极意义的同时，使佛教更多地面向了现实的社会和人生。

任继愈先生曾指出："政治的高度统一，经济的极度分散，表现在中国哲学史上，形成儒家与道家两派的长期对立、并存。儒家代表政治的集中，道家代表农民的分散经营，要求自由、不受干涉的倾向。……禅宗作为宗教的团体，反映了小农经济的人生观和世界观。小农经济的一个特点是长期保持自给自足的生活方式。凡是自己需要的，由自己解决（衣、食、住）。……禅宗得以在中国广泛传播，经久不衰，一个重要因素是中国有千千万万小农经济存在。自给自足的经济生活产生自己解脱的宗教思想，是十分自然的结果。……禅宗是农民的佛教。"[1]在分析禅宗解脱论的特点时，任先生又指出："禅宗的共同信念是'自我解脱'。这种自我解脱虽有时借助外缘启发，所谓机锋、话头，但关键的一步全凭自修自悟。……这种

① 《弘忍与禅宗》，载《"东山法门"与禅宗》，第 5～6 页。

‘自我解脱’、切身体验的宗教观，恰恰是中国小农经济自给自足的自然经济的反映。经济上的自给自足，不假外求，正是小农经济现实生活的自我满足精神境界的折光反射。佛教宗派众多，只有禅宗的自我解脱保存的农民宗教意识最多。它把中国古代小农经济的生产方式和生活方式紧密地结合到禅宗僧团的生产方式和生活方式中来。这一变革，使得中国佛教与中国古代封建社会经济结构进一步取得协调，从而获得更强的生命力。”[①]这就画龙点睛式地说明了惠能的自我解脱思想之形成与中国的小农经济自给自足的思想之密切关系。惠能的“自我解脱”在很大程度上就是小农经济思想在宗教解脱论上的具体体现。特殊的生活环境和生活理想养成了中国人依靠自我的力量来满足自我生活需求的小农经济思想。反映在宗教观念上，也形成了以人的现世现生的生存发展与幸福为出发点和归宿，以人的自我解脱为中心的重要特点。这既与一些西方宗教以彼岸世界为现世人生价值之目标、信神有时并不是为了求得此世的幸福而是为了死后的解脱等有显著的差异，也与印度佛教强调出世求解脱有很大的不同。这对惠能自成佛道的自我解脱论产生了深刻的影响。

惠能的解脱论特别注重每一位个体的自我解脱以及这种解脱在现世当下的实现。惠能认为，佛性在人心中，万法在自性中，每个人的本性都是圆满具足的，因而人们可以不依外力，而靠本身的力量获得解脱。日本禅师铃木大拙曾说：“从禅的观点来看，宇宙乃是一个没有周边的圆，我们每一个人都是宇宙的中心。更具体一些说：我即中心，我即宇宙，我即是创造

① 《禅宗思想的形成与发展》序，江苏古籍出版社 1992 年版。

者。我举起手来叫一声：看呀！这就有了空间，有了时间，有了因果；每一条逻辑定律，每一个形上原理，无不当下俱来肯定我手的实性。”[①]这从一个侧面反映了禅宗的世界观和禅者的一种自信。惠能常常教导众人，“于念念中，……自修、自行、自成佛道。”[②]要人在日常生活的每时每刻努力突出自己清净的本心，体悟我即万法、我即佛的道理。明白了这一道理，就能在纷繁的尘世中以“无念”处之，保持人的自然清净的本性而不生计较执著之心，从而达到心理的平衡和内在境界的提升。惠能突出每个人的自心自性，把解脱成佛完全建立在个体之人的自性自度上。这就像一个农民，依四季的自然运行而辛勤地劳动，春耕夏种，秋收冬藏，靠自力克服重重困难以维持一家人的生活，并为实现自己确立的某种理想而努力不懈。惠能的自我解脱也是如此，凭藉着个人的自性和人格力量，在遍布荆棘的心理路程上不断向前，没有可以扶持的东西，只有依靠自己的信心和勇气，这难道不就是一种自给自足的精神的具体体现吗？

惠能通过突出每个人当下的“自我解脱”而充分肯定了人们平常的真实的生活及意义，最终导致了南宗禅出现了不同于传统佛教的独特的宗教生活方式，大大推动了佛教中国化的进程。

佛教本是印度文化孕育的产物。印度与中国有着非常不同的自然环境。热带雨林气候赐予的丰厚物产使印度的先民雅利安人可以把体力与智力用于征服与改造自然之外的活

---

① 《禅宗・历史与文化》第68页。

② 宗宝本《坛经・忏悔品》。

动——通过思维的修习而探求宇宙奥秘和人生的真谛，从而建构起博大精深的理论。释迦牟尼创立佛教的根本目的是求解脱。所谓“解”，就是解除“无明”与“惑业”的束缚，所谓“脱”就是去掉三界（欲界、色界、无色界）的苦果。传统佛教将“无明”与“惑业”作为获得解脱的主要障碍，而“无明”与“惑业”又是与人的世俗生活联系在一起的。为了割断世俗的牵累，以清静修行，佛教提倡出家修道，要求修道者不娶妻生子，不杀生，不饮酒，不偷盗，过一种全方位的禁欲的生活。佛教传入中国后，它的宗教信仰与出家修行方式因与中国人的生活方式与伦理道德观念之间存在着极大的差异，曾遭到中国人的冷落甚至反对。铃木大拙在分析中印佛教之差异的原因时曾指出：“禅是不可能在中国以外的任何其他地方或人民之中孕育、滋长和繁茂起来的。……中国人是一个特别实际的民族，与印度人之耽于冥想、倾向概念、出世精神及非历史的心智相较，正好成一鲜明的对比。当佛教僧侣初到中国之际，中国人对他们那种不务劳作和独身主义的作法，是颇为反感的。中国人如此思维：如果那些僧侣不去工作，那么谁去供养他们呢？自然，那只有不是僧侣的人了。这也就是说，俗人就得为不工作的僧侣去工作了。如果那些僧侣不结婚，那么谁去照顾他们祖先的亡灵呢？印度人认为精神导师不必从事劳务乃是理所当然的事，因此，他们的衣、食、住等生活所需依赖俗人供给，更是最自然不过的事。耕种、砍柴和洗涤碗盘等，都是有损他们尊严的事儿。”[①]虽然后来佛教在中国化的过程中也在一定程度上接受了儒家伦理道德，并依照中国人的生活方式作出了某些修正，

① 《禅宗·历史与文化》第70～71页。

但直到道信、弘忍将中国农民的生活方式与思维方式引入佛教，才在根本上改变了出家修行的内涵，使达摩以来随缘自在的解脱观具体落实到了实际的禅行生活中，在“农禅并作”的生活中透露出中国禅宗特有的自然主义的风度。这种禅风经惠能“出世不离入世”的诠释而得到了发扬光大，南宗门下更将禅修与运水搬柴、穿衣吃饭等日常生活打成一片，形成了中国佛教独特的一道风景线。

在小农思想的影响下，惠能的解脱论具有一些不同于其他佛教宗派的显著特点。从思维方式上看，惠能的“自我解脱”，不注重繁琐的思辨和深奥的哲理，而追求在日常生活中的当下即悟。这是因为农民世代生活在大自然中，只需一亩地，一把锄，一头牛就可以随顺自然而生活。大多数农民虽然没有受过系统的文化教育，但在随顺自然、天人合一观念的影响下，却孕育出一种特殊的直观体悟的思维方式。惠能本人也是“不识文字”，但他强调“本性自有般若之智，自用智慧观照”，认为众生的解脱是一个实践问题而不是理论问题，无需对禅进行理智的探讨，一切有限与无限的争论，肉体与灵魂孰净孰染的探索，在千姿百态、生机勃勃的大自然面前显得是那么索然无味。因此，惠能强调人本性具足，本来自由，与生生不息的大自然一样，自然体现出完美和圆满，并形成了从生活中体悟生命的本质以追求自我解脱的思维方式。“习禅的一个最典型的生活特质，即是师生一同操持各式各样的劳动工作，在工作中互相问答颇富形上色彩的题旨。但他们小心地避免使用抽象的术语。他们所碰到的任何具体物事，都可用作究明真理的题材。如果他们在采茶，茶树就是他们讨论的话题。如果他们在途中看到了鸟兽，鸟兽就成了他们生动的话头。不仅是活的或死的东西，即连他们所表现的言谈笑语和动作，也都成了他们用以探究真理的材料。对于禅师而言，生命的本身及其所生的一切动力，无不均皆善说法要。因此当禅师在编织草鞋、粉刷墙壁、看经或喝茶时，僧徒都可以走上前去向他问道。反之，当禅师碰到他的弟子在刈草、割麦、舂米或推车时，他亦可以走上前去向他们提出表面似是无知、实则深含形上或精神意义的问题，迫使他们应对。”①这里，铃木大拙主要说的是惠能后学参禅的情景。但他十分形象地描绘的禅师将参禅与农事生活融为一体的生动画面，同样也表现了于当下生活中悟道得解脱的惠能禅的精神。这种在生活中直观体悟的思维方式使惠能禅始终洋溢着一种生活气息、劳动热情和乐观精神，在不落传统窠臼的新特点中开创出佛教发展的新洪流。

从生活方式上看，中国农民追求顺应自然规则的生活方式也浸渗在惠能的“自我解脱”之中。中国农民，日出而作，日落而息，一切都顺应自然而生活，人似乎也成为生生不息的大自然的一部分。这种人与自然相融共在的观念已成为一种“集体无意识”而深深地积淀在人们的心灵深处，也影响到了惠能的禅学思想。惠能虽然把解脱理解为一种精神的超然，但却并不要求人们离群索居，远离尘世，也不是要人“身如槁木，心如死灰”，而是要人们在现实的行、住、坐、卧中去体悟自家生命的本然。禅法看似深奥，其实就在人们的日常生活中，从每天必做的人生事务中自然可以达到解脱之境。因此，惠能反对自心起妄念，更反对绝对的无念，他只要求“于念而无念”，即“不执著”。这种“不执著”包括对“求佛道”的不执著。临济义玄曾

① 《禅宗·历史与文化》第 71 页。

说："你若能歇得念念驰求心，便与祖佛不别。……但能随缘消旧业，任运著衣裳，要行即行，要坐即坐，无一念心希求佛果。"[①]后来禅门中十分流行的诗句"春有百花秋有月，夏有凉风冬有雪，若无闲事挂心头，便是人间好时节"[②]，也正是这种境界的生动写照。可见，惠能的解脱论虽不是一种积极的入世理论，但也不完全是消极的避世主义。惠能在倡导"自我解脱"的同时并没有否定人的现实生活，反而更加倡导人应当过一种随缘任运的自然生活。"行住坐卧皆是禅"、"运水搬柴皆是道"，这不仅与传统的佛教形成了鲜明的差异，也与中国传统文化中具有的强烈的关注现实人生的人文精神相吻合。

正是在小农思想的深刻影响下，惠能南宗在充分肯定每个人的真实生活所透露出的生命的底蕴与意义的基础上，融理想于当下的现实人生之中，化修道求佛于平常的穿衣吃饭之间，强调人心即是佛性，人就是佛。它所说的"佛性"主要是指自心自性，是对人生实践主体的一种肯定，它所说的"佛"实际上也就是指内外无著、来去自由的解脱的人。"佛法在世间，不离世间觉；离世觅菩提，恰如求兔角。"[③]主张"出世"的佛教在中国经过小农经济思想的洗礼而终于面向人生，走向"入世"了。当然，这里说的"入世"并不影响惠能禅宗的解脱论从本质上说仍是一种"出世"的哲学，因为它毕竟不是以入世为最终目的，而是视入世为方便法门，以出世为指归的。但惠能禅宗的入世化倾向更适应了中国人的精神需要，这却是值

① 《古尊宿语录》卷四《镇州临济慧照禅师语录》。

② 《无门关》第十九则颂，《大正藏》第48册，第295页中。

③ 宗宝本《坛经·般若品》。

得重视的。惠能的解脱论不仅直接影响到南宗禅的展开，也促使宋明以后中国佛教进一步向入世化、人生化的方向发展，“世间法则佛法，佛法则世间法”[①]后来成了中国佛教的普遍共识。

恩格斯说：“只是由于一切宗教的内容是以人为本源，所以这些宗教在某一点上还有某些理由受到人的尊重；只有意识到，即使是最荒谬的迷信，其根基也是反映人类本质的永恒本性，尽管反映得不很完备，有些歪曲；只有意识到这一点，才能使宗教的历史，特别是中世纪宗教的历史，不致被全盘否定。”[②]恩格斯的这段话对于我们研究惠能禅学思想的特点，同样具有指导性的意义。

最后需要指出的是，惠能把个人的解脱归之于自我主观精神的转变，把众生的平等与解放这个社会问题的解决最终归结为个人的自我体悟，企图脱离对社会现实的改造来实现个人的解脱，这最多只能是一种美好的空想。虽然他的这种理论否定了盲目迷信神灵神性，突出了每个人的自心自性，主张人人有佛性，人人能成佛，包含了在佛性面前人人平等、在成佛面前机会均等这样一种争取平等与解放的合理成份，对于个人的修身养性也不无可取之处。从正面讲，它能调控人的心理，给人以一定的精神安慰；但从反面看，它也会对人的思想产生一种精神麻醉作用，这一点是不应被忽视的。同时，就惠能在精神领域中实现自我解脱而言，与西方曾风靡一时的精神分析理论确实有某种相似之处，因此，在西方世界面临精神

① 《大慧普觉禅师语录》卷二十七。

② 《马克思恩格斯全集》第1卷，人民出版社1956年版，第651页。

危机之际，有些学者，特别是一些精神分析学家，把目光转向了东方，希冀从古老的东方文明中寻求出路，禅宗也就成为他们关注的对象，禅成了他们热门的话题，但他们往往夸大了禅宗在人类自我拯救中的作用。[①] 人的问题最终是个社会问题，而社会问题的解决，最终还要靠社会实践。

① 请参阅《禅宗与精神分析》，铃木大拙与弗洛姆等合著。

第八章　惠能的修行观

惠能以般若实相说改造了佛性论，把佛性、真心统一于人们念念无住的当下之心，以人们的自心自性为成佛的根据，把主体完全从内外束缚中摆脱出来以及精神上的彻底逍遥自在作为解脱成佛道的境界，这就决定了他在如何解脱成佛、解脱的途径与方法、解脱的步骤与阶次等许多问题上，提出了一系列与传统佛教相异的思想与主张，形成了他所独具的修行观，对佛教的中国化产生了深刻的影响。

一、识心见性

惠能修行观的总原则是“识心见性”。惠能认为，既然自心有佛，自性是佛，那么，“识心见性”，便能“自成佛道”①。在惠能这里，“识心”主要有两层意思：一是自识本心有佛，本心即佛，强调的是“菩提只向心觅，何劳向外求玄”②；二是由了知自心本来清净、万法尽在自心而自净其心，念念无著，还得本心。后世禅宗一般都用“明心”来表示上述二义，似更为贴切。“见性”这个概念亦有两层意思：一是了悟、彻见之义，即自见自心真如本性，自见本性般若之知；二是显现义，即通过净心、明心而使自心本性显现出来。识心即能见性，见性即成佛道。因此，从根本上说，识心和见性是一回事。需要指出的是，这里的“识”与“见”都不是一般意义上的知见，而是一种证悟，是佛教所特有的“现观”、“亲证”，它是不以任何语言概念或思维形式为中介的直观。在这种“识”与“见”中，没有识与被识，见与被见之区分，它是一种整体的圆融，是自心自性的自我观照、自我显现。宗宝本《坛经》所记惠能说的“自心迷，不见内性”、“自心归依自性”“即是自性现”等语，都是这个意思。

见性即得解脱，见性即能成佛，这本是佛教中早已有之的思想，并非惠能首创。甚至在印度数论哲学的原始经典中，就已有“如是我者，见自性时，即得解脱”③这样的说法。《大般涅槃经》中也把见性作为解脱的标志，认为“得解脱故，明见佛性”，“若有知见觉佛性者，不名世间，名为菩萨”④，而只有如来才能明见所有佛性：“无量菩萨虽具足行诸波罗蜜，乃至十

① 敦煌本《坛经》第30节。
② 宗宝本《坛经·疑问品》。
③ 真谛译《金七十论》卷上，《大正藏》第54册，第1250页中。
④ 《大正藏》第12册，第466页下，第466页上～中。

住，犹未能见所有佛性，如来既说，即便少见。”[①]《楞伽阿跋多罗宝经》卷一中则提出了自心显现自性为佛之境界的说法：“佛子眷属，彼心意意识，自心所现自性境界，虚妄之想，生死有海，业爱无知，如是等因，悉已超度。”这些经论的译出，对中国佛学界影响很大。在梁代涅槃佛性论盛行之际，有些涅槃学者就提出了“见性成佛”的观点。据说菩提达摩来华传禅，亦以“直指人心，见性成佛”为标帜，这种说法虽无确证，但五祖弘忍却是实实在在地留下了“了见佛性”、“若能自识本心念念磨炼莫住者，即自见佛性。……若了此心源者，一切心义自现”以及“识心故悟”、“皆识本心，一时成佛”[②]等法语。敦煌本《坛经》中也多次提到弘忍的禅法以“见性”为旨归：“（弘忍）大师劝道俗，但持《金刚经》一卷，即得见性，直了成佛。”[③]神秀之所以未得法衣，就在于弘忍认为他所作的偈“只到门前”，未能见性，而“若觅无上菩提，……须入得门，见自本性”[④]。就此而言，惠能的思想显然并没有离开佛学发展的轨道，与东山法门也是一脉相承的。

但是，惠能的“识心见性”是有其新内容、新特点的。《大般涅槃经》中所说的见性是见“常乐我净”之佛性：“佛性常乐我净，以诸众生不能见故，无常无乐无我无净。……以得见故，众生即得常乐我净。”[⑤]众生在未见性之前，是并不具足佛性之功德的。因此，当狮子吼菩萨对佛所说的“一切众生悉有佛

① 《大正藏》第12册，第652页下。
② 见《楞伽师资记》、《最上乘论》等。
③ 敦煌本《坛经》第2节。
④ 敦煌本《坛经》第7节。
⑤ 《大正藏》第12册，第523页下。

性”、“佛者即是佛性”表示不理解而发出“若佛与佛性无差别者，一切众生何用修道”的疑问时，佛言：

> 如汝所问是义不然。佛与佛性虽无差别，然诸众生悉未具足。……一切众生定得阿耨多罗三藐三菩提故，是故我说一切众生悉有佛性。一切众生真实未有三十二相，八十种好。①

这就是说，《涅槃经》主要是从“当果”说“见性”的，佛性与众生心、佛与众生只是“理”无二致，而非本来不二。这与惠能所说的万法在自心，自心有佛，自性是佛，迷即众生悟即佛等等，显然是不一样的。

《楞伽经》中所说的自心现自性，对惠能的影响比较更大些，但两者也是不同的。《楞伽经》是以如来藏自性清净心来解说心与性的，心以性为体，性以心为用，净除妄心污染，即现清净本性，“如来藏自性清净，……有时说空、无相、无愿、如、实际、法性、法身、涅槃、离自性、不生不灭、本来寂静、自性涅槃，如是等句，说如来藏”②。“如来净除一切众生自心现流，……顿现无相无有所有清净境界。”③可以看出，《楞伽经》是围绕着“心净尘染”展开论述的，弘忍、神秀的观心、守心、“息妄修心”的禅法，就是由此而来的。“明心见性乃是修禅所要达到的目的，但怎样才能见到佛性呢？从弘忍神秀以来，都认为佛性

① 《大正藏》第 12 册，第 524 页中。

② 《楞伽阿跋多罗宝经》卷二，《大正藏》第 16 册，第 489 页上～中。

③ 《楞伽阿跋多罗宝经》卷一，《大正藏》第 16 册，第 486 页上。

乃是真心、清净心，只要得清净心，了此真心，就是见性。”[①]而惠能则是以“识自心内善知识，即得解脱”[②]、“见取自性，直成佛道”[③]相标榜的，自心念念相续，念念无著，即自是真如性，即见性成佛道。

从字面上看，弘忍的“若能自识本心……即自见佛性”，见性即成佛，与惠能几乎一样，但是，弘忍的禅法思想是以“真心”为核心，以“守本真心”为归趣的。他的“识心见性”是要人了知自心本来清净，不生不灭，自心为真心，自心为本师，从而“守本真心，妄念不生”。也就是说，弘忍的识心见性是为“守本真心”服务的，是“守本真心”的理论准备，“守本真心”才是弘忍禅法的根本要求与目的。因此，弘忍提出“守心第一”，认为“此守心者，乃是涅槃之根本，入道之要门，十二部经之宗，三世诸佛之祖”[④]。而惠能却是以识心见性为修习的全部内容，以识心见性为解脱成佛道的。

由于惠能所言的心与性都以人们的当下之心为依持，识心见性只是自心的自我观照，是人们自心的自在任运，既没有一个心可以识，也没有一个性可以见，只有在内外无著之中才能显现本自具足一切的无相无念无住的心之本然，因此，惠能反对观心看净，强调众生与佛的本来不二，凡圣的区别只在迷悟之不同，而迷悟又只是有念与无念之别。他对识心见性的解释是：

① 吕澂《中国佛学源流略讲》第 236 页。

② 敦煌本《坛经》第 31 节。

③ 宗宝本《坛经·疑问品》。

④ 引文均见《最上乘论》。

> 自性心地，以智惠观照，内外明彻，识自本心。若识本心，即是解脱。[1]

> 般若常在，不离自性，悟此法者，即是无念无忆无著，莫起诳妄，即自是真如性。用智惠观照，于一切法不取不舍，即见性成佛道。[2]

这就是说，众生自心圆满具足，自性常起正见，即是见性。识心、见性与开悟、解脱具有相同的意义。识心见性是于“念念无著”之中实现的。可见，在惠能的禅法体系中，“识心见性”既是修行法，又是解脱境，同时，它又不离现实的生活。惠能是把心与性的统一落实在人们当下的宗教体悟之中的，识心见性并不是一个理论问题，而是一个实践问题。

作为修行法，“识心见性”要求任心自运，内外无著，行“无念”行。这里所说的“无念”，并非要人百物不思，一念断绝，等同木石，因为那样也就无所谓人的解脱了。惠能主张的“无念”，无的是妄念，即“不于法上生念”。至于正念，是“念念不断”的。“一念断即死”，还谈什么解脱呢？惠能曾说：“若一念断绝，法身即是离色身。……若百物不思，念尽除却，一念断即死，别处受生。”[3]表明惠能注重的是现实之人的解脱。这里虽有“别处受生”这样的用语，但主要地不是在表达“形神相离”、

---

① 敦煌本《坛经》第 31 节。

② 敦煌本《坛经》第 27 节，《坛经校释》漏“即自是真如性”中的“自”字，现据敦煌卷子底本补。

③ 敦煌本《坛经》第 17 节，《坛经校释》漏“法身即是离色身”中的“是”字，现据敦煌卷子底本补。

“轮回转生”的思想，而是在突出此世的当下解脱。在惠能看来，人之所以为人就在于他念念不断，念念相续。人的心念自然流运，不滞不著，这既是“无念”，也是“正念”，正念是“真如自性起念”。惠能说：“无者无何事？念者念何物？无者离二相诸尘劳，念者念真如本性。真如是念之体，念是真如之用。自性起念，虽即见闻觉知，不染万境，而常自在。”[①]就是说，自然任运的无念之念就是体，无念之念的自然任运就是用，真如的体用就是无念之念本身，两者“亦无差别”。因此，惠能所要求的“无念”是于念而无念、无念而常念的正念，正念是超越真妄的“本念”——本心之念、本然之念，实即人们自家生命的显现。据此，惠能便要求“念念自见，不失本念”[②]。这样的“无念”也就是见性成佛道了。这样，修行法与解脱境在“无念”这里也就合而为一了。见性之人并不离行住坐卧、视听言动，他只是一个自由自在、“一切时中，自性自如”[③]的人而已：

> 见性之人……去来自由，无滞无碍，应用随作，应语随答，普见化身，不离自性，即得自在神通，游戏三昧，是名见性。[④]

惠能后学马祖道一说的“著衣吃饭，长养圣胎；任运过时，更有何事”与临济义玄说的“佛法无用功处，只是平常无事，屙屎送

---

① 敦煌本《坛经》第 17 节，个别文句据《敦煌新本六祖坛经》改。
② 宗宝本《坛经·忏悔品》。
③ 宗宝本《坛经·机缘品》。
④ 宗宝本《坛经·顿渐品》。

尿，著衣吃饭，困来即卧”等，都是对这种思想的进一步发挥。这与菩提达摩随缘而行的“行入”说是有所不同的，在这里是无所谓入与不入的。

从这样一种“识心见性”的解脱修行观出发，惠能主张“唯心净土”说就是很自然的了。“唯心净土”说并非惠能首创，早在印度佛教中就有这种理论。对中土佛教影响比较大的是《维摩经》。此经的显著特点之一就是论证佛国就在尘世，佛国净土与尘世的差别仅在于人们的心念之净与不净。《维摩经·佛国品》中说：“若菩萨欲得净土，当净其心。随其心净，则佛土净。”[①]“若人意清净者，便自见诸佛佛国清净。”[②]这种思想经僧肇、竺道生等人的发挥而在魏晋南北朝时期相当盛行。但惠能的“唯心净土”说对他们是既有继承又有发展，从而形成了自己的特点。这主要表现在两个方面：一是对宗教体悟的强调，二是对西方净土说的融摄。

僧肇是个地道的般若学者，他是从万法性空的基本观点出发反对西方净土说的。在他看来，“万事万形，皆由心成”，净土当然也不能例外。他把净秽归之于心，是反对净土秽土的真实性。他说：“土之净秽，系之于众生。……异见故净秽所以生。”因此，“佛土者，即众生之影响耳。……净土盖是心之影响耳”[③]。而竺道生的思想则具有真空妙有契合无间的特点，因而其“唯心净土”说也表现出与僧肇有一定的差异。竺道生认为：“国土者，是众生封疆之域。其中无秽，谓之为净。无秽为

① 《大正藏》第14册，第538页下。
② 《大正藏》第14册，第520页下。
③ 见僧肇《维摩经·佛国品》注。

无，封疆为有。有生于惑，无生于解。其解若成，其惑方尽。”众生有惑，便得秽土，若开悟解，便无往而不净。显然，竺道生在把净秽系之于心的同时，并没有否定净土。因此，他主张“行致净土”。① 从思想的发展来看，惠能的“唯心净土说”受竺道生的影响比较大。他的“唯心净土”说亦落脚在“行”上，并进一步使“唯心净土”说成为“自净其心”、“自心顿悟”的修行法。

按照佛教中的“西方净土”说，“从是西方过十万亿佛土，有世界名曰极乐，其土有佛，号阿弥陀。……其国众生，无有众苦，但受诸乐，故名极乐”。众生只要发愿往生彼国，执持阿弥陀佛名号，一日到七日，一心不乱，“其人临命终时，阿弥陀佛与诸圣众，现在其前。是人终时，心不颠倒，即得往生阿弥陀佛极乐国土”②。自净土宗的实际创始人道绰、善导等积极倡导“持名”念佛以来，“持名”念佛便取代“观想”念佛而成为中国净土宗的主要修行法。这种信仰的前提是承认在现实的这个世界之外另有一个“佛国净土”。而惠能是主张“即心即佛”、圣境不离凡尘、世间出世间不二的，因此，他反对于世间之外去追求出世间，认为“邪见是世间，正见出世间”，主张“勿离世间上，外求出世间”③。但他从“万法在自性”、自心具足一切的观点出发，并不否定西方净土的存在，而是以“唯心净土”去融摄“西方净土”。当使君问及常念阿弥陀佛能否往生西方时，惠能是这样回答的：

---

① 引文均见竺道生的《维摩经·佛国品》注。

② 《佛说阿弥陀经》，《大正藏》第12册，第346～347页。

③ 敦煌本《坛经》第36节。

使君听惠能与说。世尊在舍卫国，说西方引化，经文分明，去此不远，只为下根说远，说近只缘上智。人有两种，法无不一，迷悟有殊，见有迟疾。迷人念佛生彼，悟者自净其心。所以佛言，随其心净，则佛土净。……心但无不净，西方去此不远；心起不净之心，念佛往生难到。……但行直心，到如弹指。使君但行十善，何须更愿往生？不断十恶之心，何佛即来迎请？若悟无生顿法，见西方只在刹那；不悟顿教大乘，念佛往生路遥，如何得达？①

这里，惠能虽然肯定了"西方引化"为佛说，但他同时又把往生西方与自心的迷悟联系起来，认为佛法本无差别，只缘人的迷悟有殊，见有迟疾，才说西方有远近。如果希冀通过念佛往生，那是迷人、下根人的作法，对于他们来说，西方路途遥远，很难到达。如果自净其心，顿悟大乘，但行直心，那么，刹那间便见西方，弹指顷即登佛地。惠能把往生西方归之于自心的迷悟，实际上是以"唯心净土"说融摄了"西方净土"，使佛所说的西方引化，只是一种方便而非究竟。惠能强调自净其心，但行直心，这正是他"即心即佛"的佛性论与"识心见性"的修行观在实际生活中的必然要求。为了使大家真正明白他的意思，惠能还特地为大家演示了如何在刹那间移西方于目前。对此，敦煌本《坛经》第三十五节作了如下生动的记载：

六祖言：惠能与使君移西方刹那间，目前便见，

① 敦煌本《坛经》第 35 节，个别文字据《敦煌新本六祖坛经》改。

> 使君愿见否？使君礼拜(言)：若此得见，何须往生；愿和尚慈悲，为现西方，大善。大师言：唐(或“当”之误，敦博本作“一时”)见西方无疑，即散。大众愕然，莫知何是。大师曰：……自性迷，佛即众生；自性悟，众生即是佛。……自性内照，三毒若除，地狱一时消灭，内外明彻，不异西方，不作此修，如何到彼？

正当大家的注意力被惠能吸引过来，等待西方现前时，惠能却说若此已见。大众愕然，莫知何是。惠能便为大家说了一通佛是自性作、自性是佛、识心见性便至西方的道理。显然，惠能是以净土不离自心、当下之心不起妄念即为往生西方净土的。他这种“言下即悟，当下即是”的思想，既奠定了禅宗的唯心净土说，也为日后的禅净融合提供了可能。事实上，惠能的“若悟无生顿法，见西方只在刹那”与昙鸾、道绰等人的往生即无生之思想旨趣已经很一致了。①

既然自净其心便能识心见性，识心见性便是自成佛道，不异西方，因此，在惠能的禅法体系中，“见性”与“悟”是同义语。惠能说：“若起正真般若观照，一刹那间，妄念俱灭，若识自性，一悟即至佛地。”②见性是“直了”，悟为“顿”。“顿悟成佛”甚至成为惠能南宗特有的标帜。惠能的“识心见性”最终落实到了“顿悟成佛”上。

---

① 请参见昙鸾的《往生论注》(载《大正藏》第40册)和道绰的《安乐集》(载《大正藏》第47册)等。

② 宗宝本《坛经·般若品》。

二、顿悟成佛

成佛，是大乘佛教所构想出来的最高理想，无论这个最高理想最终是否可能在现实生活中实现，但它却十分深刻地表达了人渴望从现实生活的种种束缚中解放出来的向往。为了帮助人们去追求并实现这个最高理想，大乘佛教提出了许多不同的修行方法，但一切修行都是为了证得智慧，觉悟真理，从而解脱成佛，这却是各家共同的目标。

佛教所说的悟，既不是指从感性认识到理性认识的飞跃，也不是指通过逻辑的推理而获得新的知识，而是在一瞬间彻底了悟人生的本质，洞察宇宙的实相，与万法的本体冥然相合。这是一种发自心灵深处的豁然开朗，是超越时空、不可言说的精神体验。通过禅行以达到禅悟的境界，是修禅者孜孜以求的目标。但能否觉悟？如何觉悟？这是每一个修行者首先关心的问题。在中国佛教中，“一切众生皆有佛性，皆得成佛”的说法占主导地位，因而通过修禅而能获得开悟，成为比较普遍的共识。但众生凭借着本有的佛性如何觉悟成佛，需要经过什么阶段，经历多少时间，也就是“顿悟”还是“渐悟”、是“大顿悟”还是“小顿悟”的问题，却在中国佛教中有过长期的争论。惠能则是顿悟论的主要代表。顿悟成佛成为惠能修行观的一个突出观点。

所谓顿悟就是于瞬间领悟宇宙实相之理，而实相在众生身上即体现为佛性，众生佛性为烦恼所障而不为众生所见，一旦顿悟断惑，佛性便得显现。因此，众生证悟实相也就是反归自身本性，这就是所谓的“见性成佛”。惠能作为一个宗教家，他不会也不可能设想通过社会改革来实现人的解放，他所强调的只是要人返归到自己的内心世界，从人的生命主体的能动因素“心性”、“觉性”上寻找解脱的内在根据。以佛教的基本教义为指导，在改变心理，转换观念的基础上使人的精神面貌产生升华与飞跃，这是惠能顿悟成佛论的根本精神。

顿悟是惠能解脱修行观的一个极重要的组成部分，也是惠能将佛教禅学的中国化推向极至，以与印度禅根本区别的显著标志。胡适在论述中国禅学的发展与演变时，曾特别指出中印禅法在顿渐上的区别：“印度禅法是渐修，中国禅法重顿悟，二者恰恰相反：前者是从静坐、调息以至于四禅定、五神通，最合魏晋时清谈虚无而梦想走到神仙境界的心理；后者不然，是‘放下屠刀立地成佛’的办法，这是中国的佛学者力求简单化的结果。”①

然而，当我们追本溯源的时候就会发现，顿悟说其实并非惠能始创，它在中国佛教中也有一个演变发展的过程。在传统佛教中，无论“见道”还是“修道”，一般都以“渐进”为主，要求学道者“精勤修习，……渐得解脱”②，但也不是没有“顿悟”思想。在早期佛典《阿含经》中就已有这样的说法：“如是精进住故，疾得阿耨多罗三藐三菩提等，……如是修习不久，当得速尽诸漏。”③《楞伽经》中也说：“如来净除一切众生自心现流”，即可“顿现无相无有所有清净境界。”④在中国佛教史上，最早提出顿悟说的是魏晋时期的般若学者。由于般若学比较偏重

---

① 《中国禅学之发展》，载张曼涛主编《现代佛教学术丛刊》第 52 册《禅宗思想与历史》第 264 页。

② 《杂阿含经》卷十，《大正藏》第 2 册，第 67 页中。

③ 《杂阿含经》卷三十五，《大正藏》第 2 册，第 257 页上。

④ 《大正藏》第 16 册，第 486 页上。

证悟宇宙实相，因而东晋著名般若学者道安等人就联系菩萨的“十地”[①]而提出了顿悟说。但他们的顿悟说都立顿悟于“七地”，即认为在七地以前的修行都是渐悟的过程，到了七地，才得有小飞跃，即顿悟，但这时仍需继续进修三位，才能进入大飞跃，成就佛的果位。这种顿悟说认为七地以前需渐次修学，七地以后还得继续修，因而相对于竺道生立顿悟于“十地”的大顿悟而被称为“小顿悟”。据硕法师的《三论游意义》载：“用小顿悟师有六家也。一肇师，二支道林师，三真安埵师，四邪通师，五匡山远师，六道安师也。此师等云七地以上悟无生忍也。”[②]晋宋时的竺道生则“孤明先发”立“大顿悟”，他认为，既然还需要从七地修至十地，那所谓的“小顿悟”实际上仍是渐而非顿。他主张“从生死至金刚心，皆是梦，金刚后心豁然大悟。无复所见也。”[③]即认为十地之内皆无悟，十地之后方得大悟。自竺道生大倡顿悟义后，顿悟说在中土佛教中就一直占有很重要的地位。

南北朝佛性论兴起以后，禅与佛性思潮相合，实相与自性相融，在自性本觉的基础上展开的中国禅，禅修的内容主要是自性自悟，形式上则从渐修渐悟发展到随缘而行的顿悟解脱。例如前面提到的南朝时的宝誌和尚，修禅不拘形式，言谈不落名相，行住坐卧，任心而为，表现出了中国禅者特有的老庄风度。他的名言：“不解即心即佛，真似骑牛觅牛”，要人从心性中

---

① 大乘佛教虽然以成佛为最高的修行目标，但它强调菩萨的修行成佛必须经过十个由低到高的修行阶位，佛教称之为“十地”。

② 《大正藏》第 45 册，第 121 页下。

③ 吉藏《二谛义》卷下引，《大正藏》第 45 册，第 111 页中。

寻找修行解脱之道，反映了当时禅学的一种趋势。与他同时的傅大士也同样有着体现顿悟精神的禅风。据说有一次梁武帝请傅大士讲《金刚经》，他才升座，以尺挥按一下，便“讲经竟”而下座，使众人皆愕然。傅大士主要是以此来表达不可言说、当下即悟的道理，这与惠能在刹那间移西方于目前的示范是十分的相似。禅修内容与形式的变化造就了中土独特的禅风，也为惠能顿悟禅的出世准备了条件。

顿悟倾向的出现，使中国佛教的修行观出现了新的气象。隋唐时期建立起来的中国化的佛教各个宗派，虽然兼融顿渐，以圆为究竟，却都是视顿高于渐的。例如主张“顿渐相资”、“顿渐泯合”[①]的天台宗智者大师立“五时八教”，其中“化仪四教”是依众生根机之利钝而设的，为钝根人说的渐教显然浅于为利根人说的顿教。华严宗人为抬高《华严》而将《法华》之顿贬为渐中之顿，将《法华》之圆斥之为“渐圆”，认为只有《华严》之顿才是顿中之顿，《华严》之圆才是“顿圆”[②]，显然，此宗也是视顿高于渐的。

顿悟义虽非惠能始创，但惠能的顿悟说却有其独创之处。惠能在前人的基础上对顿悟说作了创造性的发展，不仅使其顿悟说从立论之基础到顿悟之内涵都有新的特点，而且还使之产生了一定的宗教魅力和极大的社会影响。

据宗宝本《坛经·行由品》记载，惠能在大梵寺为众开缘说法，开门见山就提出：“善知识，菩提自性，本来清净，但用此心，直了成佛。”虽然敦煌本《坛经》无此记载，但它确实反映了

---

① 见智𫖮《法华玄义》卷二上。

② 见澄观《华严疏钞》。

惠能的修行观是以“自性自悟”的“顿悟”为基点的。汤用彤先生在总结惠能禅之特色时说：“慧能之学说要在顿悟见性，一念悟时，众生是佛，从自心中顿见真如本性。而慧能之后裔发展成于学理、禅行均非所重，而竞以顿悟相夸，语多临机。”[①]此可谓一语中的。

惠能顿悟说的立论之基础是人们当下的现实之心，所谓悟就是自心任运，念念不起执著，自心本性自然显现，这就决定了“悟”必为顿悟，它就在人们当下一念之中得以实现：“若大乘者，闻说《金刚经》，心开悟解”[②]，“不悟即是佛是众生，一念若悟，即众生是佛，……于自心顿现真如本性”。[③] 这种“顿悟”显然是不假渐修即能够达到的：“不修即凡，一念修行，法身等佛。……前念迷即凡，后念悟即佛。”[④]据说惠能自己就是这样顿悟的，因而他也希望学道者人人都能像他一样于言下顿悟自性。他说：“我于忍和尚处，一闻言下大悟，顿见真如本性。是故将此教法流行后代，令学道者顿悟菩提，令自本性顿悟。”[⑤]顿悟不假渐修，融修于悟之中，顿悟顿修，顿修顿悟，这是惠能顿悟说的最大特点之一，也是与神秀北宗基于“清净心”提出的“时时勤拂拭”而后“悟在须臾”的修行观的主要区别之一。

《坛经》中曾多次强调了“顿修”：“迷即渐契，悟人顿修”[⑥]；“自性自悟，顿悟顿修，亦无渐次，所以不立一切法，诸法寂灭，有

① 《隋唐佛教史稿》，中华书局 1982 年版，第 189 页。
② 敦煌本《坛经》第 28 节。
③ 敦煌本《坛经》第 30 节。
④ 敦煌本《坛经》第 26 节。
⑤ 敦煌本《坛经》第 31 节。
⑥ 敦煌本《坛经》第 16 节。

何次第"[1]。在惠能的禅法体系中,言"顿修"是为了破"渐次",由于诸法寂灭,不立一切法,实际上"顿修"也就无"法"可修。因而惠能提出的禅修的内容是"修无念法","行般若行"。何为"般若行"?"一切时中,念念不愚,常行智惠,即名般若行"[2]。由于人的本性就是觉,"般若常在,不离自性"[3],世人心正,于自心常起正见,念念不起执著便"起智惠观照,自开佛知见"[4],因此,"行般若行"也就等于"修无念法":"何名无念?无念法者,见一切法,不著一切法,……于六尘中不离不染,来去自由,即是般若三昧,自在解脱,名无念行。"[5]可见,惠能把迷悟归之于当下的一念之心,融修于悟中,所谓顿悟顿修,顿修顿悟,其实正是修而无修、以不修为修的,这是惠能顿悟说的又一个特点。

正是因为如此,所以惠能又多次强调了法无顿渐,顿渐在机,即认为顿渐法只是因人之根机不同而立的假名施设,关键在于人自心有迷悟的不同,他说:"教即无顿渐,迷悟有迟疾。"[6]"本来正教,无有顿渐,人性自有利钝,迷人渐修,悟人顿契。自识本心,自见本性,即无差别,所以立顿渐之假名。"[7]也就是说,佛法只有一种,而人在领悟佛法上则有利钝之别,惠能称之为"小根智人"和"大根智人"或利根人和钝根人。利根人一闻佛法就可开悟,而钝根人则需渐次修行,步步积累,

① 宗宝本《坛经·顿渐品》。
② 敦煌本《坛经》第 26 节。
③ 敦煌本《坛经》第 27 节。
④ 敦煌本《坛经》第 42 节。
⑤ 敦煌本《坛经》第 31 节。
⑥ 敦煌本《坛经》第 36 节。
⑦ 宗宝本《坛经·定慧品》。

才可以达到觉悟之境。惠能的禅法立足于自心的迷悟，他的顿渐皆不立既超越于顿渐而又统摄顿渐："我此法门，从上已来，顿渐皆立无念为宗，无相为体，无住为本。"[①]这表明惠能的顿悟说并不是理论研究的结果而是宗教实践的需要。重体悟心证，将修与证统一于人们当下之心的"行"，从"识心见性"的实践上，而不是从教义法理的探究中提出并强调"顿悟"，这既体现了惠能南宗"直指人心，见性成佛"的禅法特色，也是惠能顿悟说的又一个基本特点。这种思想特点的形成与惠能吸收了般若无所得的思想与中道观的方法也是有密切关系的。

惠能基于当下之心的顿悟说的特点还体现在悟与所悟的内涵上。在惠能以前，无论是小顿悟，还是大顿悟，说的都是悟理得意。例如主小顿悟者立顿悟于七地，所悟者或为无生之理（如支道林等人），或为不二之理（如僧肇）。立大顿悟的竺道生"称顿者，明理不可分，悟语极照；以不二之悟，符不分之理"[②]，从而达到"物我两忘，有无一观"之境。因此，刘宋谢灵运把顿悟说称之为"得意之论"[③]。从思维途径来看，菩提达摩的禅法所主张的"与道冥符"与这种智理相契的顿悟说比较接近，其前提是有"道"可符，有"理"可悟。而惠能却另辟蹊径，他的顿悟说是不分能悟所悟的，能、所皆统一于当下之心。惠能所说的顿悟是自性内照，自性自悟。悟者，自心自性也，所悟者，亦为自心自性。他说："自有迷心，外修觅佛，未悟自性[④]，

① 敦煌本《坛经》第 17 节。

② 慧达《肇论疏》，《卍续藏经》第 150 册，第 425 页。

③ 谢灵运《与诸道人辩宗论》，《广弘明集》卷十八。

④ "自性"，《坛经校释》误作"本性"，现据敦煌卷子底本改。

即是小根人。闻其顿教，不假外修，但于自心，令自本性常起正见，烦恼尘劳众生，当时尽悟，……即是见性。”①可见，这种顿悟说的内容与前面说到的“识心见性，自成佛道”完全是一回事。顿悟就是直了心性，就是自识本心，自见本性，于自心顿现真如本性，也就是自心内照，开佛知见。一切都是圆满具足的自心自性之显现。

说到惠能的顿悟说，习惯上都喜欢把它与竺道生的顿悟说联系在一起。其实，两者主“顿悟”虽同，而顿悟之基础与内涵却是有很大不同的。相异之处突出地表现在两个方面：

第一，竺道生所言之顿悟为理悟，是从理论上说明悟理必为顿。其立论之基础为“万法一如”，即万法皆以一如之实相为体性，实相在法曰“法性”，在佛为“法身”，在众生即是“佛性”。因此，观理得性，体法为佛，众生只要返本求性，体悟实相，与实相之理冥然相合，便能解脱成佛。实相之理不可分割，故悟不能分阶次。慧达《肇论疏》中述竺道生的顿悟义时说“见解名悟，闻解名信”②，表明竺道生的悟是对“理”的见解。这与惠能立足于当下无念之心，强调学道之人的体悟心证，以识心见性、能所俱泯、念念不断、念念无著为悟，显然是不一样的，惠能的悟是无所得的。

第二，竺道生的顿悟说虽然否定了支道林等人的小顿悟，认为在十地以后可以一下子豁然大悟，但并没有否定十地的渐次修习，只是认为在十地以内无悟可言而已。也就是说，竺

---

① 敦煌本《坛经》第 29 节。

② 《卍续藏经》第 150 册，第 425 页。

道生的顿悟说实际上是并不废渐修的,“悟不自生,必藉信渐”[①],他对“十地四果”是作为方便教法而加以肯定的。这与惠能顿悟顿修、融修于悟的顿悟说也是不一样的。从根本上说,竺道生的顿悟仍可归入“渐修顿悟”之列。就此而言,竺道生的顿悟说其实倒与神秀北宗的顿悟说相近。当然,说竺道生的顿悟说不废渐修,并不否定他强调的重点在顿悟,“信解非真,悟发信谢”[②],竺道生对顿悟的大力倡导对中国佛教,特别是对惠能禅宗的影响,仍然是值得重视与肯定的。正如汤用彤先生所说的:“自生公以后,超凡入圣,当下即是,不须远求,因而玄远之学乃转一新方向,由禅宗而下接宋明之学,此中虽经过久长,然生公立此新义,实此变迁之大关键也。”[③]

不过,竺道生对惠能的最大影响也许并不在顿悟说,而在他熔真空妙有于一炉,以般若实相说会通涅槃佛性论,把解脱由向外求觅转为向内证悟的思维途径。这对惠能在禅宗中开出“自性顿悟”的禅流起到了很大的推进作用。

惠能的顿悟说也是对达摩系禅法的继承与发展。在达摩禅系早期,禅的修行比较偏重渐修,也没有专门论及自性的迷悟问题。到弘忍时,开始将对自心自性的证悟引入禅门,并对顿渐的问题发表了看法。在弘忍的《最上乘论》中有这样的说法:“众生过去根有利钝不可判,上者一念间,下者无量劫。”这似乎是说“顿渐在机”,即顿渐因人而异的意思。但论中又同时多次说到,观心守心要“善调气息”、“缓缓静心”,要“念念磨

① 《卍续藏经》第150册,第425页。

② 《卍续藏经》第150册,第425页。

③ 《汤用彤学术论文集》,中华书局1983年版,第293～294页。

炼"佛性,使之清净,"譬如磨镜,尘尽明自然现",这显然讲的是渐修。论中又说,一旦体知众生佛性本来清净,就会"如云底日","妄念云尽,慧日即现",这显然说的又是顿悟了。因此,从总体上看,弘忍的禅法具有渐修顿悟的倾向。传弘忍禅法的法如系、神秀系等,也都继承了这一点,在主张渐修的同时又有顿悟心性的倾向。

以神秀北宗为例。神秀的禅法强调的是坐禅观心,趣入禅境的方便是"远离愦闹,住闲静处,调身调息,跏趺宴默,舌拄上腭,心注一境"。但根据神秀的禅学理论,"一切善业由自心生,但能摄心,离诸邪恶,三界六趣,轮回之业,自然消灭,能灭诸苦,即为解脱"①,那么,要获得解脱,显然就无须累世修行,而只须于当世"观心看净"了。因此,神秀在强调"时时勤拂拭"的同时,也多次提到了"一念净心,顿超佛地"②,认为"悟则朝凡暮圣,不悟永劫常迷"③。在《观心论》中,他还提出:"但能摄心内照,觉观常明,绝三毒心,永使消亡,闭六贼门,不令侵扰,自然恒沙功德,种种庄严,无数法门,悉皆成就。超凡证圣,目击非遥,悟在须臾,何烦皓首?"这都说明神秀北宗禅也是讲顿悟的。但他主张通过观心看净、坐禅摄心的渐修而达到顿悟。如前面提到的张说《大通禅师碑》所描绘的神秀的禅法,其禅悟的境界是在"息想"、"摄心"之后,而息想、摄心,必须借助于一定的修禅方便,要经过观心看净的渐次修习,亦即在顿悟之前有一个"趣定"的阶段或过程,这就与惠能不假修习的

① 《观心论》。
② 《大乘无生方便门》。
③ 《大乘五方便(北宗)》。

当下顿悟表现出了差异。

因此，人们一般以“南顿北渐”来概括南北宗禅法的差别，这一方面与惠能的弟子神会为南宗争正统而大力渲染惠能承继了六代大师“一一皆言单刀直入，直了见性，不言阶渐”的心法，并攻击神秀北宗“法门是渐”有密切的关系，另一方面也确实与惠能禅法的重心始终在于直了心性的“顿悟”有关。换言之，南北禅宗虽然都有顿悟的思想，但惠能禅的重心就是“顿悟”，而北宗禅重的则是“渐修”。惠能继承了东山法门中顿悟心性的倾向，同时将它发展为置于不假渐修的基础之上，在以般若解释心性的同时强调“若起正真般若观照，一刹那间，妄念俱灭，若识自性，一悟即至佛地”[①]，从而形成了自己鲜明的特色，并与东山门下各系明显地区分了出来。

据《坛经》记载，神秀常听人说起惠能的顿教法，便派他的弟子志诚前往曹溪惠能处打听究竟，还特地交待他说：“到惠能所，礼拜但听，莫言吾使汝来。所听得意旨记取，却来与吾说，看惠能见解与吾谁疾迟。”志诚奉使欢喜，半个月后来到曹溪，礼拜惠能后即参加听法，并不说自己是从哪里来的。然而，“志诚闻法，言下便悟，即契本心”。他马上起立，再向惠能礼拜，并告之曰：“弟子从玉泉寺来，秀师处，不得契悟，闻和尚说，便契本心。和尚慈悲，愿当教示。”惠能便对他说了自己对“戒定慧”的看法：“心地无非自性戒，心地无乱自性定，心地无痴自性惠。”并对志诚说：“汝师戒定惠，劝小根智人，吾戒定惠，劝上人。得悟自性，亦不立戒定惠。”惠能认为，同样是教人“戒定慧”，神秀强调的“诸恶莫作，诸善奉行，自净其意”是针

① 宗宝本《坛经·般若品》。

对小根智人说的，而自己突出自性、心地则是对大根智人说的。再进一步说，如果“自性无非、无乱、无痴，念念般若观照，常离法相，有何可立？”因此，“自性顿修，立有渐次，契亦不立”。[①] 对“立有渐次，契亦不立”，郭朋先生解释说：“‘立有’戒定慧‘三学’的‘渐次’者，乃是为那些一时还不能悟入真如、佛性者说的，一旦‘契’悟了真如、佛性，自然也就不用再立什么‘三学’的渐次了。”[②]惠能既对自己与神秀的禅法作了区别，即“见有迟疾”，又强调自己的禅法是针对利根人而设计的，从而抬高了本宗“自性顿修”的倾向。志诚听了惠能的一番话后，便不离曹溪山，成为惠能的门人，并“不离大师左右”。这表明，惠能强调的“顿悟”比神秀突出的“渐修”更受到了人们的欢迎。后来勃兴的惠能南宗也正是沿着“顿悟成佛”的道路不断发展的。

惠能所说的“顿悟成佛”，其实只是一种主观精神上觉悟和超脱的境界，并不脱离众生世间和世俗的生活而存在。在《坛经》中，经常有“闻者一时悟解”，“其时听人无不悟者”之类的话，也常常说到“悟人”如何如何。例如宗宝本《坛经·疑问品》记惠能语曰：“凡愚不了自性，不识身中净土，愿东愿西，悟人在处一般。所以佛言，随所住处恒安乐。”认为只要精神上证入佛境，便无处不净土。惠能自己于弘忍门下，听说《金刚经》而言下大悟，悟后与众人的不同之处仅在于精神生活有所不

---

① 以上引文均见敦煌本《坛经》第40～41节。末句原文作“自性顿修，立有渐此，契以不立”（见影印件，载《敦煌写本坛经原本》第47～48页）。

② 《坛经校释》第80页。敦博本此句作“自性顿修，立有渐次，所以不立”（见影印件，载《敦煌写本坛经原本》第92页），杨曾文参惠昕本《坛经》改作“自性顿修，亦无渐次，所以不立”（见《敦煌新本六祖坛经》第49页）。

同。惠能悟后向五祖弘忍呈自心地，表示今日才知自性圆满具足一切。弘忍印可其所悟，对他说："不识本心，学法无益，若识自本心，见自本性，即名大夫、天人师、佛。"[①]这表明惠能已证佛境、与佛无二。因此，在惠能禅宗中，顿悟以后，还有个如何"行"、如何"护持"的问题，后人称之为"保任"。《坛经》中经常有这样的记载：法达听惠能说《法华》义，"言下大悟"后表示，"已后转《法华》，念念修行佛行"，惠能说"即佛行是佛"[②]；"志诚闻法，言下便悟"，于是起立礼拜，请惠能指教；惠明言下大悟后，惠能叫他"善自护持"[③]，等等。惠能以后，"顿悟"了的禅者何止千万，因此，"保任"的问题更是提到了议事日程。例如龙潭崇信禅师在天皇道悟的指点下，当下开解。复又问道："如何保任？"天皇答曰："任性逍遥，随缘放旷。但尽凡心，别无圣解。"[④]可见，悟后所行，仍然是任心自运，随缘而行。惠能所说的"见性之人……去来自由，无滞无碍，应用随作，应语随答"等，也都是这个意思。对于这种境界，惠能也称之为"行直心"，并将它等同于"一行三昧"、"一相三昧"。他说："一行三昧者，于一切时中，行住坐卧，常行直心是"[⑤]，"若于一切处而不住相，于彼相中不生憎爱，亦无取舍，不念利益成坏等事，安闲恬静，虚融澹泊，此名一相三昧。若于一切处，行住坐卧，纯一直心，不动道场，真成净土，此名一行三昧。"[⑥]这样，惠能通过融

① 宗宝本《坛经·行由品》。
② 敦煌本《坛经》第 42 节。
③ 宗宝本《坛经·行由品》。
④ 《五灯会元》卷七《龙潭崇信禅师》。
⑤ 敦煌本《坛经》第 14 节。
⑥ 宗宝本《坛经·付嘱品》。

摄般若学将佛性、真心改造为人们的当下之心而把禅修、悟境与日常生活完全结合到了一起，使得讲出世的佛教实实在在地立足于现实的土地上，变成了“人间佛教”。东山法门的“一行三昧”在惠能这里开出了全新的涵义，适合中国封建社会的惠能禅终于在禅与生活的结合中得以走向全国。

三、出没即离两边

惠能的顿悟成佛理论把众生与佛的不同归之于自性的迷悟，而迷悟就在众生当下的一念心中，前念迷即凡，后念悟即佛，也就是说，众生的每一心念皆可顿悟自性，位登佛地。因此，惠能反对一切形式化的修习。他说：“今生若悟顿教门，悟即眼前见世尊；若欲修行云觅佛，不知何处欲求真。”[1]抛弃一切形式化的修习，那如何在平常的行、住、坐、卧之中达到解脱呢？惠能提出了在一切时中“出没即离两边”的方法作为修行观的根本指导，以帮助人们破除执著，以引导学人由此而打开慧眼，超越分别，顿悟成佛！

为了帮助学人理解其中的真谛，惠能在去世前，专门召唤门人法海、志诚、法达、智常、志通、志彻、志道、法珍、法如、神会等“十大弟子”前来，具体讲解了如何“出没即离两边”以破执著：

> 汝等拾弟子近前，汝等不同余人，吾灭度后，汝各为一方头，吾教汝说法，不失本宗。举三科法门，动

① 敦煌本《坛经》第53节。

用三十六对，出没即离两边，说一切法，莫离于性相。若有人问法，出语尽双，皆取法对，来去相因，究竟二法尽除，更无去处。①

这里，惠能“举三科法门，动用三十六对”来说明“出没即离两边”的方法，并以此作为本宗教法的根本，认为只有坚持“二法尽除”的中道，才能真正把握宇宙人生的本质而达到自性的觉悟。同时要求他的门徒在今后接引弟子时要如此说法以“不失本宗”。

惠能所说的“三科法门”，指阴、界、入。这是佛教为教化众生而立的科目，要求人们从这三个方面来观察自我与自我所面对的客观世界，帮助人们破除“我执”，以了悟“无我”之理。

阴，后也译作“蕴”，积聚、类别的意思。惠能说：“阴，是五阴。……何名五阴？色阴、受阴、想阴、行阴、识阴是。”这是佛教的通义。五阴是佛教对一切有为法（指处于相互联系、生灭变化中的一切现象）所作的分类。色阴：相当于物质现象，它包括地、水、火、风“四大”和由四大所组成的“五根”（眼耳鼻舌身五种感觉器官）、“五境”（与五根相对应的五种感觉对象：色声香味触）。受阴：即感受，指在外界作用下产生的各种不同的感受，一般分为“苦”、“乐”、“舍”（不苦不乐）三种。想阴：相当于知觉或表象，也属于精神方面的作用。人们通过对外境的接触而取青黄、长短、大小、男女、善恶等种种相，并形成种种名言概念，即为想阴。行阴：相当于意志和行动，泛指一切身心活动。识阴：识有“了别”的意思，识阴即指意识或认识作用。五阴有广义和狭义的两种含义。狭义是现实之人的代称，广义则

① 敦煌本《坛经》第45节。

是指一切物质世界(色)与精神世界(受想行识)的总和,是佛教全部教义分析研究的基本对象。对五阴的解释,是佛教各派确立自己思想体系的重要依据,也成为惠能禅的重要内容。因为惠能禅是围绕着人的解脱而展开的,这样,对人与人所面对的世界就不能不给予特别的关注和解释,惠能要人念念不起执著之心,因而三科法门以阴为第一法,为的是说明万法都是诸阴和合的产物,没有不变的实体和自性,没有可执著之物,从而也就从根本上破除了人们起执著之心的意义。在佛教中,这被认为是为“愚于心所者”和“利根者”所说之法。

界,为种类、种族之义。惠能说:“界,是十八界。……何名十八界?六尘,六门,六识”。十八界是佛教以人的认识为中心对世界一切现象所作的分类,指人的“能依之识”、“所依之根”和“所缘之境”等十八种自性各不相同的法。《俱舍论》卷一说:“法种族义是‘界’义,……如是一身或一相续有十八类诸法种族,名‘十八界’。此中种族是‘生本’义。”[①]惠能对十八界中的“六尘”(即“六境”)、“六门”(即“六根”)和“六识”,也都作了具体的说明:“何名六尘?色、声、香、味、触、法是。何名六门?眼、耳、鼻、舌、身、意是。法性起六识——眼识、耳识、鼻识、舌识、身识、意识——六门、六尘。自性含万法,名为含藏识。思量即转识。生六识,出六门、六尘,是三六、十八。由自性邪,起十八邪,若自性正,起十八正。若恶用即众生,善用即佛。用由何等?由自性。”[②]惠能从人的解脱出发,强调在人的一身中,具有十八界,这就是能够发生认识之功能的六

① 《大正藏》第29册,第5页上。

② 敦煌本《坛经》第45节。

根，作为认识对象的六尘，以及六根缘六尘而生起的六识，它们相互配合共同构成了现实的人或世界。惠能将六根称作六门，更形象地表达了自性含万法、万法出于自心的道理。正是基于佛教的一般教义，惠能进一步发挥了自己的禅学思想。他认为，在现实生活中，外境像尘埃一样污染着人的情识，使人迷失了自己的本性，从而起妄心执著了外物。从“迷即众生悟即佛”出发，他强调要善用自性，认为自性不被情识污染则性正，性正则十八正，即可成佛。反之，则性邪，性邪则十八邪，即为众生。惠能的解说，既不离“十八界”总摄一切法的佛教传统说法，又糅进了他自己的禅学见解。一般认为，十八界是为“愚于色、心二法者”和“钝根者”所说的法。惠能这里主要是通过对自性起用生万法的说明，要人“出外，于相离相；入内，于空离空”[①]，以“出没即离两边”的中道方法破除对心、法的执著。

入，后也译作“处”，指十八界中的“六根”和“六境”。佛教认为六根和六境是产生心和心所之处，故称“十二处”；又因根与境相涉而入，故称“十二入”。惠能说：“入，是十二入。……何名十二入？外六尘，中六门。”[②]十二入在佛教中被认为是为“愚于色法者”和“中根者”所说之法。

在举阴、界、入三科法门总释世界一切法的基础上，惠能进一步提出了“三十六对”来概括人们对世界万法的种种分别[③]，以启发学人超越世俗二分对立的思维，帮助人们“出没

① 敦煌本《坛经》第 46 节。

② 敦煌本《坛经》第 45 节。

③ 敦煌本《坛经》第 45 节说：“举三科法门，动用三十六对。”但第 46 节在实际说明时，却列出了三十七对。

即离两边”,以达到“究竟二法尽除”、直契本性的境界。惠能将“三十六对”分为三类:

第一类,“外境无情对有五:天与地对,日与月对,暗与明对,阴与阳对,水与火对。”[①]这五对都属于自然现象,是外在于人而存在的无情之物。

第二类,“言与语对、法与相对有十二:有为无为对,有色无色对,有相无相对,有漏无漏对,色与空对,动与静对,清与浊对,凡与圣对,僧与俗对,老与少对,[②]长与短对,高与下对。”[③]这十二对中有属于语言上的辩证概念,也有属于佛教名相中的对立范畴。

第三类,“自性起用对有十九对:邪与正对,痴与惠对,愚与智对,乱与定对,戒与非对,直与曲对,实与虚对,险与平对,烦恼与菩提对,慈与害对,喜与瞋对,舍与悭对,进与退对,生与灭对,常与无常对,法身与色身对,化身与报身对,体与用对,性与相对,有情与无亲对。”[④]这里实际上提出了二十对法。郭朋先生将最后一对法作为对前面的概括,而不单列,可以参考。[⑤] 惠能认为这些都是“自性”而起的作“用”所成,故称“自性起用对”。

以上语言法相十二对,外境无情五对,自性起用十九对,共

---

① 敦煌本《坛经》第 46 节。

② 敦煌本在“老与少对”后还有“大大与少少对”,“当是衍文,否则,就成十三对了”(郭朋《中国佛教思想史》中卷,第 403 页),故据敦博本《坛经》删。

③ 敦煌本《坛经》第 46 节。

④ 敦煌本《坛经》第 46 节,个别字句据敦博本改。请参见《敦煌写本坛经原本》第 97 页。

⑤ 郭朋《中国佛教思想史》中卷,第 404 页。

合成三十六对。印顺法师认为，“三十六对，……这是经中所没有的分类法”[1]。表明这是惠能在传统佛教的基础上融会贯通，结合自己的体会而提出来的。惠能自己认为，“此三十六对法，解用通一切经，出入即离两边。”[2]即是说，在惠能看来，能了解三十六对法而至出入即离两边，即是把握了佛教一切经书的要义。这一方面表示惠能对“三十六对法”的重视，另一方面也说明惠能是将“出入即离两边”、破除一切执著视为佛法之根本的。他的全部禅学理论和禅行要求，也都是基于此而提出来的。

从惠能所提出的三十六对法本身来看，其内容也是非常丰富的，既包含了客观事物本身具有的对立统一的关系，也包括了人们主观认识上的辩证见解。虽然惠能主要是教导弟子破除二分对立的思维方法，以“不二”的中道观来了悟佛教超越对立的真理及宇宙人生的真实本性，这也就是他所说的“蕴之与界，凡夫见二，智者了达，其性无二，无二之性，即是实性。明与无明，凡夫见二，智者了达，其性无二，无二之性，即是实性。实性无二”。[3] 但透过宗教的外衣，“三十六对法”中表现出的辩证思维的内容还是值得肯定的。

如果说“三科法门”着重要学人明了人与人所面对的世界的本质，以及“自性含万法”的道理，那么，“三十六对法”则是惠能要求学人超越事物与现象表面上存在的差别与对立，以一种非有非无的方法来启发修行者打开自己的慧眼，把握人及人所面对的世界的真谛。“对法”所包含的一种东方特殊的

---

① 印顺《中国禅宗史》第 222 页。

② 敦煌本《坛经》第 46 节。

③ 《曹溪大师别传》。

辩证思想，西方人常常不太容易把握。例如美国人阎波尔斯基(Philip B. Yampolsky)在将《坛经》译成英文时，就曾把三十六对之"对"译成 confrontations(冲突、对抗)[①]，这显然与惠能所说的"对"有了明显的差异。《坛经》中说，有一个叫法达的僧人，"常诵《法华经》七年，心迷不知正法之处"，乃向惠能请教，惠能非常自信地说："吾心正定，即是持经。吾一生已来，不识文字，汝将《法华经》来，对吾读一遍，吾即闻知。"法达取经来读了一遍，惠能果然闻之即识佛意，于是便为法达讲了"离两边"才能"内外不迷"的"对"的道理，他说："人心不思，本源空寂，离却邪见，即一大事因缘。内外不迷，即离两边，外迷著相，内迷著空，于相离相，于空离空，即是内外不迷。"[②]惠能认为，就万法的现象而言，都存在着相互对立与相互依存的两个方面，他将这两方面称之为"两边"或"二相"，然而，就万法的本质而言，则是超越分别对立的，这就需要以佛教的智慧来观察世界。惠能认为，这也就是《法华经》中说的"诸佛世尊唯以一大事因缘故出现于世"的根本义旨。《法华经》中说的"一大事因缘"是"开、示、悟、入"佛之知见，惠能将此与"出没即离两边"的中道方法相结合，强调只有超越对立分别，才能"离却邪见"，"内外不迷"，从而觉悟成佛。这充分体现了惠能理论落实于修行实践的禅者风格。既看到万法的相"对"相依，又在超越"对"中把握万法的本质，看到对法的相即不二，这种具有辩证色彩的"对"才是惠能禅的基本特点。

对于惠能的"三科三十六对"，中外学者有不同的评价。

---

① 《坛经》英译本，哥伦比亚大学出版社 1967 年版。

② 敦煌本《坛经》第 42 节。

有日本学者认为这是后人伪造的，也有中国学者认为从文字和内容看，这确实不大像惠能的思想。[①] 但华裔美国学者成中英教授却曾专门著文肯定了三十六对“在《坛经》中占有中心的重要性和地位”，并认为，“必须结合中观和《易经》，才能使惠能的三十六对论在禅宗中占有明确和界定性的地位”。他提出，“尽管惠能是以三十七对[②]作为说法时的辩证方法，但很明显的，他是以‘对’来建构世界图。因为没有这种世界图，任何辩证都软弱无力”。具体地说，可以认为“外境无情的五对，是对于宇宙自然的客观和真实的描写。事实上，‘天与地对，日与月对，暗与明对，阴与阳对，水与火对’都出自《易经》。至于语言法相十二对，则是主客或能所认识论的认知和概念结构。例如：‘有为无为对、色与无色对’就是我们对六尘的认知。甚至‘有漏无漏对、动与静对、清与浊对’都是我们对形上学本体的认知。最后，自性起用对是极为明显的主观论和观念构成论。”[③]成教授以现代西方哲学的理路来厘清惠能三十六对在方法论和形上学方面的意义，强调“对”是惠能用来祛除无明和开悟的方法，读来颇有启发性。

在惠能看来，懂得“对”这个道理其实并不难，难在“如何自性起用三十六对?”也就是如何在修行中贯彻“不二”的原则？对此，惠能作了进一步的说明：“共人言语，出外于相离相，入内于空离空。著空，即惟长无明；著相，即惟长邪见。谤法：

① 请参阅郭朋《坛经导读》，巴蜀书社 1987 年版，第 149～150 页。

② 成中英教授在文中提出，“将三十七对误为三十六对”反映了“学者的疏忽”。

③ 《六祖坛经之三十六对及其哲学意义》，载《佛光山国际禅学会议实录》第 365～369 页。

直言'不用文字'。既言'不用文字',人不合言语;言语即是文字!自性上说空,正语言,本性不空,迷(人)自惑,语言除故。① 暗不自暗,以明故暗;明不自明,以暗故明。以明变暗,以暗现明,来去相因。三十六对,亦复如是。"②惠能认为,宇宙实相,自心佛性,乃至语言文字,都是空有不二的,著有固然不对,著空亦非正道,执著语言文字(俗谛)当然不可取,但离开了俗谛(语言文字),真谛也就不可得。因此,在他看来,只要以非有非无的般若中道不二法门,于自性上起用,法就是正法,语言也就是正语言。这与前面提到的惠能主张无念,同时又强调自性起念,正念不断,思路是完全一样的。表明他注重的是现实的活生生的人的当下解脱,他的"三十六对法"并不在于帮助人进行概念的分析,而在于指导人们的修行实践,特别是修心实践。

惠能认为,人的本性虽然是清净的,但由于生活在世俗间,难免受世间"对法"的影响,以世间相对的概念来进行认知和思考。当凡夫执著于相对法的两边,或者是 A,或者是非 A,本心便会陷入迷茫之中。这是世人艰苦修行而又难以透入人

---

① 以上几句,敦煌本与敦博本的文字完全一样。郭朋的《坛经校释》断句为"自性上说空,正语言本性,不空迷自惑,语言除故",并注云:"这几句话颇费解,恐有脱误。"(第 98 页)杨曾文的《敦煌新本六祖坛经》断句为"自性上说空,正语言本性不空。迷(人)自惑,语言除故",并注云:"从此大段内容看,是讲中道和不二法门的,要求'出语尽双','出入即离两边',把握空有相即不二的道理。对语言文字也应这样,既讲语言性空,又要承认其性不空,如看到语言空的方面要人'不用文字',废除语言,也是一种迷惑。因此本校本作如上断句。并在'迷'下加'人'字,成'迷人自惑'句。"(第 59 页)

② 敦煌本《坛经》第 46 节,个别文句据《敦煌新本六祖坛经》改。

生的真相，从而获得根本解脱的关键。而智者则了达万法的本质——即既不是A，也不是非A；但同时又既是A，也是非A，因为A与非A从根本上说又未始异，两者皆同于实相、真谛，因而能超越分别而使自心与实相、真谛冥然相契。由于实相、真谛并不离世间法、世俗谛，因此，开悟的人也就能不离现实社会、不离世俗的“语言文字”和“见闻觉知”而得解脱，能随缘而行，处处自在。据此，惠能要求说法者“说一切法，莫离于性相，若有人问法，出语尽双，皆取法对，来去相因，究竟二法尽除，更无去处”，并要求修行者在修行中，要转变观念，既不能执著此，也不能执著彼，只要离两边而处中道，即能于相而离相，于念而离念，“虽即见闻觉知，不染万境，而常自在”，从而超越一切内外束缚而真正达到解脱之境。这种超越边见以实现心的解脱的思想，既是对佛教“不二法门”的继承，也在一定程度上体现了老庄道家的相对主义精神。

惠能的“三十六对法”对禅门弟子的说法和修行都具有指导性意义，其根本精神是通过“出没即离两边”破执著，从而顿悟自性，觉悟成佛。从《坛经》的记载看，惠能也是这么启发弟子的。据说，南阳神会初到曹溪山礼拜，问言：“和尚坐禅，见不见？”惠能起来，打了神会三下，却问神会：“吾打汝，痛不痛？”神会答言：“亦痛亦不痛。”惠能言曰：“吾亦见亦不见。”神会又问：“何以亦见亦不见？”惠能言：“吾亦见者，常见自过患，故云亦见；亦不见者，不见天地人过罪，所以亦见亦不见也。汝亦痛亦不痛如何？”神会答曰：“若不痛，即同无情木石；若痛，即同凡夫，即起于恨。”惠能曰：“神会，向前，见不见是两边，痛不痛是生灭。汝自性且不见，敢来弄人！”神会礼拜，更不敢言。针对着神会的迷惑，惠能又说了一番道理：“汝心迷不见，问善知识觅路。汝心悟自见，依法修行。汝自迷不见自心，却来问惠能见否？吾不自知，代汝迷不得；汝若自见，代得吾迷？何不自修，问吾见否？”[①]惠能的这番话似就是遵循着“有人问法，出语尽双，皆取法对，来去相因，究竟二法尽除，更无去处”的思路，将神会引导到了自悟心性上去，从而把神会说得心服口服。神会从此拜惠能为师，不离曹溪山中，常伴随在惠能左右，成为惠能禅的主要继承人之一。由此也可以理解惠能为什么要对弟子说，在他以后，如用“三科三十六对法”传教，就是“不失本宗”了。

任何理论都是为实践服务的，惠能的“出没即离两边”虽然夸大了终极实在的不可分割的绝对性，强调要通过超越对立的两边才能体悟自性是佛的道理，但它通过回归于内心来超越世俗的分别与破除一切内外束缚的做法，在客观上却拉近了世间法与出世间法的距离。“我心自有佛，自性是真佛。自若无佛心，向何处求佛。”[②]惠能的这种观点不仅肯定了人的真实生命的价值与意义，提高了人们悟道成佛的自信心，而且为自己革新传统佛教繁琐复杂甚至十分艰苦的修行方式提供了理论依据。惠能将“出没即离两边”的思维方式落实在修行实践中，强调不要执著于读经、坐禅等外在的修行形式，而要注重在心理上破除主客二元的对立，放弃一般的逻辑分析的方法，“因为一般的逻辑推理方法在最深层的精神要求面前毫无作为”[③]。惠能提倡“无相戒”，要人回归到自己的本然状

---

① 敦煌本《坛经》第 44 节。

② 敦煌本《坛经》第 52 节。

③ 铃木大拙《禅者的思索》，中国青年出版社 1989 年版，第 31 页。

态中，在日常的生活中，随缘任运，完成心理的转变、精神的提升和道德的完善。惠能的修行观始终体现着“出没即离两边”以破除一切执著的精神，这使惠能禅呈现出一种活泼泼的新气象。后来，惠能门下出现的机锋棒喝，话头圆相等奇特的接机、参禅方法都是与此相关的。

四、农禅并作

宗教信仰不仅是对某一种东西绝对地相信，而且还是一种生活或生存的态度。人有时需要通过信仰来提升或优化自己的生存，这也是宗教修行的重要目的。惠能的修行观具体落实在禅行生活中就为“农禅并作”提供了坚实的理论基础，从而使东山法门开创的山林佛教禅风在南宗门下得到了继承发展和发扬光大。

中国禅宗在道信、弘忍时就开始倡导团体生活，依山傍林，聚众定居，经济上则自耕自给，从而结束了前辈们一衣一钵的流浪传法的历史。卒于公元 667 年的道宣曾对他所见到的禅者行迹作过这样的描述：“世有定学，妄传风教，同缠俗染，混轻仪迹”，“复有相述同好，聚结山门，持犯蒙然，动挂刑网，运斤挥刃，无避种生。炊爨饮啖，宁惭宿触。”[①]道宣的记载比较真实地反映了当时“农禅并作”的情况，这与东山法门倡导的禅风是相吻合的。农禅并作，不仅为诸方学人修禅传戒提供了比较稳固的物质条件，而且对传统的修行观也产生了深

① 《续高僧传·习禅篇论》。

刻的影响。道宣是个持戒严谨的律师，因而他以“妄传风教”之语表达了对禅门中出现的与世俗生活相混的现象的不满，但他描绘的禅者聚结山林，自食其力，将修禅与劳作打成一片等情况，正是中国禅的重要特色。这种特色的形成，使禅宗更加适应了中国农业社会的宗教生活的需要。

惠能一生不识文字，生活在社会下层，依靠自力获得解脱成为其理想的目标。这不仅体现在他的禅学理论中，也表现在他对禅行实践的要求上。因此，他一方面破除对佛祖等外在权威的迷信和崇拜，强调每个人的自性自度；另一方面又将解脱理想融化在当下现实的生活之中，把修道求佛贯穿在平常的挑水搬柴、穿衣吃饭之间。挑水搬柴、穿衣吃饭，这是每天要经历的生活实践，在日常的生活实践中激发自己证悟佛道的灵感就是惠能所说的修行。而证悟佛道实际上也就是在日常的劳作与生活中达到内外无著、来去自由的现实的人。惠能倡导的修行观从根本上改变了印度佛教乞食苦行的修道传统，大大地促进了禅宗的中国化进程及其在中国社会中的传播。

释迦牟尼创教后，依照佛教的理念为僧众订立了各项生活守则，其中就要求“一切众生，皆依食住”，即首先维持生命，然而再谈修行。依照印度宗教的传统习惯，沙门在云游期，就到附近的村落以乞食为生；到安居期，则接受信徒的布施供养。据此，释迦牟尼也建立了“外乞食以养色身，内乞法以养慧命”的乞食制度，使僧侣无须通过劳动去创造物质财富就解决了基本的生存问题。在印度佛教中，“掘地垦土”的农业生产和“手捉金银”的商业贸易都曾被佛教视之为“贪”而加以禁止。

佛教传入中国后，一些来华的僧侣曾严守印度佛教的戒律，不积蓄财产，不从事生产劳动而以乞食为生，被中国人称之为“乞胡”或“乞士”。随着佛教在中土的传播，汉人信徒日益增多，王公贵族中供养僧人的风气也逐渐流行起来。据史料记载，一些王侯不仅舍宅建寺，而且还布施大量的财物，甚至以田产供养僧人。佛教寺院有了固定的田产和资财，僧侣就有了赖以生活的物质基础，乞食也就不再是汉地僧人主要的生存手段了。据《高僧传》卷五记载，东晋名僧道安年十二出家，就“驱役田舍，至于三年，执勤就劳”，并曾“赍经入田，因息就览”，一边劳动，一边读经。既劳动又学佛成为一些中国僧人比较典型的日常行事。这样，中国的僧人中就出现了“或垦殖田圃，与农夫齐流；或商旅博易，与众人竞利”[①]等印度佛教中所没有的新情况。如果田地不够耕种，僧侣们还可以在寺院周围开荒造田。经济基础的改变，也促使佛教徒的生活方式产生了分化，一部分人居住在都邑的寺院里，靠王公贵族的经济供养和政治支持而译经、弘法、修道，另一部分人则生活在山野之中，自力更生，开荒种地，建庙立寺，靠自己的双手开创新生活。从东山法门到惠能门下主要都是由后一部分人组成的。

吕澂先生曾说：“道信住在双峰山的时间那样长，徒众那样多，在史传中却看不到有什么官僚豪门的支持，而是用自给自足的方法解决生活问题，这与当时居于城市依赖权贵的佛徒是不同的。这一点，自然和当时的社会情况有关系。自南北朝以来，中间虽然经过隋代的统一，但至唐初，社会还是不很安定。唐初仍沿用前代的均田制，每成丁受田百亩（其中永业田二十亩口分田八十亩）。但事实上，可耕地不够分配，因此法律上允许人们开荒。这样，一般民众可以借口出家，自己去找

① 道恒《释驳论》，载《弘明集》卷五。

地耕种，同时还可避免赋役的负担。佛教也就借此来号召门徒。道信在双峰山所提倡的自耕自给是当时经济状况允许的，也是适应了当时社会经济发展要求的。”①敦煌本《传法宝纪》中说道信曾教人：“能作三五年，得一口食塞饥疮，即闭门坐。”这里所说的“作”即作务，劳作之意，道信要门徒依靠自己的劳动来维持生活，然而再进行坐禅以解决自己的精神需求。这种把劳作列入禅门行为的具有创新意义的倡导对禅宗在许多方面的变革都具有十分重要的意义。唐代时，僧侣通过参加农业劳动来解决佛门的吃饭穿衣问题已是平常之事，以至于唐武德七年(624)实行均田制，僧尼也可与俗人一样得到“口分田”了。同时僧侣们还可以在寺院周围开荒种地，以改善生活。这种小农经济自给自足的生活方式与禅宗的修行要求结合在一起就是反映东山法门禅行特色的“农禅并作”。

作为东山法门主要创始人之一的弘忍本身就是贯彻“农禅并作”修行要求的典范。他七岁随道信出家，“常勤作务，以礼下人，昼则混迹驱给，夜便坐摄至晓，未常懈倦，三十年不离信大师左右。”②弘忍白天作务，夜便坐禅，把劳作视为禅门弟子的份内之事。当他准备挑选法嗣时，他对惠能情有独钟，可能与他看中惠能的劳动者出身也有关系。事实上，惠能一到东山就被弘忍安排到碓房去随众作务，而惠能在碓房破柴踏碓八月有余，勤勤恳恳，甚至在踏碓时为了增加重量而不惜在自己身上系上大石头！

虽然惠能在东山生活的时间不长，但他却继承了东山法

---

① 《中国佛学源流略讲》第 207 页。

② 《历代法宝记》,《大正藏》第 51 册，第 182 页上。

门的传统，在艰苦的劳动中进行身心磨炼的同时，进一步将修禅与劳作结合，将禅与当下的生活相融，使禅更近地走向了社会，特别是走进了农民的生活，最终真正成为“农民的佛教”。

惠能南宗门下，日出而作，日没而息，饥来吃饭，困来即眠，在行住坐卧中自在任运地修行参禅，播种、采茶、推车、砍柴这些普通的劳动都被引入了禅行之中。日常的生活与劳作的过程也就是开慧眼、觉自性的过程。《五灯会元》卷四中有段记载很有意思：有个叫百丈涅槃的和尚，有一天，他对众人说：“汝等与我开田，我与汝说大义。”然而当众人开田归来请他为大众说佛法大义时，“师乃展两手，众罔措”。对此，铃木大拙解释说：“百丈却一言不语，只将双臂向和尚们张开，也许是说禅没什么神秘的，一切都是清清楚楚的。当你吃饭、洗身并在田地里种植粮食或蔬菜时，你就在做着这个世界所需要做的事情，无限也实现于你的身上了。”①正因为劳动在修禅中有十分重要的地位与作用，因而在惠能南宗门下，全体上下人人参加劳动的“普请之法”甚至被写进了禅门清规而成为丛林生活的重要规范。《百丈清规》的制定者怀海禅师对之身体力行，“凡作务执劳，必先于众”。人们见他年迈，不忍他如此辛劳，就“密收作具而请息之”，怀海找不到作具，竟也忘食。故有“一日不作，一日不食”之语在禅门中广为流传。②

其实，“农禅并作”不仅是惠能禅的重要修行方法，也是区分南北禅宗的一个重要表征。弘忍去世以后，他的门下“堪为人师”者皆分头弘化，在将东山法门传向全国的同时，禅宗内部也出现

① 《禅风禅骨》，中国青年出版社 1989 年版，第 21 页。

② 请参见《五灯会元》卷三。

了分化。在众多的派别中，影响最大的就是惠能南宗与神秀北宗。南北宗的不同除表现在禅学思想上之外，也有禅行生活方面的差异。“所谓南能北秀的对立，直接表现为非官禅与官禅间的斗争，而隐藏在其背后的则有农禅与非农禅的分歧。南宗的胜利，标志着农禅的胜利。禅宗最终取得成功，主要在于它坚持了这种僧侣自我经理的经济形态。”[①]这是很有见地的看法。

从历史上看，唐王朝建立后，统治者一度对佛教的兴趣比较大，唯识宗、华严宗等都是在统治者的直接支持下创立的，而禅宗的一些代表人物也曾得到统治者的重视与青睐。例如唐王朝因仰慕道信、弘忍的德行，多次诏请入京，但均遭拒绝。弘忍还对山居林处作过论证。有人问他：“学问何故不向城邑聚落，要在山居？”弘忍回答说：“大厦之材，本出幽谷，不向人间有也。以远离人故，不被刀斧损斫，一一长成大物，后乃堪为栋梁之用。故知栖神幽谷，远避嚣尘，养性山中，长辞俗事，目前无物，心自安宁，从此道树花开，禅林果出也。”[②]道信、弘忍的传统也为惠能所继承。惠能一生都以山林为修禅传法的基地，并也不为统治者的多次诏请而动心。然而，惠能的其他同门却有很多人应帝王之请而入京城，进宫廷，特别是神秀甚至成为“两京法主，三帝国师”，他所代表的禅宗北宗也主要活动于当时唐王朝的政治活动中心——京洛地区，成为一个依附于帝室，受官方支持的宗派，因而有“官禅”之称。而惠能开创的南宗，却始终远离世俗政治，主要生活在南方的山林之中，开垦土地，耕田吃饭，学佛修禅，成为以小农经济为支柱的“农

---

① 杜继文《中国禅宗通史·导言》第4页。

② 《楞伽师资记》。

禅”。从表面上看，“农禅”似乎没有“官禅”在社会中的影响大，但实际上，正因为有着小农自然经济的支撑，“农禅”形成了一种相对独立的品格，不依赖统治者的支持，不依赖都邑文化，甚至不依赖经典文字，在“农禅并作”中追求一种自性的觉悟，使南宗保持了持久的发展力。

事实证明，神秀北宗虽因得到统治者的支持而一度势力大，信徒多，但也只是在北方社会中兴盛了几十年。唐武宗灭法以后，天台、华严和唯识等宗派由于寺院和寺院经济被毁，经论散失，从此都一蹶不振，以寺院经济为主要依托并与帝室关系密切的神秀北宗也逐渐衰落下去。而惠能南宗由于扎根在农村，活动于民间，经济上自给自足，修行方法上“农禅并作”，随缘任运，使其得到了越来越多的人的喜爱与信仰，禅门影响不断增大，并在社会中牢牢地扎下了根，以至于到柳宗元时代，就“其说具在，今布天下，凡言禅，皆本曹溪”了。南宗门下日后得到极大发展的主要就是以“农禅并作”为主要修行方法、保持山林佛教特色的江西马祖和湖南石头这两大禅系，它们以活泼清新而又不拘一格的禅风吸引了越来越多的学人——从农民到士大夫甚至到王公贵族，最终完全取代北宗禅而在全国得到了广泛的传播。因此，从某种意义上说，“农禅并作”的修行方式不仅是惠能禅的特色，也是惠能禅之所以能够在中国社会长期流传发展的重要原因之一。虽然由于儒家文化的强大影响，“经过五代、北宋，禅宗文化逐渐变成文人禅、参话禅，与士大夫合流，与在朝的文人日趋接近，远离泥土，走向市廛，混迹庙堂，被儒教所合并、消融”[1]，但禅宗作为

---

① 任继愈《弘忍与禅宗》，载《“东山法门”与禅宗》第 6 页。

宗教，其实一直在民间传播，“农禅并作”在中国佛教中的影响也一直延续到近现代。

本世纪初，太虚法师针对佛门的腐败堕落，曾积极发起佛教革新运动。他提出的“三大革命”即教理、教制和教产革命，就都与僧侣的修行方式和生活方式有关。而太虚及其同时的一些著名僧人都积极倡导恢复“农禅并作”的传统作风，以期振兴佛教。今天，中国佛教协会赵朴初会长认为中国佛教有三大优良传统，其中第一条说的就是“农禅并重”，他希望佛教信徒继续发扬光大这一优良传统，并根据现代的社会生活状况，开拓新的形式，鼓励佛教徒在学佛的同时积极参加物质文明建设。由此可见，“农禅并作”的精神对中国佛教的发展具有一定的积极意义。

第九章　惠能的变革与创新

在人类文化发展中，每一次新的突破，都是人类革新意识涌动之结果，当这种意识符合于客观的历史发展进程，迎合了人们的精神需要，它就表现出极大的生命力。惠能作为中国禅史上开一代新风的禅师，其出现绝不是历史发展的偶然，如果从中国文化发展的规律着眼，就可见其有深刻的原因。这其中既有惠能对人的生命存在的现实状态的批判性思考，又有对繁琐名相、经师之学和程式化的修行方法的反动，还有老庄的自然主义、玄学的得意忘言和儒家的重视人生等学说的深刻影响。惠能正是在继承发展佛教中国化的基础上，通过对传统禅法的变革与创新才使中国禅宗的发展出现了新的气象。

一、惠能对传统佛教的革新

怎样更好地实现人的解脱是惠能革新意识的立足点。惠能既继承了佛教的传统，又不囿于传统，他对传统佛教的革新与发展，除了本书前面数章已经提到的之外，还突出地表现在他从“不立文字，顿悟成佛”出发，以自性自悟来统摄一切传统的修持形式与修持内容，并以中道不二为指导而对读经、坐禅、出家、戒行等传统佛教繁琐而艰苦的修行方法提出了一系列改革性的意见，从而开创了简便易行的新禅风，更好地适应了人们追求超越的精神需要。

关于读经。佛经，在佛教中既特指释迦牟尼演说的教理，也泛指佛教的一切经典。在传统佛教中，佛教经典被奉为修行者的指路明灯，必读之书。中国佛教的学派和宗派也大都围绕着某一专门的经典来建构自己的理论学说，例如南北朝时的“地论学派”、“摄论学派”和隋唐时奉《法华经》为主要经典的天台宗（亦称法华宗）、奉《华严经》为主要经典的华严宗，等等。然而，禅宗以禅命宗，惠能又将禅视为修行者内心的一种体验，因此他从“自性般若”出发，对于读经提出了不同于传统的新看法。惠能认为，“三世诸佛，十二部经，亦在人性中，本自具有”[①]，而自性起般若观照是“不假文字”[②]的，只要识心见性，去除执心，就能觉悟成佛。故而在惠能看来，读不读经是无所谓的，经典至多只是启发人们开悟的一种外缘，关键还在于

① 敦煌本《坛经》第 31 节。

② 敦煌本《坛经》第 28 节。

每个人的自悟。据此，惠能并不要求信徒执著于一部或几部经典，而是强调要“心悟”。即使是读经，也应该是心转经文而不能被经文所转。据禅史记载，有僧名法达，初听惠能教诲，曾问道：“若然者，但得解义，不劳诵经邪？”惠能答曰：“经有何过，岂障汝念？只为迷悟在人，损益由汝。”然后，就为法达说了“心迷《法华》转，心悟转《法华》”的著名偈颂。法达从此领旨后，“亦不辍诵持”[①]。这说明，惠能并不是绝对地排斥经教，他只是强调应领宗得意，自性觉悟，而不能执著文字，更不能被文字相牵着鼻子走。[②] 这实际上也就是老庄玄学的“得意忘言”和佛教的“依义不依语”在禅修中的具体贯彻与发挥。事实上，执著于诵经固然是“有念”，拘泥于“不可诵经”，也是一种执著。按照惠能“出没即离两边”破一切执著的观点，应该是读与不读，皆任心自然，念念无著便为解脱。

惠能对于读经的态度，与达摩以来的“藉教悟宗”既有联系，也有差异。达摩的“藉教悟宗”可说是看到了语言文字的重要作用和局限性，它重视个体自我对佛理的理解与把握，力图借助于佛陀的言教来达到对佛法大义的根本觉悟。达摩以《楞伽经》相传授，他比较重视佛陀在《楞伽经》中“不执文字”的教示，提倡“藉教悟宗”以引导众生不受语言文字的拘束，努力去把握语言文字后面所隐含的真理。“悟宗”并非与经教完全绝缘，而是“藉教”而不执著于教。其特点之一是不再注重严谨的逻辑，理智的思考，准确的语言，而是希望能超越这些

① 《五灯会元》卷二《洪州法达禅师》。

② 惠能本人就曾有一闻《金刚经》心即开悟，并为无尽藏尼解说《涅槃经》的经历，说明他并不排斥经教的启迪作用。

的束缚而依靠内心的体验从总体上直接地去领悟佛法的真谛——“与道冥符”。达摩既主张借助于语言教法来悟道，又强调不要迷信、执著于语言教法。这对惠能有深刻的影响。惠能正是在达摩“藉教悟宗”的基础上进一步反对墨守成规，死守经典，强调不立文字，直契心性。在他看来，自性不悟，执著文句，读经何益？自性若悟，经典文句又岂有碍哉！自心本具一切法，当然包括了“一切经书及诸文字”。在惠能以后，南宗中曾出现了一股完全排斥经教的思潮。例如，德山宣鉴禅师说：“这里无祖无佛，达摩是老臊胡，释迦老子是干屎橛，文殊普贤是担屎汉，等觉妙觉，是破执凡夫，菩提涅槃是系驴橛，十二分教是鬼神簿，拭疮疣纸。”①这种极端的态度，与惠能对经教的看法显然是有一定差异的。即使如此，在南宗中读经的现象事实上仍然是存在的。永明延寿“念《法华经》，计万三千部”②，仰山慧寂住观音寺时，曾出榜云：“看经次不得问事。”③此类记载甚多。曹山智炬禅师的一段话可以代表南宗对读经的普遍看法：“文字性异，法法体空。迷则句句疮疣，悟则文文般若。苟无取舍，何害圆伊？”④

在不排斥经教启迪作用的同时，惠能更重视大善知识的指点，从而把菩提达摩的“藉教悟宗”发展为“藉师自悟”。他在开法时曾这样说：

① 《五灯会元》卷七《德山宣鉴禅师》。
② 《五灯会元》卷十《永明延寿禅师》。
③ 《五灯会元》卷九《仰山慧寂禅师》。
④ 《五灯会元》卷十三《曹山智炬禅师》。

> 教是先圣所传，不是惠能自知。愿闻先圣教旨，各须净心。闻了愿自除迷，……菩提般若之知，世人本自有之，即缘心迷，不能自悟，须求大善知识示道见性。①

就是说，尽管人人本有菩提般若之知，但并不是人人天生都能自悟的，否则就没有众生而只有佛了。众生自迷，可以求大善知识示道见性，以帮助自己开悟。但惠能同时也强调，“藉师”还得靠“自悟”，外在的帮助只是一种辅助作用，并不能代替各人内心的自悟自度，如果自己不努力，想通过别人的帮助而达到解脱，那是不可能的。他说：“不能自悟，须得善知识示道见性，若自悟者，不假外善知识。若取外求善知识，望得解脱，无有是处。识自心内善知识，即得解脱。若自心邪迷，妄念颠倒，外善知识即有教授，救不可得。”②惠能强调自性自度而不废言教师传，把外在的教育启发落实到自心的觉悟，拨去其宗教的外衣，从教学方法上看，是有其合理之处的。

对于是否要出家修行，惠能的基本看法也是不能执著于形式，更重要的在于自净其心，自性觉悟。他说：“善知识，若欲修行，在家亦得，不由在寺，在寺不修，如西方心恶之人，在家若修行，如东方人修善，但愿自家修清净，即是西方。”③出家修行是印度佛教的传统，这种做法传到中土后，虽曾遭到深受儒家思想影响的中国人的反对，却仍在佛教中坚持了下来，成为中国

① 敦煌本《坛经》第 12 节。

② 敦煌本《坛经》第 31 节。

③ 敦煌本《坛经》第 36 节。《坛经校释》漏“在家若修行”之“行”，据敦煌卷子底本添补。

佛教僧人基本的修行和生活方式。但惠能在这里对此提出了不同的看法，认为在家还是出家，形式是次要的。若出家而不能正确地修行，又有什么意义呢？值得注意的是，这里的"在家亦得"，并不是"非得在家"，"不由在寺"，也不是"不能在寺"。在惠能看来，在寺与在家，并无二致，关键是心不能有所执著。与前面提到的对读经的看法一样，若一定说不能出家，不又成了另一种执著了吗？这并不合乎"离两边"的要求。因此，我们认为惠能反对的是对出家形式的执著，而不是对出家的绝对排斥。事实上，无论是在惠能之时还是之后，南宗弟子的修行都还是以"在寺"为主的，只是形式上有所不同而已，例如修禅不离俗务，禅院不设佛殿、但立法堂①，参禅者"远离乡曲，脚行天下，……学无常师，遍历为尚"②，等等。至于有大批的在家弟子，那并不是惠能南宗所特有。早在佛陀时代，就有不少在家修行者。中国佛教传入以后，历代著名居士也是不乏其人的③。当然，惠能破除对出家形式的执著，这对南宗的修行不拘于任何形式，以及南宗传播范围的扩大等所起的作用也是不可低估的。惠能对出家与在家的见解，一方面激励着出家的僧众不能放松修行，另一方面也更多地吸引了在家的信徒。

在惠能对传统佛教的革新中，最引人注目的是他对坐禅的看法。禅宗以禅命宗，却并不以坐禅入定为功夫。自菩提达摩来华传禅，此系的禅法一直比较注重"随缘而行"，但也并没有完全排斥坐禅调息等传统的习禅形式，东土五祖对"坐禅"

① 参见《百丈清规》。

② 《祖庭事苑》卷八。

③ 可参见清代彭绍升(法名际清)编的《居士传》等。

都还是身体力行的，道信和弘忍在组织禅修方便法门时，都还给“坐禅”留了一席之地。但到惠能时，却明确提出了禅非坐卧，反对执著坐禅。惠能根据离相无念即为识心见性、顿悟成佛的思想，把修禅融于日常的行住坐卧之中，并对“禅定”作了新的解释。他说：

> 何名坐禅？此法门中，一切无碍，外于一切境界上念不起为坐，见本性不乱为禅。何名为禅定？外离相曰禅，内不乱曰定。外若著相，内心即乱；外若离相，内性不乱。本性自净自定，只缘境触，触即乱。离相不乱即定，外离相即禅，内不乱即定，外禅内定，故名禅定。①

这就是说，只要于境界上不起念，自性自定，就是禅定了。如果执著于“坐禅”，追求入定，那是障自本性，与道违背，是障道因缘。根据这种思想，惠能多次驳斥了神秀北宗“教人坐，看心看净，不动不起”②，强调“此法门中，坐禅元不著心，亦不著净，亦不言不动”③，要“念念自净其心”④，“于念念中，自见本性清净”⑤，如此修行，才得见性成佛。当志诚说到神秀常教人“住心观净，长坐不卧”时，惠能说：“住心观净，是病非禅，常坐拘

---

① 敦煌本《坛经》第 19 节。“只缘境触”，《坛经校释》误作“只缘触境”，据敦煌卷子底本校改。

② 敦煌本《坛经》第 14 节。

③ 敦煌本《坛经》第 18 节。

④ 宗宝本《坛经·忏悔品》。

⑤ 宗宝本《坛经·坐禅品》。

身，于理何益?”并作偈一首:“生来坐不卧，死去卧不坐，一具臭骨头，何为立功课?”[①]惠能对坐禅的基本看法可以说就体现在他回答薛简的那句话上。据宗宝本《坛经·宣诏品》载：薛简问惠能:“京城禅德皆云，欲得会道，必须坐禅习定，若不因禅定而得解脱者，未之有也。未审师所说法如何?”惠能回答说:“道由心悟，岂在坐也。”[②]悟在于自心不起妄念执著，而不在于坐卧的形式，这正是惠能的一贯思想。如果于行住坐卧之中能念念无著，那就等于时时入定。这样就把禅定与日常生活完全结合到了一起，禅与生活融而为一了。

关于“禅定”，宗宝本《坛经·机缘品》中还有如下一段记载非常值得玩味：

> 禅者智隍，……庵居长坐，积二十年。师弟子玄策，……造庵问云：汝在此作什么？隍曰：入定。策云：汝云入定，为有心入耶？无心入耶？若无心入者，一切无情草木瓦石，应合得定。若有心入者，一切有情含识之流，亦应得定。隍曰：我正入定时，不见有有无之心。策云：不见有有无之心，即是常定，何有出入？若有出入，即非大定。隍无对，良久问曰：师嗣谁耶？策云：我师曹溪六祖。隍云：六祖以何为禅定？策云：我师所说，妙湛圆寂，体用如如，五阴本空，六尘非有，不出不入，不定不乱，禅性

---

① 宗宝本《坛经·顿渐品》。

② 此说最早见于《曹溪大师别传》，契嵩本《坛经》与《景德传灯录》卷五等的记载与此大体相同。

无住，离住禅寂，禅性无生，离生禅想，心如虚空，亦无虚空之量。隍闻是说，径来谒师。师问云：仁者何来？隍具述前缘。师云：诚如所言，汝但心如虚空，不著空见，应用无碍，动静无心，凡圣情忘，能所俱泯，性相如如，无不定时也。隍于是大悟。

这段记载可能经过了后人的加工整理，但确实反映了惠能对"禅定"的看法。真正的禅定是定而不定，不定而定，定于不定之中的，因此，它无出无入，无定无不定。也就是说，只要任心自运，能所皆泯于当下无念无住之心，便时时为定，无时不定。这种对禅定的看法显然是般若无所得的思想的禅修观上的体现。根据这种观点，坐禅与不坐禅实际上是无二无别的，对两者都不应起执著之心。禅不拘于坐，而坐并非不是禅，所谓行住坐卧皆是禅，并不排斥"坐"，此中之关键在于任心自运，无执无著。

将修禅融于行住坐卧之中，成为惠能禅的基本修行态度。道由心悟而不在坐卧，成为惠能禅不以坐禅为要的基本立足点。但我们认为，不能把惠能不以坐禅为要简单地说成是惠能反对坐禅，事实上，惠能反对的是"执著"于坐禅，即认为修禅非得要坐。从《坛经》中神会问惠能"和尚坐禅，见亦不见"的记载来看，惠能本人似也并未绝对地排斥坐禅。而在惠能以后，南宗中修行者坐禅的仍是代不乏人的。例如慧寂就曾自言，平时"只管困来合眼，健即坐禅"[①]；黄檗法嗣楚南禅师"常寂然处定，或逾月，或浃旬"[②]；据说延寿也曾"九旬入

① 《五灯会元》卷九《沩山灵祐禅师》。
② 《五灯会元》卷四《千顷楚南禅师》。

定”。当然,惠能南宗不以坐禅为要成为其基本的特色之一,这也是事实。典型的例子有:“(临济)师与王常侍到僧堂,王问:这一堂僧还看经么?师曰:不看经。曰:还习禅么?师曰:不习禅。曰:既不看经,又不习禅,毕竟作个什么?师曰:总教伊成佛作祖去!”[①]禅门中广为流传的南岳怀让与马祖道一之间关于“禅非坐卧”的对话更是将执著坐禅视为“杀佛”。据《古尊宿语录》卷一和《五灯会元》卷三等载,马祖曾居南岳传法院,独处一庵,唯习坐禅,凡有来访者都不顾。有一天,惠能的大弟子怀让来了,他亦不顾。怀让见其神宇有异,想起六祖对自己说过的“汝向后出一马驹,踏杀天下人”的谶语,便多方诱导之。一日,怀让问马祖:“大德坐禅图什么?”答曰:“图作佛。”怀让乃取一砖于庵前石上磨。马祖亦不顾。时既久,乃问道:“磨作什么?”怀让回答说:“磨作镜。”马祖不解地问道:“磨砖岂得成镜?”怀让乘机启发说:“磨砖既不成镜,坐禅岂能成佛?”马祖当下离坐问曰:“如何即是?”怀让便对马祖说了如下的“名言”:

> 汝学坐禅,为学坐佛?若学坐禅,禅非坐卧。若学坐佛,佛非定相。于无住法,不应取舍。汝若坐佛,即是杀佛,若执坐相,非达其理。

据说马祖闻言,豁然开悟。这里,惠能南宗门下将执著坐禅喻

① 《五灯会元》卷十一《临济义玄禅师》。需要指出的是,就在这段记载之前,就有黄檗“见首座坐禅”、临济“见檗读经”的记载,因此,我们对禅门中的对话也要注意“领宗得意”。

为"杀佛",生动地表现了惠能禅修观不取不舍,无执无著的特点。这也是惠能以后南宗对坐禅的基本态度。从中我们可以看到传统的坐禅修心经惠能的破除执著已出现了不同于以往的新要求。

惠能融禅定于行住坐卧之中,与他以慧摄定、将定慧统一于无念之心有密切的关系。用惠能的话来说,这叫做定慧无别,定慧不二,也叫做定慧等。他说:

> 善知识!我此法门,以定惠为本。第一勿迷言定惠别。定惠体一不二。即定是惠体,即惠是定用,即惠之时定在惠,即定之时惠在定。善知识!此义即是定惠等。学道之人作意,莫言先定发惠,先惠发定,定惠各别。作此见者,法有二相,口说善,心不善,定惠不等。心口俱善,内外一种,定惠即等。[1]

心口无别,心口俱善,即是定慧等。定慧等于什么?等于众生之自心自性。定慧的不二之体即是无念之心,只要本觉之心当下无念,即是定慧等。所以惠能说:"心地无乱自性定,心地无痴自性惠。"[2]

"定慧等"的提法早在印度佛典中就已出现,例如《大般涅槃经》卷二十八中就说:"诸佛世尊,定慧等故,明见佛性,事事无碍。"但这里的"定慧等"具有定慧一样多的意思,且可以通过修习而获得。因此,经中又说:"菩萨亦尔,若三昧多者,则修

---

① 敦煌本《坛经》第 13 节。

② 敦煌本《坛经》第 41 节。

习慧，若慧多者，则修习三昧。……十住菩萨智慧力多，三昧少，是故不得明见佛性。声闻、缘觉三昧力多，智慧力少，以是因缘，不见佛性。”[①]惠能的定慧等却是无二无别，不可相分之义。它是自性本有，不假修习的，只要无念，本觉的自性便起般若观照，这同时也就是“定”，也就是“见性”成佛道。

联系神秀北宗来看，神秀在“五方便门”中也曾提到“定慧等”。他的“第二开智慧门”中提出，身心不动，豁然无念，就能“从定发慧”。“意根不动智门开，五根不动慧门开”[②]。由于心体本觉，离念即觉，因此身心离念，并不是证入绝对的空寂之定，而是包括了由定发慧、开佛知见。“身心不动”是恢复本觉，也就是开智慧门，得佛之知见。《大乘无生方便门》中明确以“不动”来统摄定与慧，并把“定中有慧”、“定慧双等”的“定”称之为菩萨的“正定”，以区别于二乘人“有定无慧”、贪著禅味的“邪定”。神秀的定慧双等、定中有慧之说，是由身心不动、离念即觉而得出的必然结论。就神秀北宗依心性本觉而说“定慧双等”言之，这与惠能的主张实际上并没有什么根本的不同。但自胡适以来，人们习惯于把“定慧等”视为惠能南宗特有的观点，其实这是不确切的。不过，惠能的定慧等与神秀北宗相比也是有很大不同的。神秀虽然主张“正定”之时即是智慧门开，但“二乘有定无慧，有慧无定”[③]的说法表明定慧在他那里是可以相离的，而要达到“离念”、“不动”的正定又必须凭借一定形式的禅修方便，必须经过观心看净的渐次修习，且观心离

① 《大正藏》第 12 册，第 792 页下。

② 宗密《圆觉经大疏钞》卷三之下，《卍续藏经》第 14 册，第 554 页。

③ 《大乘五方便（北宗）》。

念、定慧双等，仍然是有心可观、有定可入、有慧可发，亦即是有所执著的。而惠能则是以般若无所得为指导，以任运为修，以无证为证。在他这里，有定就有慧，有慧就有定，离定无慧，离慧无定，两者犹如灯与光的关系："定惠犹如何等？如灯光，有灯即有光，无灯即无光，灯是光之体，光是灯之用，名即有二，体无二般，此定惠法，亦复如是。"[①]同时，定慧是不可修、无可求的，只需识心见性，念念无著，自性般若便自然显现，此即是"定慧等"。可见，惠能与神秀的差异并不在主张定慧等还是定慧别，而是在于他们"定慧等"的内容以及对修习定慧所持的态度有所不同。前者立足于"修"，后者则认为"欲起心有修，即是妄心"[②]，而这种不同的态度与他们把本觉的心性理解为"自性清净心"或"当下之心"的不同又是密切联系在一起的。惠能的"定慧等"以人们当下念念无住的本觉之心为依持，因而他将禅定融于行住坐卧之中，也就是必然的了。

惠能对佛教的革新还表现在他对持戒的态度上。《坛经》开篇就讲，惠能在大梵寺说摩诃般若波罗蜜法，为僧俗授"无相戒"。所谓"无相戒"，顾名思义，就是建立在"无相"之理念基础上的戒。惠能所说的"无相"继承了大乘佛教一切法本性皆空的精神，从"凡所有相，皆是虚妄"出发，要人于相而离相，因而他的"无相戒"也就表现出了与传统戒法的很大区别。在传统佛教中，戒主要是指为出家或在家的信徒所制定的规则，其根本精神是防非止恶，以助人修习善行，完善道德，觉悟人生。戒作为佛教的"三学"之首，大乘的"六度"之一，在佛教中一向

---

① 敦煌本《坛经》第 15 节。

② 《神会语录》第 29 节。

占有重要的地位。但由于各家各派所遵循的教理不一，故所持戒律也有不同。杨曾文先生曾指出："在慧能之前，佛教界通常用的小乘戒律有《摩诃僧祇律》、《十诵律》、《四分律》，进入唐代以后，特别盛行《四分律》；大乘戒律最流行的是传为后秦鸠摩罗什译的《梵网经》(《菩萨戒经》)。惠能所说的'无相戒'虽属大乘戒法，但不见经律记载，是他独创出来的。如果说慧能没有利用任何已有的佛教资料，也是不符合事实的。"杨曾文认为，惠能的无相戒是与《梵网经》相关的一种"佛性戒"或"持心戒"，这种戒法在道信、弘忍和神秀那里就已存在，但惠能并"不是简单地把'佛性戒'接受下来，而是有很大发展，主要是把它与传统的'四弘誓愿'、'忏悔'、'三归依'融为一体，并且借助向僧俗信徒授无相戒，宣传众生皆有佛性，皆可自修成佛"①。杨曾文的说法还是很有道理的，可以参考。

郭朋先生在谈到惠能的无相戒时也发表了如下的看法："'无相戒'，意即'无相'之戒。下文(指敦煌本《坛经》第十七节)所谓'无相者，于相而离相。'所以，所谓'无相戒'，亦即教人要'离相'，而不要'著相'。……既称'无相'，又何'戒'之有！所以'无相戒'云者，按照佛教的传统教义是说不通的。而慧能却要人们授'无相戒'，表明他确实是在宣扬由他所开创的那种'教外别传'的禅法。"②我们认为，郭先生的看法也抓住了惠能"无相戒"的根本精神。

戒在佛教中有戒体和戒相的不同说法。所谓戒体，是指弟子从师受戒时所发生而领受在自心的法体，亦即由授受的作

① 《敦煌新本六祖坛经》第 298 页，第 300 页。

② 《坛经校释》第 3 页。

法在心理上构成的一种防非止恶的功能，实际上也就是受持戒律的意志和信念。唐代南山律宗的创始人道宣就曾提出心法戒体论，即以心法为戒体。所谓戒相，即指五戒、八戒等具体的戒条。惠能的无相戒显然在戒体和戒相两方面都有其独创性。在戒体方面，惠能从自性清净出发，强调依持本心，识心见性，觉悟成佛，把持戒与自心开悟结合了起来。在戒相方面，惠能以实相无相的般若思想来破除对各种形式化的戒条的执著，主张当下之心的念念无著、自心起般若观照即是持戒。所以惠能在引用了《梵网经》“本源自性清净”[①]以后就说：“善知识！见自性自净，自修自作自性法身，自行佛行，自作自成佛道。”[②]强调众生应将解脱建立在自心的修行之上。

惠能的“无相戒”强调“戒”以心为本，这与他“即心即佛”的禅学思想特点是联系在一起的，是对传统佛教戒法的继承与发展。杨曾文曾推测，“‘无相戒’的全称也许是‘无相心地

① 关于这句话，各本《坛经》的引文不尽一致。敦煌本《坛经》原作“本源自姓清净”，铃木大拙据宗宝本“我本元自性清净”而校为“我本元自性清净”，契嵩本作“我本性元自性清净”，兴圣寺本的“惠昕本缺这一段”（《〈坛经〉对勘》第43页），而大乘寺本的惠昕本则也作“我本元自性清净”（《敦煌新本六祖坛经》第88页）。《梵网经》的原文是：“光明金刚宝戒，是一切佛本源，一切菩萨本源，佛性种子。一切众生，皆有佛性。……是一切众生戒本源自性清净。”郭朋先生认为：“这里讲的，是作为‘佛性种子’的‘戒’体本源，‘自性清净’。《坛经》引此，系指‘本心’、‘本性’本自‘清净’，取意与《梵网》还可相通。铃木校本……前面加一‘我’字，多少反有失《梵网》原意。”（《坛经校释》第38～39页）杨曾文则据《梵网经》，认为此句校为“戒本源自性清净”为宜，如校为“我本源自性清净”，“不仅违背经文，也不通”，并认为各本《坛经》的“我本元自性清净”中的“我”，都是“戒”的误写和误传（请参见《敦煌新本六祖坛经》第20～21页，第298～299页）。

② 敦煌本《坛经》第19节。

戒'。'心地'即'心',也就是'佛性'"①。这是有一定根据的。不过,这里的"心"或"佛性",都是惠能所言的众生念念不断的当下自心,这也就是惠能在授"无相戒"以后所强调的"一切时中,念念不愚,常行智惠"②。

从《坛经》中看,在提出"无相戒"以后依次出现的"归依自三身佛"、"四弘誓愿"、"无相忏悔"和"三归依戒",应该就是惠能"无相戒"的主要内容,它们都是围绕着自心的觉悟而展开的,从中表现出惠能对传统佛教的革新精神。

在"授无相戒"之始,惠能首先要求大家"见自身三身佛"。"于自色身归依清净法身佛,于自色身归依千百亿化身佛,于自色身归依当来圆满报身佛。"在惠能看来,佛教所说的三身佛并非存在于人身之外,而是人的清净心性的自然显现,"此三身佛,从性上生",人心中本有成佛的内在根据——法身,"从法身思量,即是化身;念念善,即是报身"。思量善恶所引发的行为即是化身,而念念向善的果报则是报身。世人迷妄不知,向外求佛,真是越求越迷。因此,惠能教人回归自心寻求解脱之路:"世人性本自净,万法在自性。思量一切恶事,即行于恶,思量一切善事,便修于善行。如是一切法,尽在自性。"相信自己本具佛性,人与佛在根本上并无差别,从而确立起信心,"自悟自修,即名归依也。"③这就是归依了三身佛。

接下来,惠能与大众一起发"四弘誓愿":"众生无边誓愿度,烦恼无边誓愿断,法门无边誓愿学,无上佛道誓愿成。"四

① 《敦煌新本六祖坛经》第 298 页。

② 敦煌本《坛经》第 26 节。

③ 以上均为敦煌本《坛经》第 20 节。

弘誓愿原是大乘菩萨为了“上求菩提，下化众生”所发的自利利他的大愿。惠能对此作了新的发挥，“众生无边誓愿度”强调的是“不是惠能度，……各于自身自性自度”；“烦恼无边誓愿断”强调的是“自心除虚妄”；“法门无边誓愿学”强调的是“学无上正法”；“无上佛道誓愿成”强调的是“常下心行，恭敬一切，远离迷执觉知，生般若，除却迷妄，即自悟佛道成，行誓愿力”。[①] 可见，惠能是以此四弘誓愿来激发众人依持本觉自心“自性自度”的信心与决心。

在发四弘誓愿以后，惠能又带众人行“无相忏悔”，以灭三世罪障。“何名忏悔？忏者终身不为，悔者知于前非恶业，恒不离心。……我此法门中，永断不作，名为忏悔”。惠能认为，只有于相离相才能识心见性，因此，忏悔也应以“无相为体”，以自心为本。无相忏悔不重外在的形式，而是重内心的觉悟，因而惠能摒弃了传统佛教诵经咒、念忏悔文等忏悔仪式中的种种定式，强调作“自性忏”。什么是“自性忏”？惠能说：“前念、后念及今念，念念不被愚痴染，除却从前谄诳，杂心永断，名为自性忏。”[②]可见，“无相忏悔”或“自性忏”是于内心对自己平时的言行进行深刻的反省，认识到一切恶行均受妄念杂心的支配，从而依本然净心而除去妄心，永断恶行。

“无相忏悔”结束后，惠能还与众人授“无相三归依戒”。在传统佛教中，“三归依”是指信徒归依佛、法、僧三宝。惠能则对三宝作了新的解释：“佛者，觉也；法者，正也；僧者，净也。”因

---

① 以上引文均见敦煌本《坛经》第 21 节。

② 以上引文均见敦煌本《坛经》第 22 节。末句中的“杂”字乃依敦博本《坛经》而补。

而他认为自心自性本来具足“三宝”，称“自三宝”。然而，许多人不明白这个道理，偏偏要向外寻求。对此，惠能问道：“若言归佛，佛在何处？若不见佛，即无所归；既无所归，言却是妄。”据此，惠能强调要自心归依觉、正、净，并认为这才是真正的归依佛、法、僧三宝。他说：“经中只即言自归依佛，不言归依他佛，自性不归，无所依处。”[①]惠能将“无相三归依戒”完全落实在人的自心自性上，把向外求解脱转化为向内自心的证悟，从而走上了内在超越之路。

由此可见，惠能所倡导的“无相戒”，并不是一种如仪如律的宗教仪式，而是每个人时刻在当下生活中的“念念自净其心”。惠能曾强调说：“此事须从自性中起，于一切时，念念自净其心，自修其行，见自己法身，见自心佛，自度自戒。”[②]从历史上看，将修禅与持戒融而为一并非是惠能的独创，道信、弘忍时就有“禅戒合一”的倾向，他们在教禅的同时又传菩萨戒，据《楞伽师资记》说，道信还曾“有《菩萨戒法》一本”。[③] 惠能与神秀都是东山法门的传人，因而也都有以修心为持戒的主张。例如神秀在《大乘无生方便门》中说：“菩萨戒，是持心戒，以佛性为戒性。心瞥起，即违佛性，是破菩萨戒。护持心不起，即顺佛性，是持菩萨戒。”但若细加比较就可发现，由于惠能和神秀对心性有着不同的理解，因而两人对持戒的看法也有很大的差别。神秀主张“观心看净”、“心体离念”，并要人“坚持戒行，不忘精

---

① 以上引文均见敦煌本《坛经》第 23 节。

② 宗宝本《坛经·忏悔品》。

③ 道信使禅与戒结合，这既是组织团体生活的需要，可能也受到了天台慧思、智𫖮等人的影响。

勤”[①]；惠能则从根本上摒弃了种种著相的修心与持戒，认为“心平何劳持戒，行直何用修禅”[②]，要人在日常的生活中，随缘任运，完成主观精神的根本转变。惠能的无相戒实际上是“出没即离两边”破执著的精神在持戒要求上的具体体现。

惠能从“即心即佛”出发，反对传统佛教一切外在化、程式化的修行方式，破除对读经、出家、坐禅和持戒的执著，这些标新立异的主张被其后学进一步发展。在南宗众多的灯录中，记载了许多禅师莫名的问答和奇特的行为。在那里，神圣的佛经被斥为“总是魔说”，佛祖的权威被打倒，甚至喊出了“逢佛杀佛，逢祖杀祖”的口号。这些极端的行为并非是真的要人打倒佛祖，毁掉佛经，而是要人破除一切外在的执著而贯彻“即心即佛”的修行原则，其所要否定的是拜倒在佛经、戒律、偶像下的崇拜行为，因为这些行为使人本末倒置，丧失了自我，迷失了方向。在惠能看来，种种破除执著的做法与主张恰恰是重新恢复了原始佛教寻求人的解脱的内在精神。

惠能对传统佛教的革新，在一定程度上也调整了出世的佛教与中国封建国家之间多方面的矛盾。佛教传入中土后，其建寺、造像、树塔、写经之类花费了大量的钱财，其出家修行的方式也与中国传统的社会伦理准则不合。而惠能提出“世间若修道，一切尽不妨，常见自己过，与道即相当”[③]，并改变了只有布施、造像等才能积累功德、获得福报的传统观点，这对佛教的中国化以及佛教在中国的传播与发展都产生了极大的影

① 敦煌本《观心论》。
② 宗宝本《坛经·疑问品》。
③ 敦煌本《坛经》第 36 节。

响。这种影响突出地表现在两个方面：一是改变了信徒的修行生活，“若欲修行，在家亦得，不由在寺”，这就解决了一些人既想信奉佛教，又想忠孝两全、不愿抛弃世俗生活的心理障碍；二是协调了佛教与封建国家的关系，惠能主张即心即佛，不再注重外在的形式和偶像崇拜，而是将修行融于日常的亦农亦禅的生活之中，这不仅解决了寺院的经济来源问题，而且使信徒的增加并不一定非要与封建国家争夺劳力。这样就缓解了佛教的发展与封建国家的冲突和矛盾，从而使佛教逐渐成为真正能够为中国人所接受、为中国社会所容纳的宗教。

胡适先生根据敦煌史料对唐代禅宗史作了一番考证之后曾指出：“这时候，中国已另起了一个浪漫的大运动，使中国佛教起一个内部大革命，这个革命可叫做禅宗运动。革命的首领是广东一个不识字的慧能和尚。”[①]胡适将惠能对传统佛教的革新称之为“中国佛教起一个内部大革命”，以示其对传统佛教所产生的巨大冲击力。事实确是如此。这场“大革命”的结果就是使印度禅完成了向中华禅的过渡，印度佛教完全发展为中国的民族宗教。

二、惠能对佛教中国化的继承与发展

惠能对传统佛教的革新，使他所创的禅宗南宗成为非常典型的中国化的佛教宗派，惠能的禅学思想也成为最具中国化特色的佛教思想。但惠能不提倡坐禅、读经，强调出世不离

① 《中国中古思想史长编》，华东师范大学出版社 1996 年版，第 315 页。

入世、众生与佛不二，其后学中甚至发展出了“呵佛骂祖”的倾向，这并不意味着惠能为代表的禅宗南宗完全是中国文化的产物，惠能的思想与印度佛教完全没有关系。事实上，惠能所持的万法虚幻的观点、中道不二的方法以及解脱成佛的理想等等，都是佛教所特有的。惠能虽然主张随缘任运，把解脱理想的实现落实于当下的现实之中，但他始终坚持了无心执著的心之解脱，视入世为方便法门，而这种思想在印度佛教中其实也是早已有之的。《维摩经》所表现的就是典型之一例。也许正因为此，所以佛教在中国历史上尽管也可以起到协助王化的作用，甚至成为封建统治思想的一部分，但始终未能成为中国封建社会的“正统思想”。——以众生的解脱为最终目的的佛教与讲究经世致用、以“治国平天下”为最高目标的儒学，在个人的修身养性方面可以有许多相似之处，在哲学理论上也可以互为发明，但对于治理现实世界的统治者来说，孰优孰劣，还是泾渭分明的。在历史上，儒家之所以吸收了佛教很多东西又反过来排斥佛教，很重要的一个原因也就在于两者的人生价值目标从根本上是相异的。

从惠能的整个思想及其特点来看，惠能对传统佛教的革新并非毫无所据，它其实是对汉魏两晋南北朝佛教中国化的继承与发展。这也就决定了惠能的禅学思想不仅与汉魏以来的中国佛学密切相关，而且与印度佛教也始终有着千丝万缕的联系。事实上，印度佛教本身也并不是一个单一的一成不变的思想体系，而是有着多重结构，复杂层次，并处于不断发展演变之中。惠能的许多思想特点，只是对印度佛教某一时期、某一派别的革新，并非完全背弃了佛教。例如惠能对释迦牟尼神圣地位的否定，把佛拉向了人，这只是对大乘佛教神化了的佛陀的否定，与释迦时代“吾在僧数”的精神则是相通的。再如，惠能禅重视宗教实践而不重义理的探讨，把人的解脱归结为心的解脱，认为人人都有觉性，自性觉悟即与佛无二，这从某种意义上说，也是对释迦时代把本体论等问题悬置起来、强调“心净故众生净”①的原始佛教精神的复归，只是更突出了佛教以“心的解脱”为本的“心的宗教”的特色。但惠能的禅学思想同时又是植根于中国社会与传统文化的土壤之中的，是在佛教中国化的过程中逐渐形成发展起来的，因此，它在许多方面与佛陀精神相通却并不是向印度佛教的简单复归。例如惠能重视宗教实践，却并不主张遁迹山林、摄心入定，也反对各种繁琐的形式化的禅法与修持方式；它强调心的解脱，但并不对人心的净染作繁琐的理论分析，也反对对心性有任何执著。他既“空”掉了一切，又留下了当下之心的“有”，融会了般若与佛性。惠能在禅学理论和禅行实践的许多方面都表现出了与传统佛教相异的特色，其重要原因就在于他对佛教的中国化有进一步的发展。因此，我们对惠能思想的基本看法是：它渊源于印度佛教而形成于中国传统思想文化之中，是佛教中国化发展的必然产物，它在许多方面都与佛陀精神相通而又深深地打上了中国文化的烙印。

我们认为，惠能的思想充分体现了传统文化融摄性与包容性的特点。从历史上看，对佛教各种思想学说的包容与融会，这本是中国化佛教的一个共同特点，南北朝以来中国佛教中流行的“判教”就是一个重要的标志。判教，即判别或判定佛所说的各类经典教法的意义和地位，从而对之加以系统的整

① 《杂阿含经》，《大正藏》第 2 册，第 69 页下。

理与安排。这种方法并非中土所创，它在印度佛典中就已有运用，例如《楞伽经》分顿渐二教；《解深密经》分有、空、中三时；《涅槃经》分五味（五时）等。但判教在中国佛教中占有更重要的地位，特别是在中国佛教宗派的形成过程中以及在各宗理论体系的建立中都具有十分重要的意义，它是佛教对外防止攻击，对内融会各家学说，调和佛教内部不同说法的重要举措。隋唐时期出现的中国化佛教各宗派都通过判教而在抬高本宗的同时融合吸收了包括儒道在内的各种思想。第一个中国化的佛教宗派天台宗之所以奉《法华经》为宗经，一个重要的原因也就在于该经"会三归一"的理论为其将本宗教义说成是至上的"一乘"、并为其调和融合其他各种学说打开了方便之门。惠能禅宗这方面的特点表现得格外明显。前面提到，达摩系的禅学从一开始就循着竺道生以来中国佛学融会空有两大系的路数，将《楞伽》心性论与《般若》实相说融摄于禅学理论之中，历代禅师或偏向于《楞伽》，或倾心于《般若》，虽然对空有思想的侧重时有不同，但以《般若》破万法，以《楞伽》说心性，却是此系禅学始终保持的特色。到惠能时，他更是将大乘佛教空有两大系思想熔于一炉，铸就了南宗最显著的理论特色。惠能将自己整个禅学理论和禅行要求都建构于空有两大系思想"圆融无碍"地结合在一起的产物——当下之心的基础上。其所言之心，既有般若实相的品格，又有涅槃佛性的特点。正是空有两种思想的融合，才奠定了在中国流传发展上千年之久的中国禅宗之主流的理论基础。

惠能禅的特色，不仅在于融会不同的佛教学说，而且更重要的还表现在以佛教为基点，将儒家的人文精神和心性学说、老庄玄学的自然主义哲学和人生态度圆融在一起，在丰富中国传统思想文化的同时，也大大地推进了佛教的中国化。

儒家以内圣外王为人生的理想目标，然而如何实现这一目标，儒家却表现出了对人的重视和对人伦关系的强调这两重性格。儒家的“仁者，人也”、“仁者爱人”以及人本具四端等，既从人的本质上揭示了人与动物的根本差别，也揭示了人的本质的社会性意义，并从道德论上肯定了每一个主体为善去恶的理性自觉和自由选择，赋予了每一个人在社会关系中实现自我的能动自主权及其内在根据。儒家既强调“天地之性人为贵”，又将人放到群体的伦理中来观照人的个体生命的本质、价值及其实现，在肯定人的基础上，以仁爱、义礼来规范人的行为，并把它提高到实现人的本质的高度来强调，这对于提升每个人的品格、保障社会的良性运转，都是有意义的，这也为入世有为、经世致用的价值观提供了人本主义的哲学理论基础。这样，儒家人生理想的实现就有两个路径：其一是“克己”慎独、“存心养性”的“反求诸己”，这是通过完善个体道德的成圣之路；其二是“复礼”、“爱人”，由己及物，乃至推及世界的“王道”大同，这是通过“治国平天下”的成王之道。内圣外王的统一，是儒家重视人，又强调从社会关系中实现人的本质的必然要求。人只有在现实的社会活动中才能表现出并最终实现其自身的本质与价值。儒家的这种入世情怀为每一个自我在此岸世界建构了一个安身立命的精神家园，并对惠能禅形成关注人的当下生活之特色产生了很大的影响。

惠能禅对主体意识的重视，对人的肯定，乃至它所使用的语言，师徒教授的方法等等，都渗透着儒家学说的精神，表现出儒学化的倾向。特别是惠能将儒家的心性论圆融地结合到了禅学理论中，使之成为自己整个思想理论中不可分割的有机组成部分。儒家的性善论，思孟学派的“尽心知性知天”以及《易传》的“生生之谓易”等，都渗透到了禅的精神中去，形成了惠能特有的念念无住、自性觉悟的禅学思想。惠能主张的自心顿现本觉之性与思孟学派的发其四端，尽其心性显然是相通的，在实现的途径与方法上两者也都体现了相同的天人合一的思维特点。惠能禅所强调的念念相续、心无所住的思想基础是万法流速不住，性空不实，无法可住，这与《易传》的“生生之谓易”尽管在思想内容上根本不同，但在哲学精神与方法上还是相通的，都是视宇宙万法生灭不息、万物无住而要求心不滞于法。后来惠能南宗中经常以“始嗟黄叶落，又见柳条青”①来说佛法大意，以“冬即言寒，夏即道热”②来提示顺自然之化，认为“行住坐卧，无非是道，悟法者，纵横自在，无非是法”③，就是因为心与万法都是生灭不息的，而生灭不息，万物无住，同时也就是无生无灭无万法了。这也就是僧肇所说的“诸法乃无一念顷住，况欲久停。无住则如幻，如幻则不实，不实则为空”④。所以南宗门下又常说无心无事：“汝但无事于心，无心于事，则虚而灵，空而妙。”⑤当然，惠能所说的解脱之境为自性起智慧观照，顿现万法，万法在自性，其思想之路数虽不离心法一如，但他从般若无相的角度，更强调了心、法皆不可执著，这是与儒家心性论有根本区别的。

---

① 《五灯会元》卷三十《广德延禅师》。

② 《五灯会元》卷四《赵州从谂禅师》。

③ 《五灯会元》卷三《大珠慧海禅师》。

④ 《维摩经·弟子品》注。

⑤ 《五灯会元》卷七《德山宣鉴禅师》。

在儒家重视主体、重视个人修养、重视现实的社会和人生的影响下，惠能不仅以心性论为根本依持来展开全部禅学理论，而且还在强调出世不离入世、理想人生的实现不能脱离现实人生的同时，调和佛法与世间法的矛盾。他曾明确地说："佛法在世间，不离世间觉；离世觅菩提，恰如求兔角。"①认为佛法与菩提只存在于世间，如果离开了人的现实生活求佛法解脱，是不可能实现的。因此，他要人"勿离世间上，外求出世间"②。在把佛法和出世间拉向世间的基础上，再来调和佛法与儒家名教的关系就比较容易了。所以惠能说："心平何劳持戒，行直何用修禅。恩则孝养父母，义则上下相怜，让则尊卑和睦，忍则众恶无喧。……菩提只向心觅，何劳向外求玄。听说依此修行，西方只在目前。"③既然只有"即世间"才能求得"出世间"，那么，在现实生活中遵奉社会伦理和纲常名教当然就是不碍佛法，甚至是修佛法的重要前提了，因为"君臣父母，仁义礼信，此即是世间法"。不坏世法才能得解脱，"若坏世法，即是凡夫"④。当然，如前所说，惠能要人不离世间仍然是为了求得解脱，其价值取向和人生目标与儒家的积极入世毕竟是不一样的。因此，惠能并不像儒家那样强调从人伦关系中来把握自我和实现自我，而是从"万法唯心"、"一切皆空"的佛教基本立场出发来强调每个人在现实社会中的自心开悟、任心解脱。惠能说："一切草木，恶人善人，恶法善法，天堂地狱，尽在

---

① 宗宝本《坛经·般若品》。

② 敦煌本《坛经》第36节。

③ 宗宝本《坛经·疑问品》。

④ 大照禅师《大乘开心显性顿悟真宗论》，《大正藏》第85册，第1279页上。

空中。”[①]“世人性本自净，万法在自性，思量一切恶事，即行于恶，思量一切善事，便修于善。”[②]据此，惠能才教人在“不思善，不思恶”中于当下证悟自己的本来面目。虽然惠能主张在随缘的生活中当下觉悟，这本身就是以承认世间法的合理性为前提的，但其与儒家根本精神的不同还是不应忽视的。

与儒家主张尽人道，强调从社会活动、社会关系中实现人的本质形成鲜明对照的是，道家主张效法天道的自然无为，以返朴归真。虽然道家的着眼点也从来没有离开过人，但道家重的不是人的社会性而是人的自然性，它强调的是人的独立自主和精神自由。因此，道家比较偏重从人的自然性的角度去塑造理想人格。“归真”的人生理想境界，充分反映了道家从人与道的统一中强调顺应自然以实现人的本质的基本特点。《老子》二十五章所说的“人法地，地法天，天法道，道法自然”和《庄子・大宗师》中所说的“不以心损道，不以人助天，是之谓真人”等，都是顺着“归真”的思路而提出来的。这些都对惠能有一定的影响。特别是庄子的道无所不在、物我两忘的意境和“应万物而无累于物”的精神追求，给惠能南宗任心自然的禅法提供了重要的精神养料。所不同的只是在于，庄子的“安时而处顺”是从“以天地为大炉，以造化为大冶”[③]的角度来强调人应顺同自然之化的，有叫人复归大自然的倾向；而惠能的“于六尘中，不离不染，来去自由”[④]，则是从万法性空而无可

---

① 敦煌本《坛经》第 24 节。

② 敦煌本《坛经》第 20 节。

③ 《庄子・大宗师》。

④ 敦煌本《坛经》第 31 节。

执著与顿悟自性而任心自然的关系上来说的，体现了他入世而超然的禅者风格。胡适先生曾十分强调禅宗的自然主义无为哲学与人生观，甚至认为“古来的自然主义的哲学（所谓‘道家’哲学）与佛教的思想的精彩部分相结合，成为禅宗运动”。“禅宗的运动与道教中的知识分子都是朝着”“东汉魏晋以来的自然主义的趋势，承认自然的宇宙论与适性的人生观”这个方向走的。[①] 铃木大拙也曾认为“禅是中国佛家把道家思想接枝在印度思想上所产生的一个流派”[②]。这些说法都在一定意义上抓住了惠能禅学中国化的一个重要特色。

惠能的革新并没有完全脱离佛教发展的轨道，但他在坚持佛教基本立场、观点与方法的同时，又将佛教与传统思想，特别是与儒、道的思想融合起来。就此而言，惠能的思想可以说是一个以佛教为本位而又融摄了儒、道思想的三教合一的产物。正是由于惠能在佛教的立场上大量融合吸收了儒、道等传统思想文化的精神，因而惠能禅呈现出了不同于传统禅学的新面貌，并最终完成了佛教中国化的创举。

从禅的理想目标上看，惠能在继承佛陀创教的基本精神的同时，又在传统思想文化重视现实社会人生的氛围中，将佛教中蕴含的却又被压抑或窒息的对人及人生的关注与肯定作了充分的发挥，并沿此理路对佛教的理想人格作了新阐释。惠能看到了人生的理想与现实之背离给现实人生所带来的种种痛苦与迷惑，于是，他既融合了儒家主张入世有为，通过“修齐

① 胡适《白话文学史》第 264 页，第 305 页。

② 转引自见罗锦堂《庄子与禅》，载台湾中央研究院中国文哲研究所编的《中国文史研究集刊》第三期（1993 年），第 113 页。

治平”来成就圣人人格的思想，也吸收了道家希望挣脱伦理的束缚，主张“绝仁弃义”，返朴归真，通过效法自然无为来实现游心于四海之外而与天地同游的逍遥人生的精神，他教人随顺自然世俗生活，又通过建构人的主体世界，使人在心理层次上逃避现实世界而趋向本真的存在——即心即佛，强调凡圣平等、人佛无异和自然任运、自在解脱。同时，惠能在达摩禅的基础上将人心与佛性等同起来，强调“迷即众生悟即佛”，要人在日常的念念之中，开启自心的智慧之门，实现自我本性的觉悟。惠能所说的自心自性，是对人的“自家生命”或人生实践主体的肯定，他所说的“修行”实际上是对人的生活本身的肯定，而他所说的“佛”实际上也就是实现了精神超脱的现实之“人”。惠能通过突出自我主体而充分肯定了每个人平常而真实的生活及其意义，将印度佛教的出世求解脱的宗教教义革新为出世不离入世的人生学说。成佛这个由宗教信念中构想出来的美好理想，本来是虚幻不实的雾中之花，但惠能却将它改造为现实的人如何摆脱束缚、超脱制约以实现精神解脱与自由的问题，这就深深地吸引了关注现世现生的中国人。既然无力改变外部世界，那么就在自己心灵中寻找人生安慰吧。以否定现实人生意义与价值为重要特点的印度佛教也就变成了面向人生具有人文特色的中国佛教了。①

从禅的思维方法上看，惠能的“出没即离二边”、“究竟二法尽除”，虽说是对佛教“不二之法”的运用，但其中体现的道家相对主义精神也是值得重视的。惠能所说的“悟”，强调的是

① 请参阅洪修平《论中国佛教人文特色形成的哲学基础》一文，载《中国哲学史》1996 年第 1～2 期。

超越一切言相与二分对立，是一种不可言说、无可执著、自然具足、只可体悟、求之即失的东西。惠能门下常喜欢以“如人饮水，冷暖自知”，“说似一物即不中”来形容这种“悟”之境。其中所包含的超越二元对立的辩证思维方式把禅的中国化推向了新的高度。

从禅的修行方式上看，惠能将“即心即佛”的理论落实在禅行生活上，使禅与生活紧密地联系在一起。禅在印度主要是一种思维修习方式，但在惠能这里，经过儒道等思想的洗礼却成为一种实实在在的生活方式。惠能最终摒弃了一切外在的陈式化的修行，把禅修融于日常的生活与生产，使得讲出世的佛教实实在在地立足于小农经济的中国这块现实的土地上，变成了人间佛教，人生佛教。在佛教中国化的进程中形成发展起来的、适合中国封建社会而产生的惠能禅宗终于在惠能以后传遍了大江南北，这绝不是偶然的。

三、不立文字、不拘一说

惠能的禅学思想虽然也有种种佛典依据，但他从现实之人的解脱出发，更注重会通佛性与般若，真心与人心，从而在实相与自性合一的基础上，把解脱之源指向了人们当下不起任何执著的无念之自心。惠能之所以能实现禅学理论上的新突破，对传统佛教作出革新，很重要的就在于他能够通过“不立文字”而实现“不拘一说”，从而使各种理论都“为我所用”。

禅宗一向以“不立文字”相标榜。按照禅门的解释，“不立文字”的主要含义是指以心传心。当年释迦牟尼在灵山法会上，以“拈花微笑”的方式，将“正法眼藏，涅槃妙心，实相无相，微妙法门”传授给大弟子摩诃迦叶，这被认为是禅宗“不立文字，教外别传”[①]的开始。从历史上看，打出“传佛心印”的“教外别传”之旗号，是从东山法门开始的。而正式标榜“不立文字”，则是惠能南宗的特色。惠能本人虽然并没有明确说过“不立文字”，但惠能的禅学思想和禅法要求确实都充分体现出了“不立文字”的基本精神。惠能的不立文字，主要是不执著文字，而并不像有些人所渲染的那样是完全不要文字。惠能对文字的基本看法，前面分析他对读经的看法时已经述及。惠能之所以破除对文字的执著，既有佛教本身理论上的内在根据，也有佛教发展所面临的历史需要。

在佛教中，佛法大义一向是不可思、不可议、不可用语言文字来表达的，因为“至趣无言，言必乖趣”[②]，“故非言所能言也”。但“言虽不能言，然非言无以传”[③]，要教化众生，使之了悟佛法大义，又离不开语言教法，因此佛教才为人们留下了上万卷经书，佛教中也才有“依义不依语”的要求。在禅的修习中，突出的是体悟心证，禅悟的内容或境界更是“如人饮水，冷暖自知”，“说似一物即不中”，任何语言文字都只是指月之指，而非月之本身，因而在禅门中更强调“不立文字”。但禅师为了方便接机，传授心法，总得通过一定的教法，借助一定的语言。即使是佛陀当年在拈花微笑之间传心法于迦叶，不也说了“吾有正法眼藏……付嘱摩诃迦叶”等话语吗？在中国禅宗中，从“不出文记”的早期禅师到“不立文字”的惠能，实际上不也都

---

① 见《五灯会元》卷一。

② 《肇论·答刘遗民书》。

③ 《肇论·般若无知论》。

留下了施化设教的方便法门吗？入宋以后，不立文字的禅宗更是走上了文字化的道路，出现了大量的语录、灯录和对“公案”的拈颂评唱。但禅宗的文字所要表达的是禅意、禅境或禅味，因而即使是文字禅，也往往是借助诗歌偈颂或其他一些含蓄的语言来“绕路说禅”以体现禅的“不说破”的原则，目的仍然是引导人们去体悟言外之旨或心法。因此，破除对文字的执著，对于禅宗始终具有极为重要的意义，惠能把东山法门的提倡进一步发扬光大，并落实在实际的禅学与禅行之中，应该说是对佛教精神的继承与发展。

从佛教的发展来看，佛陀创教的本意是为了众生的解脱，其全部理论不外乎是在论证人生的苦难以及从人生苦海中解脱出来的必要性和可能性，因而早期佛教一个重要特点即是比较偏重对人生现象的分析，重视对人的解脱的实际追求而不重视对抽象哲理的研究。但这种重人生问题和人的解脱的基本精神到部派佛教乃至大乘佛教时虽有进一步的发展，却更多地是从思辨哲理方面被抽象地加以发挥了。从部派佛教开始，就对宇宙万法的实有假有、心性的净染等问题展开了广泛的讨论，并形成了许多精细的理论。在大乘佛教中，更有中观学派、瑜伽行派等专门发挥理论学说的学派。为了论证现实世界的虚幻性和依持自心自性解脱的可能性，佛教发展起了极为繁琐的名相系统。佛教理论的根本任务是为佛教信仰作论证，佛教讲“信、解、行、证”，信是第一位的，信、解又需落实在行、证的宗教实践上。但理论的发展有时似乎有某种惯性，或者说有其自身相对独立的发展规律或内在必然性。而理论上的过多发挥和名言概念的过于繁琐，从某种意义上说，又有可能导致佛陀创教的根本精神的隐没或丧失。当人们过分专致于理论的探讨和论证时，往往会忘了如何去实际地追求，而佛教的解脱在本质上却并不是一个理论问题而是一个实践问题。就此而言，在天台、华严和唯识等教下诸宗在南北朝佛教学派的基础上相继林立之际，惠能和禅宗倡导“不立文字”、“以心传心”，以求回归佛陀追求人生解脱的根本精神，这确实是有意义的。犹如魏晋玄学的出现是对两汉繁琐经学的反动，惠能禅宗的“不立文字”也有克服教门对章疏之学的偏重之弊端。“就惠能南宗对宗教实践的重视和对心的解脱的强调而言，它确实要比佛教的其他一些宗派更接近于释迦时代佛教的精神，它所标榜的以心传心、历代相传的‘传佛心印’之说虽不具有历史意义，却多少反映了它与佛陀精神相通的历史事实。”①

“不立文字”仅是一种手段，融会贯通诸家学说以为我所用，抛弃对外在一切的追求而专注于见性成佛，这才是最后的目的。惠能正是从“不立文字”出发，才超越了各学派、各宗派对佛陀教法的理论阐释，“不拘一说”地直契佛陀原教旨精神，从而建构出一种更能契合中国人精神需要的新宗教。这也是惠能革新佛教的真精神之所在。

从不立文字、以心传心到不拘一说、直契真性的内在超越之路的构建虽是由惠能完成，但从历史上看，它却是一个艰难的思维方式的转换过程。这也如同玄学是对经学的扬弃一样，需要摆脱种种传统思维方式的羁绊，抛却语言文字对思想的束缚，超越经典中名相概念的分析，只有在心上走出教条的樊篱，才能真正体悟到理想与现实之矛盾的焦点

① 洪修平《中国禅学思想史纲》，南京大学出版社 1994 年版，第 139 页。

所在，从而找到超越之路。我们不能把这种扬弃仅视为一些具有创新精神的思想家个人的行为，而应将这些具有代表性的思想家视为一代社会思潮的集中体现。惠能正是在佛教中国化的浪潮中涌现出的最具代表性的思想家之一。惠能从不识一字到佛教的一代宗师，这本身就是佛教中国化的结果。

从整个中国佛教的发展来看。佛教初传，就有译经相伴随。早期来华的传教者，也大都有其所宗之经典与所据之理论。到南北朝时，随着佛教经论的不断译出，中国僧人开始倾心于对佛理的探究，经论的讲习之风大盛。由于为数众多的佛教经典并不形成于一时一处，且因教化对象的不同而义理互有出入，再加弘传经论的僧人各有不同的文化背景，各有专精的经论，因而就逐渐形成了以弘传某部经论为主的不同学派。在义理纷争的情况下，开始出现了判释佛说经教的“判教”。南北朝时就有不同的判教学说，所谓“南三北七”，即指南朝有三种，北朝有七种。隋唐时出现的中国化的佛教各宗派，它们都有自己独特的教义、教规、修持方法和传法世系，同时也有自己的判教说法。例如，天台宗的五时八教，三论宗的二藏三法轮，华严宗的五教十宗，等等。禅宗标榜的“传佛心印”的“教外别传”，实际上也是禅宗特有的判教说，他们以此而把自己与其他教派相区别。这样，中国佛教中就有了宗门与教下之分、教内与教外之别。教内，主要指佛陀以言语相传授的教法，教外，则专指舍离言语文字、以心传心的法门。禅宗把依经、律、论等教法而立的各宗统称为教内之法，而自称“教外别传”。惠能的“不立文字”的禅学理论就是建立在“教外别传”之基础上的。“教外别传”的判教说使惠能得以更好地融合摄取各家学说，为我所用。“教外别传”的惠能禅宗又自称“宗门”，以示自己传的是佛陀言教之精神，而把其他以佛陀言教立论的宗派称之为教下各宗。宗、教的区分是对达摩“藉教悟宗”的进一步发挥。

从中国禅的发展来看。早期禅师虽注重参禅修心而并不以讲经为意，但大多也是依教而修，与教的关系仍然十分密切。正是基于此，太虚法师曾把达摩宗门禅以前的禅统称为“依教修心禅”。而菩提达摩东来，以“藉教悟宗”相号召，呼唤体悟佛法言教的真精神，为“不立文字”的惠能禅的出现开拓了道路。达摩根据《楞伽经》不重经教文句而重体悟心证的思想，提倡“宗通”，即心悟，把《楞伽经》所主张的佛法大义应是“远离言说、文字、妄想”的观点突出了出来，他的“藉教悟宗”要求借教而不著教，得意而忘言，最终达到心悟。“自达摩以后，师资开道，皆善以方便取证于心，随所发言，略无系说。……若夫超悟相承者，既得之于心，则无所容声矣，何言语文字措其间哉。”[①]虽然达摩系的禅法仍要求以经教来印证“心法”，并没有完全摆脱经教，但毕竟提出了“不随言教”，因而从东山法门开始，便出现了新的倾向。道信曾根据“百千法门，同归方寸”而教人“莫读经”，并提出：“法海虽无量，行之在一言，得意即亡言，一言亦不用。如此了了知，是为得佛意。”[②]弘忍也从心是“十二部经之宗”出发，强调一切言说教法都只是引导众生“守本真心”的方便法门，并不是“悟宗”的必要条件。此后，弘忍门下的众多禅系都强调“息其言语，离其经论”，

① 敦煌本《传法宝纪》。

② 《楞伽师资记》引《入道安心要方便法门》。

突出心印。例如玄赜系的净觉认为“至道无言，言即乖至。……证者之自知，不由三乘之所说也”①。甚至连神秀系也认为“名数入焉妙本乖，言说出焉真宗隐”②。惠能正是在这样的背景下进一步以“不立文字”为标帜，将“不拘一说”的革新风格突现了出来。惠能本人的主观条件也促成了这一风格的出现。惠能出身贫苦，“一生已来，不识文字”，没有受过佛学方面的系统训练，这在一定程度上决定了他不可能成为义学之徒，也对他形成重自性自度、妙解顿悟，而“不拘一说”、不重经教师说，自由地解释发挥经义起到了一定的作用。③

惠能由“不立文字”而“不拘一说”，开中国禅的一代新风，其根本目的是要人明了佛性就在自心中，需要人在自我生命的流程中自然地去体悟；其根本精神是要人们放弃对一切外在的执著与追求，努力去理解佛法之真谛，回归佛陀的原教旨之精神——关注每一个现实之人的解脱。这种对文字的不重视和对宗教实践的强调，与其小农经济的社会基础又是相一致的。④

---

① 《楞伽师资记序》。

② 张说《大通禅师碑铭并序》。

③ 杨曾文曾指出：“尽管慧能不识字，但自从信奉佛教之后，经常听人讲经说法，又在寺院环境生活一段时间，对已广泛流行的佛学思想是有相当程度的了解的。从《坛经》看，至少他对《金刚经》、《维摩经》、《楞伽经》、《观无量寿经》、《法华经》、《涅槃经》以及《梵网经》，是有所了解的。重要的是慧能善于针对不同环境和对象发人所未发，意新而语妙，令人发省。”（《敦煌新本六祖坛经》第240页）

④ 任继愈先生《神秀北宗禅法》一文中曾指出：“禅师们多来自田间，多为农民，有的识字不多，有的不识字，不善于文字表达，这也是禅宗不立文字的客观原因。”（《中国社会科学》1990年第2期）

四、关于祖师禅与如来禅

中国禅来源于印度禅，又不同于印度禅。中国禅的许多术语、方法和内容，都来自于印度禅，但它们在中国的社会历史条件和传统思想文化的影响下，经过佛教中国化的历程，又有了很大的演变和发展。有些禅的术语完全被赋予了新的涵义，还有一些则完全是中国的创造。前者如“如来禅”，后者如“祖师禅”。由于后世常有人以“祖师禅”来指称惠能禅，以区别于传统的“如来禅”，故我们在此对这个问题略作论述。

何为如来禅？如来禅的本意为“如来所得之禅”或“如实入如来地之禅”，是证入如来之境、区别于外道和二乘菩萨所行的“最上乘禅”。《楞伽经》卷二在谈到“禅”时提出了“有四种禅。云何为四？谓愚夫所行禅，观察义禅，攀缘如禅，如来禅”。其中对如来禅的解说是：“云何如来禅？谓入如来地，得自觉圣智相三种乐住，成办众生不思议事，是名如来禅。”①但在中国禅史上，如来禅的涵义并不是一成不变的。

起初，如来禅是与菩提达摩所传的禅联在一起的。例如唐代宗密（780～841）在《禅源诸诠集都序》中把禅分为外道禅、凡夫禅、小乘禅、大乘禅和如来清净禅五种，关于如来禅，他说：

> 若顿悟自心本来清净，元无烦恼，无漏智性本自

---

① 《大正藏》第16册，第492页上。

具足，此心即佛，毕竟无异。依此而修者，是最上乘禅，亦名如来清净禅，亦名一行三昧，亦名真如三昧。此是一切三昧根本，若能念念修习，自然渐得百千三昧。达摩门下，展转相传者，是此禅也。

这里，宗密明确地把达摩门下所传的禅称之为最上乘的“如来禅”，并把惠能禅也包括在其中。宗密作为华严宗五祖，他又曾自称是惠能弟子荷泽神会的第四代法嗣，并认为神会是惠能禅的嫡传，神会的荷泽宗“全是曹溪之法，无别教旨”，是“达摩远来之本意”①。把菩提达摩以来一直到神会的禅称为最上乘的如来禅，这一方面反映了宗密对达摩系禅法的推崇和对自己的抬高，另一方面可能与达摩系禅最初以《楞伽经》相传授、并具有《楞伽经》的如来藏自性清净心的思想倾向也有关系，因为在《楞伽经》中，如来禅也有证悟如来藏性从而得如来法身的意思。

但是，在惠能南宗繁兴起来以后，却出现了把“如来禅”和“祖师禅”对立起来使用，并贬低“如来禅”的情况。

“祖师禅”的最早出现，似始于沩山灵祐门下。沩山灵祐是惠能的第四代法嗣，与仰山慧寂一起创立了沩仰宗。据《五灯会元》卷九载，有香严智闲，在百丈怀海时，性识聪敏，参禅不得。洎百丈迁化，又参沩山。沩山问道：“我闻汝在百丈先师处，问一答十，问十答百。此是汝聪明灵利，意解识想，生死根本。父母未生时，试道一句看。”智闲被问得茫然不知所对。回住处后，他将自己平日里看过的文字从头找起，想从中寻找到一句

① 宗密《中华传心地禅门师资承袭图》。

答语，但始终没能找到。于是，他十分感叹文字的无用，认为“画饼不能充饥”，便把自己平昔所看的文字统统烧掉了，并挥泪离别沩山，独自开山种地去了。“一日，芟除草木，偶抛瓦砾，击竹作声，忽然省悟。”便作颂曰：“一击忘所知，更不假修持。动容扬古路，不堕悄然机。处处无踪迹，声色外威仪。诸方达道者，咸言上上机。”沩山听说后认为智闲彻悟了，但沩山的另一个弟子仰山慧寂却说：“此是心机意识，著述得成。待某甲亲自勘验过。”仰山去了以后，智闲先把上述偈颂又说了一遍，仰山曰：“此是夙习记持而成，若有正悟，别更说看。”智闲又以“去年贫未是贫，今年贫始是贫；去年贫犹有卓锥之地，今年贫锥也无”之语来表达自己的了悟，仰山也只承认他会了“如来禅”：“如来禅许师弟会，祖师禅未梦见在。”智闲又说：“我有一机，瞬目视伊。若人不会，别唤沙弥。”这下子，慧寂才许他会了“祖师禅”。于是，在中国禅史上，便有了与“祖师禅”相对的“如来禅”。这时的“如来禅”，意义显然发生了变化。而“祖师禅”则是被作为高于如来禅而提出来的。

那么“如来禅”和“祖师禅”有什么不同呢？这里没有明说。但从以上记载来看，很重要的一点就是不假文字、不假渐修的自证自悟。智闲禅师把欲通过文字而求解视为“画饼充饥”，最后把平时所看的文字统统付之一炬。他在百丈门下依持聪明灵利而参禅，但始终不悟，后来放弃了对文字教法的探究和理智的追求，却在平常的劳动生活中不经意地由偶然的外缘激发而“忽然省悟”。这种省悟是不假知虑、不假修持的，这就是所谓“一击忘所知，更不加修持”。这种自心的证悟又是不可思议、不可言说的，所以即使是“一击忘所知，更不加修持”这样的文字，仍被认为有可能是“心机意识，著述得成”或“夙习记持而成”。

“去年贫犹有卓锥之地,今年贫锥也无”这样的见解,虽强调了“一无所有”、“一无所执”,但由于是文字的正面表述,还是不离“藉教悟宗”,所以只被说成是“如来禅”而非完全“不立文字”的祖师禅。祖师禅是当下即是的。“我有一机,瞬目视伊”,不假任何语言文字的当下自呈心地,这才被许了“祖师禅”。在祖师禅这里,语言文字最多只是用来表达一种譬喻或象征。

在禅门中,很少对“如来禅”和“祖师禅”之间的差异作出具体的解释。在《五灯会元》中有这样一段记载:石霜楚圆在汾阳门下得悟,有一次,他开示众人,以拄杖击禅床一下,然后说:“大众还会么?不见道,一击忘所知,更不加修持。诸方达道者,咸言上上机。香严恁么悟去,分明悟得如来禅,祖师禅未梦见在。且道祖师禅有甚长处?若向言中取,则误赚后人,直饶棒下承当,辜负先圣。万法本闲,唯人自闹。”[①]以此来看,显然也是以修证理悟为如来禅,直了顿悟为祖师禅。太虚法师也曾就此发表过见解,他说:“如来禅与祖师禅相差之点,究在何处,大家可以考究下。不过要略为点明,也不甚难。所谓‘去年贫未是贫,今年贫始是贫’,这是道出修证的阶级;而所谓‘若还不识,问取沙弥’,这指明了本来现成,当下即是。所以如来禅是落功勋渐次的,祖师禅是顿悟本然的。仰山抑扬之意,也就此可知。不过这不是口头上讲的,是要自己契悟的。”不管对祖师禅与如来禅的差别有什么不同的看法,但有一点是清楚的,即“仰山初许香严会得如来禅,而不许其会祖师禅,便是以祖师禅犹有超过如来禅处”[②]。抬高祖师禅而贬低如来

① 《五灯会元》卷十二《石霜楚圆禅师》。

② 《佛学入门》,浙江古籍出版社 1990 年版,第 50 页。

禅，这是惠能南宗门下一些人自我标榜的做法。

如果从惠能把菩提达摩的“藉教悟宗”发展为“藉师自悟”、惠能以后“祖师”的地位在南宗中日趋重要、参禅提问者都问“祖师西来意”而将佛推至一边等事实来看，以“祖师禅”指称惠能以来的禅，似未尝不可。与出自经文的“如来禅”相比，“祖师禅”似还更能突出惠能南宗不立文字、以心传心的“教外别传”之特色。换言之，“祖师禅”可以作为一个反映中国禅宗不同发展阶段及其特点的历史概念来使用。太虚法师正是在“就其某一特点，假立名称，以为区别之符号”的意义上，将惠能以下至禅宗五家之间的禅称之为“超佛祖师禅”的。但如上所示，在禅门中，“祖师禅”最初却是以其区别于如来禅、且高于如来禅而提出来的。祖师禅被用来形容不落阶渐、直了顿悟的宗门禅，特别是惠能以下的南宗禅，以强调达摩西来、祖祖相传的心法，如来禅则被用来描绘那种依教修证、未能直契心性之禅，亦即泛指传统的禅宗之外的“如来所说的各种禅法”，这些禅法被认为只是教内文字而不是禅的最高境界。这样，“最上乘”的如来禅一变而成了教内相传的“未了”之禅的代名词，只有惠能以下的“祖师禅”才能称得上是“教外别传”的至极的最上乘禅了。“祖师禅”虽然仍被说成是传自菩提达摩，其实却成为惠能南宗禅的专称。从实际情况看，祖师禅的提出，在很大程度上是南宗门下为了标榜自己嫡传达摩祖师的心法以贬斥神秀北宗等其他禅系而提出来的。

不过在中国禅史上，“如来禅”和“祖师禅”的使用，其实并不是很统一的。特别是近现代以来，人们提到“祖师禅”，虽大多是指惠能所创南宗之禅，但也有不包括惠能禅的。而言“如来禅”，虽大多是指达摩门下展转相传之禅，但有的包括了惠能禅，有的则不包括，还有的则是专指惠能弟子神会之禅。例如上述的太虚法师，他在《中国佛学特质在禅》中对“达摩宗门禅”按不同的发展阶段作了划分，把从达摩到惠能的禅称为“悟心成佛禅”（亦可名“见性成佛禅”或“即心是佛禅”），而把惠能以后到五家禅宗这个时期的禅称作“超佛祖师禅”，再把禅宗五家禅称作“越祖分灯禅”。他虽然没有明确把宗门禅的第一期“悟心成佛禅”称为“如来禅”，但认同了宗密以最上乘的“如来禅”对这一时期宗门禅的评判，并在谈论惠能弟子及其再传的“超佛祖师禅”时发表了“宗门此期，亦以祖师禅法为中心，如来禅成为祖师禅了”的看法。显然，惠能禅是被他划归到“如来禅”中去，而不是属于“祖师禅”的。印顺法师也说：“达摩所传的禅法，本质是‘如来藏’法门；‘如来禅’就是‘如来藏禅’。”“慧能的法门，实际上也还是《楞伽》的如来禅。”[①]而牟宗三先生则在《如来禅与祖师禅》一文中，根据《历代法宝记》“神会破清净禅，立如来禅”的记载以及惠能和神会的思想特点等，认为“神会禅是如来禅，惠能禅即是所谓祖师禅”。对此，唐君毅先生还曾发表过不同的意见，认为按照唐代宗密所作的分类，“神会所承之惠能禅，即如来禅，但宗密并无于如来禅之上，另置一祖师禅”。[②] 另外，杜继文等的近著《中国禅宗通史》中也是把神会建立的禅系称作“如来禅”的。而吴立民先生的《略说祖师禅》则一反宗密的说法，认为“无论小乘禅、大乘禅，即达摩以前所传的禅，都是如来禅。惟有达摩所传，直指心

---

① 《中国禅宗史》第 20 页，第 15 页。

② 请参见《现代佛教学术丛刊》第 52 册《禅宗思想与历史》第 96 页，第 111 页。

源，不立文字，顿同佛体，言虑亡寄，才是最上乘禅，才是中土禅宗所传的祖师西来意，所以达摩实为禅宗的开山祖师。而禅宗所传的禅，是有别于如来禅的祖师禅”①。

由此可见，“如来禅”的涵义在中国佛教史和中国禅宗史上是不断发展变化的。按照佛教的本义，“如来禅”是区别于外道和二乘菩萨所行的“诸佛如来禅”，是诸禅中的“最上乘禅”。在中国禅宗史上，最上乘的“如来禅”最初是指菩提达摩所传的禅法，包括了惠能禅。后来，“如来禅”又成为与“祖师禅”相对的一个贬义词，不再包括惠能禅，而是用来指称惠能南宗顿悟法门之外的禅。再后，“如来禅”或者包括了惠能禅，或者不包括；或者是指达摩禅，或者专指神会禅。与此相应地，“祖师禅”的内涵也就随之有所不同。当然，现在比较多的还是以“祖师禅”和“如来禅”来区分惠能及其以前的禅。

我们认为，以“如来禅”来指称达摩系禅，以“祖师禅”来指称惠能南宗禅，这并不是最合适。因为在惠能后学中并未有人称惠能为祖师禅而贬达摩为如来禅。从惠能南宗识心见性、顿悟成佛的禅法来看，与《楞伽经》所言的如来禅其实是有相通之处的。所以印顺法师曾明确地说：“达摩禅的传承，是被看作楞伽之传承的。……慧能的法门，实际上也还是《楞伽》的如来禅。”②而据有关记载，惠能本人也是以“如来禅”相标榜的。《坛经·宣诏品》中有惠能与京官薛简的一段对话：

薛简曰：京城禅德皆云，欲得会道，必须坐禅习

① 《中国嵩山少林寺建寺1500周年国际学术研讨会论文集》第193页。

② 《中国禅宗史》第15页。

定,若不因禅定而得解脱者,未之有也。未审师所说法如何?师曰:道由心悟,岂在坐也。经云:若言如来若坐若卧,是行邪道。何故?无所从来,亦无所去,无生无灭,是如来清净禅。诸法空寂,是如来清净坐。究竟无证,岂况坐耶?

《曹溪大师别传》中也有大致类似的记载。即使这里惠能的话是惠能后学所加,非惠能原话,它至少也表明,惠能南宗门下最初是推崇如来禅,并以惠能为如来禅的。再者,惠能南宗以"顿悟"相标榜,"南顿北渐"曾成为南北禅宗禅法差异的重要标帜,而根据有关记载,在惠能时代,人们也是将顿悟禅称作"如来禅"的。例如玄觉的《永嘉证道歌》中就有"顿觉了,如来禅,六度万行体中圆"的说法。惠能的弟子神会继承了惠能禅的般若倾向,他在发挥惠能的"无念"禅法时说:"无念即是一念,一念即是一切智,一切智即是甚深般若波罗蜜,般若波罗蜜即是如来禅。"又说:"见无念者,谓了自性。了自性者,谓无所得。以其无所得,即如来禅。"[①]以般若无所得和无念法说如来禅,这显然也是把惠能禅称之为如来禅的。即使是"祖师禅"提出来以后,南宗门下强调的仍然是历代"祖师"衣法相传,惠能密受初祖菩提达摩以来"以心传心"的心法,并没有把惠能与菩提达摩割裂开来,其所排斥的只是神秀北宗等其他禅系而已。正因为祖师禅仍被视为是达摩西来所传,所以惠能一向只是被尊奉为"六祖",在禅门中从未出现过把惠能禅与达摩禅对立起来的说法,而"如何是祖师西来意"也一直是禅

① 《神会语录》第42节,第21节。

门弟子最喜欢参的话头之一。

由于把“如来禅”和“祖师禅”两者对立起来，抬高祖师禅而贬低如来禅，这最初是禅门中某些人有意抬高惠能南宗禅的一种做法，并不完全反映实际情况。而对于祖师禅和如来禅的涵义究竟有什么不同，“不立文字”的禅宗并没有多作解释，更没有定说。因此，我们认为现在也没有必要来对“如来禅”和“祖师禅”本身的内涵作过多的辨析，强加以区分，并以此作为区别、评判惠能前后不同禅的根据。钱穆先生在《神会与坛经》一文中曾提出：“如来禅与祖师禅，理论上本无大区别。”[①]我们认为这是有道理的。达摩禅与达摩以前的禅，惠能禅与达摩以来的禅，以及惠能南宗禅与神秀北宗禅，这些禅之间确实是有很大差别的，但并不宜以“祖师禅”和“如来禅”来概括这种差别，更不宜以此强在它们之间区别高下优劣。

鉴于现在大家的习惯用法，我们认为，如果把“如来禅”和“祖师禅”作为反映中国禅和禅宗某个发展阶段及其特点的历史概念来使用，那也是可以的，但一定要对这些概念的特定涵义作出界定，以免读者在理解时产生混乱。[②]

---

① 《现代佛教学术丛刊》第1册《六祖坛经研究论集》第93页。

② 事实上，由于整套丛书统一设计的需要，我们就曾以“如来神”来表示从菩提达摩至惠能以前的禅，同时包括神秀北宗等禅系，以此来展开对禅宗前史和早期禅宗的研究。请参阅拙著《如来禅》，浙江人民出版社1997年版。这里的“如来禅”，只是一种方便说法，并不包含任何贬义，就如现在学术界使用“小乘佛教”的概念一样。

第十章 惠能思想的地位与影响

在佛教中国化的进程中形成的惠能思想和作为一种相对独立的文化形态的惠能南宗，不仅在中国思想史上留下了重要的一页，对中国社会和文化发生着持久的影响，而且还以它独特的魅力将其影响扩大到海外。

一、禅宗的分化与惠能南宗

虽然从禅宗形成发展的历史来看，它初创于道信，基本完成于弘忍，而后由南能北秀等进一步加以发展，惠能只是禅宗的"六祖"，但由于惠能对传统佛教在许多方面作出了革新，并结合中国的实际需要而努力向佛陀精神的复归，因而使禅宗发展至其门下而大盛。惠能所创的南宗不仅从禅宗众多的派系中脱颖而出，成为中国禅发展的主流，而且也成为中国佛教中流传最广、影响最大的一个宗派，对中国宗教和社会以及对中国思想文化都产生了巨大而深刻的影响。正因为此，所以在当代的中国佛教研究中，人们对惠能其人以及惠能对中国禅宗和中国佛教的发展所作的贡献都是极为重视的，以至于有人认为，“慧能是中国禅宗的创始人”①，“慧能以前，只有禅学，没有禅宗；禅宗，是由慧能创始的”②。虽然我们并不赞同这些看法，但这也确实从一个侧面反映了惠能在禅史上的重要地位和作用以及人们对惠能这个人的高度评价。

如前面已经提到过的，中国禅宗的形成与分化并非始自惠能南宗与神秀北宗，从历史上看，在四祖道信初创禅门时，其门下就有了法融牛头禅与弘忍东山禅的区分。尽管人们对牛头法融是否出自道信门下存有怀疑，但从思想上看，牛头禅作为禅宗的一支，不仅与弘忍禅相互映趣，而且与惠能禅遥相契印，这却是历史的事实。禅宗的分化和各派之间的竞争也为惠能禅的脱颖而出创造了条件。牛头禅六代而终，弘忍门下则传承不息。这与弘忍继承了达摩以来关于众生“心性”即是“佛性”的基本思想，建构了以自信自立、自我解脱、顿悟成佛为宗旨的教团密切相关。五祖弘忍实际完成了禅宗的创立以后，“广开法门，接引群品”，天下学道者，望风而至，就连远在广东的惠能也千里迢迢慕名前来求法。

---

① 张春波《慧能》，《中国古代著名哲学家评传》第二卷，齐鲁书社 1980 年版，第 601 页。

② 郭朋《中国佛教思想史》中卷，第 386 页。

弘忍去世后，他的弟子分别到各处去传禅，并逐渐形成了主要活动于安徽、河南的法如系、活动于四川的智诜系、由荆州而入两京的神秀系、以及由广东而传至全国的惠能系等众多的禅系。庞大的禅宗分布网络，呈现出以湖北黄梅为中心而向外辐射之势。惠能南宗最初只是其中不太起眼的一支。但是，经过几代弟子按照他革新佛教的理路而继续努力，最后终于使南宗崛起，并传遍大江南北，独领风骚上千年。

在华严五祖宗密生活的年代，"禅法大行，宗徒各异，互相詆訿，莫肯会同"①。以至于曾亲历禅宗诸家纷争的宗密在《禅源诸诠集都序》中提出了"百家"、"十室"的说法。他说："禅有诸宗，互相违反者，今集所述，殆且百家，宗义别者犹将十室，谓江西、荷泽、北秀、南侁、牛头、石头、保唐、宣什及稠那、天台等。立宗传法，互相乖阻。"宗密在收集了禅宗近百家论述的基础上，又对此进行归类，认为禅宗虽有百家之别，但主要流派却可归为十家。这十家中他提到了神秀北宗，也提到了惠能门下的马祖、神会与石头等。宗密认为，按照这十家的基本思想及不同倾向，又可以"统为三宗"，即以神秀北宗为代表的"息妄修心宗"、以牛头禅和惠能门下石头系等为代表的"泯绝无寄宗"以及神会系与华严宗合流后出现的"直显心性宗"。宗密从"经是佛语，禅是佛意，诸佛心口，必不相违"的禅教一致论出发，又将禅宗三家"对于三教"，即认为上述禅宗三家依次与"密意依性说相教"、"密意破相显性教"和"显示真心即性教"相对应。"三教"中的"密意依性说相教"又包括了"人天因果

① 裴休语，见《中华传心地禅门师资承袭图》，《中国佛教思想资料选编》第二卷，第二册，第459页。

教”、“说断惑灭苦乐教”和“将识破境教”三类，但此三类中“唯第三将识破境教与禅门息妄修心宗而相扶会”。宗密强调“三教三宗，是一味法”，认为禅宗各派之间相互贬斥是不应该的。

同时，宗密在《圆觉经大疏钞》卷三之下中，也曾略述了禅宗的“七家”义，它们分别是：(1) 神秀、普寂等的“拂尘看净，方便通经”；(2) 成都净众寺无相系的“三句用心为戒定慧”；(3) 成都保唐寺无住系的“教行不拘而灭识”；(4) 江西马祖道一的“触类是道而任心”；(5) 牛头禅系的“本无事而忘情”；(6) 南山念佛门的“以念佛为宗”；(7) 荷泽神会系的“以无念为宗”。宗密认为，七家在禅法上各有特点，在传承上各成体系。

而在《中华传心地禅门师资承袭图》中，宗密一方面提出“达摩所传，本无二法，后随人变故，似殊途，扃之即俱非，会之即皆是”，另一方面又强调“若要辨诸宗师承，须知有傍有正”。他通过对法融牛头宗、神秀北宗、惠能南宗、神会荷泽宗和马祖洪州宗等五家的师资传授的叙述，及对各家所传言教的深浅得失的辨析，得出了荷泽宗“是释迦降世，达摩远来之本意”、“自然见达摩之心流至荷泽矣”的结论。肯定神会，抬高荷泽，惠能的地位也就不言而喻了，因为“荷泽宗者，全是曹溪之法，别无教旨”。

由于宗密的思想是以发挥华严教义为主，同时又会通禅宗特别是神会一系的思想，因而他作为华严五祖，又自称是荷泽神会系的第五代，他的判禅抬高荷泽系也就是很自然的了。但宗密的判禅也从一个侧面反映了唐中期以后禅宗传播发展和分化的情况以及惠能系在禅宗各派中势力最大、影响最广的重要地位。胡适曾认为宗密乃是出于成都净众寺无相门下的神会一支，而非东京荷泽寺的神会一支，宗密之所以自称远承惠能的弟子荷泽神会，就是为了依附在当时已很有地位的荷泽系。① 从禅宗的发展来看，最初各禅系之间只是由于因人因地的施化设教不同而在禅法与禅风上出现了一些差异，各派之间基本上还是能够和平共处的。据作于神会北上挑起南北宗之争以前的《传法宝纪》和《楞伽师资记》记载，无论是法如门下，还是玄赜门下，对神秀都十分尊重。而据神会所说，普寂禅师在"为秀和上竖碑铭，立秀和上为第六代"的同时也曾"立如禅师为第六代"②，表明神秀门下对其师的同门法如的"第六代"的地位也是承认的。惠能南宗和神秀北宗之间也是如此。神秀等人在北方传禅，受到帝室的礼遇，但他们并没有排斥在南方传法的惠能，相反还曾多次向武则天和唐中宗举荐过惠能，并介绍自己的弟子去惠能处修学。值得注意的是，早期禅史的记载一方面都反映了弘忍门下各系最初的相互并存的关系，另一方面也都有突出神秀的倾向，而惠能则仅是神秀推荐的一个人物。这表明，在惠能和神秀在世时，神秀活动于京城，因受到帝王的礼遇而名声大振，而惠能由于拒绝了帝室之诏请，虽然在广州法性寺、韶州大梵寺和曹溪宝林寺等地弘化四十余年，但活动范围始终只限于南方一隅，因而默默无闻。这也就是宗密《圆觉经大疏钞》卷三中所描绘的，"能大师灭后二十年中，曹溪顿旨，沉废于荆吴，嵩山渐门，炽盛于秦洛"。这种局面至神会北上传播南宗禅法而告终结。

经过神会的不懈努力，惠能南宗的影响日趋扩大，并逐渐成为与神秀北宗并称的禅宗两大派系。关于南能北秀或南北

---

① 见其文《跋裴休的唐故圭峰定慧禅师传法碑》。

② 见《菩提达摩南宗定是非论》，《神会和尚禅语录》第 32 页。

禅宗之号，据宗密《中华传心地禅门师资承袭图》的说法，“其南北二宗，自出于五祖门下，五祖已前都未有南北之称”。神秀之时，“但称达摩之宗，亦不出南北之号”。直至荷泽神会入洛，才开始标南北之名：“天宝初，荷泽入洛，大播斯门，方显秀门下师承是傍，法门是渐。既二宗双行，时人欲拣其异故，标南北之名，自此而始。”但据神会的《菩提达摩南宗定是非论》，则神秀在日，即已有“南能北秀”之称。神会在回答崇远法师“何故不许普寂禅师称为南宗”的提问时说：“为秀和上在日，天下学道者号此二大师为南能北秀，天下知闻。因此号，遂有南北两宗，普寂禅师实是玉泉学徒，实不到韶州，今口妄称南宗，所以不许。”也许，在神秀、惠能之时，已有南能北秀之号，但尚未有南北禅宗之称，到神会北上，特别是滑台大会以后，“南能北秀”才正式演变为南北二宗。神会北上入洛弘传惠能南宗禅，同时也宣告了南能北秀两大禅系和平共处局面的结束。禅门的法统之争主要在这两系之间、特别是在神会与普寂及其门下之间展开。

惠能南宗是如何在禅宗百家纷争中得以挺立出来、最终完全取代神秀北宗等禅系而一枝独秀的呢？原因是多方面的。除了神会的推动作用之外，还因为神秀北宗不但更多的秉承了传统观心、守心的渐修禅法，而且一些上层僧人还结交达官显贵，出入宫廷，并占有大量的田产，这既违背了传统佛教的生活准则，也使自己过多地依赖朝廷权贵而生存。而惠能南宗则结合中国农业社会的国情，并顺应时代的发展，倡导直了心性、顿悟成佛的简易法门，强调不要累世修行，不要大量的布施，不要繁琐的宗教仪式，甚至并不一定非要诵经念佛，只要在农禅生活中无念无著，随心自在，就可以获得解脱。惠能南宗禅的一系列革新特别适应了广大民众的实际需要，因而吸引了更多的信徒。社会的需要和民心所向使南宗禅得到了长足的发展。同时值得注意的是，中国的宗教与政治一向有着千丝万缕的联系，统治者的态度往往直接影响到一个宗教或宗教派别的存在状况。而惠能南宗禅保持了道信以来山林佛教的禅风，受王室政治的影响就比较小。因此，唐武宗灭佛，使依赖官府支持的各个佛教宗派受到很大的打击，包括神秀北宗在内的弘忍门下其他各系几近湮没，却并没有对主要流播于南方地区处于山林乡村之间的惠能南宗禅造成太大的影响，相反，却给了南宗禅以很好的发展机会。中唐以后，惠能禅便一统天下禅门，取得了独尊的地位。经过惠能后学几代人的努力，南宗禅终于传遍了中国的大江南北，其创始人惠能的思想影响也就愈益广泛而深远。

二、惠能后学与南宗门下

据《坛经》上说，惠能在弘忍处得到法衣后，为防人加害，马上离开了东山。在回南方的路上他就度化了第一个追上他的惠明，惠明便成了惠能的第一位弟子。后来惠能在隐居于南方猎人之间时，仍不时地随机说法。不过当时惠能还未正式出家为僧。在法性寺剃发受戒后，惠能又为众人开东山法门。后回到曹溪宝林寺，在当地官僚僧尼道俗的支持下，惠能扩建寺院，广收门徒，行化四十年，门徒达数千人。在惠能众多的弟子中，有的侍奉他一、二十年，有的只在曹溪住了一宿。像天台玄觉禅师，经惠能点拨，顿然开悟，在曹溪住了一宿就回去传播南宗顿悟禅法了，世称“一宿觉”。如果说惠能的禅学思想继承发展道信、弘忍的东山法门而奠定了南宗独具一格的理论与禅行之原则，创立了禅宗南宗，那么，正是靠众多南宗弟子的努力，将这种原则贯彻到了禅宗的宗教实践中去，并在实际的禅行生活中促进了禅宗的进一步中国化，从而才使惠能禅走出南方一隅，得以广泛流传，且对人类文化产生深刻而久远的影响。①

关于惠能的弟子，《景德传灯录》载惠能法嗣四十三人，其中十九人有传。《坛经》中则说惠能有"十大弟子"，他们"各为一方师"。值得注意的是，关于这十大弟子，各本《坛经》所记均同，他们是：法海、志诚、法达、智常、志通、志彻、志道、法珍、法如、神会。除敦煌本外，其他各本《坛经》均将神会移至法达之后，智常之前。智常或作知常，志通也作智通。据《坛经》记载，惠能临终前，曾专门召十大弟子前来谆谆教导说："汝等不同余人，吾灭度后，汝各为一方头，吾教汝说法，不失本宗。"②惠能要求弟子去四面八方弘禅，并借用达摩之口作了"一花开五叶，结果自然成"的预言，暗示禅宗在他去世后，将会出现五家分派的局面。《坛经》所记的"十大弟子"中没有后来传承很盛的行思和怀让。而事实上，在惠能门下形成禅系且影响较大的主要是荷泽神会、青原行思和南岳怀让三系，他们对推动惠能禅的发展作出了巨大的贡献。

神会（684～758）是惠能晚年的弟子，自幼聪明好学，先学

---

① 关于惠能南宗弟子的情况，易行广编的《曹溪禅人物志》，收录了惠能曹溪禅 51 代的禅僧（个别为居士）共 400 人的生平事迹（广东人民出版社 1994 年 12 月版），可以参阅。

② 敦煌本《坛经》第 45 节。

儒家五经，又学老庄玄理，后读《后汉书》而知浮屠之说，由是留神佛教，而无仕进之意。出家以后，讽诵群经。曾往荆州玉泉寺参神秀禅师，神秀入京，乃往曹溪师事惠能。由于神会机敏神悟，深得惠能的喜爱。神会就在曹溪住下，不离惠能左右。惠能去世后，神会仍在曹溪居住了几年，然后去各地游学。神会曾在南阳居住了十年，故有“南阳和尚”之称。神会到北方传惠能禅，并在滑台大会上公开指责神秀北宗。此后，又与神秀门下普寂、义福等人为了法统而长期相争。由于神会的努力，惠能以后，曹溪顿悟禅在北方嵩洛地区得到了传播与发展，扩大了南宗的影响，“于是，曹溪了义，大播于洛阳，荷泽顿门，派流于天下。”[①]神会的传承自成一系，被称为“荷泽宗”。神会的思想资料，千百年来湮没无闻，直到本世纪敦煌经卷的发现，才逐渐为人了解。现有中华书局出版的《神会和尚禅语录》可以参阅。

神会的禅学思想主要是对惠能思想的继承与发展。他发挥了惠能的“无念”法，认为“无念法者是圣人法，凡夫若修无念法者，即非凡夫也”[②]；他坚持了惠能的“顿悟”成佛论，认为自达摩以来六代大师一一皆言单刀直入，“直了见性，不言阶渐”，由此而将惠能禅的特点充分地突现了出来。神会还对惠能的“定慧等”作了发挥，不但认为“即定之时即是慧，即慧之时即是定”，而且强调“即定之时无有定，即慧之时无有慧”[③]，从而更突出了定慧不可修、无可求的般若思想。同时，神会对惠能的思想也不是一味重复，而是有所发展的。例如，他在惠

① 《宋高僧传·神会传》。

② 《神会语录》第 20 节。

③ 《神会语录》第 19 节。

能以般若说自性的基础上，进一步强调自性般若的空寂之“体”或知见之“性”，并于体性上立知见之“用”。因此，他不像惠能那样多用“人心”、“自性”，而是更多地使用了“真如”、“佛性”。神会认为，众生本有真如之性，自性空寂，空寂体上自有本智之用，本智之用观照本寂之体，便是识心见性，“如此则证入如来之境”。他在解释“无念”、“无住”和“定慧等”时，都以“真如”为无念、无住之体，体性空寂则为“定”，体上有自然智，能照知本寂之体，即为慧。这样，神会所强调的无念、无住、定慧等和见性，就不是自性的任运，而是成了自心的自证。这种自心的自证虽也达到能所不分之境，却是先经历了一个自心分化为能所的过程。神会这种重视空寂之知与寂知之性体的思想倾向与惠能强调的念念无住、念念无著的顿悟见性说，是有一定差别的，神会之所以主顿悟后渐修等与惠能不同的观点，都可以在此得到解释。

神会“寂知之体，无念为宗”的思想得到了华严宗人宗密的赞赏，认为它超过了当时其他禅宗流派。宗密在《禅源诸诠集都序》中曾把神会的禅法归为“直显心性宗”中的一类，并概括其思想为“唯以无念为宗”，主张“知之一字，众妙之门”。这里的“知”主要指“空寂之知”，亦即灵明不昧的空寂之心，同时也有“无念知见”的意思。宗密站在华严宗的立场上对神会的思想加以阐扬，特别是突出“知之一字，众妙之门”，以寂知为心体，强调心灵空寂而灵明不昧，这对宋明时期的理学和心学都曾发生了一定的影响。

荷泽神会一系虽曾煊赫一时，并有宗密等人阐发其思想，但实际流传的时间并不长。从现有资料看，经过唐武宗灭法和唐末农民起义的冲击，与帝室关系密切的荷泽神会系与神秀北宗一样很快走向了衰落。神会的弟子很多,但大都情况不明,只有法如系因宗密自称出于其下而略有传承可考。宗密提出的传承是:神会—智如[①]—南印—道圆—宗密。但据胡适先生考证,这个传承还是有问题的。

本世纪初,胡适从巴黎和伦敦所收藏的敦煌遗书中发现了《神会语录》等几种残本,经考证分析,他对神会的历史作用作了高度的评价,并因此而将对惠能及其思想的研究推向高潮。胡适说:“南宗的急先锋,北宗的毁灭者,新禅学的建立者,《坛经》的作者,——这是我们的神会。在中国佛教史上,没有第二个人有这样伟大的功勋,永久的影响。”[②]虽然胡适对神会的评价有夸张的成分,但神会对惠能禅法向全国的传播起了极大的促进作用却是事实。

与荷泽系很快趋于衰落形成鲜明对照的是,南岳怀让和青原行思两大禅系却在南方得到了迅速的发展,晚唐五代繁兴起来的五家七宗禅皆由此两系演化而出。这一方面是因为战乱对南方的破坏相对要小一些,使僧人们有一个相对安定的生活环境;另一方面也与这两系禅法更趋简便灵活,且继续保持了山林佛教的特色,倡“农禅并作”等适应中国封建社会的修行生活有密切的关系。

从现有材料看,南岳怀让和青原行思实际上是因马祖道一和石头希迁而知名的。南岳怀让(677～744),在各本《坛经》中,皆未列入惠能的“十大弟子”之中。据《古尊宿语录》卷

---

① 这里的“智如”,胡适和宇井伯寿等都认为就是《宋高僧传》卷二十九《道齐传》所附的“法如”,请参阅《近现代著名学者佛学文集·胡适集》第306～307页。

② 《荷泽大师神会传》,《近现代著名学者佛学文集·胡适集》第97页。

一载，怀让初参六祖，惠能问曰："什么物与么来？"怀让无语。经八载，忽然有省，乃白六祖云："某甲有个会处。"六祖云："作么生？"答曰："说似一物即不中。"怀让后居般若寺，曾示众云："一切万法，皆从心生，心无所生，法无能住，若达心地，所作无碍，非遇上根，宜慎辞哉。"从这些记载来看，怀让似继承了惠能禅法中无相、无住、不可言说、无所执著的般若思想倾向，突出的是任心自行。怀让在曹溪生活了十多年。惠能去世后，怀让前往南岳，住般若寺观音台弘传南宗禅法，开南岳一系，世称"南岳怀让"。

南岳怀让门下得法者有九人，以马祖最为著名。马祖（709～788），名道一，初从智诜门下处寂出家，后习禅于南岳，遇怀让以磨砖不能成镜喻坐禅不能成佛而开悟。晚年住钟陵（今江西南昌）弘禅，创"洪州宗"。其禅法的主要特点是将惠能禅的"当下即是"进一步从自心自性的全体大用上来加以发挥，把惠能的"无念心"进一步发展为"平常心"，并用喝、打、竖拂等灵活的方式随机开示学人。惠能的禅"行"主要是指"心行"，他的无念、无著大都是就当下心之行而言的，任运是任心自运。马祖禅则由"心"到"人"，更强调从当下的一举一动、一言一行中去体证自己本来是佛，任运是任身心自运，自然自在的自身之全体就是佛。马祖的"平常心是道"，使惠能所言之心为当下现实之心的特点更加突出了。平常心就是道，众生无心任自然地生活就与佛无异。因此，马祖特别注意于日常行事中启发人们去发现并认识自身的价值，把每个人自己视为无价大宝，这种重视人的思想后来成为惠能南宗禅的重要特色，并对中国传统文化产生了很大的影响。马祖的入室弟子据说有一百三十九人，各为一方宗主。其中最著名的有百丈怀海

(749～814，一作720～814)、西堂智藏(735～814)和南泉普愿(748～834)，时称马祖门下三大士。三人之中又以百丈怀海的地位和影响最大，马祖禅经百丈而化出沩仰宗和临济宗，临济门下日后又分出黄龙、杨岐两系，黄龙系失传后，杨岐系便代表着临济宗一直传至当代。

青原行思(？～740)在各本《坛经》中也未成为惠能的"十大弟子"之一，《宋高僧传》也只是在《义福传》中附了他的一个小传，没有单独给他立传，说明他最初也不很知名。据《五灯会元》卷五载，行思听说曹溪法席大盛，乃前往参礼，初见六祖，行思就问："当何所务，即不落阶级？"六祖说："汝曾作什么来？"行思说："圣谛亦不为。"六祖说："落何阶级？"行思曰："圣谛尚不为，何阶级之有！"六祖非常器重他。据说惠能门下学徒虽众，而行思居首。后受惠能付嘱，回吉州青原山，住静居寺阐化，四方禅客，繁拥其堂，开青原一系，故世称"青原行思"。行思其实是因其高足石头希迁(700～790)而闻名的。据说希迁在惠能晚年曾投至惠能门下，惠能将示灭，嘱希迁"寻思去"。希迁久久"寻思"而不得，后经人指点，方知"寻思"乃寻师兄行思耳，遂师事行思，成为行思的上首弟子。希迁在衡山南寺时，因结庵于寺之东的大石上，故时人称之为"石头和尚"。与江西马祖并称，时誉很高，当时有语曰："江西主大寂(马祖谥号为"大寂禅师")，湖南主石头，往来憧憧，不见二大士为无知矣。"[①]石头希迁也进一步发展了惠能直指人心、当下解脱的顿教禅法，但他更注重从心与物、理与事的关系中去强调人的地位和人的当

① 《景德传灯录》卷六引。

下解脱，强调“触目会道”，认为“圣人无己，靡所不己，法身无量，谁云自他”？[①] 他从“三界六道，唯自心现”[②]出发，又说：“执事元是迷，契理亦非悟。门门一切境，回互不回互。回而更相涉，不尔依位住。”[③]以心为源，齐同凡圣，融摄万法，而又以心为不可执著，并从理事、心物的统一中来阐发圣人之境，这种思想显然既深受般若三论的影响，又融会了华严宗的有关思想，这对后来的禅学乃至宋明理学都有很大的影响。在接机方式上，石头并不像马祖及其门下那样机锋峻峭，棒喝凌厉，但其简易朴实、灵活自如的禅风也自成特色。石头希迁的弟子也很多，最著名的有天皇道悟（748～807）和药山惟俨（751～834，一作 759～828）。天皇道悟下化出云门宗和法眼宗，药山惟俨下则有曹洞宗。曹洞宗曾绵延发展了上千年之久，并远播海外。

正是经过惠能后学和南宗门下众多弟子的共同努力，特别是通过上述有影响的三大禅系，惠能禅才得以发扬光大。晚唐至五代，惠能南宗经过青原、南岳两系而演化出沩仰、临济、曹洞、云门和法眼五家。此五家禅皆承六祖惠能而来，但因传禅之人和时地的不同，形成了不同的传法接机之宗风。从师承来说，沩仰、临济二宗出自南岳系，其余三家出自青原系。就时间而言，沩仰、临济和曹洞创于晚唐，云门、法眼则创于五代。从地域上看，除临济在河北、山东之外，其余均在中国南方：沩仰在湖南、江西，曹洞在江西，法眼在浙江，云门在广东。如果

① 《祖堂集》卷四。
② 《五灯会元》卷五《石头希迁禅师》。
③ 《景德传灯录》卷三十载《参同契》。

说惠能开创了禅宗南宗，那么五家禅的创立则使南宗蔚为大观，并成为中国佛教的中坚。

五家禅中创立最早的是南岳系化出的沩仰宗，其开创者为得法于百丈怀海的沩山灵祐(771～853)及其弟子仰山慧寂(815～891)，因而得名。沩仰宗主要发挥了马祖和百丈无取无舍、无为无事、人人圆满具足、自在解脱的禅学特点，并进一步突出了理事不二、无心解脱。其宗风一般以深邃奥秘概括之，《五家宗旨纂要》中说："沩仰宗风，父子一家，师资唱和，语默不露，明暗交驰，体用双彰。"自宋代始，人们一般就认为，沩仰宗五传而止，与其孤峻的门庭宗风深有关系。

临济宗也是从南岳系化出的一个宗派，其创始人为百丈怀海的再传、黄檗希运的高足临济义玄。因义玄长期住镇州临济院而得名。临济宗继承了马祖的禅法特色，把惠能禅学中蕴含的对人的肯定作了进一步的发挥，这从临济具有代表性的"无依道人"、"无位真人"等思想中就可清楚地看到这一点。临济宗的思想还体现在"四料简"、"四宾主"、"四照用"等认识论原则和教学方法上。临济宗一向以机峰峻烈的禅风而著称，与曹洞宗绵密的宗风相对，自古就有"临济将军，曹洞士民"之说。在禅宗史上，有名的"临济喝"与"德山棒"一起构成了当时禅宗接机的主要手段。临济宗接引学人的单刀直入，随机灵活，峻烈辛辣之中又不乏亲切活泼，这对临济宗的发展起了一定的作用。临济宗在五家禅中最为兴盛，传播也最为广泛，这与其宗风特点是有一定关系的。

青原系石头希迁的七世法孙清凉文益则创立了法眼宗。文益(885～958)，俗姓鲁，余杭(今浙江余杭)人。晚年在金陵清凉寺传法，故世称"清凉文益"。去世后，南唐主李璟谥为"大法眼禅师”，其法系后世就被称为“法眼宗”。法眼宗继承了石头希迁融会华严教理的禅学思想特点，它以“三界唯心，万法唯识”为“纲宗”，在理事圆融的基础上发挥了“一切现成”的思想。文益的再传弟子永明延寿(904～975)进一步举扬“理事不二，贵在圆融”的宗旨，“举一心为宗，照万法如镜”，编成《宗镜录》一百卷，不仅将华严教义与禅理“圆融”在一起，而且以禅理为准对天台、唯识、华严等宗的教旨加以评定，调和当时佛教各宗派之间的分歧。《宗镜录》“禅尊达摩，教尊贤首”，既体现了法眼宗取华严思想入禅的特点，也表现了中国佛教教禅相融的发展新趋势。法眼宗的宗风，一般认为，简明处类似云门，隐密处类似曹洞。其接引教化学人，平淡的语句中也深藏机锋，往往是根据学人根器之不同而相机行事，故《人天眼目》云：法眼宗风，“对病施药，相身裁缝，随其器量，扫除情解。”

从青原、石头下化出的另外两系——云门宗和曹洞宗也从不同的方面阐发了石头以来的禅学思想。云门宗，创始人为石头门下天皇道悟的四世法孙文偃，因其住韶州云门山而得名。文偃(864～949)，俗姓张，姑苏嘉兴(今浙江嘉兴市)人。晚年住韶州(今广东韶关)云门山光泰禅院，弘法开禅，自成一系，世称“云门文偃”。云门宗在禅学思想上强调无心任自然，从应物而不累于物说解脱人，发挥即事而真，一切现成，无心解脱的思想。其思想和教学方式往往被概括为“云门三句”：“一句函盖乾坤，一句截断众流，一句随波逐浪。”[①]其宗风常被形容为“孤危耸峻，人难凑泊”。这是因为，云门宗不仅以棒喝接引学人，而且常以非常简短的片言只语来应答，非上根机

① 《五灯会元》卷十五《德山缘密禅师》。

者往往摸不着头脑。

曹洞宗，创始人为洞山良价和曹山本寂。其宗名说法不一，有说曹为曹溪惠能之曹，洞为洞山良价之洞；有说曹为曹山本寂之曹，之所以称“曹洞”而不称“洞曹”又有两说，一说是为了读法上顺当，一说是因曹、洞问答遂成一家宗风，且曹山下无传，传宗者为洞山下的道膺之故。良价(807～869)，俗姓俞，会稽诸暨(今浙江诸暨县)人。因盛弘禅法于豫章高安(今江西高安县)之洞山，故世称“洞山良价”。其弟子本寂大倡“五位君臣”之说，形成曹洞一家宗风。本寂(840～901)，俗姓黄，泉州莆田(今福建莆田县)人。因住抚州(今江西临川县西)曹山而世称“曹山本寂”。他深明良价玄旨，大播洞山禅风于天下，时诸方宗匠，咸共推尊之曰“曹洞宗”。该宗继承并发展了青原、石头系比较注重从心物、理事的关系中去强调人的地位的特色，以五位君臣、偏正回互来说理事关系，而归结到无心解脱。其宗风历来有“家风细密，言行相应，随机利物，就语接人”之称。

唐末五代，由于藩镇割据乃至社会分裂，因而禅宗在逐渐繁兴的过程中也分化为诸多的系派，各据一方。然而，五家禅宗之思想与门风虽略有小异，其根本宗旨却皆不离六祖惠能的顿悟心性，自我解脱。入宋以后，禅宗仍不断地演化流变，但均不出五家之外。禅门弟子在举扬自家宗风的同时，继续保持着惠能禅的基本思想特点，其公案话头、机锋棒喝等“直指人心”的接机方法和行脚云游、遍访名师的参学方式都是为了顿悟解脱这样一个共同的信念与目标。

从思想理论的层面上看，惠能南宗在宋代并没有很大的发展，但其发展的规模及其社会影响却达到了相当的程度，同时也出现了许多新的特点。例如，随着中国佛教对内互相融通、对外与儒道合流的总趋势,惠能南宗一方面在禅教合一的同时进一步融摄了净土法门,从而将禅的精神渗透到了其他教派中,大大扩大了它的影响,另一方面,它又通过与统治者和上层人物的接近而加深了自身的儒化和道化及对传统思想文化的影响。大量公案、语录的出现,形成了区别于默照禅的文字禅,不立文字的禅宗走上了文字化的道路,这又吸引了大批文人学士的兴趣,士大夫参禅之风比唐代更盛,同时也进一步为禅的精神融入宋明理学提供了条件。就此而言,宋代时惠能南宗禅进入了一个新的发展阶段。

入元以后,随着整个中国佛教的逐渐衰落,惠能南宗禅也日益走上了下坡路。就各禅系的演化来看,五家禅中沩仰、法眼与云门三家均已不传,只有临济和曹洞仍维持一定的规模,其中又以临济为盛。曹洞宗虽有派系活动,但其法脉远不及临济宗之盛,故禅史上有"临天下,曹一角"之说。从整个元明清时期的禅学来看,无论是临济宗还是曹洞宗都没有出现特别有名的思想家,在思想理论上也没有什么创新与发展,只是在加强与其他佛教宗派以及传统思想文化融合的同时,继续着入宋以后禅学的一些特点而已。由于大量《灯录》和《语录》不断涌现,不立文字的禅逐渐转向了对文字的依赖,使南宗禅越来越背离惠能革新的宗旨。而禅在佛教内部加强与净教律的结合,对外与儒道等传统思想文化的融合、特别是对被定为一尊的理学的依附,既反映了禅学的衰落,也是禅学衰落的重要原因。由此,南宗禅已越来越丧失了惠能创立时期的独特个性。值得注意的是,明清时期的一些禅僧打着出世不离入世的旗号,追求世俗的物质利益,生活上腐化堕落,使禅门中出现了颓败的景象。明代禅师元贤在《续寱集》中曾对此有过深刻的揭露:"近世禅者,多是大言不惭。不守毗尼,每自居于旷达;不持名节,每借口于圆融。迨一旦逐势利,则如饿鬼觅唾!争人我,则如恶犬护家!"更有甚者,近日禅人,"惟相与学颂古、学机锋过日。学得文字稍通、口头稍滑者,则以拂子付之,师资互相欺诳。……不特此也,曾见付拂之辈,有颠狂而死者,有罢道还俗者,有啸聚山林劫掠为事者。他如纵姿险恶、为世俗所不齿者,在在有之。灭如来种族,必此辈也。呜呼危哉!"这段话非常生动地描绘了当时禅门中的腐败堕落、有违祖师宗旨的种种表现。惠能禅宗最后走向没落,与此也不无关联。

此外,社会文化环境的变化也改变着惠能南宗禅生存的土壤。明代"合三教为一"的"阳明禅"的出现,清代汉学的复兴,乃至今文经学的继起,终于导致了中国禅学的完全衰歇。当然,这只是就中国禅作为一种相对独立的文化思潮而言的,至于禅的文化精神,特别是惠能南宗禅倡导的自性顿悟、自在解脱等,由于融入了中国传统思想文化之中而至今仍产生着一定的影响。

三、惠能禅与中国传统文化

从整个中国传统思想文化的发展来看,惠能禅的地位与影响都是相当重要的。它首次构建了比较完整的儒佛道三教合一的思想体系,虽然它是以佛教为基点,但这对宋明理学以儒为基点的三教合一、从而使传统思想文化形成以儒为主,以佛道为辅的基本格局仍产生了重要的影响。惠能禅与中国传统文化的关系相当密切,它既在传统文化中形成,是佛教中国化逻辑发展的结果,最终又汇归到传统文化的大潮流中,成为传统思想文化的重要组成部分。

惠能在坚持佛教基本立场、观点和方法的同时，大量融摄了传统的思想和方法，特别是老庄玄学的自然主义哲学与人生态度以及儒家的心性学说，从而形成了他独特的禅学理论和修行方法。惠能通过革新而引导中国佛教从关注佛法义理发展为重在当下的修行，并把修行归结为修心，通过心悟去把握佛陀的精神，突出人的自心自性，主张人人有佛性，息除妄念以回归清净的本性，即能觉悟成佛，实现解脱。这不仅将印度佛教繁琐的教义、复杂的修行简单化，使中国的广大民众易懂易行，而且把现实之人的当下解脱推到了突出的地位。正如西方宗教学创始人麦克斯·缪勒所说："每个宗教，如果它在智慧与愚蠢之间，老年与青年之间形成一种连接力，那它必定是适应力强的，必定是又高又深又广的。它能够承担一切，信仰一切，希望一切，忍受一切。它越是如此，它的生命力越大，它所包含的力量和热情也越强烈。"[①]惠能南宗禅正是高举"即心即佛"的旗号，适应了不同人的精神需要而得到人们的普遍信仰，从而在唐中期以后日趋繁兴。惠能禅以它那独具的思想与方法和特殊的力量与热情不断地撞击着中国人的心灵，并随着历史的发展而渗透到传统文化的诸多形态之中，特别是由于引发了文人士大夫的好禅参禅而加深了这种渗透，对中国哲学、伦理、文学、艺术、书法、绘画等产生着持久的影响力。惠能禅既是在中国传统文化氛围中孕育出来的一朵奇葩，同时它的袭人芬芳也熏习着中国传统文化。

惠能禅对中国哲学的影响是很深刻的。从中国传统哲学

① 《宗教的起源与发展》，上海人民出版社 1989 年版，第 260 页。

的发展来看，曾出现过几次比较大的转折，以宇宙论为主的先秦两汉哲学发展到以本体论为主的魏晋玄学，又经南北朝隋唐的心性学说而转入了宋明理学。惠能最具有代表性的理论是心性论，他的“自性顿现万法”从宗教顿悟的角度表达了他特有的本体论思想，但其理论的重心始终落实在自我心性，强调本净的自心自性圆满具足一切，以论证自我解脱的可能性与必要性。正是这种心性论构成了整个中国哲学发展史上的一个极重要的中介环节。它上承佛教中国化的传统，下开宋明理学的先河，具有承上启下的重要作用。融本体论与心性论为一体的惠能禅学是在佛教基础上的三教合一，但它为中国传统思想文化过渡到宋明理学，回到以儒家为本位的三教合一，提供了模式与经验，促进了宋明理学的产生。

宋明理学复兴儒学，吸收并利用了大量佛教禅学与道家道教的思想内容。宋儒的崇“四书”，谈性理，重修养，无不体现出佛教特别是惠能禅宗思想影响的存在。程朱“理一分殊”的理事说与陆王“心即宇宙”的一体同仁说，都与禅宗思想有着直接的理论渊源关系。就连张载，他虽然反佛，但他的人性论区分了天地之性与气质之性，要人通过“变化气质”而反归于天地之性[①]，他那“不萌于见闻”的“德性之知”能达到“视天下无一物非我”之境[②]，这种思想显然仍受到了禅宗的自净其心与识心见性的影响。

就禅宗对宋明理学的影响而言，惠能南宗对陆王心学的影响比较更大些。例如心学的集大成者王阳明著名的“王门四句

① 《经学理窟》。
② 《正蒙·大心篇》。

教”称“无善无恶是心之体，有善有恶是意之动”，而“知善知恶是良知”，这与惠能禅宗的心性本觉、无念本净，显然是相通的。王阳明以“灵明”解说“心”，认为灵明充塞天地，为万物之主[①]，这与惠能弟子神会的“知之一字，众妙之门”，就更是一脉相承。因此，在王阳明洋洋洒洒的心学中，有一个独特的表征，就是具有“禅宗式的智慧”[②]。他那花开花落不在心外的表述，甚至连语言都与《坛经》的“仁者心动”相一致。在修学方法上，陆九渊的“先立乎其大者”，“一是即皆是，一明即皆明”[③]，与惠能南宗禅的“顿见佛性，渐修因缘”[④]，“若起正真般若观照，一刹那间，妄念俱灭”[⑤]等也非常相通。当然，这里只是从哲学思维和方法上讲，若就内容而言，惠能禅学与陆王心学一个立足于儒家伦理，一个致力于自性解脱，两者还是迥异其趣的。

佛教信仰是内在于人心的，它往往需要借助于各种文化载体表现出来，以增加其感染力。因此，佛教与文学艺术有时可以相得益彰。惠能禅本来是以“不立文字”相标榜的，强调“以心传心”、“见性成佛”，在当下现实之心中证悟宇宙人生的真谛和自家生命的底蕴。为了表达因人而异的“不可言说”的禅悟境界或启发学人自证自悟，禅门中往往把禅的意境与人们熟知的文学艺术形式相结合，以展示其深邃的宗教意义。因此，惠能禅宗对唐宋以后的文学艺术等也都发生着广泛而深刻的影响。其突出的表现就是对诗歌的影响。

---

① 以上引文均见《传习录》下。
② 杜维明《人性与自我修养》，中国和平出版社 1988 年版，第 15 页。
③ 《象山先生全集》卷三十四。
④ 《菩提达摩南宗定是非论》，《神会和尚禅语录》第 30 页。
⑤ 宗宝本《坛经·般若品》。

在唐代的佛教文学中，有一个引人注目的现象就是禅诗的盛行。所谓禅诗，主要是指表达禅宗理趣、意境或所谓“禅悟”的诗歌作品。由于禅和诗都比较强调内心的体验和感悟，在表达上追求可以意会而不可言传的“言外之旨”、“文外之韵”，因而两者就很自然地结合到一起。正如元好问在《嵩和尚颂序》中所说的：“诗为禅客添花锦，禅是诗家切玉刀”。“以禅入诗”逐渐发展为诗坛的一种时尚。禅诗的作者大致有两类，一类是与禅师交往密切、深受禅宗影响的文人士大夫，他们以禅入诗，为璀璨的唐诗注入了新的意蕴；另一类是禅师本人采用了诗歌、偈颂等形式来表达“不可言说”的禅理禅境。

禅门中留下的许多有价值的文学作品中有不少是非常优美的诗句。例如玄觉的《永嘉证道歌》中云：“江月照，松风吹，永夜清宵何所为？佛性戒珠心地印，雾露云霞体上衣。”唐代著名诗僧皎然的《送维谅上人归洞庭》诗云：“从来湖上胜人间，远爱浮云独自还。孤月空天见心地，寥寥一水镜中天。”这些诗表面上谈的是山水、浮云、风月，但在笔墨之间却处处流露着浓浓的禅意，字里行间浮现的空灵清净、安宁闲适的态度，正是诗作者在克服了主客观二元对立，摆脱了狭隘与有限之后，心境豁然开朗的反映。虽然山还是那座山，水还是那汪水，然而诗人的境界不同了，对外界事物的感受也不同了，这实际上也是惠能禅“即心即佛”思想的活的灵魂。当代美国宗教学家斯特伦曾说：“人们对美的领悟就成为一种力量，它在艺术家与观众身上创造了真正‘肯定’(或积极)的东西。在富有创造的表现形式里，观众或听众与艺术家结合起来，因为他们双方全都置身于审美感受所具有的和谐、神秘、充满活力的氛围之中。艺术家所表现的东西，具有一种引导观众进入新境界的能力。”[①]禅诗所创造的意境具有一种感染力，促使人们在对宇宙万物自然美的体悟中明白生命的真谛。诗歌在禅师们那里成为表达终极实在与证悟境界的一种手段。

在禅师们以禅入诗、以诗说禅的同时，唐代许多著名诗人受惠能禅宗无念无相、随缘任运的影响，也写下了不少表达禅理禅趣的精美诗篇，为唐诗这一中国文学园地中的奇葩增添了夺目的光彩。其中最突出的是有“诗佛”之誉的王维，他的山水诗被认为是禅诗中的极品。例如千古不朽的名篇《鹿柴》中说：“空山不见人，但闻人语响。返景入深林，复照青苔上。”又如《鸟鸣涧》：“人闲桂花落，夜静春山空。月出惊山鸟，时鸣春涧中。”这些诗篇，寥寥数句，给人留下了山水自然之景，幽深玄寂之境，并表达了一种色空双离、人我两忘和无执无著、任运自在的禅宗人生哲学，其空灵、超脱、恬淡的意蕴令人玩味不尽，真所谓言有尽而意无穷。柳宗元的《江雪》也是一首饱含禅味的绝句，一向脍炙人口：“千山鸟飞绝，万径人踪灭。孤舟蓑笠翁，独钓寒江雪。”这类充满禅意的诗篇在唐诗中占了相当的比例。入宋以后，许多文人士大夫热衷于参禅或与禅僧交往，也留下了不少富含禅意的诗词。例如苏东坡的《题西林壁》：“横看成岭侧成峰，远近高低各不同。不识庐山真面目，只缘身在此山中。”这些看上去平淡无奇的诗篇都在一定程度上表达了诗人在心灵中对佛理禅趣的一种领悟。

在惠能禅宗思想的影响下，中唐以后还开始出现了把禅与诗结合起来论说的观点，至宋代，“以禅喻诗”、“以禅论诗”的新诗论更是得到了普遍流行。所谓“以禅喻诗”，就是把参禅与作

---

① 《人与神——对宗教生活的理解》第 249 页。

诗相比拟，以禅理来说明诗歌的创作、欣赏和评论。例如吴可、龚相和赵蕃等分别在各自所写的《学诗诗》中都反复强调了“学诗浑似学参禅”，以至于此语几乎成为当时文人的一句“口头禅”。至南宋严羽的《沧浪诗话》而逐渐形成了一套较为系统的“以禅喻诗”的理论体系。《沧浪诗话·诗辨》中提出的“大抵禅道惟在妙悟，诗道亦在妙悟”等成为以禅喻诗的基本理论。清代的王渔洋又进一步发展了严羽的“妙悟说”而提出了“神韵说”，认为“舍筏登岸，禅家以为悟境，诗家以为化境，诗禅一致，等无差别”①，把以禅喻诗、诗禅一致论推向了极致。

惠能南宗的理趣风格、超然意境和唯心哲学，对中国传统的绘画艺术也产生了深刻的影响，促进了笔简形具、气韵为主的山水画派的兴起。著名诗画家王维耽于禅悦，性喜山水，他开创了一种自然洒脱、高远淡泊的画风，他的山水画通过将墨色分破为浓淡深浅的不同而在山水松石的自然之中融入了禅宗妙悟的意境，非常富有诗意，苏东坡称他的诗是“诗中有画”，画则“画中有诗”。王维泼墨山水的画法和画风改变了传统山水画的风格。这种包蕴着禅味的山水画，对后世中国画的发展有较大的影响。明代董其昌称王维为山水画的“南宗”之祖，他在《容台别集·画旨》中比拟禅宗南北宗而对画派南北宗所作的论述虽然不尽符合山水画发展演变的史实，且有崇南贬北之意，但他肯定了王维受惠能南宗禅影响而创新画风的地位，这却是符合实际的。王维开创的禅画在宋代得到了很大的发展。宋代的画师们在作画时，普遍提倡心物合一，追求禅的空灵境界，创作上也独辟蹊径，大胆地在山水画的画面上

① 《带经堂诗话》卷三《香祖笔记》。

留下空白，使画面显得空灵清净，从而营造出超然于象外的艺术效果。受惠能南宗禅影响而出现的南宗画风至宋元而趋极致，为中国绘画艺术园地增添了奇葩。惠能禅不仅影响到中国的山水画，而且也影响到中国的人物画。在南宋至元代盛行的富有禅味的水墨画，或称禅画中，就有直接以各种佛教人物甚至以六祖惠能为题材的，例如宋代画师梁楷的《六祖破经图》、《六祖截竹图》就是留存至今的代表作，它以简炼的笔法表达了六祖顿悟的情景，具有一种特殊的感染力。[①] 这类通过人物的描绘而将惠能禅的理念形象化的绘画，既丰富了中国画的题材，也促进了惠能禅的传播。

惠能南宗禅的理趣对中国书法艺术的理论和实践也产生了巨大的影响。书法之道重性灵，讲究"凝神静思"、"意在笔先"，这与重妙悟而强调静虑、无我和任心随缘的佛理禅趣本来就具有某种内在的联系。晚唐以来，在惠能南宗禅重体悟心证的影响下，许多书法家以禅入书，把书法看作是禅的表现方式之一，并形成了独特的以禅论书、以禅喻书的书法理论。宋代朱长文在《继书断》中曾提出："书之至者，妙与参道，技艺云乎哉！"认为书法之极致在于"妙与参道"而不在于技艺，这就把书法之道与禅悟之道直接联系了起来。惠能南宗禅一向以"不立文字"、"以心传心"相标榜，反对死守成规或执著言相，受其影响，书法理论中也出现了对尚意重悟的强调。五代时的诗画僧贯休善草书，时人比之怀素，他就十分反对执著书法的规矩法度，主张放旷任达的"自展其意"。这种"尚意"的书论入宋

---

① 请参阅台湾陈清香教授的论文《梁楷和他的"六祖破经图"、"六祖截竹图"》，载《佛光山国际禅学会议实录》第 174～180 页。

以后十分流行。宋代大文学家、书画家苏轼在《评草书》中明确提出，书法要"自出新意"而"不践古人"，宋代著名书法家黄庭坚也认为书法之道在于体现心灵的超然物外和自然放逸，不应该为外物所拘。尚意与重悟又有密切的关系。唐末僧人謽光曾受业于陆希声，得其笔法，潜心草书，名重一时，他对书法发表了这样的看法："书法犹释氏心印，发于心源，成于了悟，非口手所传。"①为了体现尚意重悟的书法之道，许多书法家都十分强调作书时的无我无欲、心地清净，以佛教禅宗的理趣来要求书法创作，并寓禅理于书法之中。宋代著名的书法四大家（苏轼、黄庭坚、米芾、蔡襄），他们的书法作品，以一种行云流水般的线条表达着心灵的感悟，无不充满着禅的底蕴，是惠能禅宗影响中国书法艺术的典型例证。

惠能南宗禅不仅对诗、书、画产生深刻影响，而且经过不断与传统思想文化相融合而渗透到了人们社会生活的各个领域，对人们的生活方式和行为准则也起着潜移默化的影响。

惠能禅所主张的出世不离入世的人生观，既构成了中国化佛教伦理的重要特点，也在一定程度上协调了与儒家伦理道德之间的冲突。一般来说，伦理道德是一定的社会为了调整人与人、人与社会之间的关系所提倡的行为规范的总和。就中国封建社会的伦理道德而言，则是以儒家的伦理道德观为核心的，所以，外来佛教与中国传统的伦理道德的冲突与交融，在很大的程度上也就表现为佛教与儒家伦理纲常的核心——忠君孝亲的冲突。早在佛教传入之初，佛教的出家修行方式就遭到了儒家的激烈反对和攻击，记载了佛教传入中土引起最初反响的

① 魏了翁《鹤山集》引，《佩文斋书画谱》卷六。

牟子《理惑论》,就提到了儒家将佛教剃发出家、不娶妻生子、见人无跪拜之礼等称之为“不仁不孝”的行为。东晋时,围绕着沙门袒服、沙门应不应敬王者而展开的大争论,虽然有其深刻的政治经济背景,但它却是通过佛教的出家修行方式与中国封建礼法道德的矛盾冲突的形式表现出来的。唐代以后,“不忠不孝”仍然是正统儒家反佛的重要理由。像韩愈排佛时,就攻击佛教“弃而君臣,去而父子”。但中国化了的佛教,特别是惠能禅兴起以后,由于其努力调和世间法与出世间法的矛盾,并将印度佛教中蕴含着的对人和人生的关注充分发挥了出来,因而在一定程度上缓和了佛教与儒家伦理的对立与冲突,并为佛教慈悲度人等精神向社会生活中渗透创造了条件。

从总体上看,惠能禅宗并不像儒家那样强调从人伦关系中来把握并实现自我,而是从“一切皆空”、“万法唯心”的基本观点出发,突出自我,强调每个人在现实社会中识心见性、无执无著,便可等同于佛。但惠能把善恶之法归于妄心动念的产物,认为“思量一切恶事,即行于恶,思量一切善事,便修于善行”①,这并不表明惠能禅宗真能超世脱俗,回避社会的现实,放弃善恶观念和是非标准,相反,在传统文化的氛围中形成发展起来的惠能禅,在“方便法门”的旗号下实际上还是接受了封建的善恶标准,承认了儒家的伦理道德。其提倡的“随缘而行”本身也就是以承认世间法的合理性为前提的。因此,在惠能南宗门下,论证儒家名教合理性的言论比比皆是。例如契嵩禅师说:“夫孝,天之经也,地之义也,民之行也。”②“仁义智信

① 敦煌本《坛经》第 20 节。

② 《镡津文集》卷三。

举，则人伦有其纪也；礼乐刑政修，则人情得其所也。”[①]将儒家名教视为个人行为的准则和人伦关系的纲纪。并认为“儒所谓仁义礼智信者，与吾佛曰慈悲、曰布施、曰恭敬、曰无我慢、曰智慧、曰不妄言绮语”本质无异[②]。大慧宗杲更是把佛教的菩提心与儒家的忠义心相提并论，提出“菩提心则忠义心也，名异而体同。但此心与义相遇，则世出世间一网打就，无少无剩矣”[③]。强调出世的惠能禅宗最终还是认同了世间的伦理，只是其善恶标准有时被无善无恶“不执著”的面纱掩盖起来，不那么容易识别罢了。当然，惠能禅宗的自我解脱论比较强调人的独立人格和人的至上性，这在突出人伦的封建社会中所具有的积极意义似也不可忽视。

惠能禅的“佛法在世间，不离世间觉”和“即心即佛，顿悟成佛”在把佛法拉向世间法、把佛拉向人的同时，也根据“随其心净，则佛土净”的理论而把西方佛国净土拉向了人间。只要自净其心，自身便与佛无二，尘世也就成为佛国，这看似以理想的佛国净土替代了现实的世俗秽土，其所起的实际作用却是把封建的世俗社会美化成了理想的佛国世界。而其把个人净心的道德实践与个人的解脱联系在一起，这对世俗也起了一定的劝善作用，它实际上从宗教的角度强化了传统的善恶报应理论，希望为善去恶不再是一种道德的说教，而是真正成为人们日常的自觉行为。而这种善恶标准，如上所述，在封建社会，并没有，也不可能超越封建的伦理纲常。这实际上也是

---

① 《镡津文集》卷四。

② 《镡津文集》卷八。

③ 《大慧普觉禅师语录》卷二十四。

惠能禅得以在中国封建社会长期流传发展的重要原因。

四、惠能禅在海外的影响

惠能及其所创的禅宗南宗不仅与中国社会和文化关系密切，而且，其影响还远及海外，对世界文化也作出了一定的贡献。

早在唐代时，随着中国佛教的日趋兴盛，中国就逐渐发展成为世界佛教的中心。八方学僧汇聚长安，使中国佛教由过去的传入为主变成了输出为主。随着中外僧人的四方游学，频繁往来，文化交流日益增多，佛教的传播范围也越来越广阔。惠能南宗作为中国佛教的一个重要的派别，以其特殊的魅力不断地征服着人心。在惠能后学及南宗弟子的努力下，惠能南宗禅的势力不仅席卷全国，而且传播及影响到周边的国家和地区——越南、韩国和日本等。惠能禅不仅在这些地方发生影响，而且与当地的文化相融相会而形成了具有民族特色的禅宗新派别。今天，人们常说的中国禅宗走向了世界，这里所说的禅宗，主要的就是指以惠能为代表的南宗禅。下面就让我们通过对禅宗走向世界的历史轨迹的考察，重点看一下惠能南宗在海外的传播与影响。

禅作为一种特殊的修行方法，在中国得到极大发展以后，很快就由禅僧带到了邻邦越南，并在那里形成了具有越南文化特色的禅派。据《大南禅苑传灯辑录》记载，越南早期流传的禅法是由隋代的毗尼多流支（？～594）传入的。毗尼多流支为南天竺人，相传曾到中国跟随禅宗三祖僧璨学禅，并得“心印”，后至交州（今越南北部）法云寺弘禅，宣扬“真如佛性不生不灭”、“众生同一真如本性”,创毗尼多流支禅派,也称灭喜禅派。其弟子法贤(? ～626)以《楞伽经》为传法心要,法贤的弟子后来又以《金刚经》为传法心要,在发展中其教法与惠能南宗的顿悟禅法日趋接近。这被称为越南禅宗前派。唐元和十五年(820),百丈怀海的弟子无言通(? ～826)将惠能南宗禅正式传至越南,创立了无言通禅派,也称越南禅宗后派。该派主张佛性无所不在以及“心、佛、众生”三无差别等思想,并运用中国禅宗的现成公案和体验方法,对越南佛教的发展产生了很大的影响,并一直流传至现代,成为越南禅学的主流。宋代时,惠能南宗云门宗雪窦重显(谥“明觉大师”)门下的草堂禅师从中国来到越南升龙(今河内)开国寺,主要传《雪窦百则》,并倡禅净一致,创立了“雪窦明觉派”,亦称“草堂禅派”。草堂禅师后来被李朝圣宗尊为国师,在越南影响很大。公元十三世纪,越南陈朝皇帝陈太宗随中国赴越南传教的天封禅师和德诚禅师学禅,又将临济宗禅引入了越南。三传而至陈仁宗,仁宗更喜好禅学,曾到安子山东究寺出家。登基之后,他把朝政交给太子陈英宗,自己却周游全国传禅说法,后于安子山东究寺创立了竹林禅派。其教法以临济为主,又融合了无言通禅派和草堂禅派的思想,成为越南化的临济禅。竹林禅派后来逐渐走上了禅净合一的道路,成为越南禅宗后派的一个支流。从历史上看,在越南流行的种种禅派与惠能南宗禅都有着千丝万缕的联系,这在客观上显示了惠能禅对人的影响力是可以超越民族文化制约的。惠能禅以其独特的宗教精神,真真切切地渗透到了越南文化与越南人的生活习俗之中,成为越南民族精神的一个重要的内在支柱。

佛教在韩国已有一千五百余年的传播历史,而禅宗是在各佛教宗派中创立比较早，且非常兴盛的一支。据说，早在东山法门初期，就有新罗僧人法朗于唐贞观（627～649）中入唐，从四祖道信学禅。法朗有新罗弟子信行，一般认为也就是神行[①]。关于神行（约 704～779），据《海东故神行禅师之碑并序》记载，也曾渡海入唐，来到中国的长安，师事志空和尚。志空是大照禅师普寂的入室弟子，普寂又是神秀的上首弟子，因此，神行所传的是神秀北宗禅法。志空寂灭后，神行回韩国传禅。据《祖堂集》卷十七和《禅门宝藏录》卷中等介绍，唐德宗建中五年（784）又有道义禅师入唐求法。当时正值力倡“顿悟”的惠能禅法风行中土，道义就来到惠能禅的祖庭曹溪礼祖师之堂，后师事惠能南宗的弟子西堂智藏和百丈怀海，学惠能南宗禅法。道义的禅法以倡导“无念无修”、“无为任运”为特色，与马祖、西堂一脉相承。道义于唐穆宗长庆元年（821）回国后，传惠能南宗“直指人心，见性成佛”的禅法，由于与此前神行所传的北宗禅不同，因而不为时人所理解，反被“嗤为魔语”，只好“韬光庑下，敛迹壶中，罢思东海东，终遁北山北”[②]。道义传禅不成，最终只有隐遁于北山。但由于后来海东所传的禅宗基本以南宗为主，因而最早将南宗传入的道义在海东禅宗史上的地位仍为人所重，其传承后形成迦智山一派，他也就成为海东迦智山第一祖。据《祖堂集》卷二十载，大中十二年（858），还有新罗国顺支禅师入唐，随仰山学禅，回国后就把中国的沩仰宗

① 但也有认为信行和神行“可能并不是一个人，信行是法朗的弟子，而神行则不是，只是后人张冠李戴，将信行从法朗学禅的事迹加在了神行头上。或者，信行这个人根本就不存在”（何劲松《韩国佛教史》上卷，宗教文化出版社 1997 年版，第 284 页）。

② 《全唐文》卷四十四《有唐新罗国故曦阳山凤岩寺教谥智证大师寂照之塔碑铭并序》。

传入了新罗，他自己也成为新罗沩仰宗的初祖。

另外，据《楞伽师资记》和《历代法宝记》等记载，五祖弘忍门下有一位“扬州高丽僧智德”，其地位与神秀和惠能一样居于弘忍“十大弟子”之列，亦为“堪为人师”的“一方人物”，虽然现在尚无资料明确说他后来是否回到了自己的国家，但东山法门所倡的山林佛教的禅风后来也成为韩国禅宗的特色，这却是事实。

韩国禅宗不仅以惠能南宗为主流，而且还与惠能和《坛经》之间有着许多特殊的关系。“新罗人一开始就非常崇敬六祖，在《六祖坛经》的形成中，新罗佛教也扮演了极特殊的角色”①。典型的例子是，在韩国全罗南道智异山麓的双溪寺现仍耸立着一座供奉中国禅宗六祖惠能头颅的石塔，称“六祖顶相(项)塔”，它成为惠能禅与韩国关系密切的重要见证。《双溪寺记》记载了有关此古塔来源的传说。据说有新罗和尚名三法，心慕六祖，无缘师事，读《六祖坛经》中惠能预言“吾灭后五、六年，当有一人来取吾首”时，发愿成就此事，以化新罗。因此，他赴唐窃回了惠能的头颅，在智异山建塔供奉，并精进习禅，后于公元七三九年在禅坐讽诵《六祖坛经》时圆寂。此后韩国流通的各种《坛经》都有类似的记载。这一传说竟与中国有关史料中的某些内容不谋而合。不仅敦煌本之外的各本《坛经》，而且《宋高僧传》卷八和《景德传灯录》卷五等中都有类似的记载，只是中国的记载都认为惠能的头颅最后并未被窃走。由于六祖惠能的真身像至今仍完好地保存在广州南华寺，而

① 韩国崔柄宪《双溪寺记中六祖惠能的传说》，《佛光山国际禅学会议实录》第 401 页。

《双溪寺记》本身现在也没有任何其他历史文献足以佐证,“尤其是新罗人成功地将六祖顶相带回并建塔供奉的故事,更不易证实”。因此可以推论,“新罗僧‘偷窃’事件乃确有其事的史实,然而,偷窃却失败了”①。但“从十四世纪到十九世纪间,韩国所出版的各种《坛经》版本,都将盗取惠能头颅的事录于跋文,这类轶闻和史料,都显示惠能和《坛经》对韩国佛教徒的信仰影响深远”②。事实上,现在韩国佛教的主要宗派“曹溪宗”也就得名于惠能创宗的韶州曹溪山。

另外还有韩国学者认为,契嵩本等《坛经》中所说的惠能去世后七十年“有二菩萨从东方来,一出家,一在家,同时兴化,建立吾宗”的悬记,其中“从东方来”指的就是从新罗来,“二菩萨”指的就是先后来中国,后又回新罗极力弘扬禅法的道义和慧昭。换言之,所谓惠能有关二菩萨的预言,就是围绕道义和慧昭二人编织的故事,由此也可见得惠能及《坛经》与韩国佛教的关系。③ 这里得到的慧昭,即与道义大致同时代的真鉴慧昭(774～850),来中国后,从沧州神鉴大师受禅法,并四处参学。由于神鉴是惠能南宗的弟子,因此,慧昭传承的禅法也就直接来自惠能,即惠能—南岳怀让—马祖道一—沧州神鉴—双溪慧昭。崔致远在其所撰的《真鉴国师碑铭》中称之为“曹溪之玄孙”,视其为惠能南宗禅在韩国的传承者。公元830年,慧昭回到新罗,后在智异山花开谷三法和尚建寺之

① 韩国崔柄宪《双溪寺记中六祖惠能的传说》,《佛光山国际禅学会议实录》第402页,第401页。

② 见韩国朴相国《坛经在韩国的发行与流通》,《佛光山国际禅学会议实录》第398页。

③ 请参阅《双溪寺记中六祖惠能的传说》。

处，重建佛刹，并在寺中建造了“六祖影堂”，扩大了惠能在韩国的影响。

新罗时期，韩国佛教中逐渐形成了所谓的“禅门九山”，即禅宗的九个派别——迦智山派、实相山派、阇崛山派、桐里山派、圣住山派、师子山派、曦阳山派、凤林山派及须弥山派。这九个禅派都是由来华学禅的新罗僧回国后创立的，并皆出自惠能南宗门下，这标志着惠能禅在韩国的初具规模。高丽时期，禅门的发展一度受挫，但很快恢复，十二世纪时，学一、坦然、智讷等集九山禅门而创曹溪宗，倡顿悟本心，禅教兼修。后一度与天台宗合并，称为禅宗。李朝肃宗五年(1679)，正式改称曹溪宗，以示继承六祖惠能之法脉。二十世纪初，日本吞并韩国后，曹溪宗受日本佛教的影响，信徒的宗教生活有所改变，甚至出现了娶妻食肉的情况。1941 年，韩国僧伽以太古寺为总本山，举起统一的曹溪宗的旗号，希望全国的僧侣能在曹溪宗的旗帜下统一起来。1970 年，蓄发带妻的一派从曹溪宗分离出去而另成立了太古宗。为了适应现代宗教与社会发展的要求，曹溪宗还创办了佛教大学——东国大学，对现代韩国佛教的发展产生了重要的影响。目前韩国佛教十分盛行，派别众多，其中以曹溪宗的势力最大。

由于朝鲜半岛特殊的地理位置，“在中、日、韩三国组成的东亚佛教文化圈中，韩国的佛教既处于中介的地位，是中国佛教向外传播的中转站和集散地，又是会通中日佛教的结合点”①。因此，日本的一些僧人往往取道朝鲜半岛来到中国学

---

① 黄心川《韩国禅教史·序》第 13 页，忽滑谷快天著，朱谦之译，中国社会科学出版社 1995 年版。

佛，韩国佛教也对日本佛教有一定的影响。

早在唐代时，一些僧人如道昭、道璿、最澄和圆仁等就已将禅学传入日本，但一般认为，日本僧人荣西（1141～1215）入宋参禅，回国后创立了日本临济宗，才为惠能南宗禅在日本的正式弘传奠定了基础。荣西曾两次来华，游学于天台、庐山和天童山等处，受传临济心印，回国后大弘南宗禅法。荣西的再传弟子道元（1200～1253）在南宋嘉定十六年（1223）也来中国学禅，后受天童山长翁如净的启发而开悟，蒙印可，回日本后，在永平寺开山，创立了日本的曹洞宗。此后，中国禅僧去日本行化传禅，日本僧人来中国参禅，两国禅僧之间的交往十分频繁，由此而推动了惠能禅在日本的传播。柳田圣山曾形容说："宋代的禅可以说像洪水一样涌进日本，而在中国中断的传统却在日本发展起来了。"[①]明清之际，中国福建黄檗山高僧隐元隆琦（1592～1673）应日本长崎崇福寺僧超然的邀请，与十余名弟子东渡去日本弘化，在日本京都宇治开创黄檗山万福寺，并以此为基地广传禅法，高扬黄檗宗风，形成了日本黄檗宗，受到日本朝野僧俗的欢迎，以至于日本原有的临济、曹洞两宗的信徒也纷纷转投隐元门下。隐元去世后，其弟子将黄檗宗的禅法进一步发扬光大，继承该宗法席的历代禅师，从木庵至杲堂等十余人，全是东渡日本的中国高僧，至第十四世以后，才有日僧继任。在禅行生活中，黄檗宗参禅念佛使用汉语，饮食生活保持了中国的式样，就连寺院的构造、禅堂的设备，也仿照中国的禅寺而建造，具有唐风宋骨之韵，比起临济与曹洞两宗更多地保留了中国特色和惠能南宗的传统。据

---

① 柳田圣山《禅与中国》，三联书店 1988 年版，第 216 页。

说“日本黄檗宗所属各寺，至今仍保持有中国近代禅林的风范”[①]。

总之，惠能南宗禅于十二世纪正式传入日本，并先后形成宗派，其中临济、曹洞和黄檗三宗至今兴盛不衰。它们虽然各具特色，但都是在继承发扬惠能禅精神的同时，又与日本民族文化融为一体。由于惠能禅宗本身是印度佛教与中国儒、道等思想融合的产物，因此，惠能禅与日本文化相结合，便导致了“日本的禅宗是哲学和三种不同文化的特殊混合物，它具有典型的日本生活方式，反映了印度的神秘主义和道家对于自然性和自发性的热爱，并且贯穿着孔子思想的实用主义”[②]。禅风在日本大盛，对日本的佛教和思想文化，乃至对日本人的生活都产生了一定的影响。日本的许多国粹，如花道、茶道、柔道、剑道、武士道等都蕴含着浓郁的禅的精神。

十九世纪下半叶，随着华人下南洋谋生的人逐渐增多和禅僧的前往弘法，惠能禅也随之在东南亚的新加坡、马来西亚、印度尼西亚一带得到传播。[③] 虽然这时所传的禅大多与净土信仰相结合，同时也融入了妈祖等中国民间宗教的信仰，但禅的信仰与禅修方法毕竟开始在东南亚地区人们的宗教生活中出现，并与当地的宗教与文化相融合。本世纪初，中国禅宗的一些著名僧人如圆瑛、太虚等法师都积极去南洋弘法传禅，

---

① 《中国佛教》(二)，知识出版社 1980 年版，第 199 页。

② F·卡普拉《现代物理学与东方神秘主义》，四川人民出版社 1984 年版，第 92 页。

③ 黄夏年《禅与禅宗六题》对此作了简要的介绍，并认为这是禅宗在世界上发展的第二个阶段，见《中国嵩山少林寺建寺 1500 周年国际学术研讨会论文集》第 328 页。

在推动当地佛教发展的同时，也促进了惠能禅的传播。五十年代以后，惠能禅在东南亚地区的传播势头未减，还进一步传入了缅甸、泰国和斯里兰卡等国。

随着东西方文化的广泛交流，禅宗也漂洋过海传到美国和欧洲大陆，并对西方文化产生了深刻的影响。一般认为，临济宗禅师释宗演是美国禅宗的开山祖。1893 年，世界宗教会议在芝加哥召开，日本代表释宗演首次向西方学术界介绍了东方文化的重要结晶——禅宗，引起了西方学者的极大兴趣。1897 年，释宗演将自己的高足铃木大拙(1870～1966)推荐到美国。铃木大拙到美国后，与美国学者卡鲁斯合作用英文写出了许多介绍禅宗的著作，使西方人初步感受到东方禅文化独特的魅力。从这一意义上说，铃木大拙是将禅宗介绍至西方世界的重要人物。1927 年，铃木大拙的《禅佛教论集》在西方出版，标志着他运用现代心理学等名词术语和方法对惠能禅的原始资料和宗教精神作出新的解释和评价的开始。他一生在禅学史上的一大贡献是写成了三十二卷《铃木大拙全集》，其中一些代表作，都是用浅显易懂的英文句式把艰难深奥、具有思辨色彩的惠能禅学通俗化，用一种轻松风趣的演讲故事的手法介绍禅的无意识、惠能禅中的自我、见性和开悟等，强调“禅宗就是觉悟的修行”。铃木大拙大力宣扬以非理性为特征的禅的探究方法，发掘禅宗中蕴含的人本主义和自然主义精神，这不仅与西方社会流行的理性与逻辑的科学研究方法相区别，而且对现代社会的人的生活提出了一些值得思考的问题，迎合了生活于现代科学技术与理性主义高度发展的西方人的心理需要，因而引起了西方人的广泛注意。

如果说，铃木大拙比较注重从精神分析等层面上来对禅宗进行文化诠释,让西方人从宗教文化的角度了解了禅宗,那么,释宗演的另一位弟子释宗活,则主要通过创立禅宗的组织,并开展禅修活动,引导西方人从实践中去体证禅。释宗活(1870～1954)于1906年来到美国,后在旧金山创立了禅中心。1928年,他的在家弟子佐佐木指月(1882～1946)又受其委派到美国传禅,并于1930年在纽约建立了"美国佛教协会",后改名为"美国第一禅堂"。释宗演的另外一位弟子千崎如幻(1876～1958)也在1929年于洛杉矶创立了一个禅中心。

在临济禅传入美国的同时,曹洞宗也开始在美国传播。1914年,矶部峰仙从日本至美国,在檀香山创办了第一座曹洞宗寺院,他由此而有"北美曹洞宗第一开教使"之称。[①]

禅宗在二十世纪初经日本禅僧的努力而传至美国之后,其所倡导的超越二元对立与冲突,追求内心平和与宁静的精神就引起了美国人的极大兴趣,并受到了普遍的欢迎。虽然在美国流行的临济禅或曹洞禅都深深地打上了美国文化的烙印,但惠能禅的精神仍然是美国禅宗的一个生长点。"目前,美国各地都有禅宗学院,每一座大城市都有禅中心。社会习禅面更是日益扩大,不仅知识分子、上层人士、学生、嬉皮士们认真习禅,就连企业家、商人和家庭妇女也都开始坐禅,甚至犹太教会、基督教会、罗马天主教会的教牧、神职人员也加入坐禅的行列。禅师们应邀到天主教、基督教堂去讲禅。基督教会则把佛教的禅定、气功引入自己的宗教仪式中,并称之为'沉思'。著名的美国天主教领袖亲自撰写、出版了《天主教禅》一书,使禅更为美国社会所接受。美国各大学校园里经常举行

① 请参见《当代佛教》,东方出版社1993年版,第345页。

坐禅补习班和讨论会，社会上坐禅的团体比比皆是。”①有人预言：“随着美国社会不断出现的生态环境失衡、吸毒猖獗、心理、精神疾病增多等种种弊病，禅宗将会更为深入人心，更为普及。”②

随着佛教在西方世界的传播，惠能禅也引起了欧洲人的兴趣。据1990年版《大英百科年鉴》统计，欧洲现已有22.2万佛教徒，其中包括禅宗的信仰者。例如，早在1924年，英国人洪飞斯（1901～　）就成立“佛教中心”，后改为“佛教协会”，研究佛学理论，并修习禅定，其所著的有关禅学的著作，流行于西方世界，使禅学在英国开始传播。七十年代初，曾在日本学禅的英国籍比丘尼肯妮特禅师（1924～　）等人通过建立各种佛教禅定中心和禅学社，使禅宗在英国逐渐风行。在今天的英国佛教各派别中，禅宗的影响仅次于藏传佛教。同时，禅宗也随着佛教发展流传到欧洲的其他国家，对那里的宗教文化产生一定的影响。

五、惠能禅与当代“禅宗热”

惠能禅以其对人类自我的一种深邃理解，不仅在历史上赢得了中国各阶层人士的喜爱，而且也在当代得到了不同地区和国家的人们的青睐，从而走出了亚洲，传向了世界。本世纪以来，不仅在海内外产生了较大的影响，甚至还一度出现了所谓的“禅宗热”。这里的“禅宗热”，热的主要是惠能南宗禅。

① 《当代佛教》第347页。

② 《当代佛教》第347页。

因此，六祖惠能的名字随着禅宗的“热”也就在世界上越来越响亮。八十年代至今，在色彩纷呈的世界多元文化中，以惠能为代表的禅宗始终是人们关注的文化热点之一。

“禅宗热”兴起的原因是多方面的。二十世纪初，随着西方宗教学的兴起，运用科学、实证的方法对宗教进行系统考察和全面研究已成为一股学术潮流。一些学者也开始在学术层面上对禅宗进行客观理性的研究。例如，日本著名佛教学者忽滑谷快天，自幼就接受曹洞宗教育，后又担任了曹洞宗大学（后改名驹泽大学）校长，在用日文和英文写下了一系列关于禅学方面的著作后，又撰写了著名的《禅学思想史》上下两卷。[①] 这部禅宗研究的重要著作对中日两国的禅学研究都起到了一定的促进作用。[②] 本世纪初敦煌经卷中一批禅宗典籍的发现，又成为吸引学者参与禅宗研究的一个新契机。因为从当时的一些禅宗研究成果来看，在资料的运用上有很大的时代局限，如忽滑谷快天的皇皇巨著《禅学思想史》虽然自成体系，资料丰富，但却没有利用敦煌禅籍中的史料，对保存在《全唐文》、《金石萃编》等中间的碑铭石刻等禅宗资料也没有充分利用，因而未能对惠能之前禅宗发展的来龙去脉做出全面而详尽的说明。[③] 而敦煌经卷的发现在客观上为禅宗研究提供了新的动力和活力，因而引起了各国学者，特别是中日学者重新研究禅

---

① 日本玄黄社，1923年出版。朱谦之先生翻译了其中与中国禅有关的部分，改名为《中国禅学思想史》，由上海古籍出版社1994年出版。

② 例如，对本世纪中国禅宗研究的展开起了巨大推动作用的胡适，在其“初期的重要禅学论文中”，就“曾引用过忽滑谷快天的著作”（江璨腾《胡适禅学研究在中国学界的冲突与诤辩》，《现代中国佛教史新论》第173页）。

③ 请参阅杨曾文为朱谦之译的《中国禅学思想史》所写的序。

宗的兴趣，并进而在学术界掀起了研究禅宗的热潮。

如本书第五章所曾指出的，本世纪以来，日本学者在禅宗研究，特别是禅宗资料的整理方面取得了非常丰硕的成果。而在中国学者中，最早利用敦煌资料来从事禅宗研究的是胡适，他以实证、理性的态度来研究禅宗历史与思想，提出了一系列有争议而又值得作进一步探讨的问题，从而吸引了中日许多学者把注意力集中到禅宗研究上来，客观上对学术层面的“禅宗热”起了重要的推动作用。而铃木大拙以通俗浅显的语言向西方世界推介禅宗，又在五十年代与胡适进行了一场具有世界影响的争论，更是扩大了禅宗的世界性影响，不仅使禅宗研究成为二十世纪学术界引人注目的“显学”之一，而且使禅宗“热”及广泛的社会文化领域。

究竟应当怎样来看待惠能禅宗，这不仅是一个学术问题，也是一个对一种文化应当抱有什么态度的问题。胡适与铃木大拙在五十年代的争论就反映出了这一点。铃木大拙是一位伟大的禅者，他沿着中国古代南宗禅师的心路，认为禅是不可言说的，对禅只能信仰、体证，而不能通过现代科学的定义、描述、分析等方法来把握。因此他强调只有站在信仰的立场上采用禅的探究法才能领悟禅。禅的探究法就是直接进入事物本身，与事物合而为一，超越主、客的二元对立。禅的全部底蕴就在一个“悟”，而“悟”是建立在主观感受基础上的，而主观感受又是以对宗教的信仰为基点的。他将禅看作是非逻辑的、非理性的，对它不能作客观的考察和历史的研究。而深受现代科学思想影响的胡适，不仅以大量史料为基础，以怀疑精神和科学态度写出了许多禅宗研究的论著，而且对铃木大拙的说法很不以为然。胡适认为铃木大拙虽然在欧美赢得了一批听众和许多信徒，但他对禅的态度和研究方法却是值得商榷的。早在1927年，胡适就曾在伦敦《泰晤士附刊》上发表文章，认为铃木的《禅佛教论集》对禅史的研究是不够的。后来又著《中国的禅：它的历史和方法》一文，批评铃木大拙及其弟子把禅说成是“非逻辑的、非理性的”，主张用理性的、怀疑的、考证的方法，“把禅放到它的历史背景中”作为“历史事实”来加以研究，以得到“知性和理性的了解”。胡适认为，如果以“非历史和反历史”的观点去看禅，对禅作“非理性”的解释，那至多只能告诉人们禅就是禅，而不能给人们提供禅的确切知识。因此，对禅的研究者来说，禅是思想的、历史的、文化的客观事实，对于这些事实必须通过描述、定义、分析、认知的方法才能把握，禅是可说的。胡适认为应当以历史的态度和学术的方法来研究禅宗。对此，铃木大拙也作《禅：敬答胡适博士》一文，再次阐述自己的观点。铃木大拙认为，胡适尽管对历史知道得很多，但他不懂禅，是一个没有入禅宗之门的门外汉。“对于禅的本身尚且没有讨论的资格，更不必说去讨论它的诸般历史背景了”。不理解宗教，怎么能够研究宗教？他再次把信仰作为研究的必要条件。信仰的立场和研究的立场成为两人争论的重要分歧。

胡适和铃木大拙争论的文章同时刊登在1953年4月夏威夷大学《东西方哲学》第三卷第一期上，产生了较大的社会影响。直至今天，人们还常常分析评价他们的争论。就实论之，禅本身是非常复杂的，它既是一种心理-文化现象，也是一种历史-文化现象。禅者铃木大拙突出禅的体验，历史学家胡适强调禅的历史事实，他们一个在讨论主观经验问题，一个在说禅的客观知识问题。两人虽然都在谈禅，并相互争论，其实并没有在同一个层次或同一个领域真正交锋，只是显示了两人立场的对立。两位学者的争论是本世纪禅宗研究史上的重要一页，他们的争论既在客观上帮助人们进一步深化了对禅这一文化现象的认识，也使人们再次把目光返回到了生活在一千多年前的惠能及其所创的南宗，引发了人们通过对古老文化的重新理解与阐释而对生活的意义与价值的思考。由此，惠能禅在现代社会里得以重新焕发活力，并成为当代文化发展的新的生长点之一。

胡适与铃木的争论，为什么会引起人们对禅宗的极大兴趣呢？原因是多方面的。从时代背景看，第二次世界大战以后，经历了战争的残酷和处于现代化紧张生活中的西方人正面临着一场精神危机。现代工业社会的迅速发展，在为人们提供丰富物质财富的同时，也使人发生了异化，人把自己变成了物，机器成为一切，人却几乎降到了奴隶的地位，不但生活失去了目标，而且失去了生活本身，生活成为财产的附属物，理性主义发展到了完全非理性的地步。人们由此而经受着巨大的心理紧张，遭受着种种精神痛苦，甚至导致了各种精神病的产生。正是在这样的时代背景下，各种拯世救人的理论学说应运而生。目光敏锐、善于思考的人们追寻着时代病的根源，探究着人类自我拯救的途径。例如弗洛伊德首创的精神分析，就“是西方人的精神危机以及寻找解决方法的尝试之独特的表达方式”，它“已经超越了‘疾病’与‘治疗’的概念，它关心的是人的‘拯救’而不仅是精神病患者的治疗”①。当西方文化面临危机之际，一些学者也把目光转向了东方，希冀从古老的东方

① 弗洛姆《精神分析与禅宗》，载《禅宗与精神分析》第 96 页。

文明中寻求一种出路，孔子的“仁”、老庄的“道”、佛陀的“悟”，都成为他们关注的对象。禅宗一向强调以心传心，只可意会不可言传，惠能南宗禅，更是把“禅”敷演为包罗一切——它是遍在的道，是人的本心，是自然的生活，是佛教的第一义谛，是修行的方法与大彻大悟的境界……同时，它又什么也不是，这样又给人留下了广阔的阐释、思索与体悟的余地。同时，禅作为佛教修习方法之一，还有可以修心养身、调整人的身心状况的独特之处。因此，当铃木大拙在与胡适的争论中突显禅宗的自我与觉悟，并将禅宗作为东方文明与精神的代表，极力推介给西方世界时，强调自性自度、自我解脱的惠能禅宗也就自然引起了西方学者特别是精神分析学家的极大重视与兴趣。

美国著名的精神分析学家和哲学家弗洛姆就曾将精神分析的目标与方法等同禅宗进行比较，认为尽管一个是科学的治疗精神病的方法，一个是神秘的宗教，两者在许多方面有很大的不同，但它们在人的拯救方面却有许多相似之处。他认为禅宗能帮助人去找到他生存问题的答案，帮助人克服与自身、他人、社会及自然的分离与异化，活跃人的内在力以充分地把握世界，实现自身，还可以帮助人缓解精神紧张和焦虑的心情，通过回归自然而放松自己，恢复人本来的自信，从而从精神危机中摆脱出来。他的结论是：禅宗对今日西方有着重要的意义。正是基于共同的理念，来自美国和墨西哥的五十多位精神病学家和心理学家于 1957 年在墨西哥举行了一次“禅宗与精神分析”的专题讨论会，与会人员听了铃木大拙的禅宗讲座，对禅宗表现出了极大的兴趣和关注，会后还出版了铃木大拙与弗洛姆等合著的《禅宗与精神分析》一书。科学家的介入，对扩大禅宗在西方世界的影响显然起了进一步的推动作用。

这样，通过东方禅师的引荐和西方学者的关注，惠能禅这一古老的东方文化完全走出了东亚文化圈而进入了西方人的精神世界，并在西方社会中广为传播，很快就成为一种极其流行的思潮。从学者、诗人、小说家的鼓吹，到年轻一代的参与模仿，说禅、参禅几乎成为西方社会中的一种新时尚。随着大批禅学著作的出版，以及禅学研究机构和禅修中心的建立，许多西方人将禅视为一种东方古老的修心养身之术而加以信奉与实践，并将其精神贯彻到生活方式、祈福治病和成就事业的过程中。不同阶层人士的广泛参与，使西方社会中出现的"禅宗热"更加红火。①

本世纪科学技术突飞猛进地发展，所取得的物质文明成就已将世界各个国家和地区联为一体。在世界已经成为"地球村"的情况下，西方世界出现的"禅宗热"必然会反馈并影响到禅宗的出生地中国。惠能禅宗虽然在中国历史上有过一千多年的潇洒风光，但近代以来随着西方思想文化的不断冲击，科学与民主思潮在中国的风起云涌，以及佛教内部禅净合一的发展趋向等众多的原因，它作为一个佛教宗派已逐渐丧失了自己的特色而走上了衰微之途，不多的禅学研究者，其成果也未获得人们足够的重视。但自二十世纪七十年代以来，随着中国改革开放大潮的涌动，西方文化也大量传入中国，许多日本和美国学者的禅学著作相继被译成了中文，在中国广为流传，禅重新引起了人们的较大兴趣，并随之也逐渐出现了"禅宗热"。

① 需要指出的是，在西方社会中流行的禅，是经过日本文化和欧美文化改造过的禅，有时甚至是以禅的名称来包装西方文化的内容，因此，它与中国古代流行的惠能禅是有一定差别的。

其热点主要有二:一是学者们将禅与禅宗作为一种历史文化现象进行深入的研究,从翻译、介绍禅知识的通俗读物,到高校硕士生、博士生的学术论文,乃至专家教授关于禅的学术论著的大量问世,使禅学与禅宗的研究在八十年代后成为中国学术界的一大热门。二是社会上对禅宗的好奇,使得各种介绍禅与禅宗的读物普遍热销,谈禅之风在社会上非常盛行,许多武术气功也都被冠上了佛教禅的名字。从这两大热点中反映出,中国当代出现的"禅宗热"实际上是禅文化热,而惠能禅的思想与禅法又是这种禅文化热的主流。

随着学术界对禅宗研究的深入,惠能及其禅学思想的研究也不断取得丰硕成果。学者们不仅对惠能生平、著作及其所代表的南宗历史与思想特点等作出系统而全面的分析研究,而且还对禅与文学、哲学、美学、艺术、伦理、心理等文化形态的关系进行了广泛的比较研究,出版发表的许多有价值的专著论文,在大大地拓展惠能思想研究的深度与广度的同时,也进一步推动了"禅宗热"。由于受外来的影响,中国的"禅宗热"在对"禅"的理解上也有两种不同的倾向:一种是偏重于铃木大拙所阐释的禅,另一种是偏重历史文化的禅。西方社会所欣赏的铃木大拙等人所阐释的禅虽然与中国古代流传的惠能禅本身已有了一定的距离,但其用浅显的语言来表达深奥的禅理,引导人们通过心理调控去做生活的艺术家,这也在一定程度上迎合了生活节奏逐渐加快的中国人的精神需要,因此很快在社会上风靡起来。另一方面,惠能及其所创的南宗禅在中国传统文化的发展中占有极重要的地位,产生过巨大的影响,这也受到了学者们的高度重视,特别是二十世纪三十年代以来在禅的历史与思想的研究中提出的许多问题,成为八十年代以后中国学者禅宗研究的重要出发点。因此，他们努力搜集整理资料，深入细致地分析研究，既力图说清惠能禅的本义，还禅史发展的本来面目，又希望能够挖掘出惠能禅的现代意义与价值。以上两种不同的倾向，又有共同之处，即都关注现实之人的生存问题与解脱问题，都可以在服务于社会人生上统一起来。

惠能禅经过一千多年的发展，在已逐渐走向沉寂之时，却又在二十世纪中，经现代人的阐释而重新焕发出活力，这难道是历史的偶然？站在世纪之交的今天，回顾百年来禅宗从东方走向西方，再由西方回归东方的历史，就可发现，“禅宗热”既与现代社会的变化和人们的精神需要密切相联，也与惠能禅自身的特征分不开。

但我们也应当看到，惠能所创的南宗禅在调控现代人的心理，给人以精神安慰，使平凡的人走向神圣的过程中，虽然能给人带来一定的愉悦和希望，但惠能毕竟是一个宗教家，他把人的解脱归结为精神的解脱，把社会问题归结为心理问题，这虽在一定意义上有其价值，但也有其不可避免的局限。要求人们立足于万法虚幻而“随缘而行”，在生活中无执无求，放弃对外部世界的认识和改造，对人的思想必然会产生消极的作用。因此，禅宗并不是包治百病的良药。

总之，惠能作为中国佛教中具有世界级影响的人物，他所创造的禅文化，不但在中国文化史上留下了灿烂的一页，成为中华传统文化的一份宝贵财富，而且还在二十世纪给西方文化以极大的影响。因此，认真总结这一份文化遗产以更好地了解中国传统文化的精神，为建设二十一世纪的新文化服务，是我们应该继续努力做好的工作之一。

附　录

惠能年谱

按：关于惠能的生平年代，历来诸说纷纭。日本学者忽滑谷快天的《中国禅学思想史》(上海古籍出版社 1994 年版)第二编第十一章第五节列出了史籍中关于惠能年代的七种不同的说法，可以参考。本年谱仅依据各种文献和学者的一些研究，对惠能的生平年代作一粗略的排列，很多问题还有待于进一步研究。用括号括起来的内容是一些有代表性的不同记载或说法，提供给大家参考。

公元 638 年　(唐贞观十二年)　一岁

惠能，或作慧能，俗姓卢，原籍范阳(今北京涿县)，其父卢行瑫，原是做官的，武德年(618～626)中遭贬斥，“左降迁流岭南”而作了新州(今广东新兴县)百姓。母亲李氏，于贞观十二年二月八日子时生惠能。惠能出生时“毫光腾空，香气芬馥”。黎明时分，就有二僧造谒，对惠能的父亲说：“夜来生儿，专为安名，可上惠下能也。”惠能的父亲问道：“何名惠能?”僧曰：“惠者，以法惠施众生，能者，能作佛事。”(《六祖大师缘起外纪》)言毕,两位僧人不知所之。

公元 640 年　(唐贞观十四年)　三岁

“三岁父丧,葬于宅畔,母守志鞠养”(《六祖大师缘起外纪》)。后随母迁至南海。老母遗孤,既无家产,又无劳力,家境十分贫困。

由于家境贫困,惠能稍长,便于市卖柴以供家用。

公元 651 年　(唐永徽二年)　十四岁

禅宗四祖道信去世。

公元 657 年　(唐显庆二年)　二十岁

牛头宗创始人法融去世。

公元 658 年　(唐显庆三年)　二十一岁

法如投至东山弘忍门下。

公元 659 年　(唐显庆四年)　二十二岁

(敦煌本《神会语录》称惠能于是年礼拜弘忍大师。《历代法宝记》同)

公元 661 年　(唐龙朔元年)　二十四岁

(《六祖大师缘起外记》载:“年二十有四,闻经有省,往黄梅参礼。五祖器之,付衣法,令嗣祖位。时龙朔元年辛酉岁也。”

宗宝本《坛经》也说:惠能“年二十四传衣,三十九祝发,说法利生,三十七载”)

公元 667 年 (唐乾封二年) 三十岁

(刘禹锡《大鉴禅师碑》中说:“大鉴生新州,三十出家,四十七年而没”)

公元 670 年 (唐咸亨元年) 三十三岁

惠能“虽处群辈之中,介然有方外之志”。是年,离开新州,寻师访道,“游行至曹溪,与村人刘志略结义为兄弟”。刘志略有姑出家为尼,名无尽藏,常诵《涅槃经》。惠能“昼与略役力,夜即听经。至明,为无尽藏尼释经义”,众人闻之,皆叹其见解“非人所及”,并请住宝林寺。惠能在曹溪宝林寺修道三年(670～673?)。

是年,玄赜投至弘忍门下,“恭承教诲,敢奉驱驰,首尾五年”(《楞伽师资记》)。

公元 671 年 (唐咸亨二年) 三十四岁

(《景德传灯录》卷五说惠能于是年至黄梅礼拜五祖弘忍)

公元 673 年 (唐咸亨四年) 三十六岁

惠能“闻乐昌县(今广东北部)西石窟有远禅师,遂投彼学坐禅。(惠能)大师素不曾学书,竟未披寻经论。时有惠纪禅师,诵《投陁经》。大师闻经,叹曰:“经意如此,今我空坐何为?”(《曹溪大师别传》)

公元 674 年　（唐咸亨五年，上元元年）　三十七岁

惠纪禅师对惠能说："久承蕲州黄梅山忍禅师开禅门，可往彼修学。"其年正月三日，在惠纪禅师的指点下，惠能从韶州"往东山，寻忍大师"(《曹溪大师别传》)。初见五祖弘忍，惠能便直言"唯求作佛"，并说了一通"佛性即无南北"的见解，深得弘忍的器重。惠能在弘忍门下随众作务，踏碓八月有余。因作偈呈心得弘忍印可而禀受衣法，成为禅宗六祖。惠能得法后，领弘忍"将法向南，三年勿弘"之训，连夜离开东山寺南下。在回归的路上，途经大庾岭时被僧人惠明追上。惠能向惠明传授"不思善，不思恶"的"无念"法门，惠明便成为惠能第一个授法的弟子。惠能先回曹溪，但因被恶人追杀，乃逃遁山林，隐居三年(674～676)。

禅宗五祖弘忍去世①。

(《曹溪大师别传》："能大师归南，略至曹溪，犹被人寻迹。便于广州四会、怀集两县界避难，经于五年，在猎师中。"这里说"经于五年"，但下文又说惠能于仪凤元年，即公元 676 年"出家开法受戒"。从咸亨五年至仪凤元年，只有二三年而没有五年，故此处计算显然有误。

又：各本《坛经》都有惠能闻《金刚经》开悟，并发心去黄梅弘忍处求法的记载。例如敦煌本《坛经》中说，惠能"于市卖柴，忽有一客买柴，遂令惠能送至于官店"。惠能将柴送去，收了柴钱，正要离去，忽见有一客人在诵读《金刚经》，"惠能一闻，心明便悟"，得知客从蕲州黄梅县东山寺禅宗五祖弘忍处来，惠能觉得"宿业有缘，便即辞亲"，安排好老母的生活后，就前往黄梅礼拜弘忍大师。但各本《坛经》都没有明确说到此事

① 关于弘忍生卒年的考订，可参见陆锦川著《惠能大师传》一书"附录一"中的《五祖弘忍生卒年及临终传法考》，中国文学出版社 1994 年版。但有关这个问题仍值得作进一步的研究，因为据有的资料记载，弘忍死于"二月十一日"(《神会语录》)，若然，便与惠能正月往见弘忍、八个月后得法、弘忍死于同一年的说法不合。

发生的年代与日期）

公元 675 年 （唐上元二年） 三十八岁

惠能隐遁于广州的新州、四会和怀集之间的猎人中。关于隐遁的时间，各种资料说法不一。敦煌本《坛经》说三年，《祖堂集》记为四年，《曹溪大师别传》说惠能在南方“避难五年”，惠昕本《坛经》也说五年，宗宝本《坛经》则说“凡经一十五载”。王维的《六祖能禅师碑铭》说惠能“混农商于劳侣，如此积十六载”，柳宗元的《赐谥大鉴禅师碑》与此同，也有“遁隐南海上，人无闻知，又十六年”的说法，《六祖大师法宝坛经略序》也说“南归隐遁一十六年”。《历代法宝记》则更说惠能“恐畏人识，常隐在山林，或在新州，或在韶州，十七年在俗”。我们认为，综合起来看，隐居三年（674～676）的说法比较恰当。

公元 676 年 （唐上元三年，仪凤元年） 三十九岁

惠能在法性寺正式出家受戒，并为众人开东山法门。

《曹溪大师别传》：“大师春秋三十九，至仪凤元年初，于广州制旨寺听印宗法师讲《涅槃经》。”闻众人争论风动还是幡动，惠能进曰：“所言动者，人者心自动耳。”这引起了印宗法师的注意，一问方知是佛法南来，见过传法袈裟，便问及弘忍的指授言教，惠能即引用《涅槃经》说了一通“佛性是不二之法”的道理。“印宗闻斯解说，即起合掌虔诚，愿事为师。……仪凤元年正月十七日，印宗与能大师剃发落。二月八日，于法性寺受戒。……其年四月八日，大师为大众初开法门。”

《六祖大师法宝坛经略序》：“至仪凤元年丙子正月八日，会印宗法师，诘论玄奥，印宗悟契师旨。是月十五日，普会四众，为师薙发。二月八日，集诸名德，授具足戒。”

敦煌本《坛经》未提惠能与印宗法师论《涅槃经》义和“风幡”之事，

但其后的各本《坛经》都有论及。例如宗宝本《坛经》中说：惠能“至广州法性寺，值印宗法师讲《涅槃经》。时有风吹幡动，一僧曰风动，一僧曰幡动，议论不已。惠能进曰：不是风动，不是幡动，仁者心动。一众骇然！……印宗延至上席，征诘奥义。……于是为惠能剃发，愿事为师。惠能遂于菩提树下，开东山法门”。

《光孝寺瘗发塔记》也记载说：“今能禅师正月八日抵此，因论风幡语而与宗法师说无上道。……于十五日普会四众，为师祝发。二月八日，集诸名德，受具足戒。既而于菩提树下，开单传宗旨，一如昔谶。法才遂募众缘，建兹浮屠，瘗禅师发。……仪凤元年岁次丙子吾佛生日，法性寺住持法才谨识。”

公元 677 年　（唐仪凤二年）　四十岁

惠能离开广州法性寺，回到曹溪宝林寺。对此，《六祖大师缘起外纪》说得比较明确：仪凤元年，惠能在法性寺会印宗法师，“次年春，师辞众归宝林，印宗与缁白送者千余人，直至曹溪”。

惠能回到宝林寺后，在当地官僚僧尼道俗的支持下，扩建寺院，广收门徒，据说有“学徒十万”。惠能以韶州曹溪宝林寺为中心，传授顿教见性禅法，与主要活动于北方地区的神秀北宗禅相区别，史称南宗。随着前来求法者的日益增多，惠能的名声也逐渐增大。时任韶州刺史的韦璩慕惠能之名，特邀请惠能到韶州城里的大梵寺为众说法，僧尼道俗参加听讲者有上千人，门人法海记录整理当时的开法情况而编成了《坛经》一书。

（关于惠能回曹溪的确切时间，各本《坛经》都没有明说，《曹溪大师别传》似乎是认为在仪凤元年，即公元 676 年。而《祖堂集》、《景德传灯录》等则都与《六祖大师缘起外纪》同）

公元 684 年　（唐嗣圣元年）　四十七岁

神会出生。

公元 689 年　（唐永昌元年）　五十二岁

弘忍的大弟子法如去世。

公元 692 年　（唐天授三年，长寿元年）　五十五岁

（据《历代法宝记》载，武则天于是年召惠能入京，惠能托病不去）

公元 696 年　（唐万岁通天元年）　五十九岁

（据《历代法宝记》载，武则天于是年又派使者张昌期迎请惠能入京，惠能再辞，但同意将袈裟给使者带回）

公元 700 年　（唐久视元年）　六十三岁

神秀应武则天诏请入京，受到宠重（一说神秀入京在大足元年，即公元 701 年）。"随驾往来二京教授，躬为帝师。"（《楞伽师资记》）"则天太后闻之，召赴都，肩舆上殿，亲加跪礼，内道场丰其供施，时时问道。……时王公已下，京邑士庶，竞至礼谒，望尘拜伏，日有万计。洎中宗孝和帝即位，尤加宠重。"（《宋高僧传》卷八《神秀传》）"遂推为两京法主，三帝国师。"（张说《荆州玉泉寺大通禅师碑铭并序》）

（据《历代法宝记》载，武则天于是年同时召请神秀、老安、玄赜等入京。杨曾文考证后认为，惠能受召，当也在这一年）

公元 702 年　（唐长安二年）　六十五岁

惠能的同门智诜去世。

公元 705 年　(唐神龙元年)　六十八岁

据《曹溪大师别传》,是年正月十五日,唐中宗(原误作"高宗大帝")派遣中使薛简,敕迎惠能入京,惠能表辞不去。《祖堂集》和宗宝本《坛经》等有与此大致相同的记载。契嵩本《坛经》作"神龙二年"。

公元 706 年　(唐神龙二年)　六十九岁

弘忍的另一个大弟子老安受召入京。

神秀去世,"士庶皆来送葬,诏赐谥曰大通禅师"(《宋高僧传》卷八《神秀传》)。

公元 707 年　(唐神龙三年,景龙元年)　七十岁

据《曹溪大师别传》,唐中宗(原误作"高宗大帝")于是年四月二日专门赐"磨衲袈裟一领及绢五百匹"等物以供养惠能,并于当年十一月十八日敕下韶州百姓重修惠能所居之宝林寺,赐额"法泉寺",又以惠能新州的故宅为"国恩寺"。

《宋高僧传》卷八《惠能传》:"神龙三年,敕韶州可修能所居寺佛殿并方丈,务从严饰,赐改额曰法泉也。"

据《历代法宝记》载:"则天至景龙元年十一月,又使内侍将军薛简至曹溪能禅师所,宣口敕云:将上代信袈裟奉上诜禅师,将受持供养。今别将摩衲袈裟一领及绢五百匹充乳药供养。"由于武则天已于神龙元年(705)去世,中宗已于当年正月即位,故这里的"则天"或为"中宗",也可能"景龙元年"为"神龙元年"(705)之误。

公元 708 年 （唐景龙二年） 七十一岁

惠能的同门玄赜应中宗的召请而入西京，“便于东都广开禅法”(《楞伽师资记序》)。

公元 709 年 （唐景龙三年） 七十二岁

惠能的同门老安去世。

公元 711 年 （唐景云二年） 七十四岁

(《曹溪大师别传》:“大师在日，景云二年，先于曹溪造龛塔。”)

公元 712 年 （唐太极元年，延和元年，先天元年） 七十五岁

惠能归新州，修国恩寺并建塔。

《曹溪大师别传》:“延和元年，大师归新州，修国恩寺。”

敦煌本《坛经》:“大师先天元年于新州国恩寺造塔。”

契嵩本《坛经》:“师于太极元年壬子七月，命门人往新州国恩寺建塔，仍命促工，次年夏末落成。”

《宋高僧传》卷八《惠能传》:“延和元年七月，命弟子于国恩寺建浮图一所，促令速就。”

公元 713 年 （唐先天二年） 七十六岁

八月，惠能染疾。临终之前，对弟子作了专门的付嘱。八月三日，卒于新州国恩寺，春秋七十有六。十一月，其遗体被弟子迎回曹溪宝林寺。宝林寺即今南华禅寺,寺内的六祖殿现供奉的惠能肉身像,一般认为是惠能的真身。

唐宪宗元和十一年(816)(柳宗元的《赐谥大鉴禅师碑》等作元和十年),唐宪宗下诏追谥惠能为"大鉴禅师"。北宋太平兴国元年(976),宋太宗加谥惠能为"大鉴真空禅师"。宋仁宗时,惠能又被追谥为"大鉴真空普觉禅师"。后来,宋神宗又追谥"大鉴真空普觉圆明禅师"。

索　引

人名索引

A

安世高(8、9、18、120～124)

B

巴宙(76)
百丈怀海(248、331、391～392、410)
百丈涅槃(331)
宝誌(139～140、268、305)

C

蔡襄(406)
曹山本寂(396)
曹山智炬(338)
草堂禅师(410)
常盘大定(180)
晁公武(173)
晁子健(172、173)
陈清香(405)
陈荣捷(209)
陈寅恪(245)
成中英(323)
崇远法师(113)
楚南禅师(343)
崔柄宪(412、413)
崔致远(413)

D

达摩多罗(73、132)
大慧宗杲(408)
大珠慧海(248)
道安(晋)(131～133、329)
道安(北周)(12、15)
道绰(302)
道副(76)
道恒(81)
道信(30、49、72、85～88、150～153、327、329、330、341、352、380～381、387)
道宣(49、75、79、81～82、142、327、349)
道璿(415)
道义(411、413)
道育(74、76)
道元(415)
道昭(415)
德山宣鉴(338)
德异(202)
邓文宽(211)
丁福保(176)
洞山良价(396)
独孤及(108)
独孤沛(113)
杜朏(99、142)
杜继文(35、36、53、58、64、164、376)
杜维明(401)

E

恩格斯(290)

F

F·卡普拉(416)
法达(315、337、387)
法海(35、54、57、60、269、387)
法朗(411)
法琳(14)
法融(28、233、236)
法如(93、94～96、111、381～382、384、387)
法贤(410)
法云(140)
法珍(387)
方广锠(99、177、204、211)
方立天(6、13、21、232、239、240)
房琯(115)
费尔巴哈(269)
冯友兰(32、33)
佛图澄(8)

佛陀跋陀罗(49、132)
佛陀扇多(73)
弗洛姆(291、423)
傅大士(139～140、268、306)

G

冈部和雄(19)
高楠顺次郎(180)
高振农(222)
亘璇(176)
公田连太郎(166、209)
关口真大(183～184、235)
光统律师(77)
郭朋(31、39、52、77、92、162、172、194、231、240、254、279、323、348)
郭子仪(116)

H

韩愈(407)
汉桓帝(8、126)
洪飞斯(419)
弘忍(28、30、37～52、65～72、86～91、153～155、202、262、295、296、311、327、330、332、341、352、380～382、384、387)
侯外庐(41、105)
忽滑谷快天(34、38、73、157、420)
胡适(20、48、65、75～76、116、172、179～190、354、362、383、390、421～423)
怀让(96、387)
黄忏华(76)
黄庭坚(406)
黄心川(414)
黄永武(99、205)
慧达(139、310)
慧观(48、49)
慧寂(343)
慧可(30、72、74、76、80～83、146～149)
慧琳(15)
慧叡(136)
慧远(晋)(10、15、48、49、132、133、231)
慧远(隋)(213)
慧忠(167～169)
惠果(109)
惠明(惠顺)(52、281、386)
惠昕(172～173、188)

J

矶部峰仙(418)

吉藏(134、214、267)
寂护(231)
江璨腾(181、420)
金知见(209)
净觉(50、94、99)
鸠摩罗什(8、19、22、134)
久野芳隆(184)

K

卡尔·雅斯贝斯(17)
卡西尔(268)
康僧会(8、9、11、15、124～125)

L

郎简(174、191、194)
老安(65、94～96)
李邕(114、115)
李元珪(111)
李志夫(6、26)
临济义玄(288、298)
铃木大拙(174、179、183、184、209、284、288、326、331、362、417、421～423)
刘英(8)
刘禹锡(116)
刘志略(39)
刘主簿(94)
流支三藏(77)
柳田圣山(38、142、162、178～179、183、193、209、415)
柳宗元(31、53、64～65、403)
龙潭崇信(315)
楼宇烈(182、195)
陆九渊(401)
吕澂(50、73、329)
罗香林(182)

M

马端临(173)
马祖道一(170、298、344、383、391～392)
麦克斯·缪勒(399)
米芾(406)
牟子(16、407)
牟宗三(376)

N

南泉普愿(392)
南岳怀让(344、387、390～392)

O

藕益智旭(13)

P

潘重规(168、205、211)
毗尼多流支(409、410)
朴相国(413)
菩提达摩(29～30、50、73～82、375)
普寂(108～110、111、112、114～115、411)

Q

契嵩(13、14、39、174～176、267、407)
千崎如幻(418)
钱穆(32、33、182、186～188、379)
青原行思(387、390～392)
清凉文益(394)

R

任继愈(3、4、72、106、116、154、197、224、283、333、370)
任子宜(161、205)
荣西(415)
入矢义高(183)

S

僧璨(30、72、82～85、148～149、409)
僧稠(78)
僧亮(140)
僧叡(29、48、136～137)
僧肇(19、134、135、231、267、271、276、280、299)
神会(72、91、111～117、169～171、343、372、384、385、387～390)
神秀(28、42～52、65～66、90、94、98～115、202、242、263、295、307、312～314、332、333、341、346、347、352、382～386)
石井修道(161、179、209)
石头希迁(390、392～393)
史金波(193、208)
矢吹庆辉(166、177、179、180、184、205)
顺支禅师(411)
硕法师(305)
斯特伦(262、402)

松本史朗(157)
宋儋(96)
宋鼎(115)
宋云(77)
苏轼(苏东坡)(403、406)
孙皓(15)

T

太虚(73、334、369、374、376、416)
昙柯迦罗(8)
昙林(142)
昙鸾(302)
昙真(109)
汤用彤(143、225、307、311)
唐君毅(376)
天封禅师(410)
天皇道悟(315、393)
天柱(176)
田中良昭(162、163、164、210)

W

王充(9)
王起隆(176)
王维(48、56、64～65、198～199、403～404)
王阳明(400、401)
沩山灵祐(372～373、394)
韦处厚(170)
韦璩(60～61、158)
温玉成(102、110、111、114)
无相(383)
无言通(410)
无住(383)
无著道忠(176)
武则天(63～65、90、100、384)
悟真(189)

X

西堂智藏(392)
香严智闲(372、373)
向达(161、205)
向居士(147)
萧琛(10)
萧衍(梁武帝)(10、73)
信行(神行)(411)
玄觉(378、402)
玄奘(232)
玄赜(49、50、65、94、97、384)
薛简(62、342、377)
雪窦重显(410)

Y

严北溟(202、239)
严挺之(111、114)
严羽(404)
阎波尔斯基(209、322)
杨鸿飞(182)
杨惠南(221、226)
杨曾文(38、51、106、142、162、174、193、348、349、370)
仰山慧寂(338、372、394)
姚兴(134)
药山惟俨(393)
伊吹敦(163、171、189、193、210)
伊藤隆寿(161)
益淳(176)
易行广(387)
义方(94)
义福(108、111、114～115)
隐元隆琦(415)
印顺(159、167、174、182、186～188、377)
印宗(54～59、194)
永明延寿(338、395)
宇井伯寿(158、161、174、182～184、209)
元好问(402)
元贤(397)
袁宏(19)
袁宏道(176)
圆仁(415)
圆瑛(416)
云门文偃(395)

Z

赞宁(61)
张曼涛(32、158、160、162、181)
张说(100、101)
张载(400)
赵朴初(334)
真谛(293)
真鉴慧昭(413)
支道林(133)
支娄迦谶(120、125～129)
支谦(129)
志彻(270、387)
志诚(387)
志道(191、387)
志空(411)
志通(智通)(387)
智常(知常)(387)
智德(94)
智如(390)
智诜(64、94、97～99、171)

中川孝(184)
中村元(14)
周绍良(161、162、164、165、191、192、205、211、245)
竺道生(道生)(19、136～138、231、266、299、310～311)
宗宝(39、61)
宗炳(15)
宗活(418)
宗密(14、24、72、105、115、240、371、372、376、382～385)
宗演(418)
总持(76)
最澄(415)

词语索引

A

阿赖耶识(218、219、229)
安般禅(27、28、124)
安般守意(10)
安心(79、81、124、125、142、143、144、151～152、232)

B

八不(229)
般若(学)(19、20、22、126～137、226～238、243、273～276)
般若禅(28)
般若实相(78、228、243、249、357)
般舟三昧(28、127、128)
保唐系(97～98)
北宗(1、30、112)
北宗禅(28、100、108)
本无(126)
壁观(143)
不二法门(129、149、325)
不假文字(336)
不净观(123)
不拘一说(212、228、364～370)
不立文字(30、150、201、228、336、364～370、401)

C

曹洞宗(202、393、395～396、397)
曹溪宗(414)
草堂禅派(410)
禅(23～24)
禅定(24～27、341～343)
禅戒合一(352)
禅门九山(414)
禅宗热(419～427)
超佛祖师禅(27、375)
出没即离两边(316～327、337、363)
传灯(71)

传佛心印(368)
慈悲观(123)

D

大乘般若学(125、126、129)
大乘禅(23、27)
大乘禅法(120)
大乘禅学(129)
大顿悟(303、305)
道家自然论(20)
道教(7～9)
地论学派(224、336)
定(23～24)
定慧等(25、122、185、238、345～347、388、389)
定慧为本(238)
东山法门(28、30、90、92、107、125、330、331、352、387、411)
东土五祖(30、79～91、120、141、156、233、340)
顿悟(138、139、303、312、313、315、388)
顿悟成佛(117、202、212、302、303～316、336、341、377)
顿悟说(304～311)

E

二入四行(74、79、142、144～147)
二藏三法轮(368)

F

法性(213)
法眼宗(202、393、394～395)
法印(214)
凡夫禅(27)
梵我合一(26)
方术灵神化(6、11)
分灯禅(31)
佛教禅(23、29)
佛教的中国化(2～22)
佛教玄学化(20)
佛心宗(221)
佛性(论)(17、19、20、129、130、212、213、214～238、242～243、258～273、293～295)
佛性常清净(233、245～248)
拂尘看净(106)

G

观(23、122)

观察义禅(27、371)
观心(30、107、148、295)
观心看净(30、148、151)

H

呵佛骂祖(355)
荷泽系(383、390)
荷泽宗(388)
华严禅(28)
华严宗(22、232、272、306、332、368)
黄老神仙方术(6、7)
黄龙(系)(202)
慧(23～24)
慧解脱(261)
慧印三昧(129)

J

即色游玄论(133)
即心即佛(17、221、265～279、281、349、353、363、399)
渐悟(138)
见性成佛(140、268、294、303、401)
教外别传(156、348、365、368、369、375)
解脱(论)(257、258～291、293、297、298)
藉教悟宗(30、77、124、146、147、149、155、156、337、338、369、375)
藉师悟心(156)
藉师自悟(30、124、128、156、338、375)
界分别观(123)
净心(241)
净众系(97～98)

K

空宗(228、230、233)

L

老庄玄学化(6、18)
老子化胡说(7、8～9)
楞伽师(152)
楞伽学派(152)
理入(144、146)
临济禅(28)
临济宗(202、392～393、394、397、410)
六尘(318～319)
六度(26、126、347)

六根(319)
六家七宗(19、20、22、131、133)
六境(319)
六门(318～319)
六识(318)
陆王心学(400、401)

M

马祖禅(28、391)
灭喜禅派(410)
明心(124、125)
明心见性(295)

N

南顿北渐(105、313)
南方宗旨(167～169)
南天竺一乘宗(29、79、112)
南岳系(202)
南宗(1、2、22、23、30、69、112、117、184)
南宗禅(1、2、11、28、31、69、70、99、117、201、233～237、381～386、416)
内圣外王(358)
念佛(132、151)
念佛禅(27、28)
涅槃佛性论(78、228、229、230、231、233)
牛头禅(28、184、233～237、381～383)
农禅并作(6、117、287、327～334、390)

P

攀缘如禅(27、371)
判教(31、356、357、368)
毗尼多流支禅派(410)
毗昙师(152)
毗昙学派(152)

Q

起心看净(242)
青原系(202)

R

人、法无我(214)
人无我(214)
日本禅(23)
儒家心性论(16、20、359)
儒学化(6、11、12、17、18)
如来禅(27、371～379)

如来清净禅(27)
如来藏(147、213、215～223、242)
如来藏自性清净心(217)

S

三报论(10)
三毒心(104)
三归依(348、351)
三归依戒(350、351～352)
三教合一(362、398、400)
三科(122)
三科法门(122、316～319、321)
三论(19)
三论宗(214、224、232、267、368)
三摩地(23)
三十六对(122、319～326)
三学(26、347)
摄论学派(336)
神不灭论(10)
神明成佛论(10)
生佛不二(279)
实相禅(27、28)
实相无相(212、240、242)
十八界(318～319)
十二处(319)
十二入(319)
十二因缘(124、214)
石头禅(28)
识心见性(117、127、251、267、292～302、310、336、347、400)
守本真心(103、148、153～155、296)
守心(125、155、295)
首楞严三昧(127)
数息观(123)
说一切有部(121)
四禅(27)
四禅六事(125)
四谛(214)
四弘誓愿(348、350～351)
宋明理学(397、400)

T

天台禅(28)
天台宗(9、232、272、306、368)

W

外道(7)
外道禅(23、27)
万法唯心(360)
万法一如(149)
妄心(243、253、273)
沩仰宗(202、393～394、411)

唯心净土(129、299～301)
伪经(14)
无念(151、160、185、233、249～252、281、296～298、309、388)
无位真人(394)
无我(9、214、215、227)
无我说(214、227)
无相(151、160、233、249～252、309、347)
无相忏悔(350、351)
无相戒(326、347～353)
无相无念无住(160、233、249～252、281、309、389)
无言通禅派(410)
无衣道人(394)
无住(160、233、249～252、309)
五方便门(346)
五家七宗(117、118、202、390)
五教十宗(368)
五门禅(27)
五时八教(368)
五蕴(9、214、317)
五种姓(229)
悟心(124)

X

西方净土(299～302)
小乘禅(23、27)
小乘禅法(11、120、134)
小乘禅数学(78)
小乘禅学(78、130)
小顿悟(303、305)
心性本净(212、214)
心性本觉(17)
心宗(221、228)
行入(144～146)
性具说(272)
性空(126、127、151)
性起缘起(272)
修心(79、107、125、227、236)
玄佛合流(19)
雪窦明觉派(410)

Y

杨岐(系)(202、392)
阳明禅(398)
一切皆空(227、360)
一相三昧(315)
一行三昧(93、150～152、160、315、316)
以心传心(141、401)
因缘观(123)
印度禅(1)
有宗(228～230、233)

愚夫所行禅(27、371)
瑜伽(25、26)
瑜伽行派(218)
瑜伽中观派(231)
与道为一(26)
与道冥符(147、148)
与神相合(26)
缘起性空说(229)
越祖分灯禅(27、376)
云门宗(202、393、395～396)

Z

藏传佛教(21)
真如(213、243、389)
真如佛性(240)
真心(241～245、248、253、257、273、296)
直了见性(104、212、277)
直了心性(202、310)
直显心性(20、105、279)
直指人心(79、267、309、411)
止(23、122)
止观(23、122)
止观俱行(125)
止观双俱行(122、124)
中观学派(229、366)
中国禅(1、23、125)
轴心时代(17)
诸法实相(28、126)
竹林禅派(410)
自成佛道(281、293、310)
自我解脱(240、283～290)
自心(239～243、255～256)
自性(221、239～243、254～255、267)
自性解脱(20、252、255)
自在解脱(18、151、265、277、278～281)
祖师禅(31、128～129、371～379)
坐禅(123、124、340～341、343～344、353、354)
坐禅守心(151)
坐禅数息(123、124)

文献索引

A

阿毗达磨顺正理论(215)
安般守意经(18、121、123～124)
安般守意经序(11)
安乐集(302)

B

跋裴休的唐故圭峰定慧禅师传法碑(116)
白黑论(15)
白话文学史(20、362)
百论疏(134)
百丈清规(331)
般舟三昧经(28、126～127)
般若经(136、149～150)
宝林传(72)
鼻奈耶序(19)
碧岩录(73)
辩证论(14)

C

沧浪诗话(404)
曹溪禅人物志(387)
曹溪大师别传(36、38、40、89)
察微王经(9)
禅风禅骨(331)
禅门宝藏录(411)
禅思想の批判的研究(157)
禅学论文集(182)
禅学思想史(420)
禅与禅宗六题(416)
禅与中国(415)
禅源诸诠集都序(24、27、105、240、371、382)
禅者的思索(327)
禅宗北宗初探(102、110、111、114)

禅宗北宗及其禅法(106)
禅宗初祖菩提达摩考(76)
禅宗·历史与文化(32、285、286、288)
禅宗六祖传法偈之分析(245)
禅宗史实考辨(73、76、181)
禅宗史研究(161、174、192)
禅宗思想的形成与发展(154、284)
禅宗思想与历史(182)
禅宗与精神分析(2、291、423)
禅宗与菩提达摩(76)
成唯识论(215、218)
初期禅宗史书的研究(193)
出三藏记集(8、29、120、125)
传法宝纪(49、51、83、99、142、151、330)
赐谥大鉴禅师碑(31、53、64、69、117)

D

答向居士书(82、147)
达摩大师の研究(235)
达摩多罗禅经(49、71、132)
大般涅槃经(216)
大般涅槃经义记(213)
大般若经(232)
大乘北宗论(101)
大乘起信论(102～103、106、213、221～223、243～244、252、263)
大乘无生方便门(99、101、104、352)
大乘五方便[北宗](北宗五方便门)(101)
大乘玄论(214、217、248)
大乘庄严经论(218)
大慈恩寺三藏法师传(232)
大鉴禅师碑(116)
大南禅苑传灯辑录(409)
大品经序(137)
大唐故大智禅师碑铭并序(111、114)
大唐青龙寺三朝供奉大德行状(109)
大唐西域记(51)
大通禅师碑(104)
大小品对比要钞序(133)
大智度论(24、215、246)
大照禅师塔铭(101、115)
当代佛教(418、419)
道家文化研究(19)
道行般若经(19、126)
第二禅宗史研究(158、209)
东山法门与禅宗(154、283、333)
东山法门与禅宗初创(94)

读禅宗大师法如碑书后(110)
敦煌宝藏(99、205)
敦煌本坛经、曹溪大师传以及初期禅宗思想(195)
敦煌本坛经的形成(163、193)
敦煌本坛经是否为传授本(172、189)
敦煌藏经洞封闭原因之我见(177)
敦煌坛经写本序(197)
敦煌坛经新书(168)
敦煌写本坛经原本(164、165、166、191、192、245)
敦煌新本六祖坛经(36、38、49、51、161、163、172、174、349、370)

E

二教论(12、15)

F

法宝坛经讲义(176)
法宝坛经节录(176)
法宝坛经肯窾(176)
法宝坛经要解(176)
法宝坛经赞(176)
法华经(106、336、338、357)
法华经义记(140)
法镜经序(125)
梵网经(348～349)
费尔巴哈哲学著作选集(26)
佛光大辞典(176)
佛光山国际禅学会议实录(221、323、405、412、413)
佛教般若思想的传入和魏晋玄学的产生(20)
佛教的中国化与僧肇的哲学思想(22)
佛教伦理中国化的方式与特色(13)
佛教与中国传统文化(106)
佛教哲学(239、240)
佛教中国化的历程(6、21)
佛教中国化过程之研究(6)
佛说阿弥陀经(300)
佛说父母恩重经(14)
佛说无上依经(215)
佛学的革命——六祖坛经(226)
佛学入门(374)
辅教编(13、14)
复旦学报(22)
付法藏因缘传(51、71)

G

高僧传(8、11、78、329)
古尊宿语录(344、390)
关中出禅经序(29、48)
观心论(99、101～102、177、312)
光孝寺瘗发塔记(58)
光孝寺志(58)
广弘明集(14)

H

韩国禅教史(414)
韩国佛教史(411)
汉唐佛教思想论集(72、224)
汉魏两晋南北朝佛教(231)
汉魏两晋南北朝佛教史(143、225)
荷泽大师神会传(20、98)
弘明集(10、15、16)
弘忍与禅宗(154、283、333)
后汉纪(19)
后汉书(8)
胡适禅学案(182)
华严经(107、233、272、336)
黄檗断际禅师宛陵录(143)
慧能研究(38、162、184)
慧能与禅宗——禅宗思想研究之一(254)
慧能与岭南文化国际学术讨论会综述(163)
慧印三昧经(129)
会宗论(232)

J

基督教的本质(269)
校写菩提达摩南宗定是非论后记(48)
解深密经(357)
金刚般若波罗蜜经序(157、225)
金刚经(37、38、40、44、46、56、150、153、199、213、221～225、232～233、240、410)
金刚经解义(157)
金刚经口诀(157)
金刚经注解(157)
金陵野史(234)
金七十论(293)
金石萃编(111、112、420)
金石续编(95)
近现代著名学者佛学文集·胡适集(65、73、75、76、98、116、139、172、197)
荆州玉泉寺大通禅师碑铭并序

(100、101)
景德传灯录(35、39、59、63、82、84、96、100、149、246、387、412)
旧唐书(96)
俱舍论(23)
绝观论(236、248)
郡斋读书志(172、173)

L

老子(361)
老子、老子之道与道教的发展(7)
老庄玄学与僧肇佛学(19)
楞伽阿跋多罗宝经(104、294)
楞伽经(44、77、82、101、147、149、151、152、213、219～225、232～233、240、295、357、369、377、410)
楞伽人法志(49、94)
楞伽师资记(51、78、82、85、89、90、94、99、101、150、151)
楞伽宗考(73、75、76)
理惑论(8、10、12、16、18、407)
历代法宝记(53、56、63、64、75、82、84、94、99、177、191、198、376、412)
历史的起源与目标(17)
梁楷和他的六祖破经图、六祖截竹图(405)
铃木大拙全集(417)
灵峰宗论(13)
六度集经(12)
六叶图序(115)
六祖大师法宝坛经(175)
六祖大师法宝坛经略序(54、55)
六祖大师法宝坛经序(202)
六祖大师缘起外记(35、57、59、60)
六祖法宝坛经解(176)
六祖法宝坛经笺注(176)
六祖慧能思想研究(172)
六祖解义(157)
六祖口诀(157)
六祖能禅师碑铭(35、48、53、56、64、198)
六祖坛经大义(32、33)
六祖坛经生苔帚(176)
六祖坛经序(190、194)
六祖坛经研究论集(32、33、158、160、162、181)
六祖坛经之三十六对及其哲学意义(323)
六祖坛经诸本集成(38、162)
略辨大乘入道四行及序(142)
略论楞伽师、楞伽禅与中国禅宗

（152）
论禅宗（32）
论丛：亚洲文化与思想（163）
论衡（9）
论中国佛教人文特色形成的哲学基础（16、363）
洛阳伽蓝记（74）

M

马克思恩格斯全集（290）
马克思恩格斯选集（18）
明佛论（15）
鸣沙余韵（177）
鸣沙余韵解说（178）
名僧传抄（131）
摩诃般若波罗蜜经（215）
摩诃般若经（150）
摩诃僧祇律（348）

N

南京大学学报（7、20、94）
南阳慧忠国师语（167）
南岳思大禅师立誓愿文（9）
南宗定是非论（99）
难神灭论（10）
念佛三昧诗集序（133）
涅槃经（38～40、54～56、199、213、223、240、266、357）
涅槃经集解（140）

P

菩提达摩考（73、75、76）
菩提达摩南宗定是非论（91、110、385）
菩萨戒法（352）

Q

全唐文（64、100、101、116、157、225、411、420）
全唐文里的禅宗假史料（65）

R

人论（268）
人性与自我修养（401）
人与神——宗教生活的理解（262、403）
儒教思想对佛典汉译带来的影响（14）
如来禅（28）
如来禅与祖师禅（376）
入道安心要方便法门（150、153、

233)

S

萨婆多部记(71)
少室六门(155)
神会和尚禅语录(91、110、388)
神会和尚遗集(182)
神会与坛经(186、379)
神会语录(35、169、185～186、390)
神秀北宗禅法(102、106、116、370)
胜鬘经(217)
十诵律(348)
世界宗教研究(6、14、21、102、110、194)
首楞严三昧经(126～127)
双溪寺记(412、413)
双溪寺记中六祖惠能的传说(412、413)
四分律(348)
四十二章经(7～8、12)
嵩和尚颂序(402)
宋高僧传(35、39、63、90、96、100、392、412)
宋书(15)
隋唐佛教(92、240)
隋唐佛教史稿(307)
隋唐佛教研究论文集(195)

T

镡津文集(407、408)
坛经(35～47、157～211、412～413)
坛经导读(323)
坛经典籍研究概史(162、163、164)
坛经对勘(39、52、165、176)
坛经校释(38、162、339)
坛经考之二(172、173、174、198)
坛经考之一(38、39、65、197)
坛经在韩国的发行与流通(413)
汤用彤学术论文集(92、311)
唐嵩山故道安禅师碑(96)
唐中岳沙门释法如禅师行状(93、95)
提谓经(13)
天主教禅(418)

W

往生论注(302)
唯识二十论(229)
唯识三十论颂(229)

维摩经(107、147、213、223、233、299、355)
文殊说般若经(150、151、223)
文献通考(173)
文苑英华(114)
无门关(289)
五灯会元(73～74、81、88、150、331、372、374、392)
悟性论(155)

X

西夏文六祖坛经残页译释(194、208)
显宗记(179)
现代佛教学术丛刊(32、73、76、158、181、182)
现代物理学与东方神秘主义(416)
现代中国佛教史新论(182、183、420)
象山先生全集(401)
孝经(14)
心铭(236)
信心铭(85、148～149)
续高僧传(49、74～75、78～79、81～82、147、152)
学术研究(163)
雪窦百则(410)

Y

颜氏家训(12、13)
也谈两晋时代的玄佛合流问题(22)
易传(359)
阴持入经(121、122)
永嘉证道歌(378、402)
盂兰盆经疏(14)
与胡适之论菩提达摩书(73)
喻道论(15)
喻疑(136、137)
圆觉经大疏钞(98、106、115、116、383～384)

Z

杂阿含经(356)
肇论(134、135、226、365)
肇论疏(139、310)
召曹溪惠能入京御札(96)
哲学研究(13)
智顗评传(5)
中国禅学的发展(139)
中国禅学思想史(34、38、73、420)
中国禅学思想史纲(130、140、

168、367)
中国禅宗史(159、168、174)
中国禅宗通史(35、48、53、58、64、70、376)
中国佛教(416)
中国佛教的研究状况与问题点(19)
中国佛教史(136)
中国佛教思想史(31、39、194)
中国佛教与传统文化(232)
中国佛教哲学简史(202、239)
中国佛学特质在禅(376)
中国佛学源流略讲(51、167)
中国古代著名哲学家评传(381)
中国社会科学(102、177、370)
中国思想通史(41、105)
中国嵩山少林寺建寺 1500 周年国际学术研讨会论文集(142、416)
中国文史研究集刊(362)
中国哲学年鉴(164)
中国哲学史(16)
中国哲学史论文集(254)
中国哲学史研究(22)
中国中古思想史长编(354)
中华传心地禅门师资承袭图(72、105、111、116、372、382、383、385)
中华佛学学报(6、26)
中日佛教学术会议论文集(161)
诸经要集(14)
注法宝坛经海水一滴(176)
庄子(361)
庄子与禅(362)
宗教的起源与发展(399)
宗镜录(156、235、236、395)
祖堂集(37、53、59、246、411)
最上乘论(154、311)

后 记

《惠能评传》终于完成了！这既了却了自己多年来的一份心愿，也算是向匡老交上了一份迟到的答卷。

回顾与《中国思想家评传丛书》的结缘以及匡老对我的关心，不由得感慨系之。早在八十年代末，我就对匡老以年逾八十的高龄撰写《孔子评传》并主编200部中国思想家评传的精神敬佩不已，并蒙匡老提携，曾先后承担了竺道生和僧肇两部评传的写作任务。后由于传主调整等原因，改为承担《玄奘评传》。在此期间，多次得到了匡老的热情鼓励与悉心指导。特别是1991年6月底至7月初，南京大学思想家研究中心受国家教委的委托主办了"中国传统思想文化与二十一世纪国际学术研讨会"，匡老亲自主持，我荣幸地应邀与会。为了写好论文，我曾专门去拜访匡老，在他书房里，他老人家不但高屋建瓴地谈到了中国传统思想文化重视人的问题的特点，对我论文的选题及写好论文提出了具体的指导意见，而且谈到了撰写思想家评传要把传主放到整个思想史上加以考察，同时要写出"这一个人"的特色。将近一个下午的教诲，对我回来以后写出《从“三教”关系看传统文化的“人学”特质》一文并在大会上发言，受到国家教委领导和与会专家学者的好评，以及后来从事《评传》的研究与写作，都具有非常重要的意义。匡老对我的谆谆教诲与殷切期望，至今令我难以忘怀。

由于玄奘所传的唯识学和因明学都比较艰深，因而我并没有马上动笔，只是努力搜集着有关的资料，进行着一些初步的分析研究，以为撰写评传作准备。1994 年，在完成了八五国家社科基金青年项目“儒佛道三教关系史”的研究和《中国禅学思想史》和《中国佛教文化历程》等著作的撰写以后，正当我准备着手写《玄奘评传》时，南京大学委派我到美国去作访问学者一年。在美期间，诸事繁忙，未能继续《玄奘评传》的工作。

1995 年秋，在我刚回国后不久的一个中午，突然接到了匡老秘书的电话，说匡老约我下午去他家。当我如约前往时，看到了大病初愈的匡老，他躺在躺椅上，身体比较虚弱，我心里一阵难过。但看到匡老精神很好，思路非常清晰，在夫人丁莹如教授的帮助下，他依然在为思想家评传丛书的工作而操劳，我又感到很欣慰，同时也为匡老的精神所深深地感动。匡老告诉我，他一直关注着我，听说我从美国回来了，便立刻想见我。匡老与我详谈了评传丛书的进展情况，并希望我不仅能写好一、二部评传，而且还能抽出一部分时间和精力，协助他做好整个中国思想家评传丛书的编辑出版工作。望着九十老人期待的目光，我深切地感受到了前辈对后学的信任和激励，一种使命感和责任感油然而生，我毫不犹豫地点了点头。临别时，匡老坚持起身，将我送到门口。不久，我忝任中国思想家评传丛书的副主编。我感到了肩上担子沉甸甸的分量。

在接下来的时间里，我一方面尽自己所能做好副主编的工作，积极参与了思想家研究中心的一些学术活动，同时也开始思考评传的写作。由于我曾对惠能禅宗作过一些专门的研究，并写过几本关于禅学与禅宗的小书，而当时承担《惠能评传》的作者正好因故不再承担此任务，因此，我的任务又作了些调整，我受命承担《惠能评传》的写作，而《玄奘评传》则推荐给了北京的一位专攻唯识学的青年学者。

从1996年夏天起，《惠能评传》开始动笔。由于我教学、科研及其他事务性工作很忙，身体也一度欠佳，因此写作的进度比较缓慢。这时，评传丛书的常务副主编蒋广学教授建议我与孙亦平共同合作来完成《惠能评传》。在此之前，我曾与孙亦平副教授有过两度合作，一次是1990年共同写作了《十大名僧》(上海古籍出版社1990年版)，另一次是1996年共同完成了《如来禅》(浙江人民出版社1997年版)。由于有了一定的合作基础，同时也想更好地超越自己过去的研究，我便欣然接受了蒋教授的建议。

我们的分工情况是这样的：在资料方面，以我已搜集的各种惠能与禅宗的史料为主，孙亦平则进一步补充了一些国内外惠能禅宗研究的新成果；在写作方面，由孙亦平按照我已拟就的写作大纲，根据有关资料和自己的研究，并参考我过去的研究成果和近年来对惠能及禅宗的一些新想法，先写出初稿，然后由我来作修改并定稿。在写作过程中如遇到问题，互相讨论，随时解决。

在写作过程中，我们给自己提出的要求是，既要厘清惠能的生平与思想发展的脉络，又要体现近年来学界在惠能思想研究方面所取得的新成果，更要努力在前人成果的基础上提出自己的研究心得与体会。本世纪以来，惠能禅宗研究始终是传统文化研究中的一个热点，直至我们完成本评传而最终修改定稿时，仍不断有新资料问世，新成果涌现。这既给我们的写作带来许多方便，因为可供参考的东西多了，但同时也给我们的写作带来了一定的难度，它迫使我们要不断地学习和研究。我们希望通过惠能的个案研究来展示佛教的中国化和最终作为传统文化重要组成部分的中国化佛教的特点，并进而把握中国传统文化的精神与特质，为创建二十一世纪的新文化贡献一份力量。在写作期间，匡老对我们时时给予了关心与鼓励。1996 年 11 月，应我的请求，他特地书写了“宁静以致远，淡泊以明志”的条幅赠给我们俩，给了我们极大的鼓舞。谁想到，没过多久，却听到了匡老因病住院并不幸逝世的消息，这个条幅竟成了匡老对我们的最后教诲！在悲痛之余，我们决心继承匡老的遗志，努力做好《惠能评传》的写作工作。

经过一年多的艰苦努力，1997 年底，在新年钟声即将敲响之际，我们终于为《惠能评传》书稿画上了最后一个句号。书稿虽然很快通过了专家的审阅，但为了做到精益求精，在发稿之前，我又对全书作了认真的修改，增加了一些新史料和新内容。

在写作过程中，方祖猷教授、方广锠研究员、赖永海教授、业露华研究员以及韩国的周峰法师、性愚法师等提供了许多研究参考资料，在此一并致谢。

最后，谨以此书向匡老表达我们由衷的敬意与谢意，并表达我们对匡老的无比怀念。

洪修平

1998 年 5 月于南京大学哲学系

图书在版编目(CIP)数据

惠能评传 / 洪修平，孙亦平著. —南京：南京大学出版社，1998.12(2010.4 重印)
(中国思想家评传丛书/匡亚明主编)
ISBN 978-7-305-03273-8

Ⅰ. 惠… Ⅱ. ① 洪… ② 孙… Ⅲ. 惠能—评传
Ⅳ. B949.92

中国版本图书馆 CIP 数据核字(2000)第 14924 号

中国思想家评传丛书
惠 能 评 传
洪修平 孙亦平 著

南京大学出版社出版发行
社址：南京市汉口路 22 号 邮编：210093
电话：025-83596923 025-83592317 传真：025-83328362
网址：http://www.NjupCo.com
电子邮箱：Press@NjupCo.com
Sales@NjupCo.com(市场部)
南京爱德印刷有限公司
开本 850×1168 1/32 印张 15.125 字数 340 千
1998 年 12 月第 1 版 2010 年 4 月第 5 次印刷
印 数 4501—5500
ISBN 978-7-305-03273-8

定价：46.00 元